Der Immaterialgüterschutz virtueller Ladengeschäfte

Veröffentlichungen des Instituts für deutsches und europäisches Wirtschafts-, Wettbewerbs- und Regulierungsrecht der Freien Universität Berlin

Herausgegeben von Franz Jürgen Säcker

Band 40

PL ACADEMIC RESEARCH

Sylvia Lorenz

Der Immaterialgüterschutz virtueller Ladengeschäfte

Ein Vorschlag für die rechtliche Erfassung virtueller Güter

PL ACADEMIC RESEARCH

Bibliografische Information der Deutschen Nationalbibliothek
Die Deutsche Nationalbibliothek verzeichnet diese Publikation in der DeutschenNationalbibliografie; detaillierte bibliografische Daten sind im Internet über http://dnb.d-nb.de abrufbar.

Zugl.: Berlin, Freie Univ., Diss., 2013

Gedruckt auf alterungsbeständigem,
säurefreiem Papier.

D 188
ISSN 1863-494X
ISBN 978-3-631-64379-2 (Print)
E-ISBN 978-3-653-03471-4 (E-Book)
DOI 10.3726/978-3-653-03471-4

PL Academic Research ist ein Imprint der Peter Lang GmbH.

Peter Lang – Frankfurt am Main · Bern · Bruxelles · New York · Oxford · Warszawa · Wien

Dieses Buch erscheint in einer Herausgeberreihe bei PL Academic Research und wurde vor Erscheinen peer reviewed.

www.peterlang.com

Vorwort

Mit dieser Arbeit habe ich im Februar 2010 begonnen und konnte sie im Februar 2012 als Dissertation bei der Freien Universität Berlin einreichen. Dass dies möglich war, verdanke ich vor allem Herrn Prof. Dr. Dr. Dr. h.c. Franz Jürgen Säcker, der mich von Beginn an stets offen für meine Ideen und mit mich motivierender Neugier für das Thema meiner Arbeit begleitete, kritisch hinterfragte und mit wertvollen Ratschlägen unterstützte. Ohne unsere Gespräche wäre diese Arbeit nicht möglich gewesen. Hierfür gilt ihm mein herzlicher Dank.

Ich widme diese Arbeit meiner geliebten Familie. Meinen Eltern, meinem Bruder und meiner Schwester.

Hamburg, Oktober 2013 — Sylvia Lorenz

In dieser Dissertation wurde Rechtsprechung berücksichtigt, die bis zum Tag der Fertigstellung dieser Dissertation am 13.01.2012 veröffentlicht wurde.

Inhaltsverzeichnis

Kapitel 1 – Einleitung

A. Die Rechtsordnung ist auf ihrem digitalen Auge blind

Keine Neuentwicklung der letzten 20 Jahre hat einen solch starken Einfluss auf die moderne Gesellschaft ausgeübt wie das Internet. Es existiert kaum ein Bereich, der hiervon nicht erfasst ist. Der Siegeszug des Internets hat zu einer Digitalisierung von Lebens- und Arbeitsprozessen geführt. Diese hat ein Ausmaß erreicht, dass – ohne zu übertreiben – von einer virtuellen Parallelwelt gesprochen werden kann. Lebens- und Arbeitsprozesse, die zuvor in der realen Welt vollzogen wurden, werden – mit weiterhin steigender Tendenz – in die virtuelle Welt des Internets verlagert. So sollen 85 Prozent aller Internetnutzer in Deutschland schon einmal im Internet eingekauft haben[1]. In der Altersgruppe der 30- bis 49-Jährigen soll dies sogar auf 91 Prozent der Internetnutzer in Deutschland zutreffen[2]. So vielfältig die hierdurch neu geschaffenen Möglichkeiten geschäftlicher Tätigkeit und privater Unternehmungen sind, das Bedürfnis nach Spielregeln für ein funktionierendes Miteinander aller Marktteilnehmer ist in der virtuellen Welt des Internets nicht geringer als in der realen Welt. Abgesehen von technisch bedingten Grenzen, die dem Agieren im Internet entweder bewusst oder notgedrungen auf Grund des technischen Entwicklungsstandes gesetzt werden, kommt der Rechtsordnung hierbei eine entscheidende Rolle zu.

Der Rechtsordnung liegt jedoch eine physikalisch-naturwissenschaftliche Vorstellungswelt des historischen Gesetzgebers zu Grunde[3], dem insbesondere die Möglichkeit vollständig virtualisierter Lebens- und Arbeitsprozesse im Internet unbekannt war[4]. Je weiter die Digitalisierung des Alltags voranschreitet, desto offenkundiger wird, dass die Rechtsordnung auf ihrem digitalen Auge blind ist. Die Anwendung bekannter Rechtsfiguren versagt dort, wo Sachverhalte mit Internetbezug rechtlich zu

---

1 *Bundesverband Informationswirtschaft, Telekommunikation und neue Medien e.V. (Bitkom)* Studie, abrufbar auf www.esales4u.de/2011/studie-internetnutzung-deutschland.php (besucht am 18.01.2012).

2 *Bundesverband Informationswirtschaft, Telekommunikation und neue Medien e.V. (Bitkom)* Studie, abrufbar auf www.esales4u.de/2011/studie-internetnutzung-deutschland.php (besucht am 18.01.2012).

3 *Kort* „Software – eine Sache?“, DB 1994, 1505 ff., 1507.

4 *Maume* „Bestehen und Grenzen des virtuellen Hausrechts“, MMR 2007, 620, 623.

bewerten sind. Rechtsschutzlücken sind die Folge, die im Vergleich mit entsprechenden Sachverhalten in der realen Welt zu anderen Ergebnissen und, hiermit verbunden, zu Wertungswidersprüchen führen[5].

Dies wird z.B. im Zusammenhang mit Internetseiten deutlich, die von Gewerbetreibenden oder Unternehmen unterhalten werden, um Waren oder Dienstleistungen zu vertreiben. Solche Internetseiten fungieren als virtuelle Ladengeschäfte[6], indem sie, wie ihr Pendant in der realen Welt, dazu dienen, Waren und Dienstleistungen zu präsentieren, zu bewerben und anzubieten. Wie auch Ladengeschäfte in der realen Welt, haben virtuelle Ladengeschäfte die Aufgabe, eine Kommunikation des Betreibers mit seinen Kunden oder Abnehmern sowie die Abwicklung von Geschäften zu ermöglichen.

Im Gegensatz zu ihrem Pendant in der realen Welt stehen diese nach der derzeitigen Rechtslage Dritten überwiegend schutzlos zur Verfügung, ohne dass vom Inhaber (Betreiber) effektive Abwehrrechte geltend gemacht werden könnten[7]. Denn bei näherer Betrachtung gestaltet sich die rechtliche Herleitung entsprechender Abwehrrechte gerade auf Grund der Virtualität des Ladengeschäfts als schwierig. Rechte zur Abwehr von Beeinträchtigungen von Ladengeschäften resultieren in der Regel aus einer mit den Beeinträchtigungen verbundenen Besitz-/Eigentumsstörung. Diese wiederum knüpft an die Sachqualität des Beeinträchtigungsobjektes an. An der Sachqualität fehlt es bei virtuellen Ladengeschäften jedoch[8]. Versteht man die Internetpräsenz als virtuelles Ladenlokal, stellt sich die Frage, ob dem Betreiber in einem solchen Maß Abwehrrechte gegen Beeinträchtigungen zuzugestehen sind, wie sie Betreibern nicht-virtueller Ladengeschäfte gewährt werden. Denn sollte allein die Virtualität des Geschäftsbetriebes dazu führen, dass man in Rechtsschutzfragen zu anderen Ergebnissen kommt?

Diese mit der Digitalisierung bzw. Virtualisierung von Arbeits- und Lebensprozessen verbundene Problematik von Rechtsschutzlücken besteht nicht nur bei virtuellen Ladengeschäften, sondern zieht sich wie ein roter Faden durch sämtliche Bereiche, in denen die Informationstechnologie entsprechende Möglichkeiten geschaffen hat.

Zuvorderst sei insoweit an die seit mehr als 20 Jahren heiß diskutierte Problematik der Sacheigenschaft von Computerprogrammen erinnert. Als Computerprogramme in Form von Kaufgegenständen ihren Einzug in das Wirtschaftsleben hielten, sah man

5 Kapitel 4 Ziffer B., Seiten 187 ff.

6 *OLG Stuttgart* Urt. v. 17.01.2008, 2 U 12/07, GRUR-RR 2009, 31; *LG Aachen* Urt. v. 08.05.2009, 6 S 226/08, MMR 2010, 258.

7 Kapitel 3, Seiten 28 ff.

8 Kapitel 3 Ziffer B.I., Seiten 32 ff.

sich mit der Frage des rechtlichen Umgangs mit mangelhaften Computerprogrammen konfrontiert[9]. In Ermangelung gesetzlicher Regelungen wird zur Vermeidung von nicht hinnehmbaren Rechtsschutzlücken – ergebnisorientiert und dogmatisch kaum widerspruchsfrei begründbar[10] – die Anwendbarkeit der an die Sacheigenschaft anknüpfenden Vorschriften zur Mängelhaftung von der herrschenden Meinung bejaht[11]. Ein aufschlussreiches Indiz im Zusammenhang mit Rechtsschutzfragen betreffend virtueller Güter liefert die Diskussion um die Sacheigenschaft von Computerprogrammen unabhängig davon, ob man die Argumente, mit denen die Sacheigenschaft bejaht wird, oder die hieran geäußerte Kritik[12] als überzeugend erachtet[13]. Denn alle Ansichten kommen zu dem Ergebnis, dass Rechtsschutzmöglichkeiten gegeben sein müssen. Somit scheint Einigkeit darüber zu bestehen, dass der unkörperliche Charakter von Computerprogrammen nicht zu Rechtsschutzlücken führen darf.

Im Zusammenhang mit sog. Online-Spielen, die von einer Vielzahl von Teilnehmern im Internet gespielt werden[14], findet sich ein weiteres Beispiel für das Entstehen von ungewollten Rechtsschutzlücken bei digitalen bzw. virtuellen Sachverhalten. Durch den Handel mit Gegenständen, die in den Online-Spielen virtuell geschaffen werden (sog. virtuelle Gegenstände), ist ein gewinnträchtiger Markt entstanden[15]. Kontrovers wird daher die Frage der rechtlichen Einordnung

---

9 *BGH* Urt. v. 15.11.2006, XII ZR 120/04, NJW 2007, 2394 ff.; *Marly* „Die Qualifizierung der Computerprogramme als Sache nach § 90 BGB", BB 1991, 432 ff.; *Kort* „Software eine Sache?", a.a.O., ff.; *Moritz* „Überlassung von Programmkopien – Sachkauf oder Realakt in Vertrag sui generis?", CR 1994, 257 ff.; *Müller-Hengstenberg* „Computersoftware ist keine Sache", NJW 1994, 3128 ff.; *ders./Kirn* „Vertragscharakter des Application Service Providing-Vertrags", NJW 2007, 2370 ff., *Bormann/Bormann* „Rechtsnatur und Rechtsschutz der Software", DB 1991, 2641 ff.

10 Kapitel 3 Ziffer B.I.2., Seiten 46 ff.

11 Kapitel 3 Ziffer B.I.1.a), Seiten 33 ff.

12 Kapitel 3 Ziffer B.I.1.b), Seiten 40 ff.

13 Stellungnahme in Kapitel 3 Ziffer B.2., Seiten 46 ff.

14 Kapitel 4 Ziffer A.II., Seiten 148 ff.

15 *Psczolla* „Virtuelle Gegenstände als Objekte der Rechtsordnung", JurPC 2009, Web-Dok. 17/2009, Abs. 1 wonach der weltweite Umsatz mit virtuellen Gegenständen aus Online-Spielen im Jahr 2010 von Analysten auf eine halbe Milliarde US-Dollar geschätzt wurde; *Krasemann* „Onlinespielrecht – Spielwiese für Juristen", MMR 2006, 351, wonach nach einer Schätzung das Handelsvolumen betreffend virtuelle Gegenstände 2005 auf 900 Mio. US-Dollar geschätzt wurde; *Wemmer/Bodensiek* „Virtueller Handel – Geld und Spiele", K&R 2004, 432, wonach zwischen Juli 2003 und Mai 2004 bei dem Online-Auktionshaus eBay mehr als 20 Mio. US-Dollar für virtuelle Gegenstände ausgegeben wurden; *Lober/Weber* „Money for Nothing? Der Handel

virtueller Gegenstände diskutiert[16]. Denn nur wer Rechte an den virtuellen Gegenständen hat, kann von deren wirtschaftlichem Wert profitieren. Die Positionen, die betreffend die rechtliche Einordnung virtueller Gegenstände eingenommen werden, könnten unterschiedlicher nicht sein. Dies geht bis hin zur Anerkennung eines „virtuellen Eigentums"[17]. Die Diskussion um die rechtliche Einordnung virtueller Gegenstände zeigt besonders deutlich, dass die Rechtsordnung und bekannten Rechtsfiguren bei digitalen bzw. virtuellen Sachverhalten an ihre Grenzen stoßen.

Ebenso wird die Frage der Lösung bestehender Rechtsschutzlücken auf Grund der Unkörperlichkeit des immense wirtschaftliche Werte repräsentierenden Herrschaftsgegenstandes „Internet-Domain" diskutiert. Die Internet-Domain reiht sich ein in die Gruppe tatsächlich existierender digitaler und in ihrem Kontext technisch vermittelt wahrnehmbarer Ressourcen, die wegen ihrer fehlenden Körperlichkeit dem Rechtsschutz entzogen sind[18].

Die Kernfrage, die in dieser Arbeit behandelt wird, ist, ob bzw. inwieweit Sachverhalte, die auf Grund ihrer Verortung im Internet einzig die Besonderheit einer digitalen bzw. virtuellen Natur aufweisen, im Ergebnis anders zu beurteilen sind, als vergleichbare Sachverhalte in der realen Welt. Diese Problematik ist insofern nicht neu. Der aufmerksame Beobachter der Diskussion in Rechtsprechung und Literatur stößt ununterbrochen hierauf[19]. Die Fälle sind zahlreich, in denen ein eigentlicher Standardsachverhalt auf Grund dessen Verortung in der virtuellen Welt des Internets rechtlich unlösbar scheint. Die rechtliche Diskussion und Lösungssuche finden vorwiegend bezogen auf das tangierte Rechtsgebiet punktuell statt. Geprüft wird stets, ob und inwieweit die Rechtsnormen, die betreffend den vergleichbaren Sachverhalt

---

mit virtuellen Gegenständen und Charakteren", MMR 2005, 653, wonach während zwei Wochen im Jahr 2009 der Umsatz mit dem Handel von virtuellen Gegenständen bei dem Online-Auktionshaus eBay mehr als 150.000,00 Mio. US-Dollar betragen haben soll; *Koch* „Die rechtliche Bewertung virtueller Gegenstände auf Online-Plattformen", JurPC Web.-Dok. 57/2006, Abs. 4, wonach speziell für den Handel mit virtuellen Gegenständen gegen reales Geld im Jahr 2001 das Auktionshaus IGE (Internet Gaming Entertainment) gegründet worden sein soll und nach Aussage von IGE der Wert der in einem Jahr gehandelten Güter eine Milliarde US-Dollar betragen haben soll; *Preuß* „Rechtlich geschützte Interessen an virtuellen Gütern", 22, wonach der Wert des Marktes, der den Verkauf virtueller Güter zum Gegenstand hat, teilweise bereits auf 880 Mio. US-Dollar geschätzt worden sein soll.

16 Kapitel 4 Ziffer A.II., Seiten 148 ff.

17 Kapitel 4 Ziffer A.II.4., Seiten 157 ff.

18 *Berberich* „Absolute Rechte an der Nutzung einer Domain – eine zentrale Weichenstellung für die Rechtsentwicklung", WRP 2011, 543.

19 Kapitel 4 Ziffer A., Seiten 144 ff.

in der realen Welt anwendbar sind, auf den virtuellen Sachverhalt übertragen werden können[20]. Oftmals wird der Wortlaut der angewandten Rechtsnormen hierbei überdehnt oder Rechtsschutz schlicht verneint[21]. Vereinzelt wird der Vorstoß einer Rechtsfortbildung zwar gewagt, um entstandene Rechtsschutzlücken zu schließen. So wird zum Beispiel im Zusammenhang mit virtuellen Gegenständen für die Anerkennung eines virtuellen Eigentums als sonstiges Recht im Sinne des § 823 Abs. 1 BGB bzw. als Immaterialgüterrecht *sui generis* plädiert[22]. Es entsteht dennoch der Eindruck, dass das grundlegende Problem nicht erkannt wird: Die Rechtsordnung erfasst digitale bzw. virtuelle Sachverhalte nur punktuell und unzureichend.

Dieser Zustand konnte bis zu einem bestimmten Punkt hingenommen werden, da die Digitalisierung bzw. Virtualisierung noch nicht weit fortgeschritten war. So konnten rechtliche Behelfslösungen oftmals damit begründet werden, dass der Sachverhalt neben dem digitalen bzw. virtuellen Aspekt stets einen Bezug zur realen Welt aufwies. Auf diesen Bezugspunkt abstellend, konnte auf vorhandene Rechtsfiguren zurückgegriffen werden. Die Sacheigenschaft von Computerprogrammen konnte z.B. mit dem Verweis auf den körperlichen Datenträger begründet werden[23]. Akuter wurde die Frage bestehender Rechtsschutzlücken bei Sachverhalten mit Internetbezug erst mit zunehmendem Einfluss des Internets auf den geschäftlichen und privaten Alltag. Die hiermit verbundene Verlagerung geschäftlicher und privater Tätigkeiten ins Internet ist mittlerweile so weit voran geschritten, dass die Frage des Bestehens von Abwehrrechten virulent ist. So hat z.B. die Eröffnung virtueller Ladengeschäfte den wirtschaftlichen Anreiz für Dritte geschaffen, durch Eingriffe von diesen zu profitieren. Für die Betreiber virtueller Ladengeschäfte stellt sich die Frage nach Abwehrrechten gegen solche Eingriffe mehr denn je[24].

B. Verfassungsrechtlich aufgegebener Handlungsbedarf

Diese neuen auf der Weiterentwicklung der Informationstechnologie basierenden Sachverhalte, die von der Rechtsordnung nicht erfasst werden, machen ein Handeln des Gesetzgebers erforderlich. Dies findet seine verfassungsrechtliche

20 Kapitel 3; Seiten 28 ff.

21 Kapitel 3; Seiten 28 ff.

22 Kapitel 4 Ziffer A.II. und III., Seite 148 ff. und 167 ff.

23 Kapitel 3 Ziffer B.I.1.a), Seiten 33 ff.

24 Kapitel 2 Ziffer B., Seiten 28 ff.

Rechtfertigung darin, dass Gesetze einem Alterungsprozess unterworfen sind[25]. Ein verfassungsrechtlicher Handlungsbedarf ergibt sich aus der Eigentumsgarantie gemäß Art. 14 Abs. 1 Grundgesetz (GG)[26].

Art. 14 Abs. 1 GG erlegt dem Staat die Schutzpflicht auf, im Rahmen der verfassungsrechtlich statuierten Eigentumsgarantie dem Eigentümer die Möglichkeit der faktischen Inanspruchnahme von Eigentumspositionen sowie eine Privatrechtsordnung[27] und angemessene Verfahren zur Rechtsdurchsetzung[28] bereitzustellen. Dies folgt aus der Funktion der Eigentumsgarantie, nämlich der Ermöglichung und Sicherung eines vermögensrechtlichen Freiheitsraums des Einzelnen (Bestandsgarantie) sowie der Schaffung einer Möglichkeit der Nutzung privater Rechtspositionen (Institutsgarantie)[29]. Die Dynamik des Eigentumsbegriffs im Sinne von Art. 14 Abs. 1 GG erlaubt und gebietet es, in der virtuellen Welt des Internets geschaffene Vermögenswerte als Eigentum dem Schutz von Art. 14 Abs. 1 GG zu unterstellen[30]. Unschädlich ist hierbei, dass die in der virtuellen Welt des Internets geschaffenen vermögenswerten Rechtspositionen gegebenenfalls erst durch das Gesetz hervorzubringen sind. Neben den natürlich abgegrenzten Gütern (z.B. Sacheigentum) und den wesentlich abgrenzungsbedürftigen Gütern (z.B. Grundeigentum), umfasst Eigentum auch solche, erst hervorzubringenden Güter[31]. Diese sind genuine Schöpfungen der Rechtsordnung, die ihre Existenz, ihren Vermögenswert und ihre Verkehrsfähigkeit erst der rechtsschöpfenden Begründung durch den Gesetzgeber verdanken[32].

C. Eingrenzung der behandelten Aspekte

Die Kernproblematik, mit der sich diese Arbeit befasst, ist die rechtliche Behandlung virtueller Sachverhalte im Vergleich zu entsprechenden Sachverhalten der realen Welt. Eine Auseinandersetzung hiermit ist sinnvoll einzig an Hand eines

---

25 Vgl. *BVerfG* Beschl. v. 21.12.2010, 1 BvR 2760/08, GRUR 2011, 223, 225 - *Drucker und Plotter*; *ders.* Beschl. v. 30.08.2010, 1 BvR 1631/08, MMR 2010, 767, 769 - *Drucker und Plotter"*.

26 Kapitel 4 Ziffer C.IV, Seiten 200..

27 *BVerwG* Urt. v. 25.9.1968, IV C 195/65, BVerwGE 30, 235.

28 *BVerfG* Beschl. v. 25.11.1971, 1 BvR 6/74, 1 BvR 2270/73, BVerfGE 37, 132, 148.

29 Kapitel 4 Ziffer C.II., Seiten 197 ff.

30 Kapitel 4 Ziffer C.III., Seiten 199 ff.

31 Mangoldt/Klein/Stark/*Depenheuer* Art. 14 Rn. 58 ff.

32 Vgl. Mangoldt/Klein/Stark/*Depenheuer* Art. 14 Rn. 58 ff. Art. 14 Rn. 60.

ausgewählten Teilaspektes der Gesamtproblematik möglich. Denn die Fallgestaltungen sind weit gefächert und entwickeln sich mit dem technischen Fortschritt stetig weiter. Für diese Arbeit wurde als zu bearbeitender Teilaspekt die Frage des Bestehens von gesetzlichen Unterlassungsansprüchen zur Abwehr von Beeinträchtigungen sog. virtueller Ladengeschäfte (Internetpräsenzen) gewählt. Hierbei ist zu prüfen, ob dem Betreiber die faktische Inanspruchnahme seiner im Zusammenhang mit dem virtuellen Ladengeschäft geschaffenen Vermögenspositionen ermöglicht sowie Privatrechtsinstrumentarien und angemessene Verfahren zur Rechtsdurchsetzung bereit gestellt werden.

Dieser ausgewählte Teilaspekt erfasst – sowohl hinsichtlich seiner Eingrenzung auf virtuelle Ladengeschäfte als auch auf gesetzliche Unterlassungsansprüche – eine Vielzahl von Fallgestaltungen und ist besonders gut geeignet, die Lückenhaftigkeit der derzeit bestehenden Rechtsschutzmöglichkeiten und hiermit verbundene Wertungswidersprüche zu vergleichbaren Sachverhalten in der realen Welt aufzuzeigen.

Um die Dimension der Problematik einer unzureichenden Erfassung virtueller bzw. digitaler Sachverhalte durch die Rechtsordnung nicht aus den Augen zu verlieren und insbesondere nicht den Eindruck entstehen zu lassen, dass eine Lösung einzig in Bezug auf virtuelle Ladengeschäfte erforderlich ist, werden weitere Aspekte der Gesamtproblematik in dieser Arbeit angerissen. So zum Beispiel die rechtliche Einordnung von Computerprogrammen[33], virtuellen Gegenständen[34] und Internet-Domains[35].

Im Mittelpunkt dieser Arbeit steht somit die Frage, ob Betreibern sog. virtueller Geschäftsmodelle[36] Abwehrrechte gegen Beeinträchtigungen ihrer als virtuelles Ladengeschäft fungierenden Internetseite (Internetpräsenz) durch Dritte in einem den Anforderungen gemäß Art. 14 Abs. 1 GG entsprechendem Maß zur Verfügung stehen. Da der auf die Zukunft gerichtete Unterlassungsanspruch bei der Abwehr von Beeinträchtigungen unter dem Aspekt einer zügigen und effektiven Abwehr das schärfste Schwert darstellt, beschränken sich die Darstellungen in dieser Arbeit auf Unterlassungsansprüche. Denn diese ermöglichen eine in die Zukunft gerichtete und im Wege des einstweiligen Rechtsschutzes durchsetzbare, mithin zeitnahe Beendigung der Störung.

Ein Unterlassungsanspruch kann sich aus Vertrag oder Gesetz ergeben.

---

33 Kapitel 4 Ziffer A.I., Seiten 146 ff.
34 Kapitel 4 Ziffer A.II., Seiten 148 ff.
35 Kapitel 4 Ziffer A.III., Seiten 167 ff.
36 Kapitel 2 Ziffer A.II., Seiten 11 ff.

Der auf Vertragsverletzung gründende Unterlassungsanspruch soll im Rahmen dieser Arbeit nicht thematisiert werden. Denn ein solcher kommt nur in Betracht, solange die Verletzungshandlung im Rahmen eines bestehenden Vertragsverhältnisses noch andauert bzw. der daraus resultierende Schaden noch nicht irreparabel ist[37]. Ein Vertragsverhältnis zwischen dem Betreiber eines virtuellen Geschäftsmodells und dem beeinträchtigenden Dritten existiert jedoch – wenn überhaupt – nur während des jeweils aktuellen Besuches der Internetpräsenz durch den Dritten. Vertragliche Abwehransprüche könnten somit einzig bezogen auf diesen jeweiligen Besuch der Internetpräsenz und im Rahmen dessen geltend gemacht werden. Das Abwehrinteresse des Betreibers bezieht sich jedoch vor allem außervertraglich darauf, dass der Dritte vergleichbare Nutzungshandlungen in Zukunft unterlässt. Etwaigen vertraglichen Unterlassungsansprüchen kommt bei der Beeinträchtigung virtueller Ladengeschäfte somit in der Praxis eine untergeordnete Rolle zu[38].

Die im Rahmen dieser Arbeit behandelten Beeinträchtigungen virtueller Geschäftsmodelle[39] wurden gezielt auf Grund der Tatsache ausgewählt, dass es bei diesen in der Regel an einem bestehenden Vertragsverhältnis zwischen dem Betreiber des virtuellen Geschäftsmodells und dem beeinträchtigenden Dritten fehlt. Auch sind die ausgewählten Beeinträchtigungen derzeit sehr weit verbreitet und haben eine erhebliche wirtschaftliche Relevanz[40].

D. Zielsetzung und Gang der Darstellung

Ziel dieser Arbeit ist es, die derzeitige rechtliche Situation virtueller Geschäftsmodelle eingehend daraufhin zu untersuchen, ob und inwieweit gesetzliche Abwehransprüche gegen Beeinträchtigungen des für diese so überlebenswichtigen virtuellen Ladengeschäftes bestehen und – für den Fall, dass ein hinreichender Schutz nicht gegeben ist – einen Lösungsvorschlag zu unterbreiten, der die in dieser Arbeit behandelte Gesamtproblematik berücksichtigt: Die auf dem technologischen Fortschritt beruhende Digitalisierung bzw. Virtualisierung von Arbeits- und Lebensprozessen und damit verbundene Rechtsschutzlücken, die auf einer der Rechtsordnung zu Grunde liegenden physikalisch-naturwissenschaftlichen Vorstellungswelt des Gesetzgebers basieren.

---

37 *BGH* Urt. v. 11.09.2008, I ZR 74/06, WRP 2009, 177 – *bundesligakarten.de.*

38 Vgl. *BGH* Urt. v. 11.09.2008, I ZR 74/06, WRP 2009, 177 – *bundesligakarten.de.*

39 Kapitel 2 Ziffer B., Seiten 20 ff.

40 Kapitel 2 Ziffer A.II. und III., Seiten 11 ff. und 16 f.

Zunächst wird in **Kapitel 2** der Ausgangspunkt für diese Arbeit geschaffen, in dem virtuelle Geschäftsmodelle beschrieben und kategorisiert, Begrifflichkeiten sowie die Beweggründe für ein Betreiben virtueller Geschäftsmodelle und deren wirtschaftliche Bedeutung erläutert werden. Ausgehend von derzeit gängigen Beeinträchtigungsformen werden Fallgruppen herausgearbeitet, an Hand derer die anschließende Prüfung des Umfangs des derzeit bestehenden rechtlichen Schutzes virtueller Ladengeschäfte in **Kapitel 3** erfolgt.

Um die Gesamtproblematik der Nichterfassung virtueller Sachverhalte durch die Rechtsordnung, die weit über virtuelle Ladengeschäfte hinausreicht, zu veranschaulichen, werden in **Kapitel 4** sodann weitere Fallgruppen beschrieben. Die Erfassung der Gesamtproblematik bietet zum einen Gelegenheit, sich mit Lösungsvorschlägen auseinander zu setzen, die bereits im Zusammenhang mit anderen neuartigen virtuellen Produkten unterbreitet wurden. Zum Anderen können hierdurch die mit der Nichterfassung digitaler bzw. virtueller Sachverhalte verbundenen Wertungswidersprüche in Bezug auf vergleichbare nicht-virtuelle Sachverhalte besonders anschaulich gemacht werden, die einen Handlungsbedarf letztlich erforderlich machen.

In **Kapitel 5** wird ein eigener Lösungsvorschlag unterbreitet, dem eine kritische Auseinandersetzung mit bereits unterbreiteten Lösungsvorschlägen vorangestellt ist.

Kapitel 6 widmet sich abschließend den Schlussbetrachtungen und gefundenen Erkenntnissen.

E. Thesen der Arbeit

1. Die Entwicklung der Informationstechnologie schafft stetig und fortlaufend neuartige Immaterialgüter. Hierzu gehören z.B. virtuelle Ladengeschäfte, die für virtuelle Geschäftsmodelle lebensnotwendig sind, sowie virtuelle Gegenstände in Online-Spielen und Internet-Domains. Diese Immaterialgüter sind dadurch gekennzeichnet, dass sie in Ermangelung einer geistigen Schöpfung eine Nähe weniger zu den klassischen Immaterialgütern und mehr zum Sachenrecht aufweisen. So steht z.B. im Gegensatz zum klassischen Urheberrecht nicht der Autorenschutz, sondern der Schutz der die neuartigen Immaterialgüter repräsentierenden Investitionen im Vordergrund.
2. Virtuelle Ladengeschäfte sind schützenswerte Rechtsgüter. Ein adäquater Rechtsschutz existiert derzeit nicht, was insbesondere darauf zurückzuführen ist, dass das Regelungsregime des Sachenrechts auf Grund Fehlens einer körperlichen Sache im Sinne von § 90 BGB nicht anwendbar ist.

3. Der fehlende Rechtsschutz hinsichtlich virtueller Ladengeschäfte ist insbesondere vor dem Hintergrund der Gesamtproblematik einer Nichterfassung neuartiger virtueller Produkte zu beurteilen und führt zu nicht hinnehmbaren Widersprüchen mit vergleichbaren Sachverhalten in der realen Welt. Dies folgt daraus, dass solche neuartigen virtuellen Produkte das Pendant zu realen Sachen darstellen. Sie erfahren trotz vergleichbarer Interessenlagen einzig auf Grund einer fehlenden Körperlichkeit ein anderes rechtliches Schicksal. Auf diesen einzigen Unterschied kann insoweit jedoch nicht wesentlich abgestellt werden, da dies im Widerspruch zu der in der Gesellschaft bereits vollzogenen Entwicklung steht, in der geschäftliche und private Aktivitäten mit steigender Tendenz ins Internet verlagert werden und als Substitut zu deren Pendant in der realen Welt stattfinden. Der Alltag wird zunehmend virtueller und verzichtet auf einen körperlichen Bezugspunkt. Auch wird die Rolle des Sachbezugs im Sinne von § 90 BGB dadurch relativiert, dass der Grad seiner Bedeutung wesentlich von der überholten physikalisch-naturwissenschaftlichen Vorstellungswelt des historischen Gesetzgebers geprägt ist, dem insbesondere die Möglichkeit vollständig virtualisierter Arbeits- und Lebensprozesse unbekannt war. Die Rechtsordnung muss diese in der Gesellschaft bereits vollzogene Entwicklung und Anerkennung virtueller Produkte nachbilden, die als Pendant zu realen Sachen fungieren.
4. Für eine rechtliche Erfassung des neuartigen, vom technologischen Fortschritt hervorgebrachten virtuellen Immaterialguts „virtuelles Ladengeschäft" sowie für andere vergleichbare Immaterialgüter bietet ein Immaterialgüterrecht *sui generis de lege ferenda* die dogmatisch sauberste Lösung. Dogmatische Brüche und Kunstgriffe, die andere Lösungsvorschläge in Kauf nehmen, werden vermieden. Diese neu zu schaffenden Immaterialgüterrechte *sui generis* sind rechtliche Nova, die jedoch kein Betreten legislatorischen Neulands bedeuten. Vielmehr kann das Recht *sui generis* an Datenbanken gemäß Art. 7 der Richtlinie 96/9/EG des Europäischen Parlaments und des Rates über den rechtlichen Schutz von Datenbanken vom 11.03.1996 (sog. Datenbankrichtlinie) vergleichend herangezogen werden, das insoweit eine Vorreiterstellung einnimmt.

Kapitel 2 – Beschreibung virtueller Geschäftsmodelle und deren Beeinträchtigungen

A. Virtuelle Geschäftsmodelle

Unter virtuellen Geschäftsmodellen sind im Rahmen dieser Arbeit Geschäftsmodelle zu verstehen, denen das Angebot und der Vertrieb von Waren oder Dienstleistungen über eine Internetpräsenz, d.h. ein virtuelles Ladengeschäft, zu Grunde liegen.

I. Dienstleistungen 1. und 2. Stufe

Für die nachfolgenden Ausführungen ist hinsichtlich der Verwendung des Begriffes „Dienstleistungen" zu differenzieren:

Zum Einen sind unter Dienstleistungen solche zu verstehen, die ebenso wie Waren über eine Internetpräsenz angeboten, jedoch außerhalb des virtuellen Bereichs erbracht werden (z.B. Durchführung von Handwerksarbeiten). Diese werden nachfolgend als Dienstleistungen (2. Stufe) bezeichnet.

Hiervon zu unterscheiden sind zum Anderen die Dienstleistungen, die in der Bereitstellung der Internetpräsenz und Ermöglichung ihrer Nutzung an sich bestehen. Diese Dienstleistungen sind rein elektronisch, den Dienstleistungen (2. Stufe) vorgelagert und werden nachfolgend als Dienstleistungen (1. Stufe) bezeichnet.

II. Rein- und gemischt-virtuelle Geschäftsmodelle

Weiterhin ist zwischen sog. rein- und gemischt-virtuellen Geschäftsmodellen zu unterscheiden.

1. Rein-virtuelle Geschäftsmodelle

Im Zusammenhang mit der Erbringung von Dienstleistungen existieren rein-virtuelle Geschäftsmodelle, bei denen die gesamte geschäftliche Tätigkeit von der Kontaktaufnahme mit dem Kunden, über den Vertragsabschluss bis hin zur Leistungserbringung virtuell ist. In diesem Fall werden von dem Betreiber des virtuellen Geschäftsbetriebes ausschließlich Dienstleistungen (1. Stufe) erbracht.

Rein-virtuelle Geschäftsmodelle lassen sich untergliedern in solche, deren Geschäftskonzept insoweit klassisch ist, als vergleichbare Geschäftskonzepte bereits vor dem Internet existierten und solche, die erst durch das Internet möglich geworden sind (sog. internet-spezifische Geschäftsmodelle).

a) Klassische Geschäftsmodelle – Vermittlungsdienste

Bei einer nicht unerheblichen Zahl virtueller Geschäftsmodelle werden Vermittlungsdienste[41] erbracht. Insoweit liegt ein klassisches Geschäftskonzept zu Grunde, dass nicht erst durch das Internet möglich geworden ist, sondern bereits zuvor existierte und lediglich in das Internet verlagert wurde. Das Angebot solcher virtuellen Geschäftsmodelle (Vermittlungsdienste) richtet sich sowohl an Dritt-Anbieter als auch an Abnehmer (Kunden) von Waren und/oder Dienstleistungen (2. Stufe) und besteht in der Regel darin, die von Dritten angebotenen Waren und Dienstleistungen (2. Stufe) an Kunden zu vermitteln. Weit verbreitet ist z.B. folgender Ablauf: Der Dritt-Anbieter veröffentlicht auf der Internetseite des Vermittlungsdienstes Angebote zum Erwerb von Waren oder der Inanspruchnahme von Dienstleistungen. Der Kunde hat die Möglichkeit, nach diesen Angeboten entsprechend von zuvor eingegebenen Kriterien zu suchen. Bei einem erfolgreichen Suchergebnis übersendet der Vermittlungsdienst dem Kunden die Kontaktdaten des Dritt-Anbieters, so dass eine unmittelbare Kontaktaufnahme zwischen Kunden und Dritt-Anbieter zu Stande kommt.

Bei solchen virtuellen Vermittlungsdiensten handelt es sich z.B. um sog. Internet-Börsen oder sog. Internet-Handelsplattformen. Diese erfreuen sich einer sehr großen Beliebtheit. So betreibt z.B.[42]

- die amerikanische eBay Inc. gewerbsmäßig die Internet-Handelsplattform „eBay“ über ihre Internetpräsenzen, wie z.B. www.ebay.de;
- die amerikanische amazon.com, Inc. über verschiedene Zwischengesellschaften gewerbsmäßig eine Internet-Handelsplattform über die Internetseite www.amazon-marketplace.de;
- die AutoScout24 GmbH eine Internet-Börse zum Angebot und zur Suche von Gebrauchtwagen unter anderem auf ihrer Internetpräsenz www.autoscout24.de;

---

41 Der Begriff „Vermittler“ ist insoweit rechtsuntechnisch zu verstehen.

42 Der nachfolgend beschriebene Inhalt von Internetseiten bezieht sich auf den Stand bis zur Fertigstellung dieser Arbeit am 13.01.2012.

- die Immobilien Scout GmbH eine Internetbörse zum Angebot und zur Suche von Immobilien unter www.immoscout24.de;
- die JobScout24 GmbH eine Internet-Börse zur Stellenvermittlung unter www.jobscout24.de;
- die Beins Travel Group B.V. eine Vermittlerinternetseite für Flugreisen unter www.cheaptickets.de;
- die Immowelt AG eine Internetbörse zum Angebot und zur Suche nach Immobilien unter www.immowelt.de und
- die Beko Käuferportal GmbH eine Internetbörse für Gewerbetreibende zum Angebot und zur Suche nach verschiedenen Waren und Dienstleistungen unter www.kaeuferportal.de.

b) Internet-spezifische Geschäftskonzepte

Das Internet hat zudem Geschäftsmodelle hervorgebracht, die ausschließlich virtuell möglich sind. Diese sind erst mit dem Internet entstanden, mithin internetspezifisch.

Hierbei handelt es sich z.B. um Internet-Suchmaschinen. Deren Dienstleistungen bestehen darin, mittels der Eingabe von Suchbegriffen Internetpräsenzen Dritter ausfindig zu machen. So bietet z.B.

- die Google Inc. ihre Dienstleistungen einer Internet-Suchmaschine auf u.a. www.google.de und
- die Microsoft Deutschland GmbH ihre Dienstleistungen einer Internet-Suchmaschine auf www.bing.de

an.

Eine weitere Kategorie virtueller Geschäftsmodelle, die erst durch das Internet möglich geworden sind, sind sog. Internet-Communities (sog. Social-Media), Internet-Chat-Rooms und Internet-Meinungsforen.

Mit einer Internet-Community (Social-Media) wird dem Nutzer unter anderem die Möglichkeit eröffnet, anderen Nutzern des Dienstes Informationen über sich zur Verfügung zu stellen, Informationen über andere Nutzer zu erhalten und Kontakt aufzunehmen oder zu pflegen (sog. social networking). Solche Dienstleistungen werden z.B. von

- der XING AG auf der Internetseite www.xing.de oder
- der Facebook Inc. auf der Internetseite www.facebook.de

angeboten.

Im Rahmen von Internet-Chat-Rooms oder Internet-Meinungsforen wird den Nutzern die Möglichkeit eröffnet, Beiträge über die Internetpräsenz einzustellen, die in Echtzeit von anderen Nutzern gelesen und auf die geantwortet werden kann. Diese virtuellen Geschäftsmodelle sind oftmals themenbezogen. So betreibt z.B.

- die SPinAG auf der Internetseite www.spin.de und
- die Mister Wong GmbH auf der Internetseite www.mister-wong.de

einen Internet-Chat-Room zur Partnersuche.

Auch sind durch das Internet solche virtuellen Geschäftsmodelle erst möglich geworden, die den Nutzern elektronische Postfächer und Adressen (E-Mail-Services) zur Verfügung stellen. Solche Dienstleistungen werden z.B. angeboten von

- der GMX GmbH unter www.gmx.de;
- der WEB.DE GmbH unter www.web.de;
- der Yahoo! Deutschland GmbH unter www.yahoo.de und
- der Deutsche Telekom AG unter www.t-online.de.

Der Betrieb von über das Internet zugänglichen Datenbanken, sog. Internet-Datenbanken, stellt ein weiteres rein-virtuelles und internet-spezifisches Geschäftsmodell dar. So wird z.B. von der

- juris GmbH unter www.juris.de und
- Verlag C. H. Beck oHG unter www.beck-online.de

eine Datenbank angeboten, die Zugriff auf zahlreiche Gerichtsurteile und juristische Literatur ermöglichen.

2. Gemischt-virtuelle Geschäftsmodelle

Neben den rein-virtuellen Geschäftsmodellen existieren gemischt-virtuelle Geschäftsmodelle.

Werden von dem Betreiber über die Internetpräsenz nicht allein Dienstleistungen (1. Stufe), sondern auch (eigene oder Dritt-) Waren und/oder Dienstleistungen (2. Stufe) angeboten, liegt ein gemischt-virtuelles Geschäftsmodell vor. Denn ein Teil der Leistungserbringung wird nicht im virtuellen Bereich, d.h. über die Internetpräsenz, sondern außerhalb des Internets vollzogen. So z.B. die Übereignung der Ware oder die Erbringung der Dienstleistungen (2. Stufe).

Die Palette gemischt-virtueller Geschäftsmodelle ist sehr breit. So z.B.

- verkauft die amerikanische amazon.com, Inc. als sog. Online-Kaufhaus gewerbsmäßig eigene Waren über verschiedene Zwischengesellschaften, so z.B. den in Belgien ansässigen Betreiber der Internetpräsenz unter www.amazon.de;
- vertreibt die Irische Fluggesellschaft Ryanair Limited ihre Flugreisen direkt über ihre Internetpräsenzen, wie z.B. www.ryanair.de;
- vertreibt die britische Fluggesellschaft easyJet Airline Company Limited ihre Flugreisen über ihre Internetpräsenzen, wie z.B. www.easyjet.de oder
- vertreibt der Fußball-Club HSV Hamburger Sport-Verein die Eintrittskarten für seine Heimspiele unter anderem über seine Internetpräsenz www.hsv.de.

Die Möglichkeit, eigene Waren oder Dienstleistungen (2. Stufe) (auch) über das Internet im Direktvertrieb gegenüber Kunden anzubieten, ist für Unternehmen wirtschaftlich sehr attraktiv. Es wird ein weiterer Vertriebsweg eröffnet, der eine kostengünstige und unkomplizierte Kommunikation mit dem Kunden schafft, da diese elektronisch stattfindet. Auch erreicht das Unternehmen über diesen Vertriebsweg einen deutlich größeren Kundenkreis als über andere Vertriebswege. Für den Kunden wird das Angebot des Unternehmens interessanter, da die Inanspruchnahme mit einem deutlich geringeren zeitlichen und finanziellen Aufwand verbunden ist als z.B. im Vergleich zu einem Besuch in der Verkaufsstelle vor Ort.

III. Wirtschaftliche Beweggründe für das Betreiben und die Finanzierung virtueller Geschäftsmodelle

Die wirtschaftlichen Beweggründe für das Betreiben virtueller Geschäftsmodelle sind vielschichtig und individuell geprägt. Daher ist eine abschließende Aufzählung kaum möglich. Es kann jedoch davon ausgegangen werden, dass ein weit verbreiteter wirtschaftlicher Beweggrund darin besteht, dass virtuelle Geschäftsmodelle im Verhältnis zu nicht-virtuellen Geschäftsbetrieben mit geringerem Aufwand realisiert und betrieben werden können. So entfallen zeit- und kostenaufwendige Anmietungen von Ladenflächen oder Geschäftsräumen, deren Ausstattung und Unterhalt. Auch können virtuelle Geschäftsmodelle mit einem relativ geringen Aufwand kurzfristig neugestaltet werden. Notwendig hierfür ist einzig die Umgestaltung der Internetpräsenz. Dies ermöglicht eine sehr hohe Flexibilität und kurze Reaktionszeiten in Bezug auf z.B. umsatzbedingte Anpassungen des Geschäftsmodells.

Die Finanzierungsquellen virtueller Geschäftsmodelle sind ebenso wie die wirtschaftlichen Beweggründe zum Betreiben dieser individuell. Zu den am häufigsten auftretenden Finanzierungsquellen virtueller Geschäftsmodelle dürften die

- Leistungserbringung gegen ein Entgelt und/oder
- Vermietung von Werbeflächen auf der Internetseite

zählen.

Abhängig von den angebotenen Dienstleistungen (1. und/oder 2. Stufe) kann die Einnahme von Entgelten für die Leistungserbringung und die Vermietung von Werbefläche im Vordergrund stehen. Oftmals findet auch eine Kombination aus entgeltlicher und unentgeltlicher Leistungserbringung statt.

Geht man davon aus, dass der Kunde für eine Leistung so wenig wie möglich zahlen möchte, liegt es auf der Hand, dass ein virtueller Geschäftsbetrieb für Kunden umso attraktiver ist, je geringer die zu erbringende Gegenleistung, d.h. je niedriger das Entgelt ist. Daher ist es für die Betreiber virtueller Geschäftsmodelle besonders attraktiv, für die Leistungserbringung kein Entgelt zu verlangen und auf die Einnahmequelle durch Vermietung von Werbeflächen auf der Internetseite zurückzugreifen. Die Miete richtet sich hierbei oftmals nach den „Views" oder „Klicks", d.h. der Anzahl der Besucher der Internetseite. Die Anzahl der Klicks wird durch das Anklicken der Internetseite registriert[43]. Je höher die Anzahl der Besucher der Internetseite ist, desto höher ist der Marktwert der Internetseite und dementsprechend können höhere Mieten für die Vermietung der Werbeflächen verlangt werden. In diesem Zusammenhang ist von klickbezogenen Werbesystemen die Rede[44]. Die Bezahlsysteme basierend auf den „Klicks" oder „Views" sind weit verbreitet. Die wirtschaftliche Bedeutung der Klicks zeigt sich z.B. darin, dass sich der sog. Klickbetrug entwickelt hat. Gerichtsverfahren, die Klickbetrug zum Gegenstand haben, sind z.B. aus den USA bekannt[45]. Aus diesem Grund kommt der Anzahl der Klicks unter wirtschaftlichen Erwägungen für virtuelle Geschäftsmodelle eine besondere Bedeutung zu.

---

43 vgl. *Ernst* „Suchmaschinenmarketing in der aktuellen deutschen Rechtsprechung", MR-Int 2007, 195 ff.

44 Vgl. *Ott* „Die Entwicklung des Suchmaschinen- und Hyperlink-Rechts im Jahr 2009", WRP 2010, 443.

45 Vgl. *Ott* „Die Entwicklung des Suchmaschinen- und Hyperlink-Rechts im Jahr 2009", a.a.O., 443.

IV. Bedeutung virtueller Geschäftsmodelle

Die Internetpräsenz verkörpert mittlerweile für zahlreiche Geschäftsmodelle einen – zum Teil – sehr hohen Unternehmenswert.

Zum Einen folgt dies aus den Investitionen, die erforderlich sind, um eine Internetpräsenz zu eröffnen und zu betreiben. Oftmals ist für die Bereitstellung der über das virtuelle Geschäftsmodell angebotenen Leistungen der Aufbau einer Datenbank erforderlich, auf den die Nutzer der Internetpräsenz zugreifen können, so z.B. bei Internet-Börsen[46]. In diesem Fall muss in den Aufbau, die Pflege und die Wartung der Datenbank investiert werden. Auch sind Investitionen für die Schaffung der technischen Voraussetzungen der Datenbank erforderlich (z.B. Server, Internetzugängen).

Abhängig von dem konkreten Geschäftskonzept können diese Investitionen Beträge in nicht unerheblicher Höhe erreichen. Es kann durchaus vorkommen, dass allein für die technischen Voraussetzungen der Datenbank (Server und Internetzugänge) jährlich zwei Mio. EUR aufgewendet werden und die Kosten für die Pflege, Wartung sowie den Erhalt der Datenbank jährlich 3,8 Mio. EUR betragen[47].

Zum Anderen verkörpern Internetpräsenzen einen hohen Unternehmenswert in solchen Fällen, in denen der Geschäftsbetrieb bzw. ein Teil des Geschäfts über das Internet abgewickelt wird. Je größer der Anteil der über das Internet abgewickelten Geschäfte, desto höher ist der unternehmerische Wert der Internetpräsenz. Bei Geschäftsmodellen, die ausschließlich über das Internet realisiert werden (z.B. bei Internet-Suchmaschinen wie auf www.google.de oder www.bing.de, bei Internet-Handelsplattform wie auf www.ebay.de, bei Internet-Börsen wie auf www.autoscout24.de oder bei Internet-Chat-Rooms wie auf www.spin.de) ist die Internetpräsenz das Herzstück des Unternehmens.

Aber auch Geschäftsmodelle, die nicht ausschließlich über das Internet realisiert werden, können in einem ausschlaggebenden Maß vom störungsfreien Betrieb ihrer Internetpräsenzen abhängig sein. So z.B. bei virtuellen Geschäftsmodellen, in denen zwar die Übereignung/Lieferung der Waren oder die Erbringung der Dienstleistungen (2. Stufe) außerhalb des Internets stattfinden, die Vertragsanbahnung,

---

46 Vgl. *OLG Hamburg* Urt. v. 16.04.2009, 5 U 101/08, GRUR-RR 2009, 293 ff. - *autobingooo*; *ders.* Urt. v. 18.08.2010, 5 U 62/09, GRUR 2011, 728 ff. - *autobingooo II.*

47 Vgl. *OLG Hamburg* Urt. v. 16.04.2009, 5 U 101/08, GRUR-RR 2009, 293, 294 - *autobingooo*; *ders.* Urteil vom 18.08.2010, 5 U 62/09, GRUR 2011, 728, 730 - *autobingooo II.*

Kommunikation der Vertragsparteien sowie der Vertragsabschluss (zumindest teilweise) über den Besuch und die Nutzung der Internetpräsenz vollzogen werden (z.B. beim Erwerb von Waren auf www.amazon.de, dem Erwerb von Flugreisen auf www.ryanair.de und www.easyjet.de, beim Erwerb von Eintrittskarten auf www.hsv.de).

Die genannten Geschäftsmodelle erzielen einen nicht unerheblichen Umsatz/ Gewinn. So

- betrug der Umsatz der XING AG 45,1 Mio. EUR im Jahr 2009[48];
- plante die AutoScout24 GmbH im Jahr 2010 einen Umsatz von mehr als 7100 Mio. EUR[49];
- betrug der Umsatz der Immobilien Scout GmbH 53 Mio. EUR im Jahr 2006[50];
- betrug der Umsatz der Yahoo! Inc. 6,97 Mrd. US Dollar im Jahr 2007[51];
- betrug der Umsatz der eBay Inc. 8,54 Mrd. US Dollar im Jahr 2008[52];
- betrug der Umsatz der Amazon.com, Inc. 9,52 Mrd. US Dollar im vierten Quartal 2009[53] und im gesamten Jahr 2008 19,166 Mrd. US Dollar[54];
- betrug der Umsatz der Google Inc. 5,5 Mrd. US Dollar im zweiten Quartal 2009[55];

---

48 Information der XING AG über ihren Umsatz im Jahr 2009 auf corporate.xing.com/ deutsch/unternehmen/xing-ag/ (besucht am 29.04.2010).

49 *Voss* „Konkurrenz fordert Autoscout24.de und Mobile.de heraus", Artikel v. 10.09.2008, abrufbar auf www.wiwo.de/unternehmen-maerkte/konkurrenz-fordert-autoscout24-de-und-mobile-de-heraus.html (besucht am 29.04.2010).

50 *Online-Zeitschrift Frankfurter Allgemeine faz.net.de* „Immobilienscout 24 steigert den Umsatz um 45 Prozent", Artikel v. 19.02.2007, abrufbar auf http://www.faz.net/s/RubE2C6E0BCC2F04DD787CDC274993E94C1/Doc~E666F96DF771B4C52B1663C476CE804FB~ATpl~Ecommon~Scontent.html (besucht am 29.04.2010).

51 Information in der Internet-Enzyklopädie „Wikipedia", abrufbar auf de.wikipedia.org/wiki/Yahoo (besucht am 29.04.2010).

52 Information in der Internet-Enzyklopädie „Wikipedia", abrufbar auf de.wikipedia.org/wiki/EBay (besucht am 29.04.2010).

53 *CHIP ONLINE.de* „Amazon: Milliarden-Umsätze im vierten Quartal 2009", abrufbar auf business.chip.de/news/Amazon-Milliarden-Umsaetze-im-vierten-Quartal-2009_41181931.html. (besucht am 29.04.2010).

54 Information in der Internet-Enzyklopädie „Wikipedia", abrufbar auf de.wikipedia.org/wiki/Amazon.com (besucht am 29.04.2010).

55 *Handelsblatt online* „Google übertrifft Umsatzerwartung", Artikel v. 17.07.2009, abrufbar auf www.handelsblatt.com/unternehmen/it-medien/google-uebertrifft-umsatzerwartung;2433657;0 (besucht am 29.04.2010).

- betrug der Gewinn der Ryaniar Ltd. 35 Mio. EUR im dritten Quartal 2008[56];
- betrug der Umsatz der easyJet Airline Company Limited 550 Mio. Britische Pfund im ersten Quartal 2009[57];
- betrug der Umsatz der juris GmbH im Geschäftsjahr 2008 ca. 31 Mio. EUR[58];
- betrug der Umsatz der Verlag C.H. Beck oHG im Jahr 2007 ca. 130 Mio. EUR[59];
- sollen im Jahr 2010 im Wege des Versandhandels über das Internet mehr als 30 Mrd. EUR umgesetzt worden sein, was einem Anteil von 7,6 Prozent des stationären Handels entspricht[60] und
- soll im Jahr 2010 die Internet-Werbung ein Volumen von ca. 860 EUR erreicht haben[61].

B. Beeinträchtigungen virtueller Geschäftsmodelle

Beeinträchtigungen der Internetpräsenz von Unternehmen, denen ein virtuelles Geschäftsmodell zu Grunde liegt, können zu empfindlichen Störungen des gesamten Geschäftsbetriebes führen – je nachdem in welchem Maß das Geschäftsmodell ins Internet verlagert ist. Die Beeinträchtigungen bestehen in der Regel darin, dass die Internetpräsenz in einer Art und Weise genutzt wird, die der Betreiber nicht vorgesehen hat. Die konkrete Ausgestaltung dieser Nutzung ist mannigfaltig und in abschließender Aufzählung kaum möglich. Dies resultiert insbesondere daraus, dass sie in einem hohen Maße von den technischen Möglichkeiten abhängig ist, die sich gerade im Bereich der Internetnutzung in

---

56 *Handelsblatt online* „Ryanair rutscht in die roten Zahlen", Artikel v. 02.02.2009, abrufbar auf www.handelsblatt.com/unternehmen/handels-dienstleister/ryanair-rutscht-in-die-roten-zahlen;2138991 (besucht am 29.04.2010).

57 Bericht über die Zahlen des ersten Quartals 2009 der easyJet Airline Company Limited, abrufbar auf corporate.easyjet.com/de-DE/media/latest-news/news-year-2009/22-0109.aspx (besucht am 29.04.2010).

58 *News Online* „juris schließt 2008 mit Umsatz und Gewinnrekord ab", Artikel v. 13.05.2009, abrufbar auf www.blogspan.net (besucht am 29.04.2010).

59 Firmenprofil der Verlag C.H. Beck oHG, abrufbar auf www.wer-zu-wem.de (besucht am 29.04.2010).

60 *Bundesverbandes des Deutschen Versandhandels* Studie, abrufbar auf www.shopbetreiber-blog.de/2010/12/10/heute-um-1100-uhr-twitter-interview-zu-den-aktuellen-branchenzahlen-im -distanzhandels/ (besucht am 29.04.2010).

61 *Rasmus* Anm. zu BGH, Urteil vom 13.01.2011, I ZR 125/07, K&R 2011, 578 ff. – *Bananabay II*, K&R 2011, 585.

rasantem Tempo weiterentwickeln. Dementsprechend entwickelt sich auch die konkrete Ausgestaltung der Beeinträchtigungsformen ständig weiter.

Um die bestehenden Rechtsschutzlücken in Bezug auf virtuelle Ladengeschäfte aufzuzeigen, sind zunächst aus der Vielzahl theoretisch möglicher und auf dem technologischen Fortschritt basierender Beeinträchtigungsformen solche Beeinträchtigungsformen auszuwählen, betreffend derer nicht auf vertragliche Ansprüche zurückgegriffen werden kann und die idealerweise einen hohen Verbreitungsgrad, d.h. eine hohe Praxisrelevanz, aufweisen. Beeinträchtigungsformen, die diese Merkmale aufweisen, können ausgehend von den vorab in diesem Kapitel 2 unter Ziffer A.II.[62] beschriebenen derzeit gängigsten virtuellen Geschäftsmodellen bestimmt werden. Diese virtuellen Geschäftsmodelle lassen sich wie folgt kategorisieren:

- gemischt virtuelle Geschäftsmodelle, die den Direktvertrieb von Waren oder Dienstleistungen (2. Stufe) zum Gegenstand haben (nachfolgend Ziffer A.II.2.[63]);
- Internet-Börsen sowie Internet-Handelsplattformen (nachfolgend Ziffer A.II.1.a)[64]);
- Internet-Datenbanken (nachfolgend Ziffer A.II.1.b)[65]) und
- Internet-Chat-Rooms bzw. Internet-Meinungsforen (nachfolgend Ziffer A.II.1.b)[66]).

Ausgehend von diesen virtuellen Geschäftsmodellen lassen sich die Beeinträchtigungsformen virtueller Ladengeschäfte, die Gegenstand dieser Arbeit sein sollen, in virtuell-spezifische und nicht-virtuell-spezifische Beeinträchtigungen unterteilen.

I. Virtuell-spezifische Beeinträchtigungen

Auf Grund der technischen Besonderheiten des Internets existieren Fälle von Beeinträchtigungen virtueller Geschäftsmodelle, die bei nicht-virtuellen Geschäftsmodellen nicht bzw. nicht in vergleichbarer Weise auftreten. Eine mit am

---

62 Seiten 11 ff.
63 Seiten 15 ff.
64 Seiten 12 f.
65 Seiten 13 ff.
66 Seiten 13 ff.

weitesten verbreitete Form solcher Beeinträchtigungen besteht darin, dass sich Dritte zwischen die Kommunikation des Betreibers des virtuellen Geschäftsbetriebes und dessen Kunden schalten.

Die Fälle der Beeinträchtigung durch Zwischenschalten in die Kommunikation mit dem Kunden durch Dritte sind davon geprägt, dass sich der Dritte die Informationen, die der Kunde auf der Internetseite des Betreibers erhalten kann, verschafft und dann selbst an den Kunden weitergibt. In diesem Zusammenhang ist der Begriff des sog. Screen Scraping bekannt geworden[67].

Das Zwischenschalten in die Kommunikation mit dem Kunden kann sich in einem Einmischen des Dritten erschöpfen, so dass es im Ergebnis zu einem Vertragsschluss zwischen dem Betreiber des virtuellen Geschäftsmodells und dem Kunden kommt[68]. Der Betreiber erbringt seine Leistung trotz des Einmischens des Drittens unmittelbar gegenüber dem Kunden, d.h. es findet ein unmittelbarer Austausch zwischen Betreiber und Kunden statt. Der Dritte profitiert in der Weise davon, dass er für die Vermittlung des Vertragsschlusses zwischen Betreiber und Kunden ein Vermittlungsentgelt gegenüber dem Kunden erhebt. Diese Form der Beeinträchtigung ist zum Beispiel bei gemischt virtuellen Geschäftsmodellen verbreitet, denen der Direktvertrieb von Waren oder Dienstleistungen (2. Stufe) zu Grunde liegt[69].

Ein gesteigerter Grad des Zwischenschaltens in die Kommunikation des Betreibers eines virtuellen Geschäftsmodells mit dessen Kunden liegt vor, wenn dies dazu führt, dass der Kunde das Angebot des Betreibers zwar nutzt, jedoch ohne dass ein unmittelbarer Austausch zwischen dem Betreiber und dem Kunden stattfindet. Dies ist zum Beispiel beim Einsatz von Umgehungssoftware bei Internet-Börsen der Fall[70]. Ebenso denkbar ist diese Form der Beeinträchtigung bei Internet-Handelsplattformen (wie z.B. „eBay“).

Das höchste Maß einer Beeinträchtigung durch ein Zwischenschalten in die Kommunikation mit dem Kunden ist gegeben, wenn der Dritte diese in Gänze unterbindet, so z.B., indem er das Angebot des Betreibers des virtuellen Geschäftsmodells kopiert und dann selbst gegenüber dem Kunden anbietet. Dies ist z.B. bei Internet-Datenbanken besonders virulent[71].

---

67 Kapitel 2 Ziffer B.I.1., Seite 22.

68 Kapitel 2 Ziffer B.I.2., Seite 22.

69 Kapitel 2 Ziffer A.II.2., Seiten 15 ff.

70 Kapitel 2 Ziffer B.I.3., Seiten 25 f.

71 Kapitel 2 Ziffer B.I.4., Seiten 26 ff.

1. Screen Scraping

Der Begriff „Screen Scraping" ist insoweit irreführend, als er aus dem Englischen übersetzt „Auskratzen des Bildschirms" bedeutet, sich jedoch mittlerweile als Synonym für einen Vorgang durchgesetzt hat, der sich nicht allein auf den Vorgang der Datenerlangung, d.h. des Auskratzens des Bildschirms beschränkt. Screen Scraping steht für das Extrahieren von Daten einer Internetseite durch Dritte mittels eines automatisierten Verfahrens (1. Aspekt) und Zur-Verfügung-Stellen dieser (2. Aspekt)[72], z.B. auf der eigenen Internetseite[73] oder durch Umgehungssoftware[74].

2. Einmischen in die Kommunikation mit dem Kunden beim Direktvertrieb von Waren oder Dienstleistungen (2. Stufe)

Bietet der Betreiber (Anbieter) eines virtuellen Geschäftsmodells über eine Internetpräsenz Waren und/oder Dienstleistungen (2. Stufe) gegenüber Kunden im Wege des Direktvertriebes an, kommt es zu einem Einmischen in die Kommunikation mit Kunden durch Dritte, indem der Dritte die Informationen über die Waren oder Dienstleistungen (2. Stufe) des Anbieters von dessen Internetseite extrahiert und auf der eigenen Internetseite zur Verfügung stellt (Screen Scraping).

Das Interesse des Dritten am Extrahieren der Daten und Zur-Verfügung-Stellen auf der eigenen Internetseite besteht darin, von dem Umstand des Angebots der Waren/Dienstleistungen (2. Stufe) zu profitieren. Der Dritte agiert als Vermittler oder Wiederverkäufer der Waren oder Dienstleistungen (2. Stufe) des Anbieters, indem er den Kunden einen Zugriff auf dessen Angebot ermöglicht, ohne dass sich der Kunde auf die Internetseite des Anbieters begeben muss. Dieses Geschäftsmodell wird insbesondere dann attraktiv, wenn nicht die Daten von der Internetseite eines Anbieters, sondern von den Internetseiten einer Vielzahl von Anbietern identischer oder ähnlicher Waren/Dienstleistungen (2. Stufe) extrahiert werden. Dem Kunden wird so ermöglicht, mit dem Besuch einer Internetseite – nämlich der

---

72 Piper/*Ohly* § 4.10 Rn. 10/65.

73 Vgl. *OLG Hamburg* Urt. v. 28.05.2009, 3 U 191/08, CR 2009, 609; *OLG Frankfurt am Main* Urt. v. 05.03.2009, 6 U 221/08, CR 2009, 390; *LG Hamburg* Urt. v. 26.02.2010, 310 O 31/09 (nicht veröffentlicht); *LG Hamburg* Urt. v. 01.10.2010, 308 O 162/09, CR 2010, 747 ff.; Piper/*Ohly* § 4.10 Rn. 10/65; Kapitel 2 Ziffer B.I.2., Seiten 22 ff.

74 *OLG Hamburg* Urt. v. 16.04.2009, 5 U 101/08, GRUR-RR 2009, 293 ff. - *autobingooo*; *ders.* Urt. v. 18.08.2010, 5 U 62/09, GRUR 2011, 728 ff. - *autobingooo II*; Kapitel 2 Ziffer B.I.3., Seiten 25 ff.

des Dritten – auf eine breite Palette von Waren oder Dienstleistungen (2. Stufe) verschiedener Anbieter gleichzeitig zuzugreifen. Hat der Kunde sich für ein Angebot entschieden, ermöglicht es der Dritte, die Waren oder Dienstleistungen (2. Stufe) des Anbieters über die Internetseite des Dritten bei dem Anbieter zu bestellen. Der Kunde gibt in eine Bestellmaske, die der Dritte auf der eigenen Internetseite bereit hält, die entsprechenden Informationen zu den ausgewählten Waren oder Dienstleistungen (2. Stufe) ein und der Dritte führt die Bestellung anschließend für den Kunden beim Anbieter aus. Hierfür erhebt der Dritte eine Gebühr, die er dem Kunden zusammen mit dem Preis für die Waren oder Dienstleistungen (2. Stufe) in einem Gesamtpreis in Rechnung stellt. Der Dritte vermittelt somit den Vertragsschluss zwischen dem Anbieter und dem Kunden.

Das Einmischen des Dritten bewirkt, dass der Kunde mit dem Anbieter während des Vorgangs der Auswahl und Bestellung der Waren oder Dienstleistungen (2. Stufe) nicht kommuniziert. Zu welchem Zeitpunkt es zu einem unmittelbaren Kontakt zwischen dem Anbieter und Kunden kommt, richtet sich nach der konkreten Ausgestaltung des Bestellvorgangs des Dritten. So kann der Bestellvorgang des Dritten in der Weise ausgestaltet sein, dass dieser einzig die Bestellung gegenüber dem Anbieter abgibt und die weitere Kommunikation (Zusendung der Bestellbestätigung durch den Anbieter, Vertragsschluss und Leistungserbringung) unmittelbar zwischen Anbieter und Kunden stattfindet. Die Einmischung kann jedoch auch so weit reichen, dass der Anbieter erst bei der Leistungserbringung (Lieferung der Ware oder Erbringung der Dienstleistung (2. Stufe)) unmittelbar mit dem Kunden in Kontakt tritt.

Das Einmischen des Dritten hat zur Folge, dass dem Anbieter der Waren oder Dienstleistungen (2. Stufe) die im Zusammenhang mit der Vermietung von Werbeflächen wichtigen Klicks verloren gehen. Es werden weniger Nutzer der Internetpräsenz registriert, womit der Marktwert der auf der Internetseite bereitgestellten Werbefläche sinkt. Dies wirkt sich auf die Miete der Werbeflächen negativ aus und kann zu Einnahmeverlusten führen[75]. Da die Dritten für ihre Dienstleistungen gegenüber dem Kunden in der Regel ein Entgelt verlangen, erhöht sich aus Sicht des Kunden der Gesamtpreis für die angebotenen Waren oder Dienstleistungen (2. Stufe). Oftmals sind die von dem Dritten erhobenen Entgelte nicht als solche erkennbar, so dass der Kunde davon ausgeht, bei dem erhöhten Endpreis handele es sich um den tatsächlichen Endpreis der Ware oder Dienstleistungen (2. Stufe)[76]. Dies ist z.B. dann problematisch, wenn die Waren oder

75 Kapitel 2 Ziffer A.III, Seite 16.

76 Vgl. Kapitel 3 Ziffer D.II.2.b)aa), Seiten 122 ff.

Dienstleistungen im Niedrigpreissegment angeboten werden. Denn dem Kunden wird unter Umständen nicht im Gedächtnis bleiben, dass der Gesamtpreis auf Grund des Zwischenschaltens des Dritten höher gewesen ist, sondern dass die Waren oder Dienstleistungen (2. Stufe) nicht niedrigpreisig sind.

Diese Form der Beeinträchtigung gemischt virtueller Geschäftsmodelle ist z.B. in der Flugreisebranche weit verbreitet[77]. Dritte bieten auf ihren Internetseiten Interessenten die Möglichkeit an, durch eine zentrale Abfrage die Verfügbarkeit passender Flüge bei diversen Fluggesellschaften gleichzeitig in Erfahrung zu bringen[78]. Der Interessent begibt sich auf die Internetpräsenz des Dritten. Er gibt die Suchkriterien, d.h. die für den Flug relevanten Daten, in eine Suchmaske auf der Internetseite des Dritten ein. Nach Auslösung der Suchanfrage werden von der Internetseite des Dritten aus Internetpräsenzen diverser Fluggesellschaften, auf denen diese ihre Flüge vertreiben, sodann mittels eines automatisierten Verfahrens nach entsprechenden Angeboten abgefragt. Anschließend listet der Dritte dem Interessenten die ermittelten Flüge sämtlicher Fluggesellschaften auf, die den Suchkriterien entsprechen. Der Interessent hat sodann die Möglichkeit, einen Flug zu wählen und diesen über die Internetseite des Dritten bei der Fluggesellschaft zu buchen[79].

Aber auch in anderen Branchen eröffnet diese Form des Einmischens in die Kommunikation zwischen Anbieter und Kunden Dritten lukrative Geschäftsmöglichkeiten. So ist z.B. denkbar, dass ein Dritter eine Internetplattform anbietet, auf

---

77 *Höppner* AnwZert. ITR 4/2011, Anm. 2 unterscheidet zwischen zentralem und dezentralem Screen Scraping. Beim zentralen Screen Scraping werde das Auslesen von Datenbanken vom Hersteller bzw. Inhaber der Screen Scraping-Software selbst vorgenommen. Dieser lese zahlreiche Datenbanken aus, um selbst ein Vergleichsergebnis (z.B. eine Auflistung der günstigen Flüge) zu ermitteln und dieses Ergebnis dann an die Anbieter, sog. Vermittler, weiterzuverkaufen. Beim dezentralen Screen Scraping verkaufe der Hersteller der Screen Scraping-Software nur Lizenzen an eine Vielzahl von Nutzern, die dann mit der Software ihrerseits Abfragen durchführen. In dieser Konstellation nehme der Hersteller keine eigenen Abfrage-Handlungen vor. Bei dem von *Höppner* beschriebenen Fall des dezentralen Screen Scrapings handelt es sich um die Fälle, die nachfolgend in Kapitel 2 Ziffer B.I.3., Seiten 61 ff. behandelt werden.

78 So zum Beispiel auf www.cheaptickets.de, www.fluege.de oder www.opodo.de.

79 Vgl. *LG Hamburg* Urt. v. 28.08.2008, 315 O 326/08, juris Rn. 42; *OLG Frankfurt am Main* Urt. v. 05.03.2009, U 221/08, CR 2009, 290; *LG Hamburg* Urt. v. 26.02.2010, 310 O 31/09 (nicht veröffentlicht); *LG Hamburg* Urt. v. 01.10.2010, 308 O 162/09, CR 2010, 747 ff.; *Wenn* „Keine Verletzung eines ‚virtuellen Hausrechts' durch Screen-Scraping, a.a.O.; *Deutsch* „Die Zulässigkeit des so genannten ‚Screen-Scraping' im Bereich der Online-Flugvermittler", a.a.O..

der Kunden in eine Maske Suchkriterien für bestimmte Waren eingibt, der Dritte anhand dieser Suchkriterien sämtliche gängigen Internet-Handelsplattformen[80] nach entsprechenden Waren absucht und dem Kunden dann auf der eigenen Internetplattform die Suchergebnisse präsentiert (Screen Scraping). Dem Kunden könnte gegen ein Entgelt sodann die Möglichkeit eröffnet werden, die Waren direkt bei dem Dritten zu bestellen, der wiederum die Waren von der entsprechenden Internet-Handelsplattform oder dem Internet-Kaufhäusern bezieht.

3. Reduzierung der Kommunikation mit dem Kunden auf ein Minimum durch den Einsatz von sog. Umgehungssoftware bei Internet-Börsen oder Internet-Handelsplattformen

Eine gesteigerte Form der Beeinträchtigung virtueller Geschäftsmodelle durch ein Zwischenschalten in die Kommunikation mit Kunden durch Dritte liegt vor, wenn das Zwischenschalten dazu führt, dass der Kunde das Angebot des Betreibers zwar nutzt, jedoch ohne dass der Kunde dessen Internetseite aufsucht. Ein unmittelbarer Austausch zwischen dem Betreiber und dem Kunden findet nicht mehr statt. Die Kommunikation zwischen Betreiber und Kunde wird insoweit auf ein Minimum reduziert, nämlich auf die mittelbare Nutzung des Angebots des Betreibers durch den Kunden.

Diese Form der Beeinträchtigung findet zum Beispiel bei Internet-Börsen[81] statt. Das Angebot des Betreibers der Internet-Börse besteht in der Dienstleistung (1. Stufe), privaten oder geschäftlichen Händlern eine Plattform im Internet zur Verfügung zu stellen, über die diese die Möglichkeit haben, eigene Waren oder Dienstleistungen (2. Stufe) gegenüber Endkunden anzubieten.

Die Beeinträchtigung des Dritten besteht darin, dass dieser Kunden den Erwerb einer sog. Umgehungssoftware anbietet. Diese ermöglicht es dem Kunden, automatisierte Suchanfragen bei mehreren Internet-Börsen gleichzeitig durchzuführen, ohne sich auf die Internetseite der Betreiber der Internet-Börsen begeben zu müssen. Der Kunde wählt die zu durchsuchenden Internet-Börsen aus, gibt die Suchkriterien betreffend die gewünschten Waren oder Dienstleistungen (2. Stufe) ein und startet eine einmalige oder in bestimmten Zeitintervallen erfolgende Suche nach den gewünschten Waren in den verschiedenen Internet-Börsen parallel. Nach Auslösung der Suche greift die Software auf die in den Internet-Börsen gespeicherten Daten zu und durchsucht diese nach den vom Kunden eingegeben

80 So zum Beispiel auf www.ebay.de, www.amazon.de oder www.meinpaket.de.
81 Kapitel 2 Ziffer A.II.1.a), Seite 12.

Kriterien[82]. Als Ergebnis der Suche erhält der Kunde eine Auflistung der gefundenen Waren oder Dienstleistungen (2. Stufe), z.B. Kraftfahrzeuge geordnet nach Modell, Erstzulassung, Preis, Kilometerstand und Automobilbörse. Sämtliche aufgezeigte Daten stammen von der jeweiligen Internet-Börse. Sie werden durch die Software aufbereitet und in einem eigenen Format angezeigt[83].

Da die Internetseite des Betreibers von dem Kunden nicht mehr aufgesucht wird, gehen dem Betreiber der Internet-Börse die zur Finanzierung des Geschäftsmodells erforderlichen Klicks verloren[84].

Denkbar ist diese Form der Beeinträchtigung auch bei sog. Internet-Handelsplattformen, wie zum Beispiel auf www.ebay.de.

4. Unterbindung der Kommunikation mit dem Kunden in Gänze durch Kopieren von Internet-Datenbanken

Das höchste Maß an Beeinträchtigung virtueller Geschäftsmodelle durch ein Zwischenschalten in die Kommunikation mit dem Kunden ist gegeben, wenn der Dritte diese in Gänze unterbindet, indem er das Angebot des Betreibers kopiert und die Kopie selbst gegenüber dem Kunden anbietet. Dies ist z.B. im Zusammenhang mit virtuellen Geschäftsmodellen von Relevanz, die den Handel mit Informationen zum Gegenstand haben und hierfür den Zugriff auf Internet-Datenbanken ermöglichen. Hierbei kann es sich um Internet-Datenbanken mit spezialisierten Informationen handeln, wie z.B. den Online-Jura-Datenbanken auf www.juris.de und www.beck-online.de.

Der Fokus der Betreiber solcher virtuellen Geschäftsmodelle liegt nicht darauf, zu verhindern, dass sich der Dritte unberechtigten Zugang zu der Internet-Datenbank verschafft. Denn der Betreiber kann dem auf technischem Weg entgegen wirken, z.B. indem er den Zugang zu der Internet-Datenbank im Rahmen einer Zugangskontrolle verweigert. So können zahlungsunwillige Nutzer von der Nutzung ausgeschlossen werden.

Problematisch für den Betreiber der Internet-Datenbank ist jedoch der Fall, dass ein berechtigter Nutzer seine Zugangsdaten an Dritte weitergibt und diese

---

82 Vgl. *OLG Hamburg* Urt. v. 16.04.2009, 5 U 101/08, GRUR-RR 2009, 293 - *autobingooo*; *ders.* Urt. v. 18.08.2010, 5 U 62/09, GRUR 2011, 728, 729 - *autobingooo II*; *BGH* Urt. v. 22.06.2011, I ZR 159/10, GRUR 2011, 1018 ff. - *Automobil-Onlinebörse.*

83 *OLG Hamburg* Urt. v. 16.04.2009, 5 U 101/08, GRUR-RR 2009, 293 - *autobingooo*; *ders.* Urt. v. 18.08.2010, 5 U 62/09, GRUR 2011, 728, 729 - *autobingooo II*; *BGH* Urt. v. 22.06.2011, I ZR 159/10, GRUR 2011, 1018 ff. - *Automobil-Onlinebörse.*

84 Kapitel 2 Ziffer A.III., Seite 16.

dann, für den Betreiber nicht als Dritte erkennbar, das Angebot der Datenbank nutzen. Die Dritten können die Zugangsdaten ihrerseits selbst an weitere Personen weitergeben, so dass sich die unberechtigten Zugriffe potenzieren. Zwar bestünde gegenüber dem berechtigten Nutzer wegen der unberechtigten Weitergabe der Zugangsdaten ein vertraglicher Unterlassungsanspruch. Der Betreiber ist jedoch insbesondere daran interessiert, die weitere Verbreitung der Zugangsdaten durch die Dritten zu verhindern, zu denen kein Vertragsverhältnis gegeben ist.

Hinsichtlich einzelner Informationen oder Daten mag die fehlende Einflussnahmemöglichkeit des Betreibers der Internet-Datenbank auf die unberechtigte Weiterverwendung mit der fehlenden Einflussmöglichkeit von Bibliothekaren vergleichbar und damit nicht internet-spezifisch sein. Anders stellt sich dies jedoch betreffend der gesamten Datenbank dar. Allein die Virtualität einer Internet-Datenbank erlaubt es nämlich einem Nutzer durch Herunterladen der Daten, die Internet-Datenbank in Gänze zu kopieren und eine eigene Datenbank aufzubauen[85]. Die Besonderheit besteht darin, dass die Zusammenstellung der Internet-Datenbank kopiert wird, was bei nicht-elektronischen Datenbanken (z.B. Bibliotheken) in dieser Form nicht möglich ist. Diese Form der Beeinträchtigung ist somit internet-spezifisch und kann dazu führen, dass der Dritte die Internet-Datenbank kopiert, eine eigene Datenbank aufbaut und mit dem Betreiber der Internet-Datenbank in Konkurrenz tritt[86]. Da der Dritte die teilweise erheblichen Aufwendungen zum Aufbau der Datenbank, die der Betreiber der Internet-Datenbank hatte, nicht im selben Maß erbringen muss, ist es ihm möglich, die Nutzung seiner Datenbank zu günstigeren Konditionen anzubieten. Dies kann im Extremfall dazu führen, dass das Geschäftsmodell des Betreibers der ursprünglichen Internet-Datenbank gefährdet wird.

II. Nicht-virtuell-spezifische Beeinträchtigungen

In zahlreichen Fällen sind Beeinträchtigungen virtueller Geschäftsbetriebe durch Dritte mit solchen Beeinträchtigungen vergleichbar, die auch bei Geschäftsbetrieben der realen Welt auftreten.

So können sowohl virtuelle als auch nicht-virtuelle Geschäftsbetriebe dadurch beeinträchtigt werden, dass sich Dritte während des Besuchs des Geschäfts

85 Vgl. *Mehrings* „Vertragsrechtliche Aspekte der Nutzung von Online- und CD-ROM-Datenbanken“, NJW 1993, 3104.

86 Vgl. *Mehrings* „Vertragsrechtliche Aspekte der Nutzung von Online- und CD-ROM-Datenbanken“, a.a.O., 3104.

in rechtsverletzender oder strafrechtlich relevanter Weise gegenüber anderen Besuchern äußern. Zum Beispiel wird der Betrieb eines Vergnügungsparks oder Kaufhauses gestört, wenn ein Kunde beleidigende (§§ 185 ff. StGB) oder volksverhetzende (§ 130 StGB) Parolen äußert. Hiermit vergleichbar ist der Fall, dass Nutzer von Internet-Chat-Rooms oder Internet-Meinungsforen durch beleidigende oder in anderer Weise strafrechtlich relevante Äußerungen gegenüber anderen Nutzern den Geschäftsbetrieb stören. Solche Sachverhalte waren bereits wiederholt Gegenstand gerichtlicher Auseinandersetzungen[87].

---

87 Vgl. *LG Bonn* Urt. v. 16.11.1999, 10 O 457/99, CR 2000, 245 f.; *OLG Köln* Beschl. v. 25.08.2000, 19 U 2/00, CR 2000, 843; *LG München I* Urt. v. 25.10.2006, 30 O 11973/05, K&R 2007, 283 ff.

Kapitel 3 – Gesetzliche Unterlassungsansprüche gegen Beeinträchtigungen virtueller Geschäftsmodelle

Hinsichtlich Beeinträchtigungen nicht-virtueller Geschäftsmodelle durch Dritte erscheint es selbstverständlich, dass sich die Betreiber gegen diese zur Wehr setzen und Abwehrrechte geltend machen können. Neben den sondergesetzlichen Unterlassungsansprüchen, wie z.B. gemäß § 8 Abs. 1 UWG oder § 97 Abs. 1 Satz 1 UrhG, steht hierbei insbesondere der sachenrechtliche Unterlassungsanspruch gemäß § 1004 Abs. 1 BGB (analog) i.V.m. §§ 903 bzw. 858 BGB im Vordergrund. Denn die Vielzahl der Beeinträchtigungen nicht-virtueller Geschäftsmodelle stellt eine Besitz- oder Eigentumsstörung dar.

So beschränkt zwar der Betreiber eines Ladengeschäfts (z.B. Kaufhauses) durch die Eröffnung des Geschäfts sein Hausrecht, indem er Kunden gestattet, sich im Rahmen des üblichen Kaufverhaltens im Geschäft zu bewegen. Jedoch kann der Betreiber unter Berufung auf sein Hausrecht solchen Kunden das Betreten des Geschäfts verbieten, die hierzu, insbesondere durch Störungen des Betriebsablaufs, Anlass geben[88]. Ebenso kann der Betreiber die generelle Erlaubnis zum Betreten seiner Geschäftsräume von bestimmten Bedingungen (Hausordnung) abhängig machen und denjenigen, der diese Bedingungen nicht erfüllen will, vom Zutritt ausschließen[89]. Auf diese Weise kann der Betreiber verhindern, dass Dritte Gegenstände oder Arbeitsergebnisse, die im Rahmen des Geschäftsbetriebes im Ladengeschäft ausgestellt sind, abfotografiert oder abgezeichnet werden[90]. Die dahingehenden Unterlassungsansprüche basieren auf § 1004 Abs. 1 BGB (analog) in Verbindung mit dem Hausrecht (Eigentum/Besitz) des Geschäftsbetreibers.

Auch der Betreiber eines virtuellen Ladengeschäfts hat ein Interesse daran, Beeinträchtigungen in vergleichbarer Weise zu unterbinden. So kann es erforderlich sein, Dritten den Besuch des virtuellen Ladengeschäfts zu untersagen, die hierzu, z.B. durch Störungen des Betriebsablaufs, Anlass geben. Ebenso besteht

---

88 *BGH* Urt. v. 03.11.1993, VIII ZR 106/93; BB 1994, 24.

89 *BGH* Urt. v. 03.11.1993, VIII ZR 106/93; BB 1994, 24.

90 Vgl. *BGH* Urt. v. 17.12.2010, V ZR 45/10, GRUR 2011, 323 ff, die zu Recht wegen eines grundsätzlichen Verkennens des Verhältnisses von Urheberrecht und Sacheigentum Kritik erfahren hat, so *Lehmann* Anmerkung zu BGH Urt. v. 17.12.2010, V ZR 45/10, GRUR 2011, 327 f.

das Interesse des Betreibers, die Nutzung seiner Internetpräsenz von bestimmten Bedingungen abhängig zu machen und denjenigen von der Nutzung auszuschließen, der diese Bedingungen nicht einhält. Insoweit decken sich die Interessen der Betreiber virtueller und nicht-virtueller Geschäftsbetriebe.

A. Gang der nachfolgenden Darstellungen

Die nachfolgenden Darstellungen haben die Prüfung des Bestehens gesetzlicher Unterlassungsansprüche zum Gegenstand, die der Abwehr der für diese Arbeit ausgewählten Beeinträchtigungsformen dienen; nämlich

- dem Einmischen in die Kommunikation zwischen Betreiber des virtuellen Geschäftsmodelles und dessen Kunden im Zusammenhang mit dem Direktvertrieb von Waren oder Dienstleistungen (2. Stufe)[91];
- der Reduzierung der Kommunikation zwischen Betreiber des virtuellen Geschäftsmodells und dessen Kunden auf ein Minimum durch den Einsatz von Umgehungssoftware bei Internet-Börsen oder Internet-Handelsplattformen[92];
- der Unterbindung der Kommunikation zwischen Betreiber einer Internet-Datenbank und dessen Kunden in Gänze durch Kopieren des Angebots des Betreibers der Internet-Datenbank[93] und
- nicht-virtuell-spezifische Beeinträchtigungen – Internet-Chat-Rooms bzw. Internet-Meinungsforen[94].

Bei der Darstellung wird zwischen sachenrechtlichen[95], deliktischen[96] und sondergesetzlichen[97] Unterlassungsansprüchen unterschieden.

Die Ergebnisse werden jeweils – soweit einschlägig – auf die genannten Fallgruppen übertragen, um zu erörtern, inwieweit bezogen auf diese gesetzliche Unterlassungsansprüche bestehen[98].

Sofern im Ergebnis festzustellen ist, dass gesetzliche Unterlassungsansprüche nicht einschlägig sind, erlaubt dies den Schluss, die derzeitige Gesetzeslage stellt

---

91 Kapitel 2 Ziffer B.I.2., Seite 22.
92 Kapitel 2 Ziffer B.I.3., Seiten 22 f.
93 Kapitel 2 Ziffer B.I.4., Seiten 26 ff.
94 Kapitel 2 Ziffer B.II., Seite 28.
95 Kapitel 3 Ziffer B., Seiten 30 ff.
96 Kapitel 3 Ziffer C., Seiten 78 ff.
97 Kapitel 3 Ziffer D., Seiten 85 ff.
98 Kapitel 3 Ziffer E., Seite 143.

für einen nicht unwesentlichen Teil virtueller Geschäftsmodelle keine rechtlichen Instrumentarien zur Verfügung, sich gegen die Beeinträchtigungen Dritter zur Wehr zu setzen.

B. Sachenrechtlicher Unterlassungsanspruch – § 1004 Abs. 1 BGB (analog)

Wie auch im Zusammenhang mit Beeinträchtigungen nicht-virtueller Geschäftsbetriebe vorrangig auf das Hausrecht und den sachenrechtlichen Unterlassungsanspruch gemäß § 1004 Abs. 1 BGB (analog) i.V.m. §§ 903 bzw. 858 BGB auf Grund Besitz- und/oder Eigentumsbeeinträchtigung zurückgegriffen wird, erscheint es bei Beeinträchtigungen virtueller Geschäftsmodelle nicht fernliegend, diesen Ansatzpunkt ebenfalls zu wählen. Die Parallele liegt auf der Hand: Die Internetpräsenz, d.h. das virtuelle Ladengeschäft, ist vergleichbar mit nicht-virtuellen Ladengeschäften[99]. In beiden Fällen dienen diese vorrangig der Kommunikation mit dem Kunden oder Geschäftspartnern, der Zugänglichmachung des Angebots sowie der Werbung für das Angebot des Unternehmens. Der Besuch einer Internetpräsenz durch den Kunden unterscheidet sich im Wesentlichen nur hinsichtlich der Virtualität der Ladenräume vom Besuch eines nicht-virtuellen Ladengeschäfts. Daher ist es nicht überraschend, dass die Diskussion um das Bestehen von Abwehrrechten im Zusammenhang mit virtuellen Geschäftsmodellen unter anderem über sachenrechtliche Abwehrrechte, wie § 1004 Abs. 1 BGB (analog) i.V.m. §§ 903 bzw. 858 BGB geführt wird und das sog. virtuelle Hausrecht hervorgebracht hat[100]. So wird das

99 *LG Aachen* Urt. v. 08.05.2009, 6 S 226/08, MMR 2010, 258.

100 Vgl. *LG Bonn* Urt. v. 16.11.1999, 10 O 457/99, CR 2000, 245 f.; *OLG Köln* Beschl. v. 25.08.2000, 19 U 2/00, CR 2000, 843; *LG München I* Urt. v. 25.10.2006, 30 O 11973/05, K&R 2007, 283 ff.; *Ladeur* „Ausschluss von Teilnehmern an Diskussionsforen im Internet – Absicherung von Kommunikationsfreiheit durch ‚netzwerk gerechtes Privatrecht“, MMR 2001, 787; *Maume* „Bestehen und Grenzen des virtuellen Hausrechts“, a.a.O; *Redeker* „Virtuelles Hausrecht von Forenbetreibern?“, CR 2007, 265 ff.; *LG Hamburg* Urt. v. 28.08.2008, 315 O 326/08, juris Rn. 42; *OLG Frankfurt am Main* Urt. v. 05.03.2009, U 221/08, CR 2009, 290 f.; *LG Hamburg* Urt. v. 26.02.2010, 310 O 31/09 (nicht veröffentlicht); *LG Hamburg* Urt. v. 26.02.2010, 310 O 31/09 (nicht veröffentlicht); *LG Hamburg* Urt. v. 01.10.2010, 308 O 162/09, CR 2010, 747, 749 f.; *Wenn* „Keine Verletzung eines ‚virtuellen Hausrechts‘ durch Screen-Scraping“, jurisPR-ITR 8/2009 Anm. 3; *Deutsch* „Die Zulässigkeit des so genannten ‚Screen-Scraping‘ im Bereich der Online-Flugvermittler“, GRUR 2009, 1027 ff.; *Schimdl* „Zum virtuellen Hausrecht als Abwehrrecht“, K&R 2006, 563 ff.

virtuelle Hausrecht insbesondere im Zusammenhang mit Fallgestaltungen diskutiert, in denen sich Betreiber von Internet-Chat-Rooms oder Internet-Meinungsforen gegen Beeinträchtigungen zur Wehr setzen möchten, die dadurch verursacht werden, dass einzelne Teilnehmer rechtsverletzende Inhalte (z.B. Beleidigungen) über den Internet-Chat-Room oder das Internet-Meinungsforum verbreiten[101] (Fallgruppe Kapitel 2 Ziffer B.II.[102]). Zudem wird das virtuelle Hausrecht im Zusammenhang mit Beeinträchtigungen durch Einmischen in den Direktvertrieb von Waren oder Dienstleistungen (2. Stufe) thematisiert[103] (Fallgruppe Kapitel 2 Ziffer B.I.2.[104]).

Der Ausgangspunkt für den Unterlassungsanspruch gemäß § 1004 Abs. 1 BGB (analog) i.V.m. §§ 903 bzw. 858 BGB ist die durch Beeinträchtigungen Dritter hervorgerufene Besitz- und/oder Eigentumsstörung. Anknüpfungspunkt für diese ist wiederum die Sacheigenschaft (§ 90 BGB) des Beeinträchtigungsobjektes. So besteht Eigentum und Besitz einzig an Sachen (§ 903 Satz 1 BGB und § 858 Abs. 1 BGB). Der Unterlassungsanspruch gemäß § 1004 Abs. 1 BGB (analog) entspringt dem Sachenrecht (§§ 854 bis 1296 BGB), dessen Aufgabe es ist, Sachen bestimmten Personen zuzuordnen.

Die Beantwortung der Frage nach der Sacheigenschaft entscheidet darüber, ob auf den Unterlassungsanspruch gemäß § 1004 Abs. 1 BGB (analog) i.V.m. §§ 903 bzw. 858 BGB bzw. auf ein virtuelles Hausrecht zur Abwehr von Beeinträchtigungen zurückgegriffen werden kann.

I. Virtualität *versus* Sacheigenschaft

Im Mittelpunkt der Betrachtungen steht die Frage, inwieweit Rechtsvorschriften, die an die Sachqualität anknüpfen, auf virtuelle Ladengeschäfte angewendet werden können.

---

101 *LG Bonn* Urt. v. 16.11.1999, 10 O 457/99, CR 2000, 245; *OLG Köln* Beschl. v. 25.08.2000, 19 U 2/00, CR 2000, 843; *LG München I* Urt. v. 25.10.2006, 30 O 11973/05, K&R 2007, 283 ff.

102 Seite 28.

103 *LG Hamburg* Urt. v. 28.08.2008, 315 O 326/08, juris; *OLG Frankfurt am Main* Urt. v. 05.03.2009, U 221/08, CR 2009, 290 f.; *LG Hamburg* Urt. v. 26.02.2010, 310 O 31/09, (nicht veröffentlicht); *LG Hamburg* Urt. v. 01.10.2010, 308 O 162/09, CR 2010, 747, 749 f.; *Wenn* „Keine Verletzung eines ‚virtuellen Hausrechts' durch Screen-Scraping", a.a.O.; *Deutsch* „Die Zulässigkeit des so genannten ‚Screen-Scraping' im Bereich der Online-Flugvermittler", a.a.O., 1027 ff.; *Schimdl* „Zum virtuellen Hausrecht als Abwehrrecht", a.a.O., 563 ff.

104 Seite 22.

Zwar ist diese Frage im Zusammenhang mit Ansprüchen zur Abwehr von Beeinträchtigungen einer Internetpräsenz bisher nur vereinzelt diskutiert worden[105], jedoch handelt es sich um ein bekanntes Problem, das lediglich in neuem Gewand erscheint: Die Problematik der Anwendbarkeit von an die Sacheigenschaft anknüpfenden Rechtsvorschriften auf unkörperliche Gegenstände. Diese Diskussion ist besonders lebhaft im Zusammenhang mit der Frage der bei Softwareüberlassungsverträgen anwendbaren Gewährleistungsvorschriften geführt worden[106]. Hierbei geht es im Kern um die Frage, ob es sich bei den unkörperlichen Computerprogrammen[107] um Sachen gemäß § 90 BGB handelt. Diese Diskussion ist mittlerweile

---

105 *Maume* „Bestehen und Grenzen des virtuellen Hausrechts", a.a.O., 620; *Ladeur* „Ausschluss von Teilnehmern an Diskussionsforen im Internet – Absicherung von Kommunikationsfreiheit durch ‚netzwerk gerechtes' Privatrecht", a.a.O., 787; *LG Hamburg* Urt. v. 28.08.2008, 315 O 326/08, juris.

106 *BGH* Urt. v. 15.11.2006, XII ZR 120/04, NJW 2007, 2394 ff; *ders.,* Urt. v. 14.07.1993, VIII ZR 147/92, NJW 1993, 2436 ff.; *ders.* Urt. v. 18.10.1989, VIII ZR 325/88, NJW 1990, 320 ff.; *ders.* Urt. v. 04.11.1987, VIII ZR 314/86, NJW 1988, 406 ff.; *ders.* Urt. v. 03.06.1981, VIII ZR 153/80, NJW 1981, 2684 ff.; *BFH* Urt. v. 05.10.1979, III R 40/76, DB 1980, 144; *LG Konstanz* Urt. v. 10.05.1996, 1 S 292/95, CR 1997, 84 ff.; *Mehrings* „Computersoftware und Mängelhaftung – Ein Problemaufriß", GRUR 1985, 189 ff.; *ders.* „Computersoftware und Gewährleistungsrecht", NJW 1986, 1904 ff.; *ders.* „Zum Wandlungsrecht beim Erwerb von Standardsoftware", NJW 1988, 2438 ff.; *ders.* „Vertragsrechtliche Aspekte der Nutzung von Online- und CD-ROM-Datenbanken", a.a.O., 3102 ff.; *Redeker* „Wer ist Eigentümer von Goethes Werther?", NJW 1992, 1739 ff.; *Marly* „Die Qualifizierung der Computerprogramme als Sache nach § 90 BGB", a.a.O., 432 ff.; *ders.* „Praxishandbuch Softwarerecht", Rn. 674 ff.; *Stichtenoth* „Softwareüberlassungsverträge nach dem Schuldrechtsmodernisierungsgesetz", K&R 2003, 105 ff.; *Tellis* „Gewährleistungsansprüche bei Sachmängeln von Anwendersoftware", BB 1990, 55 ff.; *Müller-Hengstenberg* „Computersoftware ist keine Sache", a.a.O., 3128 ff.; *ders./Kirn* „Vertragscharakter des Application-Service-Providing-Vertrags", a.a.O., 2370 ff.; *König* „Die Qualifizierung von Computerprogrammen als Sachen i.S. des § 90 BGB", NJW 1989, 2604 ff.; *ders.* „Zur Sacheigenschaft von Computerprogrammen und deren Überlassung", NJW 1990, 1584 ff.; Kort, „Software – eine Sache?", a.a.O., 1505 ff.; *Heussen* „Urheber- und lizenzrechtliche Aspekte bei der Gewährleistung für Computersoftware – Zugleich zum Problem der Rechtsnatur von Lizenzverträgen", GRUR 1987, 779 ff.; *Lutz* „Lizenzierung von Computerprogrammen", GRUR 1976, 331 ff.; *Junker* „Die Entwicklung des Computerrechts in den Jahren 1991 und 1992, NJW 1993, 824 ff.; *Bormann/Bormann* „Rechtsnatur und Rechtsschutz von Software", a.a.O., 2641 ff.; *Moritz* „Überlassung von Programmkopien – Sachkauf oder Realakt in Vertrag sui generis?", a.a.O., 257 ff.

107 Zu den begrifflichen Unterschieden zwischen Computerprogrammen und Software vgl. *Mehrings* „Computersoftware und Mängelhaftung – Ein Problemaufriss", a.a.O., 191.

mehr als 20 Jahre alt und kann für die Beantwortung der Frage nach der Sachqualität virtueller Geschäftsmodelle nutzbar gemacht werden.

1. Diskussion zur Sacheigenschaft von Computerprogrammen

Die Frage nach der Sachqualität von Computerprogrammen ist nicht allein von akademischer Bedeutung. Denn mit ihrer Beantwortung ist die vertragstypologische Einordnung von Softwareüberlassungsverträgen sowie die Einschlägigkeit der gesetzlichen Gewährleistungsvorschriften über Sachmängel von Computerprogrammen verknüpft[108]. Die hierzu geführte Diskussion ist vielschichtig und wird nachfolgend ausschließlich in Bezug auf den – für diese Arbeit relevanten – Aspekt der Anwendbarkeit sachenrechtlicher Rechtsnormen auf unkörperliche Gegenstände dargestellt.

a) Befürworter der Sachqualität von Computerprogrammen

Nach Auffassung des *Bundesgerichtshofs (BGH)* ist für die Bewertung, ob Computerprogrammen Sachqualität zukommt, entscheidend auf die Verkörperung durch die Fixierung des Computerprogramms auf einem Datenträger abzustellen. Hiermit handele es sich bei Computerprogrammen (Standardprogrammen) um Sachen[109]. Denn die der Steuerung des Computers dienenden Programme müssen, um ihre Funktion erfüllen zu können und überhaupt nutzbar zu sein, in verkörperter Form vorhanden sein, d.h. auf einem Wechselspeichermedium, einer Festplatte oder einem flüchtigen Speichermedium[110]. Insoweit sei das Computerprogramm mit einem Buch vergleichbar, dessen Sachqualität nicht angezweifelt werde und das Ergebnis einer schöpferischen Geistestätigkeit sei. Dieses werde wie auch ein Computerprogramm ausschließlich wegen seines geistigen Inhalts und nicht wegen des Informationsträgers erworben[111].

Im Jahr 1989 hatte sich der *BGH* mit der Problematik der unkörperlichen Überlassung von Computerprogrammen auseinander zu setzen[112]. Bei der unkörperlichen

---

108 *Marly* „Die Qualifizierung der Computerprogramme als Sache nach § 90 BGB", a.a.O., 432.

109 U.a. *BGH* Urt. v. 15.11.2006, XII ZR 120/04, NJW 2007, 2394; *ders.* Urt. v. 14.07.1993, VIII ZR 147/92, NJW 1993, 2436, 2437 f.; *ders.* Urt. v. 04.11.1087, VIII ZR 314/86, NJW 1988, 406, 408; *ders.* Urt. v. 02.05.1985, I ZB 8/84, CR 1986, 130, 132 – *Datenverarbeitungsprogramme als ‚Ware'.*

110 *BGH* Urt. v. 15.11.2006, XII ZR 120/04, NJW 2007, 2394.

111 *BGH* Urt. v. 15.11.2006, XII ZR 120/04, NJW 2007, 2394, 2395.

112 *BGH* Urt. v. 18.10.1989, VIII ZR 325/88, NJW 1990, 320 ff.

Überlassung von Computerprogrammen fehlt es an der Übergabe des auf einem mobilen Datenträger gespeicherten Computerprogramms. Vielmehr wird das Computerprogramm entweder z.B. mittels Datenfernübertragung (z.B. Kabelleitung) vom Rechner des Veräußerers auf den Rechner des Erwerbers überspielt. Oder das Computerprogramm wird über das Internet als Datei an den Erwerber, z.B. in dessen sog. Mailbox, versendet und der Erwerber lädt die Datei dann auf seinen Rechner herunter. Eine andere Möglichkeit besteht im direkten Download des Computerprogramms aus dem Internet durch den Erwerber.

Zunächst bejaht der *BGH* mit Verweis auf seine Rechtsprechung zum Vorliegen einer Sachqualität von Computerprogrammen das Vorliegen einer Sache im Sinne von § 90 BGB[113]. Sodann setzt sich der *BGH* mit der Frage auseinander, worin die für die Anwendbarkeit von Sachkaufrecht erforderliche Übergabe zu sehen ist. Problematisch war, dass ein Datenträger nicht übergeben wurde. Sich dieser Problematik bewusst, stellte die Vorinstanz bei der Beurteilung nicht auf den Datenträger, sondern das Computerprogramm ansich ab[114]. Der *BGH* folgte dem nicht und bejahte die Anwendung des Sachkaufrechts wie folgt[115]:

Fälle der körperlichen und unkörperlichen Lieferung von Computerprogrammen seien nicht anders zu beurteilen. Denn auch in den Fällen der körperlichen Lieferung (z.B. durch Diskette) sei die Übergabe des Datenträgers nicht Endzweck des Rechtsgeschäfts. Vielmehr sei der Datenträger zunächst ein Mittel des Transports des erworbenen Programms. Er diene vor allem dazu, das erworbene Computerprogramm durch anschließendes Überspielen auf die Festplatte des Erwerbers nutzbar zu machen. Hierin liege nach der Vorstellung der Parteien der eigentliche Endzweck des Kaufvertrages. So gesehen sei bei der unmittelbaren, unkörperlichen Überspielung von der Festplatte des Veräußerers auf die Festplatte des Erwerbers lediglich das im Rahmen der körperlichen Lieferung sonst übliche Zwischenstadium des Kopierens des Computerprogramms auf z.B. Diskette entfallen. Der Endzweck sei in diesem Fall in gleicher Weise erreicht. Immerhin verschaffe der Veräußerer dem Erwerber den Besitz an der in einem Datenträger – der Festplatte – verkörperten Programmkopie. Jedenfalls rechtfertige diese nur auf fortgeschrittenen technischen Möglichkeiten beruhende unmittelbare Installierung bei gleichem wirtschaftlichem Endzweck des Geschäfts die entsprechende Anwendung[116].

---

113 *BGH* Urt. v. 18.10.1989, VIII ZR 325/88, NJW 1990, 320, 321.

114 *OLG Stuttgart* Urt. v. 08.11.1988, 6 U 135/87, NJW 1989, 2636 f.

115 *BGH* Urt. v. 18.10.1989, VIII ZR 325/88, NJW 1990, 320, 321 f.

116 *BGH* Urt. v. 18.10.1989, VIII ZR 325/88, NJW 1990, 320, 321 f.

Marly[117] bejaht die Sachqualität von Computerprogrammen mit Verweis auf die Parallelität von auf Speichermedien fixierten Computerprogrammen und Büchern, Schallplatten sowie Videokassetten. In allen Fällen sei die Sachqualität anerkannt, obwohl dem Informationsträger in der Regel kein eigenständiger wirtschaftlicher Wert zukomme. Vielmehr finde der Erwerb ausschließlich wegen des geistigen Inhalts statt[118]. Zudem müssten Computerprogramme in einer verkörperten Form existieren, um ihre Funktion erfüllen zu können[119]. Aus diesem Grund seien Computerprogramme kein eigenständiges geistiges Gut. Denn geistige Güter bedürfen zu ihrer Existenz nicht der notwendigen Verkörperung. Sie könnten ihre Funktion auch dann ausüben, wenn sie nicht materialisiert werden. Da Computerprogramme einer Verkörperung auf einem Datenträger zwingend bedürfen, könne der Datenträger nicht als bloßes Transportmittel bezeichnet werden[120].

Gegen die Bejahung der Sachqualität von Computerprogrammen könne nach *Marly* auch nicht erfolgreich auf § 453 Abs. 1 BGB (n.F.) verwiesen werden[121]. Zwar sei hiernach Sachkaufrecht u.a. auf den Kauf „sonstiger Gegenstände" anwendbar. Hieraus könne jedoch nicht geschlossen werden, dass Computerprogramme aus dem Begriff der „Sache" herausgenommen wurden. Zwar werde in der Begründung des Regierungsentwurfs zu § 453 BGB Software ausdrücklich im Zusammenhang mit den „sonstigen Gegenständen" erwähnt[122]. Jedoch spreche die systematische Stellung der Regelung im Gesetz dafür, dass der Gesetzgeber nicht generell zur Sachqualität von Computerprogrammen Stellung nehmen wollte. Hätte der Gesetzgeber eine allgemeine Regelung schaffen wollen, die Auswirkungen auf das Miet- und Werkvertragsrecht sowie das Sachenrecht haben sollte, hätte die Regelung im Allgemeinen Teil des BGB erfolgen müssen.

Marly setzt sich auch mit der Problematik der unkörperlichen Überlassung von Computerprogrammen auseinander[123]. Er gesteht in diesen Fällen zu, dass

---

117 *Marly* „Praxishandbuch Softwarerecht", 263 ff.; *ders.* „Die Qualifizierung der Computerprogramme als Sache nach § 90 BGB", a.a.O., 432 ff.

118 *Marly* „Praxishandbuch Softwarerecht", 264 und 268; *ders.* „Die Qualifizierung der Computerprogramme als Sache nach § 90 BGB", a.a.O., 433 f.

119 *Marly* „Praxishandbuch Softwarerecht", 266; *ders.* „Die Qualifizierung der Computerprogramme als Sache nach § 90 BGB", a.a.O., 433; so auch *Berberich* „Virtuelles Eigentum", 93 und 96.

120 *Marly* „Praxishandbuch Softwarerecht", 266 f.; *ders.* „Die Qualifizierung der Computerprogramme als Sache nach § 90 BGB", a.a.O., 433 f.

121 *Marly* „Praxishandbuch Softwarerecht", 272 f.

122 BT-Drucks. 14/6040, 242.

123 *Marly* „Praxishandbuch Softwarerecht", 269 ff.; *ders.* „Die Qualifizierung der Computerprogramme als Sache nach § 90 BGB", a.a.O., 434 f.

die Übertragung ausschließlich mittels zwischen den Geräten fließenden Strömen erfolgt, die keine Körperlichkeit im Sinne des § 90 BGB aufweisen würden. Es sei nicht von vornherein ausgeschlossen, dass in diesem Fall tatsächlich keine Sache im Sinne des § 90 BGB vorläge. Da diese Form der Softwareüberlassung jedoch nur vereinzelt praktiziert werde, könnten keine Argumente für oder gegen die Beurteilung im Hinblick auf die regelmäßig stattfindende körperliche Softwareüberlassung abgeleitet werden. Vielmehr sei eine Gleichbehandlung der Fälle der unkörperlichen und der körperlichen Softwareüberlassung zu fordern, denn auch im Fall der unkörperlichen Softwareüberlassung bestehe die Zielsetzung darin, dass das zunächst unkörperlich übertragene Computerprogramm auf einem Datenträger wie z.B. die Festplatte verkörpert werde. Der Begriff der Übergabe solle einer weiten Auslegung zugeführt werden. Zwar stehe einer Subsumtion unter dem Begriff der Übergabe entgegen, dass hierfür nach allgemeiner Ansicht die Aufgabe seiner tatsächlichen Gewalt über die Sache durch den bisherigen Besitzer erforderlich ist und dies nicht gegeben sei. Jedoch erscheine ein Abstellen auf dieses Merkmal im Zusammenhang mit auf technisch fortschrittlichen Übertragungsformen von Computersoftware entbehrlich. Dies folge daraus, dass der Publizitätsfunktion des Besitzes an beweglichen Sachen Genüge getan sei. Denn die in Folge der unkörperlichen Überlassung entstandene neue Kopie des Computerprogramms sei nicht mit dem Merkmal einer früheren Sachherrschaft einer anderen Person belastet. Vielmehr bleibe die tatsächliche Sachherrschaft über das kopierte Computerprogramm unberührt und es werde eine neue, zuvor nicht existente Sachherrschaft über die neu erstellte Kopie begründet. Im Hinblick auf diese Kopie sei das bei jeder Übergabe grundsätzlich erforderliche Kriterium völliger Besitzaufgabe auf Seiten des Veräußerers bedeutungslos[124].

Dass es sich bei der erzeugten Kopie des Computerprogramms und dem Computerprogramm ansich um verschiedene Gegenstände handelt und im Rahmen der Sachübergaberegeln nicht irgendeine Sache übergeben werden muss, sondern vielmehr der Vertragsgegenstand, erkennt *Marly* an[125]. Hieraus könne jedoch nicht gefolgert werden, dass die unkörperliche Überlassung von Computerprogrammen keine Übergabe sei. Denn ansonsten müsste im Falle der unkörperlichen Überlassung von Computerprogrammen ein Werkvertrag über die Umbildung eines Datenträgers angenommen werden. Dies hätte zur Folge, dass abhängig von der

---

124 *Marly* „Praxishandbuch Softwarerecht“, 269 ff.; *ders.* „Die Qualifizierung der Computerprogramme als Sache nach § 90 BGB“, a.a.O., 434 f.

125 *Marly* „Praxishandbuch Softwarerecht“, 271 f.; *ders.* „Die Qualifizierung der Computerprogramme als Sache nach § 90 BGB“, a.a.O., 435.

Form der Überlassung unterschiedliche Rechtsfolgen eintreten würden, ohne dass für den Veräußerer oder Erwerber eine unterschiedliche Interessenlage zu erkennen wäre. Auch würde hierbei übersehen, dass das Überspielen des Computerprogramms auf einen Datenträger des Erwerbers derart im Vordergrund der Parteiinteressen stehe, dass der Datenträger, der die Kopie des Computerprogramms speichern soll, völlig in den Hintergrund trete. Daher sei nicht auf das Trägermedium sondern auf das Computerprogramm ansich abzustellen[126].

König[127] bejaht die Sacheigenschaft von Computerprogrammen damit, dass deren Verkörperung unabdingbare Voraussetzung für deren Existenz und Einsatzmöglichkeit in der Maschine ist. Anders als Bücher, deren Inhalte auch nach deren Vernichtung des Buches im Bewusstsein der Leser verblieben und dadurch ihr Zweck erfüllt werde, müssten Computerprogramme immer verkörpert existieren[128]. Das als Rechnersteuerung einzusetzende Computerprogramm existiere ausschließlich körperlich und könne daher als körperlich angesehen werden[129]. Geistige und immaterielle Güter seien Computerprogramme nicht[130].

Betreffend die Problematik einer Sachübergabe bei unkörperlicher Überlassung von Computersoftware geht *König* vom offensichtlichen Fehlen der Übergabe einer Sache aus[131]. Denn dem Erwerber werde in keinem Fall eine originale Programmverkörperung zur Erfüllung des Austauschverhältnisses übergeben. Den zwischen den Geräten fließenden Strömen fehle es als Elektrizität an der Körperlichkeit. Daher sei es bedenklich, die Herstellung einer Kopie des Computerprogramms auf der Festplatte des Erwerbers als Übergabe der Sache anzusehen. Denn es reiche nicht aus, dass irgendeine Sache übergeben werde. Vielmehr müsse der Vertragsgegenstand übergeben werden. Die Festplatte des Erwerbers stelle nicht den Vertragsgegenstand dar. Auch sei diese ununterbrochen im Eigentum des

126 *Marly* „Praxishandbuch Softwarerecht“, 271 f.; *ders.* „Die Qualifizierung der Computerprogramme als Sache nach § 90 BGB“, a.a.O., 435.

127 *König* „Zur Sacheigenschaft von Computerprogrammen und deren Überlassung“, a.a.O., 1584 ff.; *ders.* „Die Qualifizierung von Computerprogrammen als Sachen i.S. des § 90 BGB“, a.a.O., 2604 ff.

128 *König* „Die Qualifizierung von Computerprogrammen als Sachen i.S. des § 90 BGB“, a.a.O., 2605.

129 *König* „Zur Sacheigenschaft von Computerprogrammen und deren Überlassung“, a.a.O., 1584.

130 *König* „Zur Sacheigenschaft von Computerprogrammen und deren Überlassung“, a.a.O., 1584.

131 *König* „Die Qualifizierung von Computerprogrammen als Sachen i.S. des § 90 BGB“, a.a.O., 2605.

Erwerbers geblieben[132]. Jedoch seien die an die Sachübergabe anknüpfenden Regelungen entsprechend anwendbar. Denn sowohl im Falle der körperlichen als auch im Falle der unkörperlichen Überlassung eines Computerprogramms sei es Ziel, dem Erwerber eine Programmverkörperung zu verschaffen. Die fortgeschrittenen technischen Möglichkeiten dürften zu keiner anderen rechtlichen Bewertung führen[133]. Die Installierung des Computerprogramms auf dem Rechner des Erwerbers sei als Erfüllungshandlung anzusehen, sofern der Erwerber mit der Herstellung einer Kopie einverstanden ist. Hierdurch werde die Übergabe ersetzt (§ 364 Abs. 1 BGB). Da es dem Willen der Vertragspartner entspreche, die Übergabe eines separaten Computerprogramms durch die unmittelbare Herstellung einer Kopie zu ersetzen und der Erwerber hierdurch an der Kopie Besitz und Eigentum erlange, bestehe aus wirtschaftlicher Sicht kein Unterschied zur Übergabe und Übereignung eines separaten Computerprogramms[134].

Psczolla[135] begründet die Sacheigenschaft von Computerprogrammen damit, dass diese nur dann ihre Funktion erfüllen könnten und nutzbar seien, wenn sie in verkörperter Form entweder auf einem Wechseldatenspeichermedium oder einer Festplatte vorhanden seien. Da somit die Verkörperung auf einem Datenträger stets notwendige Voraussetzung für die funktionsgemäße Nutzbarkeit von Computerprogrammen sei, sei der Datenträger nicht bloßes Transportmittel für die Verkehrsfähigkeit eines immateriellen Gutes. Der Datenträger sei insoweit vergleichbar mit einem Buch, das ebenfalls Sachqualität aufweise. Auch dieses sei Ergebnis einer schöpferischen Geistestätigkeit und werde ausschließlich zum Zwecke der Informationserlangung und nicht wegen seines Informationsträgers erworben, ohne dass es dabei seine Sachqualität verliere[136].

Maume[137] und *Hoeren*[138] bejahen die Sacheigenschaft von Computerprogramm auf Grund deren Verkörperung mit Verweis auf die Rechtsprechung des *BGH* und die einschlägige Kommentarliteratur.

---

132 *König* „Zur Sacheigenschaft von Computerprogrammen und deren Überlassung", a.a.O., 1585.

133 *König* „Die Qualifizierung von Computerprogrammen als Sachen i.S. des § 90 BGB", a.a.O., 2605.

134 *König* „Zur Sacheigenschaft von Computerprogrammen und deren Überlassung", a.a.O., 1585.

135 *Psczolla* „Virtuelle Gegenstände als Objekte der Rechtsordnung", a.a.O., Abs. 1 ff.

136 *Psczolla* „Virtuelle Gegenstände als Objekte der Rechtsordnung", a.a.O., Abs. 7.

137 *Maume* „Bestehen und Grenzen des virtuellen Hausrechts", a.a.O., 622.

138 *Hoeren* „Die Online-Erschöpfung im Softwarebereich Fallgruppe und Beweislast", MMR 2010, 447 ff.

Holch[139] qualifiziert zwar Computerprogramme als solche als immaterielle Güter. Jedoch würden Computerprogramme durch die Verkörperung auf einem Datenträger selbst zu Sachen gemäß § 90 BGB. Dem stünde nicht entgegen, dass sich der eigentliche wirtschaftliche Wert aus den im Datenträger gespeicherten Informationen ergebe, die als solche ein immaterielles Gut seien. Insofern würden sich verkörperte Computerprogramme nicht von Büchern unterscheiden.

Meier/Wehlau[140] bejahen die Sacheigenschaft von Daten, da diese stets auf Speichermedien gesichert würden und sich hieraus eine Verkörperung des Datenbestandes ergebe. Daher könne die Veränderung des auf dem Speichermedium gespeicherten Datenbestandes eine Eigentumsverletzung nach § 823 Abs. 1 BGB begründen, indem die molekulare Oberflächenstruktur des Speichermediums beim Datenverarbeitungsprozess im Wege der Magnetisierung nachhaltig verändert werde[141].

Feldmann/Heidrich[142] vertreten die Auffassung, dass Daten Sachqualität im Sinne von § 90 BGB zukommt, wenn sie in einem Datenträger verkörpert sind. Denn in diesem Fall bilden die Daten, denen ansich auf Grund fehlender Körperlichkeit keine Sachqualität zukomme, eine die Sachqualität begründende Sacheinheit mit dem Datenträger.

Preuß[143] bejaht zwar nicht die Sachqualität von Daten. Er erachtet jedoch die Frage nach der Sachqualität von Daten für nicht mehr relevant, da die Sachqualität für die Eröffnung des Anwendungsbereichs des Sachenrechts nicht mehr erforderlich sei. Denn eine entsprechende Anwendung des kaufrechtlichen Gewährleistungsregimes ergebe sich nunmehr aus § 453 BGB. *Preuß* befürwortet jedoch eine Verletzung des Schutzgutes „Eigentum“ im Sinne von § 903 BGB anknüpfend an den Datenträger, wenn die darauf gespeicherten Daten verändert werden. Darin könne eine Beeinträchtigung des bestimmungsgemäßen Gebrauchs zu erblicken sein, was eine Eigentumsverletzung begründe. Denn die Nutzung des Eigentums sei ebenso vom Eigentumsrecht erfasst, wie die materielle Substanz.

---

139 MüKo BGB/*Holch* § 90 Rn. 27.

140 *Meier/Wehlau* „Die zivilrechtliche Haftung für Datenlöschung, Datenverlust und Datenzerstörung“, NJW 1998, 1585, 1588.

141 *Meier/Wehlau* „Die zivilrechtliche Haftung für Datenlöschung, Datenverlust und Datenzerstörung“, a.a.O., 1588.

142 *Feldmann/Heidrich* „Rechtsfragen des Ausschlusses von Usern aus Internetforen – Praktische Analyse der Voraussetzungen eines Anspruchs auf Ausschluss“, CR 2006, 406, 408.

143 *Preuß* „Rechtlich geschützte Interessen an virtuellen Gütern“, 167 ff. und 172 dort Fn. 45.

Ebenso bejaht *Heinz*[144] zwar die Sachqualität von Computerprogrammen nicht, jedoch die analoge Anwendbarkeit der Regeln über Kauf oder Miete bei Standardsoftware. Dies wird auf die Begründung gestützt, dass die Information über eine Sache selbst stets eine immaterielle Sache darstelle und daher fähig sei, zum Gegenstand eines urheberrechtlich-institutionalisierten Ausschließlichkeitsschutzes zu werden. Daher sei unerheblich, ob die Information in einer als beweglichen Gegenstandes geltenden Sache im Sinne des § 90 BGB konkretisiert wurde oder nicht.

Ellenberger[145] bejaht die Sachqualität von auf Datenträgern verkörperten Computerprogrammen, verneint jedoch die Sachqualität von Computerprogrammen ansich[146].

b) Gegner einer Sachqualität von Computerprogrammen

Der *Bundesfinanzhof (BFH)* qualifiziert sowohl Standard- als auch Individualsoftware als immaterielle Wirtschaftsgüter[147]. Dies ergebe sich daraus, dass dem Computerprogramm im Rechtsverkehr die überragende wirtschaftliche Bedeutung zukomme und der Datenträger demgegenüber zurücktrete.

Müller-Hengstenberg[148] lehnt die Sachqualität von Computerprogrammen ab, da der eigentliche immaterielle Wert von Computerprogrammen, der in der Funktionalität liegt, beherrschend sei. Zwar seien Computerprogramme ohne Hardware, d.h. einen materiellen Träger, nicht einsetzbar, jedoch sei der materielle Datenträger nach dem Verständnis der Fachwelt kein Wesensmerkmal von Computerprogrammen[149]. Computerprogramme seien nicht von einem fest zugeordneten, physischen Datenträger abhängig, was u.a. die Techniken der unkörperlichen Überlassung von Computerprogrammen zeigten. Vielmehr könnten Computerprogramme jederzeit über andere nicht physische Datenträger transferiert werden[150]. Mit Blick hierauf sei der materielle Datenträger ohne jeden Wert

144 *Heinz* „Die europäische Richtlinie über den rechtlichen Schutz von Datenbanken in verfassungsrechtlicher und rechtstheoretischer Sicht“, GRUR 1996, 455, 460.

145 Palandt/*Ellenberger* § 90 Rn. 2.

146 *Berberich* „Virtuelles Eigentum“, 94. m.w.N. zu den Befürwortern einer Sachqualität von Computerprogrammen.

147 *BFH* Urt. v. 05.10.1979, III R 40/76, DB 1980, 144; *ders.* Urt. v. 03.07.1987, III R 7/86, BFHE 150, 259; ders. Urt. v. 02.09.1988, III R 38/84, BB 1989, 484.

148 *Müller-Hengstenberg* „Computersoftware ist keine Sache“, a.a.O., 3128 ff.; *ders./Kirn* „Vertragscharakter des Application Service Providing-Vertrags“, a.a.O., 2370 ff.

149 *Müller-Hengstenberg* „Computersoftware ist keine Sache“, a.a.O., 3130 f.

150 *Müller-Hengstenberg* „Computersoftware ist keine Sache“, a.a.O., 3130.

und beliebig. Daher sei unverständlich, dass von den Befürwortern einer Sachqualität von Computerprogrammen für die rechtliche Bewertung maßgeblich auf den Datenträger abgestellt werde[151]. Vielmehr sei die rechtliche Einordnung des Datenträgers von dem immateriellen Gut der Daten zu trennen. Es sei eine allgemeine Eigenart von geistigen Werken, dass diese als solches anderen Regelungen unterliegen als deren Träger bzw. das sie verkörpernde Werkstück. Der Verkauf des Datenträgers sei zweifellos ein klarer Fall des Sachkaufs. Da jedoch der Datenträger weder das Ziel des Erwerbs sei noch den eigentlichen Wert des Geschäftsvorgangs darstelle, könne das Rechtsschicksal des darauf befindlichen Computerprogramms nicht ohne Weiteres mit dem des Datenträgers verbunden werden[152].

Müller-Hengstenberg/Kirn[153] weisen darauf hin, dass der *BGH* gravierende Folgen des technologischen Wandels in der Gestaltung der Architektur der Funktionsweise, des Einsatzes und der Verwendung von Informationssystemen unberücksichtigt lässt. Das Abstellen auf den Datenträger lasse außer Acht, dass die physische Basis von Computerprogrammen auf Grund der neuesten Technologien virtualisiert werde und daher keine Bedeutung mehr habe[154].

Berberich[155] verweist darauf, dass die Erfassung von Computerprogrammen über das Sacheigentum oder den Besitz an der Hardware als dogmatischer Ansatz auf Grund der zunehmend verteilten rein digitalen Online-Speicherung als sog. Cloud Computing versagt.

Kort[156] lehnt die Sachqualität von Computerprogrammen mit der Begründung ab, dass sich aus der zweifellosen Sacheigenschaft des Datenträgers nicht ergebe, dass die Verbindung von Computerprogramm und Datenträger dem Sachbegriff unterfalle. Hierbei handele es sich um eine der bloßen Konstruktion verhaftete Fiktion, was sich im Fall der unkörperlichen Überlassung von Computerprogrammen erweise. Indem in diesen Fällen keine abweichenden Rechtsfolgen gegenüber der körperlichen Überlassung von Computerprogrammen eintreten sollen, werde die Subsumtion von Computerprogrammen unter den Sachbegriff *ad absurdum*

---

151 *Müller-Hengstenberg* „Computersoftware ist keine Sache“, a.a.O., 3131.

152 *Müller-Hengstenberg* „Computersoftware ist keine Sache“, a.a.O., 3132.

153 *Müller-Hengstenberg/Kirn* „Vertragscharakter des Application Service Providing-Vertrags“, a.a.O., 2370 ff.

154 *Müller-Hengstenberg/Kirn* „Vertragscharakter des Application Service Providing-Vertrags“, a.a.O., 2373.

155 *Berberich* „Absolute Rechte an der Nutzung einer Domain – eine zentrale Weichenstellung für die Rechtsentwicklung“, a.a.O., 543.

156 *Kort* „Software – eine Sache?“, a.a.O., 1505 ff.

geführt[157]. Zudem nivelliere das Abstellen auf die Verkörperung auf einem Datenträger die vom *BGH* vorgenommene Differenzierung zwischen Standardsoftware, auf die Kaufrecht anwendbar sein soll, und Individualsoftware, auf die Werkvertragsrecht anwendbar sein soll[158]. Auch sei eine Subsumtion der Computerprogramme unter den Sachbegriff im Sinne des § 90 BGB überflüssig, da sich die Anwendbarkeit der kaufrechtlichen Normen aus einer teleologischen Auslegung von §§ 433 ff. BGB ergebe. Dies rechtfertige sich aus der Überlegung, dass der historische Gesetzgeber bei der Festlegung des bürgerlich-rechtlichen Begriffs der „Sachen" noch nicht habe wissen können, dass der Verkehr ein knappes Jahrhundert nach Inkrafttreten des BGB immer weniger reiner Warenverkehr, sondern zunehmend auch Informationsverkehr sei. Das Abstellen auf die Verkörperung auf einem Datenträger stelle den Versuch dar, neue technische Entwicklungen an die im Gesetzestext zum Ausdruck kommende physikalisch-naturwissenschaftliche Vorstellungswelt des Gesetzgebers des letzten Jahrtausends anzupassen[159].

Nach *Mehrings*[160] kommt Computerprogrammen im Gegensatz zu dem Datenträger, auf welchem diese fixiert sind, keine Sachqualität zu. Denn das geistige Gut „Computerprogramm" habe in Relation zu dessen körperlichen Träger eine überragende wirtschaftliche Bedeutung. Die Einbeziehung dieses ökonomischen Aspekts sei unerlässlich. Der Erwerb des Computerprogramms dominiere den Erwerb des körperlichen Trägers. Die Möglichkeit der Anfertigung von Kopien des Computerprogramms mache deutlich, dass dieses im Verhältnis zu seinem körperlichen Träger ein eigenständiges wirtschaftliches Gut darstelle[161]. Gegen die Annahme eines Sachkaufs spreche, dass das Erwerbsobjekt keine Sache, sondern ein geistiges Gut sei. In erster Linie bestehe die Verpflichtung, dem Erwerber eine tatsächliche Nutzungsmöglichkeit zu verschaffen[162]. Ein wesentlicher Unterschied zwischen Informationen – die wie Computerprogramme unkörperlich sind – und körperlichen Gegenständen, wie z.B. Büchern, bestehe darin, dass ein körperlicher Gegenstand

---

157 *Kort* „Software – eine Sache?", a.a.O., 1507.

158 *Kort* „Software – eine Sache?", a.a.O., 1506.

159 *Kort* „Software – eine Sache?", a.a.O., 1507.

160 *Mehrings* „Vertragsrechtliche Aspekte der Nutzung von Online- und CD-ROM-Datenbanken", a.a.O., 3102 ff.; *ders.* „Zum Wandlungsrecht beim Erwerb von Standardsoftware", a.a.O., 2438 ff.; *ders.* „Computersoftware und Gewährleistungsrecht", a.a.O., 1904 ff.; *ders.* „Computersoftware und Mängelhaftung – Ein Problemaufriß", a.a.O., 189 ff.

161 *Mehrings* „Computersoftware und Mängelhaftung – Ein Problemaufriß", a.a.O., 192; ders. „Computersoftware und Gewährleistungsrecht", a.a.O., 1905.

162 *Mehrings* „Computersoftware und Gewährleistungsrecht", a.a.O., 1905.

zu einem Zeitpunkt nur an einem Ort existieren könne und deshalb nur von einer oder wenigen Personen nutzbar sei. Dieselbe Information – und damit auch dasselbe Computerprogramm – kann zeitgleich durch verschiedene Personen an verschiedenen Orten genutzt werden, ohne dass sich die Personen in der Nutzung behindern[163]. Zudem führe die Möglichkeit der unkörperlichen Datenfernübertragung zu einer Verselbstständigung vom Datenträger[164]. Daher sei zwischen den Rechten am Datenträger und den Rechten an dem darauf gespeicherten Inhalt zu unterscheiden[165]. Insoweit greife der Verweis auf die Parallelität zwischen Computerprogrammen und Büchern nicht, da auch bei Büchern zwischen dem Sachkauf des Informationsträgers und dem Rechtserwerb am Inhalt des Buches zu unterscheiden sei[166]. Im Falle einer unkörperlichen Überlassung von Computerprogrammen sei die Möglichkeit des Vorliegens eines Sachkaufs mangels Übergabe nicht mehr aufrecht zu erhalten[167].

Stichtenoth[168] verneint die Zuordnung von Computersoftware unter den Sachbegriff gemäß § 433 Abs. 1 BGB mit Verweis auf den durch das Schuldrechtsmodernisierungsgesetz eingeführten § 453 Abs. 1 BGB. Auf Grund dessen seien die juristischen Klimmzüge für die Begründung einer Anwendbarkeit von Sachkaufrecht nicht mehr erforderlich[169]. Gemäß § 453 Abs. 1 BGB fänden die Vorschriften über den Kauf von Sachen auf den Kauf von Rechten und sonstigen Gegenständen Anwendung. Mit der ausdrücklichen Erwähnung der sonstigen Gegenstände sei der untechnische Sachbegriff im Rahmen des § 433 Abs. 1 BGB nicht mehr vertretbar[170]. Der Terminus „Sache" habe im Kaufrecht nunmehr unbestreitbar den gleichen Inhalt wie im Sachenrecht. Dies folge insbesondere daraus, dass Software

---

163 *Mehrings* „Vertragsrechtliche Aspekte der Nutzung von Online- und CD-ROM-Datenbanken", a.a.O., 3102.

164 *Mehrings* „Vertragsrechtliche Aspekte der Nutzung von Online- und CD-ROM-Datenbanken", a.a.O., 3103.

165 *Mehrings* „Vertragsrechtliche Aspekte der Nutzung von Online- und CD-ROM-Datenbanken", a.a.O., 3104.

166 *Mehrings* „Vertragsrechtliche Aspekte der Nutzung von Online- und CD-ROM-Datenbanken", a.a.O., 3107.

167 *Mehrings* „Zum Wandlungsrecht beim Erwerb von Standardsoftware", a.a.O., 2439.

168 *Stichtenoth* „Softwareüberlassungsverträge nach dem Schuldrechtsmodernisierungsgesetz", a.a.O., 105 ff.

169 *Stichtenoth* „Softwareüberlassungsverträge nach dem Schuldrechtsmodernisierungsgesetz", a.a.O., 107.

170 *Stichtenoth* „Softwareüberlassungsverträge nach dem Schuldrechtsmodernisierungsgesetz", a.a.O., 106.

in der Begründung des Regierungsentwurfs zu § 453 BGB[171] ausdrücklich im Zusammenhang mit den „sonstigen Gegenständen“ erwähnt worden sei[172]. Zwar sei das Kaufrecht der falsche Ort, um zur Sachqualität von Computerprogrammen Stellung zu nehmen. Jedoch gäbe es keinen Grund anzunehmen, § 453 Abs. 1 BGB normiere lediglich Ausnahmen von der Harmonisierung des Sachbegriffs in Kauf- und Sachenrecht[173].

Bormann/Bormann[174] verneinen die Sachqualität von Computerprogrammen, da nach einer Gesamtschau der Rechtsprechung des *BGH* und der Argumente der Befürworter einer Sachqualität von Computerprogrammen eine dogmatisch überzeugende Begründung fehle. Computerprogramme müssten in der Regel als immaterielle Gegenstände gesehen werden[175]. Zu unterscheiden sei zwischen dem körperlichen und dem geistigen Leistungsteil[176]. Der oftmals bemühte Vergleich mit Büchern oder Schallplatten scheitere auf Grund eines wesentlichen Unterschiedes. Bei Büchern oder Schallplatten bestehe eine untrennbare Verbindung zwischen dem materiellen Wirtschaftsgut „Buch“ bzw. „Schallplatte“ und dem jeweiligen Inhalt. Die Tonaufnahme könne ohne die Schallplatte nicht gehört, der Inhalt des Buches ohne diese nicht gelesen werden. Eine solche untrennbare Verbindung zwischen Computerprogrammen und Datenträger fehle. Sobald das Computerprogramm von der Diskette in den Arbeitsspeicher des Rechners geladen worden sei, könne das Computerprogramm laufen, ohne dass weiter auf die Diskette zurückgegriffen werden müsse[177].

Wemmer/Bodensiek[178] argumentieren, dass seit dem Inkrafttreten des Schuldrechtsmodernisierungsgesetzes und dem neu eingeführten § 453 Abs. 1 BGB kein Raum mehr für die Qualifizierung von Computerprogrammen als Sachen sei. Denn die Sachqualität von Computerprogrammen sei damit begründet worden, dass ansonsten die kaufrechtlichen Vorschriften zur Sachmängelhaftung nicht anwendbar wären. Da § 453 Abs. 1 BGB (n.F.) Kaufrecht für sämtliche Fälle des Kaufs, d.h. nicht nur für den Sachkauf, für anwendbar erklärt, entfalle

171 BT-Drucks. 14/6040, 242.

172 *Stichtenoth* „Softwareüberlassungsverträge nach dem Schuldrechtsmodernisierungsgesetz“, a.a.O., 106.

173 *Stichtenoth* „Softwareüberlassungsverträge nach dem Schuldrechtsmodernisierungsgesetz“, a.a.O., 107.

174 *Bormann/Bormann* „Rechtsnatur und Rechtsschutz der Software“, a.a.O., 2641 ff.

175 *Bormann/Bormann* „Rechtsnatur und Rechtsschutz der Software“, a.a.O., 2643.

176 *Bormann/Bormann* „Rechtsnatur und Rechtsschutz der Software“, a.a.O., 2644.

177 *Bormann/Bormann* „Rechtsnatur und Rechtsschutz der Software“, a.a.O., 2645.

178 Wemmer/Bodensiek „Virtueller Handel – Geld und Spiele“, a.a.O., 432 ff.

dieses Argument. Zudem sei unklar, wieso in einer Zeit, in der die unkörperliche Überlassung von Computerprogrammen üblich geworden sei, auf den Datenträger abgestellt werde. Auch würden Daten ihre Qualität nicht dadurch verändern, dass sie auf einem Datenträger gespeichert würden.

Redeker[179] begründet seine Ablehnung einer Sachqualität von Computerprogrammen damit, dass Computerprogramme unabhängig von ihrer Verkörperung seien und auf wechselnden Medien verkörpert werden könnten. Dass Computerprogramme elektronisch übertragen werden können, mache deutlich, dass es sich bei diesen nicht um Sachen handele. Denn Sachen könnten schlechterdings nicht auf elektronischem Weg übertragen werden. Ebenso sei elektrischer Strom keine Sache[180].

Heussen[181] verneint die Sachqualität von Computerprogrammen, indem er dem oftmals bemühten Vergleich mit Büchern auf Grund „naivem technischen Verständnis[es]“ entgegen tritt. Denn Computerprogramme würden im Vergleich zu den „toten“ Buchstaben eines Buches ein Eigenleben entwickeln, sobald das Computerprogramm gestartet sei[182].

Tellis[183] lehnt die Behandlung von Computerprogrammen als Sachen im Sinne des § 90 BGB mit dem Verweis ab, dass die Kosten für die geistige Leistung des Computerprogramms die Kosten für die Herstellung des Datenträgers um ein Vielfaches übersteigt. Dies könne nicht unberücksichtigt bleiben.

Junker[184] vertritt die Auffassung, dass man an Computerprogrammen nur dann eine umfassende Herrschaftsmacht gemäß § 903 BGB erlangen könne, wenn man das (Sach-)Eigentum an Geisteswerken zuließe[185].

Lober/Weber[186] verneinen die Sachqualität von Computerprogrammen und Daten, da es an einer körperlichen Begrenzbarkeit dieser fehle. Zwar könnten die

---

179 *Redeker* „Wer ist Eigentümer an Goethes Werther?“, a.a.O., 1739 ff.

180 *Redeker* „Wer ist Eigentümer an Goethes Werther?“, a.a.O., 1740.

181 *Heussen* „Urheber- und lizenzrechtliche Aspekte bei der Gewährleistung für Computersoftware – Zugleich zum Problem der Rechtsnatur von Lizenzverträgen“, a.a.O., 779 ff.

182 *Heussen* „Urheber- und lizenzrechtliche Aspekte bei der Gewährleistung für Computersoftware – Zugleich zum Problem der Rechtsnatur von Lizenzverträgen“, a.a.O., 780.

183 *Tellis* „Gewährleistungsansprüche bei Sachmängeln von Anwendersoftware“, a.a.O., 501.

184 *Junker* „Die Entwicklung des Computerrechts in den Jahren 1991, 1992, a.a.O., 824 ff.

185 *Junker* „Die Entwicklung des Computerrechts in den Jahren 1991, 1992, a.a.O., 829.

186 *Lober/Weber* „Money for Nothing? Handel mit virtuellen Gegenständen und Charakteren“, a.a.O., 655.

Daten auf einem Datenträger in körperliche Gestalt gebracht werden. Jedoch könne die dingliche Einordnung des Trägers von den darauf enthaltenen Daten und Programmen abweichen.

Landgericht Koblenz[187] verneint die Sachqualität von Daten mit der Begründung, dass Sachen im Sinne von § 90 BGB nur körperliche Gegenstände in den drei möglichen Aggregatzuständen (fest, flüssig, gasförmig) seien. Elektronische Daten bestünden aus elektronischen Spannungen und unterfielen daher nicht dem Sachbegriff. Hieran ändere auch der Umstand nichts, dass die Daten auf einem Datenträger gespeichert seien.

Der *Bundesminister der Finanzen*[188] qualifizierte sowohl Standard- als auch Individualsoftware als immaterielle Wirtschaftsgüter[189].

2. Stellungnahme

Die Ansichten, wonach die Sachqualität von Computerprogrammen bejaht wird, sind nicht frei von Widersprüchen. Obgleich sie von der nachvollziehbaren Bestrebung der Vermeidung von Rechtsschutzlücken geleitet sind, fehlt ihnen eine überzeugende dogmatische Begründung[190]. Daher ist eine Sachqualität von Computerprogrammen abzulehnen.

a) Orientierung am Ergebnis

Die Bejahung der Sachqualität von Computerprogrammen erfolgt in erster Linie ergebnisorientiert. Der Hintergrund, vor dem die Befürworter die Sachqualität von Computerprogrammen unter Zu-Hilfe-Name des Vehikels „Datenträger“ bejahen, ist die Vermeidung von Rechtsschutzlücken und unterschiedlichen Rechtsfolgen trotz gleicher Interessenlage.

So erkannte der *BGH* parallel zur Bejahung der Sachqualität von Computerprogrammen auf Grund deren Verkörperung auf einem Datenträger frühzeitig den immateriellen Charakter von Computerprogrammen an. Der *BGH* bejahte die grundsätzliche Urheberrechtsfähigkeit von Computerprogrammen[191], den teilweise

---

187 *LG Koblenz* Urt. v. 10.05.1999, I S 292/95, NJW 1996, 2662.

188 *Bundesminister der Finanzen* „Stellungnahme des Bundesministers der Finanzen zur steuerlichen Behandlung von Computer-Software“, NJW 1992, 2541 f.

189 *Berberich* „Virtuelles Eigentum“, 95. m.w.N. zu den Kritikern einer Sachqualität von Computerprogrammen.

190 Vgl. *Bormann/Bormann* „Rechtsnatur und Rechtsschutz der Software“, a.a.O., 2643.

191 *BGH* Urt. v. 09.05.1985, I ZR 52/83, CR 1985, 22, 29 – *Urheberrechtsschutz für Computerprogramme.*

immateriellen Charakter von Softwareleistungen [192] sowie die Qualität von Computerprogrammen als geistige Leistung[193]. Mithin ist dem *BGH* der grundsätzlich unterschiedliche rechtliche Charakter des materiellen Datenträgers und der darauf gespeicherten immateriellen Computersoftware bewusst. Jedoch liefert das Urheberrechtsgesetz keine Antwort auf die Frage, welche schuldrechtlichen Rechtsvorschriften, insbesondere welche Gewährleistungsansprüche, auf den Erwerb von Computerprogrammen anzuwenden sind[194]. Hinzu kommt, dass nach Ansicht des *BGH* die Beurteilung der Gewährleistung von Funktionsmängeln von Computersoftware bei urheberrechtlich geschützten und urheberrechtlich ungeschützten Computerprogrammen nach unterschiedlichen Regeln nicht interessengerecht wäre, insbesondere da die Frage nach Gewährleistungsrechten mit dem Urheberrecht nicht im Zusammenhang steht[195]. Daher greift der *BGH* auf die Regelungen zur Sachmängelhaftung zurück, wofür zuvor die Sachqualität von Computerprogrammen bejaht werden muss.

Bei Fällen der unkörperlichen Überlassung von Computerprogrammen begründet *Marly* die Anwendbarkeit von Sachkaufrecht auf Softwareüberlassungsverträge trotz des Fehlens der erforderlichen Übergabe einer Sache ergebnisorientiert damit, dass ansonsten Werkvertragsrecht anzuwenden sei. Dies hätte zur Folge, dass abhängig von der Form der Überlassung unterschiedliche Rechtsfolgen eintreten würden, ohne dass für den Veräußerer oder den Erwerber eine unterschiedliche Interessenlage zu erkennen wäre[196].

Auch *König*, der das Vorliegen einer Sachübergabe im Falle der unkörperlichen Überlassung von Computerprogrammen verneint, begründet die entsprechende Anwendbarkeit der an die Sachübergabe anknüpfenden Regelungen ergebnisorientiert damit, dass die fortschrittlichen technischen Möglichkeiten nicht zu einer unterschiedlichen rechtlichen Behandlung führen dürfen[197].

b) Keine überzeugende Begründung einer Sachqualität von Computerprogrammen

Die Bejahung einer Sachqualität von Computerprogrammen sieht sich vor allem der Kritik ausgesetzt, dass nicht zwischen den Rechten am körperlichen Datenträger und

---

192 *BGH* Urt. v. 04.11.1987, VIII ZR 314/86, NJW 1988, 406, 408.

193 *BGH* Urt. v. 03.06.1981, VIII ZR 153/80, NJW 1981, 2684.

194 *BGH* Urt. v. 04.11.1987, VIII ZR 314/86, NJW 1988, 406, 407.

195 *BGH* Urt. v. 15.11.2006, XII ZR 120/04, NJW 2007, 2394, 2395.; *ders.* Urt. v. 04.11.1987, VIII ZR 314/86, NJW 1988, 406, 407.

196 *Marly* „Praxishandbuch Softwarerecht“, 271 f.; *ders.* „Die Qualifizierung der Computerprogramme als Sache nach § 90 BGB“, a.a.O., 435.

197 *König* „Die Qualifizierung von Computerprogrammen als Sachen i.S. des § 90 BGB“, a.a.O., 2605.

dem darauf gespeicherten unkörperlichen Computerprogramm getrennt wird. Insbesondere geht der oftmals bemühte Vergleich mit Büchern oder Schallplatten ins Leere. Wie *Preuß* zutreffend bemerkt, liegt der Verdacht nahe, verkörperte Daten durch einen Kunstgriff am Schutz des verkörperten Sachguts partizipieren zu lassen[198].

Zudem macht der auf Grund technischen Fortschritts ermöglichte Verzicht auf die Übergabe eines Datenträgers durch unkörperliche Überlassung von Computerprogrammen deutlich, dass ein Abstellen auf den Datenträger zur Begründung der Sachqualität von Computerprogrammen kaum mehr überzeugend argumentiert werden kann.

aa) Vermischung der Rechte am körperlichen Datenträger und dem darauf gespeicherten unkörperlichen Computerprogramm

Das Bejahen der Sachqualität von Computerprogrammen durch Abstellen auf den Datenträger begegnet vor allem einer Kritik: Es wird die Frage nach der rechtlichen Einordnung des Datenträgers und der rechtlichen Einordnung der darauf gespeicherten Computerprogramme vermischt. Auf die unkörperlichen Computerprogramme sollen Vorschriften Anwendung finden, die an die Sachqualität anknüpfen, d.h. für körperliche Gegenstände vorgesehen sind[199].

So ist im Bereich des Sachkaufs- und Mietvertragsrechts eine Sache gemäß § 90 BGB Vertragsgegenstand[200]. Zudem bedarf es im Rahmen der kaufrechtlichen Sachmängelgewährleistung der Übergabe einer Sache. Die Übergabe ist

---

198 *Preuß* „Rechtlich geschützte Interessen an virtuellen Gütern", 170 f., der jedoch hinreichend Anlass sieht, diese Bedenken der Anwendung eines Kunstgriffs zur Erfassung von gespeicherten Daten am Rechtsschutz des Datenträgers auszuräumen, siehe hierzu Kapitel 3 Ziffer B.II.1., Seiten 64 ff.

199 So bejahte das *LG Osnabrück* Urt. v. 09.08.2011, 14 O 542/10, juris, bei einem Schaden, der in einem durch Stromausfall verursachten Datenverlust bestand, das Vorliegen einer Eigentumsverletzung im Sinne von § 823 Abs. 1 BGB mit der Begründung, dass auch auf Datenträgern gespeicherte Daten Schutzgegenstand des Eigentumsrechts gemäß § 823 Abs. 1 BGB sein könnten und verwies auf *OLG Karlsruhe* Urt. v. 07.11.1995, 3 U 15/95, NJW 1996, 200, 201. Das *OLG Karlsruhe* hatte in diesem Urteil jedoch nicht zu entscheiden gehabt, ob Daten Schutzgegenstand des Eigentumsrechts sein können, sondern ließ diese Frage ausdrücklich offen. Vielmehr bejahte das *OLG Karlsruhe* eine Eigentumsverletzung gemäß § 823 Abs. 1 BGB indem es nicht auf die Daten, sondern den Datenträger abstellte, der zweifelsohne eine Sache im Sinne von § 90 BGB war. Sowohl das Urteil des *LG Osnabrück* als auch das Urteil des *OLG Karlsruhe* zeigen eindrucksvoll, dass die Frage einer rechtlichen Erfassung der Daten und – getrennt hiervon – des Datenträgers oftmals vermischt werden.

200 Palandt/*Weidenkaff* § 433 Rn. 5; *ders.* Einf v § 535 Rn. 103.

geprägt von der Aufgabe des unmittelbaren Besitzes durch den Verkäufer und die Begründung desselben durch den Erwerber[201]. Der Besitz wiederum ist die tatsächliche Herrschaft über eine Sache (§ 90 BGB)[202].

Auch der *BGH* unterscheidet an anderer Stelle zwischen der durch Übertragung von Daten auf einen Datenträger stattfindenden Verkörperung und den Daten an sich, die ein selbstständiges vermögenswertes Gut darstellen[203]. Im Rahmen der Auslegung eines Sicherungsübereignungsvertrages, der den Eigentumsübergang und die Übereignung von Software-Pakten zum Gegenstand hatte, unterschied der *BGH* strikt zwischen der Eigentumsübertragung an dem Datenträger, die nicht Zweck der Sicherungsübereignung war, und der Ermöglichung der Nutzung des darauf gespeicherten Computerprogramms, welche Zweck der Sicherungsübereignung gewesen ist[204]. Zudem sieht der *BGH*, dass die in Computerprogrammen liegende geistige Leistung *„anders als körperliche Gegenstände"*, mit geringem Aufwand vervielfältigt und verbreitet und damit der Umfang der Nutzung um ein Vielfaches erhöht werden kann[205]. Hiermit erkennt der *BGH* den Unterschied zwischen der in Computerprogrammen liegenden geistigen Leistung und körperlichen Gegenständen unmissverständlich an.

Hieraus folgt zunächst, dass die Herleitung der Sachqualität von Computerprogrammen mit der Begründung, Computerprogramme seien keine geistigen Güter[206], nicht aufrecht zu erhalten ist[207].

Darüber hinaus ist wegen des genannten grundsätzlichen Unterschiedes zwischen dem körperlichen Datenträger und dem darauf gespeicherten unkörperlichen Computerprogramm die rechtliche Einordnung des Datenträgers von dem immateriellen Gut der Daten zu trennen[208]. Zwar ist der Verkauf des Datenträgers ein

---

201 Palandt/*Weidenkaff* § 433 Rn. 13.

202 Palandt/*Bassenge* Überbl v § 854 Rn. 1.

203 *BGH* Urt. v. 02.07.1996, X ZR 64/94, juris Rn. 17.

204 *BGH* Urt. v. 20.01.1994, I ZR 267/91, GRUR 1994, 363, 365 - *Holzhandelsprogramm.*

205 *BGH* Urt. v. 24.10.2002, I ZR 3/00, WRP 2003, 758, 761 – *CPU-Klausel.*

206 So *Marly* „Praxishandbuch Softwarerecht", 266; *ders.* „Die Qualifizierung der Computerprogramme als Sache nach § 90 BGB", a.a.O., 433; *König* „Zur Sacheigenschaft von Computerprogrammen und deren Überlassung", a.a.O., 1584.

207 Vgl. *Bormann/Bormann* „Rechtsnatur und Rechtsschutz der Software", a.a.O., 2643; *Mehrings* „Computersoftware und Gewährleistungsrecht", a.a.O., 1905.

208 *Mehrings* „Vertragsrechtliche Aspekte der Nutzung von Online- und CD-ROM-Datenbanken", a.a.O., 3104; *Müller-Hengstenberg* „Computersoftware ist keine Sache", a.a.O., 3132; *Bormann/Bormann* „Rechtsnatur und Rechtsschutz der Software", a.a.O., 2644; *Berberich* „Virtuelles Eigentum, 117; *Koch* „Die rechtliche Bewertung virtueller Gegenstände auf Online-Plattformen", a.a.O., Abs. 13.

Sachkauf[209]. Das Rechtsschicksal des auf dem Datenträger befindlichen Computerprogramms kann jedoch nicht mit dem des Datenträgers verbunden werden[210]. Denn es fehlt an einer hinreichend festen Zuordnung der Computerprogramms zu einem Datenträger, die dies rechtfertigen könnte[211]. So kann das Computerprogramm seine Funktion losgelöst von dem Datenträger erfüllen, mit dem es geliefert wurde, sobald das Computerprogramm in den Arbeitsspeicher des Rechners geladen wurde; eines weiteren Rückgriffs auf den Datenträger bedarf es nicht[212]. Die unkörperliche Überlassung von Computerprogrammen zeigt besonders deutlich, dass Computerprogramme weitestgehend losgelöst vom Datenträger sind[213].

Insoweit greift auch der Vergleich mit Büchern oder Schallplatten[214] nicht. Dieser wird damit begründet, dass auch Bücher und Schallplatten das Ergebnis einer schöpferischen Geistestätigkeit seien und ausschließlich zum Zwecke der Informationserlangung und nicht wegen des Informationsträgers erworben würden, ohne dass sie dabei ihre Sachqualität verlieren[215]. Hierbei wird jedoch nicht zwischen dem Buch und der Schallplatte als Informationsträger und deren Inhalt unterschieden. Denn nicht das Buch und die Schallplatte ist das Ergebnis einer schöpferischen Tätigkeit, sondern ihr Inhalt. Hinsichtlich des Informationsträgers „Buch" und „Schallplatte" sind unbestritten die an die Sachqualität anknüpfenden Vorschriften anwendbar. Hinsichtlich des Inhalts ist hingegen auf die immateriellen Güterrechte, wie z.B. Urheberrecht, zurückzugreifen[216]. Ebenso wenig wie betreffend des Buchinhalts oder der Musikaufnahme diskutiert wird, auf diese Sachmängelvorschriften anzuwenden und diese als Sache zu qualifizieren, ist dies bei Computerprogrammen gerechtfertigt. Der vielfach bemühte Vergleich mit

209 *Müller-Hengstenberg* „Computersoftware ist keine Sache", a.a.O., 3132.

210 *Müller-Hengstenberg* „Computersoftware ist keine Sache", a.a.O., 3132.

211 *Müller-Hengstenberg* „Computersoftware ist keine Sache", a.a.O., 3130; *Redeker* „Wer ist Eigentümer an Goethes Werther?", a.a.O., 1739 ff.

212 *Bormann/Bormann* „Rechtsnatur und Rechtsschutz der Software", a.a.O., 2645.

213 *Mehrings* „Vertragsrechtliche Aspekte der Nutzung von Online- und CD-ROM-Datenbanken", a.a.O., 3103; *Kort* „Software – eine Sache?", a.a.O., 1507; *Müller-Hengstenberg/Kirn* „Vertragscharakter des Application Service Providing-Vertrags", a.a.O., 2373.

214 *BGH* Urt. v. 15.11.2006, XII ZR 120/04, NJW 2007, 2395; *Psczolla* „Virtuelle Gegenstände als Objekte der Rechtsordnung", a.a.O. Abs. 7; *Marly* „Praxishandbuch Softwarerecht", 264 und 268; *ders.* „Die Qualifizierung der Computerprogramme als Sache nach § 90 BGB", a.a.O., 433 f.

215 *Psczolla* „Virtuelle Gegenstände als Objekte der Rechtsordnung", a.a.O., Abs. 7; *BGH* Urt. v. 15.11.2006, XII ZR 120/04, NJW 2007, 2395.

216 *Mehrings* „Vertragsrechtliche Aspekte der Nutzung von Online- und CD-ROM-Datenbanken", a.a.O., 3107.

Büchern oder Schallplatten spricht somit vielmehr gegen die Annahme einer Sachqualität von Computerprogrammen.

Zudem scheitert der Vergleich von auf Datenträgern verkörperten Computerprogrammen mit Büchern bzw. Schallplatten an wesentlichen Unterschieden dieser. Das Computerprogramm ist, wie oben dargestellt, mit dem Datenträger nicht in der Weise verbunden, wie dies beim Inhalt eines Buches oder der Musikaufnahme einer Schallplatte der Fall ist[217]. Während die Verbindung zwischen Computerprogramm und Datenträger beliebig und austauschbar ist[218], sind die Musikaufnahme und der Buchinhalt abhängig vom konkreten Träger[219]. Darüber hinaus können Bücher und Schallplatten und mit ihnen ihr Inhalt zu einem Zeitpunkt nur an einem Ort existieren und sind deshalb nur für eine oder wenige Personen nutzbar. Ein Computerprogramm kann demgegenüber zeitgleich durch verschiedene Personen an verschiedenen Orten genutzt werden, ohne dass sich die Personen in der Nutzung behindern[220].

Daher ist es verfehlt, bei der rechtlichen Bewertung von Computerprogrammen auf den Datenträger abzustellen. Weder dem Datenträger, noch dem Buch oder der Schallplatte kommt in der Regel ein eigenständiger wirtschaftlicher Wert zu. Der Erwerb findet vielmehr wegen des geistigen Inhalts statt, der geistige Inhalt dominiert den Erwerb[221]. So wie auch das Buch und die Schallplatte als Sache und deren Inhalte als geistiges Eigentum getrennte rechtliche Bewertungen erfahren, hat dies bei Computerprogrammen und deren Datenträgern zu erfolgen. Es ist bemerkenswert, dass sogar der *BGH* anerkennt, dass der Datenträger nicht Endzweck des Rechtsgeschäfts ist. Endzweck des Rechtsgeschäftes sei vielmehr die Nutzbarmachung des auf dem Datenträger gespeicherten Computerprogramms[222].

---

217 *Bormann/Bormann* „Rechtsnatur und Rechtsschutz der Software“, a.a.O., 2645.

218 Vgl. *Müller-Hengstenberg* „Computersoftware ist keine Sache“, a.a.O., 3128 ff.; *ders./Kirn* „Vertragscharakter des Application Service Providing-Vertrags“, a.a.O., 2370 ff.

219 *Bormann/Bormann* „Rechtsnatur und Rechtsschutz der Software“, a.a.O., 2645.

220 *Mehrings* „Vertragsrechtliche Aspekte der Nutzung von Online- und CD-ROM-Datenbanken“, a.a.O., 3102.

221 *Marly* „Praxishandbuch Softwarerecht“, 264 und 268; *ders.* „Die Qualifizierung der Computerprogramme als Sache nach § 90 BGB“, a.a.O., 433 f.; *Mehrings* „Computersoftware und Mängelhaftung – Ein Problemaufriß“, a.a.O., 192; *ders.* „Computersoftware und Gewährleistungsrecht“, a.a.O., 1905; *Müller-Hengstenberg* „Computersoftware ist keine Sache“, a.a.O., 3128 ff.; *ders./Kirn* „Vertragscharakter des Application Service Providing-Vertrags“, a.a.O., 2370 ff.

222 *BGH* Urt. v. 18.10.1989, VIII ZR 325/88, NJW 1990, 320, 321 f.

Mithin kommt dem auf dem Datenträger gespeicherten Computerprogramm in Relation zu dessen körperlichen Träger eine überragende Bedeutung zu[223], auf Grund derer es nicht gerechtfertigt ist, für die rechtliche Qualifizierung von Computerprogrammen auf den Datenträger abzustellen.

Insoweit greift auch der Einwand nicht, Daten seien denknotwendigerweise stets irgendwo verkörpert[224]. Dies gilt zum Einen ebenso für den Inhalt von Büchern. Bezogen auf diesen wird dennoch nicht dafür plädiert, den Inhalt von Büchern trotz immateriellen Charakters als Sache im Sinne des § 90 BGB zu qualifizieren. Es ist nicht ersichtlich, aus welchem Grund für Daten andere Maßstäbe gelten sollten. Zum Anderen kann auch diese Betrachtung nicht darüber hinweg täuschen, dass unter rechtlichen Gesichtspunkten ein qualitativer Unterschied zwischen dem Trägermedium besteht, auf das Sachenrecht anwendbar ist, und dessen Inhalt, auf das – je nach Qualität – Immaterialgüterrecht anwendbar sein kann.

So verständlich das aus interessengerechten Erwägungen resultierende Bejahen der Anwendbarkeit der an die Sachqualität anknüpfenden Mängelhaftungsvorschriften ist, ist nicht zu übersehen, dass dieses Ergebnis ohne die besagten juristischen Klimmzüge[225] nicht möglich ist. Computersoftware ist unkörperlich und daher keine Sache. Hieran ändert auch der Umstand nichts, dass Computersoftware auf einem Datenträger gespeichert ist, der Sachqualität aufweist. Ebenso wenig kommt Licht oder Elektrizität Sachqualität zu, indem sich diese in körperlichen Behältnissen wie Kabelleitungen oder Glühbirnen „befinden“.

bb) Unvereinbarkeit mit technologischem Fortschritt

Die Diskussion über die Sachqualität von Computerprogrammen hat durch den technologischen Fortschritt eine neue Dynamik erfahren, die von den Befürwortern einer Sachqualität von Computerprogrammen nicht hinreichend berücksichtigt wird. Insbesondere die mittlerweile gängige unkörperliche Übermittlung von Computerprogrammen (z.B. durch Datenfernübertragung, Versendung per E-Mail oder Downloads aus dem Internet) macht eine widerspruchsfreie Herleitung einer

---

223 *Mehrings* „Computersoftware und Mängelhaftung – Ein Problemaufriß“, a.a.O., 192; ders. „Computersoftware und Gewährleistungsrecht“, a.a.O., 1905.

224 *Marly* „Praxishandbuch Softwarerecht“, 266; *ders.* „Die Qualifizierung der Computerprogramme als Sache nach § 90 BGB“, a.a.O., 433; *Berberich* „Virtuelles Eigentum“, 96; *Meier/Wehlau* „Die zivilrechtliche Haftung für Datenlöschung, Datenverlust und Datenzerstörung“, a.a.O., 1588.

225 *Stichtenoth* „Softwareüberlassungsverträge nach dem Schuldrechtsmodernisierungsgesetz“, a.a.O., 107.

Sachqualität von Computerprogrammen beinahe unmöglich. Auf Grund der ohne Datenträger erfolgenden Überlassung von Computerprogrammen fehlt es an der Übergabe einer Sache und damit verbunden an dem erforderlichen Element einer Aufgabe der tatsächlichen Gewalt durch den bisherigen Besitzer.

Als die Diskussion über die Sachqualität von Computerprogrammen in breiteren Kreisen geführt und mit Verweis auf die Verkörperung auf einem Datenträger bejaht wurde – in den 80er und 90er Jahren des letzten Jahrtausends – war es üblich, dass Computerprogramme dem Erwerber körperlich, d.h. auf einem Datenträger (z.B. Diskette oder CD) zur Verfügung gestellt wurden. An eine unkörperliche Übermittlung als gängige Übergabemethode war seinerzeit nicht zu denken[226].

Diese Problematik wird von den Befürwortern einer Sachqualität von Computerprogrammen teilweise erkannt[227]. Der *BGH* hat bei dem Versuch, das Problem zu lösen, die Befürworter einer Sachqualität von Computerprogrammen in Erklärungsnot gebracht[228] und zudem deutlich gemacht, dass die Anwendung der an die Sachqualität bzw. der an die Übergabe einer Sache anknüpfenden Vorschriften des Sachkaufrechts dogmatisch nicht mehr überzeugend begründet werden kann. Vor allem hat der *BGH* hiermit jedoch einen unüberwindbaren Wertungswiderspruch zur eigenen Rechtsprechung geschaffen.

So begründet der *BGH* im Falle der unkörperlichen Überlassung von Computerprogrammen das Vorliegen einer Übergabe i.S.d. § 434 BGB damit, dass der Veräußerer dem Erwerber den Besitz an der auf die Festplatte des Erwerbers überspielten und damit verkörperten Kopie des Computerprogramms verschaffe[229].

Im Ergebnis führt dies zu einem faktischen Verzicht auf die Voraussetzung einer Übergabe. Denn das Abstellen auf die Festplatte des Erwerbers und die darauf

---

226 Vgl. *Marly* „Die Qualifizierung der Computerprogramme als Sache nach § 90 BGB", a.a.O., 435, *ders.* „Praxishandbuch Softwarerecht", 266, wonach die körperliche „Übergabe" von Computerprogrammen auch noch im Jahr 2009 die übliche Form des Datenerwerbs ist.

227 *König* „Die Qualifizierung von Computerprogrammen als Sachen i.S. des § 90 BGB", a.a.O., 2605; *Marly* „Praxishandbuch Softwarerecht", 5. Auflage, 2009, Seite 269 ff.; *ders.* „Die Qualifizierung der Computerprogramme als Sache nach § 90 BGB", a.a.O., 434 f.

228 Vgl. *König* „Zur Sacheigenschaft von Computerprogrammen und deren Überlassung", a.a.O., 1585 f., der den BGH dafür kritisiert, dass er der Übergabe des Datenträgers den Charakter als Endzweck des Rechtsgeschäfts abspricht und die Herstellung einer Kopie des Computerprogramms auf der Festplatte des „Erwerbers" als Übergabe ansieht.

229 *BGH* Urt. v. 18.10.1989, VIII ZR 325/88, NJW 1990, 320, 321.

aufgespielte Kopie des Computerprogramms begründet kein Vorliegen der Übergabe einer Kaufsache. Die Festplatte des Erwerbers war von Beginn an im Besitz des Erwerbers und wurde ihm somit nicht vom Veräußerer unter Aufgabe dessen Besitzes verschafft[230]. Auch handelt es sich bei dem Computerprogramm, das auf die Festplatte des Erwerbers aufgespielt wurde, um eine Kopie des Computerprogramms, das Gegenstand des Rechtsgeschäfts gewesen ist. Die Besitzverschaffung einer Kopie des Kaufgegenstandes ist jedoch nicht ausreichend, da nicht irgendeine Sache übergeben werden muss, sondern einzig der Kaufgegenstand[231].

Dies dahin gestellt lassend, verweist der *BGH* ergebnisorientiert darauf, dass jedenfalls die nur auf fortgeschrittenen technischen Möglichkeiten beruhende unmittelbare Installierung bei gleichem wirtschaftlichem Endzweck des Geschäfts zu keinem anderen Ergebnis führen könne und behilft sich mit einer analogen Anwendung der an die Übergabe anknüpfenden Vorschriften, ohne sich näher damit auseinander zusetzen[232], ob die Voraussetzungen einer Analogie gegeben sind[233].

Darüber hinaus zeigt die Argumentation des *BGH*, dass die Bejahung der Sachqualität von Computersoftware kaum mehr widerspruchsfrei begründet werden kann. Auch ist nicht mehr klar, was genau der Kaufgegenstand ist.

So stellt der *BGH* zur Bejahung der Sachqualität von Computerprogrammen entscheidend auf den Datenträger ab[234]. Zur Bejahung der Übergabe einer Sache im Falle der unkörperlichen Überlassung von Computerprogrammen degradiert der *BGH* den körperlich überlassenen Datenträger hingegen zum bloßen Transportmittel, auf den es nicht entscheidend ankomme. Entscheidend sei allein, dass das Computerprogramm auf den Rechner des Erwerbers gelange. Denn Endzweck des Rechtsgeschäfts sei nicht die Übergabe des Datenträgers, sondern die Nutzbarmachung des Computerprogramms[235].

Der erwähnte Wertungswiderspruch des *BGH* besteht hierbei darin, dass kein nachvollziehbarer Grund ersichtlich ist, weshalb bei der Beurteilung der Sachqualität von Computerprogrammen dem Datenträger eine entscheidende Rolle zugeteilt wird, obwohl der *BGH* zugleich der Auffassung ist, dass Endzweck des

---

230 *König* „Zur Sacheigenschaft von Computerprogrammen und deren Überlassung“, a.a.O., 1585 f.

231 *König* „Zur Sacheigenschaft von Computerprogrammen und deren Überlassung“, a.a.O., 1585 f.

232 *BGH* Urt. v. 18.10.1989, VIII ZR 325/88, NJW 1990, 320, 321.

233 Zum Vorliegen der Voraussetzungen einer analogen Anwendung siehe Kapitel 3 Ziffer B.III., Seite 74.

234 *BGH* Urt. v. 04.11.1987, VIII ZR 314/86, , NJW 1988, 406, 408.

235 *BGH* Urt. v. 18.10.1989, VIII ZR 325/88, NJW 1990, 320, 321.

Rechtsgeschäfts nicht die Übergabe des Datenträgers, sondern die Nutzbarmachung des Computerprogramms ist. Mithin steht auch nach Auffassung des *BGH* das Computerprogramm und nicht der Datenträger im Vordergrund.

Zum anderen stellt sich die Frage, was genau der Kaufgegenstand ist. Während in den Fällen der körperlichen Überlassung von Computerprogrammen der mobile Datenträger (z.B. CD-ROM) Kaufgegenstand sein soll, ist nach der Argumentation des *BGH* betreffend die unkörperliche Überlassung von Computerprogrammen die Festplatte des Erwerbers der Kaufgegenstand[236]. Die Festplatte ist in diesem Fall der einzige vorhandene Datenträger, auf der eine Verkörperung des Computerprogramms stattfinden könnte. Überträgt man diese Betrachtung konsequent, lägen im Falle der körperlichen Überlassung von Computerprogrammen zwei Kaufgegenstände vor. Nämlich der mobile Datenträger sowie die Festplatte des Erwerbers mit der darauf gespeicherten Kopie des Computerprogramms. Denn auch im Falle der körperlichen Überlassung von Computerprogrammen wird eine Kopie auf der Festplatte des Erwerbers gespeichert. Dass dieses Ergebnis nicht zutreffend sein kann, ist offenkundig. Gegenstand des Rechtsgeschäftes soll vielmehr erkennbar nur eine „Sache“ sein. Auch bedarf es keiner näheren Erläuterungen, dass es lebensfremd ist, anzunehmen, die Vertragsparteien hätten die Festplatte des Erwerbers zum Gegenstand des Vertrages machen wollen[237].

Die Argumentation des *BGH* ist zudem nicht stringent[238]. Während der *BGH* im Rahmen der Diskussion um die Anwendbarkeit der kaufrechtlichen Gewährleistungsrechte auf Computerprogramme die Sachqualität von Computerprogrammen zum Einen mit den Parallelen zu Büchern begründet[239], sieht der *BGH* in einem anderen Zusammenhang wesentliche Unterschiede zwischen Computerprogrammen und körperlichen Sachen. So ist der BGH in seinem Urteil vom 24.10.2002 „CPU-Klausel“[240] der Auffassung, dass bei Computerprogrammen *„anders als bei körperlichen Sachen, die verkauft und vermietet werden“* die geistige Leistung vervielfältigt und verbreitet werden könne und damit der Umfang der Nutzung um ein Vielfaches erhöht werde.

Indes greift der Einwand von *Kort* nicht, wonach das Abstellen auf den Datenträger die vom *BGH* vorgenommene Differenzierung zwischen dem auf Standardsoftware

---

236 *BGH* Urt. v. 18.10.1989, VIII ZR 325/88, NJW 1990, 320, 321.

237 *König* „Zur Sacheigenschaft von Computerprogrammen und deren Überlassung“, a.a.O., 1585.

238 *Müller-Hengstenberg/Kirn* „Vertragscharakter des Application Service Providing-Vertrags“, a.a.O., 2373.

239 *BGH* Urt. v. 15.11.2006, XII ZR 120/04, NJW 2007, 2394, 2395.

240 *BGH* Urt. v. 24.10.2002, I ZR 3/00, WRP 2003, 758, 761 - *CPU-Klausel.*

anwendbaren Kaufvertragsrecht und dem auf Individualsoftware anwendbaren Werkvertragsrecht nivelliere[241]. Denn der *BGH* hat auch die Sachqualität von Individualsoftware mit Verweis auf den Datenträger und die damit verbundene Verkörperung bejaht[242]. Sowohl Kauf- als auch Werkverträge können Sachen im Sinne des § 90 BGB zum Gegenstand haben. So ist im Falle des Kaufvertrages der Vertragsgegenstand die Verpflichtung zur Übereignung der Sache und im Falle des Werkvertrages die Verpflichtung zur Herstellung der Sache.

Marly verneint zwar im Falle der unkörperlichen Überlassung von Computersoftware das Vorliegen einer Sache[243]. Zur Anwendbarkeit von an eine Sache anknüpfender Gewährleistungsansprüche kommt *Marly* dennoch, indem er die nur *„vereinzelt praktizierte"* unkörperliche Überlassung von Computerprogrammen mit der in der Regel erfolgenden körperlichen Überlassung gleich gestellt wissen will[244]. Erstaunlich ist, dass *Marly* noch im Jahr 2009 diese Auffassung vertritt[245]. Denn bereits in 2009 hatte sich die unkörperliche Überlassung von Computerprogrammen gegen über der körperlichen Übergabe eines Datenträgers weitestgehend durchgesetzt. Zumindest war dieser Trend deutlich absehbar. Daher kann *Marlys* Ansicht nicht überzeugen. Denn das Regel-Ausnahme-Verhältnis, auf das *Marly* abstellt, liegt in umgekehrter Form vor.

Die fehlende Übergabe einer Sache will *Marly* im Übrigen überwinden, indem er vorschlägt, auf diese gänzlich zu verzichten[246]. Die Aufgabe der tatsächlichen Gewalt über die Sache durch den bisherigen Besitzer – wovon die Übergabe geprägt ist – sei entbehrlich, da bei der unkörperlichen Überlassung von Computerprogrammen dem Erfordernis der Publizitätsfunktion des Besitzes Genüge getan sei. Dies folge daraus, dass die infolge der unkörperlichen Überlassung entstandene neue Kopie des Computerprogramms nicht mit dem Merkmal einer früheren Sachherrschaft einer anderen Person belastet sei. Vielmehr bleibe die tatsächliche Sachherrschaft über das kopierte Computerprogramm unberührt und es werde eine neue, zuvor nicht existente Sachherrschaft über die neu erstellte Kopie begründet. Im Hinblick auf diese Kopie sei das bei jeder Übergabe

241 *Kort* „Software – eine Sache?", a.a.O., 1506.

242 *BGH* Urt. v. 18.10.1989, VIII ZR 325/88, NJW 1990, 320, 321.

243 *Marly* „Praxishandbuch Softwarerecht", 269 ff.; *ders.* „Die Qualifizierung der Computerprogramme als Sache nach § 90 BGB", a.a.O., 434 f.

244 *Marly* „Praxishandbuch Softwarerecht", 269 ff.; *ders.* „Die Qualifizierung der Computerprogramme als Sache nach § 90 BGB", a.a.O., 434 f.

245 *Marly* „Praxishandbuch Softwarerecht", 269 ff.

246 *Marly* „Praxishandbuch Softwarerecht", 269 ff.; *ders.* „Die Qualifizierung der Computerprogramme als Sache nach § 90 BGB", a.a.O., 434 f.

grundsätzlich erforderliche Kriterium völliger Besitzaufgabe auf Seiten des Veräußerers bedeutungslos.

Diese Auffassung kann zum Einen nicht überzeugen, da es sich bei der neu erstellten Kopie des Computerprogramms, auf die *Marly* abstellt, nicht um den Kaufgegenstand handelt[247]. Hinsichtlich der Beurteilung des Vorliegens einer Übergabe kann, wie oben ausgeführt, nicht auf irgendeine Sache, sondern muss auf den konkreten Kaufgegenstand abgestellt werden[248]. Zum Anderen schafft *Marly* – wie auch der *BGH* – mit dieser Argumentation einen nicht überwindbaren Wertungswiderspruch zur eigenen Herleitung einer Sachqualität von Computerprogrammen durch Abstellen auf den Datenträger. Während dem Datenträger bei der Begründung der Sachqualität die tragende Rolle zugesprochen wird, soll bei der Übergabe nicht auf den Datenträger, sondern auf das darauf gespeicherte Computerprogramm abgestellt werden, da im Vordergrund der Parteiinteressen nicht der Datenträger, sondern das Überspielen des Computerprogramms stünde[249]. Bei dieser Argumentation fehlt ein nachvollziehbarer Grund dafür, weshalb bei der Frage der Sachqualität auf ein Objekt abgestellt werden soll, dass nicht im Vordergrund der Parteiinteressen steht, und nicht – was naheliegender wäre – auf das Objekt, das bei einer natürlichen Betrachtung nach dem Willen der Parteien den Kaufgegenstand bildet.

cc) Verweis auf § 453 Abs. 1 BGB (n.F.)

Dem Verweis von *Stichtenoth*[250] und *Wemmer/Bodensiek*[251] auf den seit dem Schuldrechtsmodernisierungsgesetz in Kraft getretenen § 453 Abs. 1 BGB ist zuzugestehen, dass mit der hieraus folgenden Anwendbarkeit von Sachkaufrecht auf „sonstige Gegenstände" und der ausdrücklichen Nennung von Software als Unterfall der „sonstigen Gegenstände" in der Begründung des Regierungsentwurfs[252] eine Qualifizierung von Computerprogrammen als Sachen im Sinne des § 90 BGB zumindest im Rahmen des Kaufrechts nicht mehr vertreten werden kann und erforderlich ist. Auf Grund der systematischen Stellung

247 *König* „Zur Sacheigenschaft von Computerprogrammen und deren Überlassung", a.a.O., 1585.

248 Vgl. die Ausführungen zur Rechtsprechung des BGH unter Kapitel 3 Ziffer B.I.2.a) bb), Seite 53.

249 *Marly* „Praxishandbuch Softwarerecht", 271 f.; *ders.* „Die Qualifizierung der Computerprogramme als Sache nach § 90 BGB", a.a.O., 435.

250 *Stichtenoth* „Softwareüberlassungsverträge nach dem Schuldrechtsmodernisierungsgesetz", a.a.O., 107.

251 *Wemmer/Bodensiek* „Virtueller Handel – Geld und Spiele", a.a.O., 432 ff.

252 BT-Drucks. 14/6040, 242.

der Regelung im Gesetz kann jedoch nicht davon ausgegangen werden, dass der Gesetzgeber eine Entscheidung hinsichtlich der Beurteilung der Sachqualität von Computerprogrammen in Gänze treffen wollte[253]. Denn das Kaufrecht wäre schlicht der falsche Ort für eine für das Sachenrecht so wesentliche Frage. Mithin greift der Verweis auf § 453 Abs.1 BGB als Argument gegen die Sachqualität von Computerprogrammen für das Werk- und Mietvertragsrecht sowie das Sachenrecht nicht[254]. Aus diesem Grund kann die Einführung des § 453 Abs. 1 BGB nicht als gesetzgeberische Entscheidung hinsichtlich einer allgemein gültigen Ablehnung der Sachqualität von Computerprogrammen betrachtet werden.

c) Zwischenergebnis – Aussicht

Nach alledem ist das Vorliegen einer Sachqualität von Computerprogrammen zu verneinen. Den Gegenansichten kann in Ermangelung eines überzeugenden dogmatischen Ansatzes nicht gefolgt werden.

Selbst der *BGH* hat seine Auffassung betreffend die Bejahung einer Sachqualität von Computerprogrammen von je her zurückhaltend und nur soweit vertreten, wie es für das angestrebte Ergebnis – Anwendbarkeit der Regelungen zur Sachmängelhaftung – erforderlich war. So hat der *BGH* die Sachqualität von Computerprogrammen nie ausdrücklich und unmissverständlich bejaht. Seine Beurteilung war stets stark am Ergebnis des konkreten Einzelfalls orientiert[255]. Die Begründung des *BGH*, wonach Computerprogramme auf Grund deren Verkörperung auf einem Datenträger Sachen seien, enthält keine Aussage darüber, inwieweit Computerprogrammen an sich, d.h. ohne Fixierung auf einem Datenträger, Sachqualität zukommt. In seinem Urteil vom 18.10.1989[256] schloss sich der BGH der Auffassung der Vorinstanz nicht an, die bei der Beurteilung der Frage nach der Sachqualität auf das Computerprogramm an sich abgestellt hatte[257].

Jüngste, zum privaten Baurecht ergangene Rechtsprechung des *BGH* gibt Anlass zu der Vermutung, dass der *BGH* zukünftig, um die Anwendbarkeit von Sachkaufrecht bejahen zu können, nicht an der Auffassung festhalten könnte, bei

253 *Marly* „Praxishandbuch Softwarerecht“, 272 f.

254 *Marly* „Praxishandbuch Softwarerecht“, 272 f.

255 Vgl. *Bormann/Bormann* „Rechtsnatur und Rechtsschutz der Software“, a.a.O. 2642 f.; *Müller-Hengstenberg* „Computersoftware ist keine Sache“, a.a.O.; 3134; *Kort* „Software – eine Sache?“, a.a.O., 1506.

256 *BGH* Urt. v. 18.10.1989, VIII ZR 325/88, NJW 1990, 320, 321.

257 *OLG Stuttgart* Urt. v. 08.11.1988, 6 U 135/87, NJW 1989, 2636 f.

Computerprogrammen handele es sich auf Grund der Verkörperung auf einem Datenträger um Sachen im Sinne des § 90 BGB.

In seinem Urteil vom 23.07.2009 hatte sich der BGH mit einem Vertrag für die Herstellung und Lieferung der für die Errichtung einer Siloanlage benötigten Bauteile zu beschäftigen[258]. Auf diesen Vertrag wendet der *BGH* Kaufvertragsrecht über die Regelung des § 651 Abs. 1 Satz 1 BGB an. Gemäß § 651 Abs. 1 Satz 1 BGB ist auf Verträge, welche die Lieferung herzustellender oder zu erzeugender beweglicher Sachen zum Gegenstand haben, die Vorschriften über den Kauf anwendbar. Der *BGH* setzt sich mit der Frage auseinander, wie der Begriff „bewegliche Sache" im Sinne des § 651 BGB auszulegen ist und kommt zu folgendem interessanten Ergebnis: Mit Blick darauf, dass mit § 651 BGB auch die sog. Verbrauchsgüterrichtlinie (EU-Richtlinie 1999/44/EG des Europäischen Parlaments und des Rates vom 25.05.1999 zu bestimmten Aspekten des Verbrauchsgüterkaufs und der Garantien für Verbrauchsgüter) umgesetzt wurde und Verbrauchsgüter im Sinne der Richtlinie „bewegliche körperliche Gegenstände" sind, ist einer Auslegung Vorzug zu geben, die nicht die Kriterien zum Sachbegriff gemäß § 90 BGH zu Grunde legt, sondern sich am natürlichen Sprachgebrauch orientiert.

Diese Erörterungen des *BGH* sind in der Literatur aufgegriffen worden und werden im Rahmen der Diskussion über die Anwendbarkeit von Kaufrecht auf Computerprogramme kontrovers diskutiert[259].

Teilweise wird eine Übertragbarkeit dieser *BGH*-Entscheidung auf IT-Projekte (die regelmäßig auf Computerprogrammen basieren) mit der Begründung abgelehnt, dass zwischen Bau- und IT-Projekten deutliche Wesensunterschiede bestünden. So sei ein grundlegender Unterschied, dass bei Bauprojekten keine so fundamentale Integration des entwickelten IT-basierenden Anwendungssystems in die täglichen Geschäftsprozesse und Arbeitsabläufe wie bei IT-Projekten stattfinde[260]. Bei IT-Projekten könne nicht auf die Herstellung bzw. Erzeugung einer beweglichen Sache abgestellt werden, da dieser Aspekt bei IT-Projekten zwar gegeben, jedoch oftmals zweitrangig sei. Die dominierende Rolle spiele vielmehr der Entwicklungsprozess und die damit verbundenen Management- bzw. Steuerungsprozesse, die nicht bereits mit der Planung und der Lieferung von

---

258 *BGH* Urt. v. 23.07.2009, VII ZR 151/08, MMR 2010, 23 ff.

259 Vgl. *Hoffmann* Anmerkung zum Urteil des BGH Urteil vom 23.07.2009, VII ZR 151/08, MMR 2010, 25; *Hengstenberg* „Ist Kaufrecht auf alle IT-Projektverträge anwendbar?", NJW 2010, 1181 ff.; *Schweinoch* Anmerkung zu BGH, Urteil vom 23.07.2009, VII ZR 151/08, CR 2009, 640 m.w.N. zum bisherigen Meinungsstand.

260 *Hengstenberg* „Ist Kaufrecht auf alle IT-Projektverträge anwendbar?", a.a.O., 1182.

IT-Systemen oder IT-Liefergegenständen wie Standartsoftware, sondern erst mit der erfolgreichen Implementierung des Gesamtsystems in einem betrieblichen Umfeld abgeschlossen seien[261].

Hoffmann[262] weist demgegenüber überzeugend darauf hin, dass Verträge über die Erstellung von Software und anderen digitalen Produkten mit guten Argumenten ausgehend von der Entscheidung des *BGH* vom 23.07.2009[263] als Werklieferungsvertrag im Sinne von § 651 BGB qualifiziert und damit verbunden Kaufrecht angewendet werden kann, ohne sich in Ermangelung eines körperlichen Gegenstandes als Kaufobjekt in Widerspruch zum zivilrechtlichen Sachbegriff (§ 90 BGB) setzen zu müssen. Denn die Anwendbarkeit von § 651 BGB setzt lediglich die Herstellung bzw. Erzeugung einer „bewegliche Sache" voraus. Der *BGH* möchte diesen Begriff seit seinem Urteil vom 23.07.2009[264] nicht mehr im Sinne des § 90 BGB verstanden wissen und gibt einer weiten, am natürlichen Sprachgebrauch orientierten Auslegung den Vorzug. Dies eröffnet die Möglichkeit, auf Computerprogramme und andere digitale Güter Kaufrecht anzuwenden, ohne zunächst das Vorliegen einer Sache im Sinne von § 90 BGB bejahen zu müssen. Das gewünschte Ergebnis der Anwendbarkeit von kaufrechtlichen Gewährleistungsansprüchen kann auf diese Weise erreicht werden, ohne auf das Vehikel der Verkörperung von Computerprogrammen auf einem Datenträger zurückgreifen zu müssen.

Mit dieser Argumentation können zudem die oben erwähnten Bedenken ausgeräumt werden, die sich daraus ergeben, dass bei IT-Projekten im Gegensatz zu Bauprojekten nicht die Lieferung und Erzeugung einer Software, sondern deren Implementierung im Vordergrund steht[265]. Denn versteht man den Vertragsgegenstand „Erzeugung bzw. Lieferung einer beweglichen Sache" im Sinne von § 651 BGB weit und am natürlichen Sprachgebrauch orientiert, so wird hiervon nicht allein die Erzeugung/Lieferung einer Standardsoftware, sondern werden auch der Entwicklungsprozess und die damit verbundene Management- bzw. Steuerungsprozesse erfasst, bei denen es sich nach den kritischen Stimmen in der Literatur um die prägenden Elemente eines IT-Projektvertrages handelt[266].

---

261 *Hengstenberg* „Ist Kaufrecht auf alle IT-Projektverträge anwendbar?", a.a.O., 1183.

262 *Hoffmann* Anmerkung zum Urteil des BGH Urteil vom 23.07.2009, VII ZR 151/08, a.a.O., 25.

263 *BGH* Urt. v. 23.07.2009, VII ZR 151/08, MMR 2010, 23 ff.

264 *BGH* Urt. v. 23.07.2009, VII ZR 151/08, MMR 2010, 23, 24.

265 *Hengstenberg* „Ist Kaufrecht auf alle IT-Projektverträge anwendbar?", a.a.O., 1183.

266 *Hengstenberg* „Ist Kaufrecht auf alle IT-Projektverträge anwendbar?", a.a.O., 1183.

3. Übertragung der Diskussion betreffend der Sacheigenschaft von Computerprogrammen auf virtuelle Geschäftsmodelle – Auswertung

Die Diskussion um die Anwendbarkeit von an die Sacheigenschaft anknüpfenden Rechtsvorschriften auf unkörperliche Computerprogramme macht deutlich, dass eine überzeugende dogmatische Begründung kaum möglich ist. Die Anwendbarkeit scheitert am Fehlen einer Sache auf Grund der Unkörperlichkeit von Computerprogrammen. Dies ist für die vorliegende Prüfung der Anwendbarkeit des sachenrechtlichen Unterlassungsanspruches gemäß § 1004 Abs. 1 BGB (analog) gegen Beeinträchtigungen virtueller Geschäftsmodelle aufschlussreich, da die Situationen insoweit vergleichbar sind.

Denn bei dem Unterlassungsanspruch gemäß § 1004 Abs. 1 BGB (analog) handelt es sich ebenfalls um eine an die Sacheigenschaft anknüpfende Rechtsvorschrift. Wie auch Computerprogramme sind Internetpräsenzen unkörperlich. Deren Verkörperung auf einer Hardware (z.B. Festplatte oder Server), d.h. Sache, kann eine Sachqualität der Internetpräsenz ebenso wenig begründen wie dies die Speicherung eines Computerprogramms auf einem Datenträger vermag.

Somit steht der Anwendung des Unterlassungsanspruchs gemäß § 1004 Abs. 1 BGB (analog) auf die oben genannten Beeinträchtigungen virtueller Geschäftsmodelle (Kapitel 2 Ziffer A.II.[267]) das Fehlen der Beeinträchtigung einer Sache entgegen. Denn vom Schutzbereich des § 1004 Abs. 1 BGB (analog) sind ausschließlich Beeinträchtigungen erfasst, die das Eigentum oder den Besitz tangieren.

Das Eigentum ist als umfassendstes Herrschaftsrecht zu begreifen, das die Rechtsordnung an einer Sache zulässt[268]. Der Besitz begründet ebenfalls eine starke Rechtsposition in Bezug auf Sachen. Zwar umfasst § 1004 Abs. 1 BGB (analog) nicht allein Substanzverletzungen, sondern auch die durch sonstige tatsächliche Herrschaftsmacht des Eigentümers/Besitzers treffenden Einwirkungen[269]. Jedoch muss der Eigentümer/Besitzer in solchen Fällen in der tatsächlichen Nutzung seiner Sache beeinträchtigt sein, indem deren Benutzung be- oder verhindert wird[270]. Dies ist nicht gegeben, wenn die Beeinträchtigung keinerlei Auswirkungen auf die Nutzung der Sache selbst hat[271]. Wie auch das bloße Abfotografieren eines Hauses den Eigentümer/Besitzer des Hauses nicht daran hindert,

---

267 Seite 11.

268 *BGH* Urt. v. 09.03.1989, I ZR 54/87, NJW 1989, 2251, 2252 - *Friesenhaus.*

269 Vgl. *BGH* Urt. v. 21.06.1977, VI ZR 58/76, NJW 1977, 2265.

270 *BGH* Urt. v. 09.03.1989, I ZR 54/87, NJW 1989, 2251, 2252 - Friesenhaus.

271 *BGH* Urt. v. 09.03.1989, I ZR 54/87, NJW 1989, 2251, 2252 - Friesenhaus.

mit dem Haus ach Belieben zu verfahren und es daher an einer Auswirkung auf die Nutzung des Hauses fehlt[272], fehlt es den oben genannten Beeinträchtigungen virtueller Geschäftsmodelle an Auswirkungen auf die Nutzung einer Sache, wie z.B. der Hardware oder des Servers, über den die Internetpräsenz betrieben wird. Würde man in solchen Fällen § 1004 Abs. 1 BGB (analog) dennoch anwenden, liefe dies auf die Anerkennung eines Ausschließlichkeitsrechts an dem in der Sache verkörperten immateriellen Gut hinaus. Damit würde der grundsätzliche Unterschied zwischen dem Eigentum/Besitz an einer körperlichen Sache und Immaterialgüterrechten verkannt. Dies liefe dem Wesen von Immaterialgüterrechten und deren Abgrenzung gegenüber der sachenrechtlichen Eigentumsordnung zuwider[273].

II. Virtuelles Hausrecht

Das sog. virtuelle Hausrecht wird im Rahmen sachenrechtlicher und deliktischer[274] Unterlassungsansprüche diskutiert. Unter engen Voraussetzungen sollen technische Sperrmaßnahmen, die den Zutritt zu einer Internetseite verhindern und wie ein virtuelles Hausverbot wirken, gegenüber Wettbewerbern zulässig sein, ohne dass jedoch die Frage entschieden wird, ob ein virtuelles Hausrecht anzuerkennen ist[275]. Im Zusammenhang mit den in diesem Kapitel behandelten sachenrechtlichen Unterlassungsansprüchen findet eine Thematisierung des virtuellen

---

272 *BGH* Urt. v. 09.03.1989, I ZR 54/87, NJW 1989, 2251, 2252 – Friesenhaus. Insoweit sei jedoch auf das umstrittene Urteil des *BGH* v. 17.12.2010, V ZR 45/10, GRUR 2011, 323 ff, hingewiesen, wonach das Abfotografieren von Gebäudefassaden und gewerbliche Anbieten der Fotografien in die Eigentümerbefugnisse eingreifen, wenn sich das Gebäude in einem öffentlichen Park befindet und der Betreiber des Parks (Eigentümer) das Betreten durch Publikum nur unter der Bedingung erlaubt, dass Fotografien des Gebäudes nicht gewerblich vertrieben werden. Dieses Urteil hat zu Recht heftige Kritik erfahren, da der fünfte Zivilsenat des *BGH*, der nicht für urheberrechtliche Fragestellungen zuständig ist, in diesem Urteil Grundsätze zum Verhältnis von Urheberrecht und Sacheigentum aufgestellt und hierbei das Verhältnis beider Rechtsregime grundlegend verkannt hat, so auch *Lehmann* Anmerkung zu BGH Urt. v. 17.12.2010, V ZR 45/10, GRUR 2011, 327 f.

273 Vgl. *BGH* Urt. v. 09.03.1989, I ZR 54/8, NJW 1989, 2251, 2252 - *Friesenhaus.*

274 Kapitel 3 Ziffer C.I., Seite 78.

275 *OLG Hamburg* Urt. v. 18.04.2007, 5 U 190(06, WRP 2007, 1249 ff. - *Hausverbot im Internet.*

Hausrechts zudem vor allem hinsichtlich Internet-Meinungsforen[276] und im Zusammenhang mit dem Screen Scraping statt[277]. Darüber hinaus wird die Diskussion um das Bestehen eines virtuellen Hausrechts abstrakt geführt[278].

Als sachenrechtliche Rechtsgrundlage des virtuellen Hausrechts sollen § 1004 Abs. 1 BGB (analog) i.V.m. §§ 903 bzw. 858 BGB dienen[279].

Die Begründung basiert überwiegend auf der Annahme, dass Beeinträchtigungen virtueller Ladengeschäfte nicht anders bewertet werden können als solche nicht-virtueller Geschäftsräume. Der Berechtigte soll die Nutzung seiner Internetpräsenz in demselben Maß beschränken können, wie dies der Inhaber des Hausrechts einer körperlichen Sache darf[280]. Ausgehend davon, dass Beeinträchtigungen nicht-virtueller Ladengeschäfte als Besitz-/Eigentumsstörung gemäß § 1004 Abs. 1 BGB (analog) i.V.m. §§ 903 bzw. 858 BGB abgewehrt werden können, wird auf diese hinsichtlich virtueller Ladengeschäfte zurück gegriffen.

---

276 Bejahend: *LG Bonn* Urt. v. 16.11.1999, 10 O 457/99, CR 2000, 245; *LG Köln* Beschl. v. 25.08.2000, 19 U 2/00, CR 2000, 843; *LG München I* Urt. v. 25.10.2006, 30 O 11973/05, K&R 2007, 283 ff.; *Ladeur* „Ausschluss von Teilnehmern an Diskussionsforen im Internet – Absicherung von Kommunikationsfreiheit durch ‚netzwerk gerechtes Privatrecht", a.a.O.; *Maume* „Bestehen und Grenzen des virtuellen Hausrechts", a.a.O, 620 ff.; *Feldmann/Heidrich* „Rechtsfragen des Ausschlusses von Usern aus Internetforen – Praktische Analyse der Voraussetzungen eines Anspruchs auf Ausschluss", a.a.O., 406 ff.; *AG Regensburg* Urt. v. 27.04.2006, 9 C 3693/05 (nicht veröffentlicht); Verneinend: *Redeker* Anmerkung zu LG München I, Urt. v. 25.10.2006, 30 O 11973/05, CR 2007, 265 ff.

277 *LG Hamburg* Urt. v. 28.08.2008, 315 O 326/08, juris Rn. 42; *OLG Frankfurt am Main* Urt. v. 05.03.2009, U 221/08, CR 2009, 290; *LG Hamburg* Urt. v. 26.02.2010, 310 O 31/09 (nicht veröffentlicht); *LG Hamburg* Urt. v. 01.10.2010, 308 O 162/09, CR 2010, 747 ff.; *Wenn* „Keine Verletzung eines ‚virtuellen Hausrechts' durch Screen-Scraping, a.a.O.; *Deutsch* „Die Zulässigkeit des so genannten ‚Screen-Scraping' im Bereich der Online-Flugvermittler", a.a.O.

278 *Schmidl* „Zum Virtuellen Hausrecht als Abwehrrecht", a.a.O., 263 ff.

279 *LG Bonn* Urt. v. 16.11.1999, 10 O 457/99, CR 2000, 245 f.; *OLG Köln* Beschl. v. 25.08.2000, 19 U 2/00, CR 2000, 843; *LG München I* Urt. v. 25.10.2006, 30 O 11973/05, K&R 2007, 283 ff.; *LG Hamburg* Urt. v. 28.08.2008, 315 O 326/08, juris Rn. 42; *Ladeur* „Ausschluss von Teilnehmern an Diskussionsforen im Internet – Absicherung von Kommunikationsfreiheit durch ‚netzwerkgerechtes Privatrecht'", a.a.O.; *Maume* „Bestehen und Grenzen des virtuellen Hausrechts", a.a.O., 620 ff.; *Schmidl* „Zum Virtuellen Hausrecht als Abwehrrecht", a.a.O., 263; *Kraft/Meister* „Rechtsprobleme virtueller Sit-Ins", MMR 2003, 366, 373.

280 Vgl. *LG Hamburg* Urt. v. 28.08.2008, 315 O 326/08, juris Rn. 40; vgl. *ders.* Urt. v. 13.07.2006, 327 O 272/06, CR 2007, 120 - *Virtuelles Hausverbot.*

So könne der Betreiber einer Internetseite Beeinträchtigungen gemäß §1004 Abs. 1 BGB (analog) i.V.m. § 903 BGB abwehren, wenn dieser Eigentümer der Hardware ist, auf dem die Internetseite betrieben wird[281]. Ist der Betreiber der Internetseite nicht Eigentümer dieser Hardware, könne er auf Grund Besitzes Dritte von jeder Einwirkung gemäß § 1004 Abs. 1 BGB (analog) i.V.m. § 858 BGB ausschließen[282].

Die Annahme eines virtuellen Hausrechts sieht sich vor allem einer Kritik ausgesetzt: Der oben im Zusammenhang mit der Sachqualität von Computerprogrammen diskutierten Anwendung von an die Sacheigenschaft anknüpfender Rechtsvorschriften auf unkörperliche Gegenstände. Keiner der von den Befürwortern des virtuellen Hausrechts ins Feld geführten Begründungsansätze vermag diese Schwäche zu überwinden.

Die Befürworter des virtuellen Hausrechts differenzieren zwischen dem Fall, dass der Betreiber der Internetpräsenz Eigentümer des Servers ist, über den die Internetpräsenz betrieben wird und zwischen dem Fall, dass die Internetseite über den Server eines Dritten (sog. Host) betrieben wird[283].

1. Betreiber der Internetpräsenz ist Eigentümer des Servers

Die Befürworter des virtuellen Hausrechts sehen hinsichtlich der Sachqualität der Internetpräsenz dann keinerlei Bedenken, wenn der Inhaber der Internetpräsenz diese auf einem eigenen Server betreibt[284]. Denn trotz des Umstandes, dass die Software zum Betreiben der Internetseite als Computerprogramm keine Sache, sondern als Ergebnis von Denkprozessen ein immaterielles Gut sei, käme ihr auf Grund der Verkörperung auf einem Datenträger Sachqualität zu[285]. Das Schutzrecht basierend auf dem virtuellen Hausrecht ergäbe sich in diesem Fall aus 1004

281 *Maume* „Bestehen und Grenzen des virtuellen Hausrechts“, a.a.O., 622.

282 *LG München I* Urt. v. 25.10.2006, 30 O 11973/05 K&R 2007, 283, 286; *Maume* „Bestehen und Grenzen des virtuellen Hausrechts“, a.a.O, 622; *Feldmann/Heidrich* „Rechtsfragen des Ausschlusses von Usern aus Internetforen – Praktische Analyse der Voraussetzungen eines Anspruchs auf Ausschluss“, a.a.O., 408 f.

283 *Maume* „Bestehen und Grenzen des virtuellen Hausrechts“, a.a.O., 622; *Feldmann/Heidrich* „Rechtsfragen des Ausschlusses von Usern aus Internetforen – Praktische Analyse der Voraussetzungen eines Anspruchs auf Ausschluss“, a.a.O., 408 f.

284 *Maume* „Bestehen und Grenzen des virtuellen Hausrechts“, a.a.O., 622; *Feldmann/Heidrich* „Rechtsfragen des Ausschlusses von Usern aus Internetforen – Praktische Analyse der Voraussetzungen eines Anspruchs auf Ausschluss“, a.a.O., 408 f.

285 *Maume* „Bestehen und Grenzen des virtuellen Hausrechts“, a.a.O., 622.

Abs. 1 BGB (analog) i.V.m. § 903 BGB[286]. Es wird insoweit zwar gesehen, dass die Beeinträchtigung, zu deren Abwehr das virtuelle Hausrecht herangezogen werden soll, nicht den körperlichen Speicherplatz, sondern den gespeicherten Dateninhalt betrifft. Dies wird jedoch als „kosmetische Unzulänglichkeit" angesehen und mit der Begründung überwunden, dass, wenn ein Gegenstand einmal vom Eigentumsschutz geschützt sei, dieser Schutz für das gesamte Objekt bestehe[287]. Mit anderen Worten: Wenn der Eigentumsschutz für das Speichermedium bejaht wird, erstreckt sich dies ebenso auf den darauf gespeicherten Inhalt. Deutlicher könnte man die gebotene Trennung zwischen Daten und Datenträger nicht übergehen. Daher ist dieser Begründungsansatz ist mit Verweis auf die oben dargestellten Einwände gegen eine Bejahung der Sacheigenschaft von Computerprogrammen Grund deren Verkörperung auf einem Datenträger[288] abzulehnen.

Teilweise wird darauf abgestellt, dass die Veränderung oder Löschung von Daten als Eingriff in die Eigentümerbefugnisse auf Grund der Beeinträchtigung des bestimmungsgemäßen Gebrauchs des Datenträgers bejaht werden könne[289]. Diese Ansicht wird damit begründet, dass § 903 BGB dem Inhaber des Eigentumsrechts positive und negative Befugnisse gewähre. Ein Teil dieser Befugnisse erfasse Einwirkungen auf die Nutzung des Sachguts. Damit sei die Nutzungsfunktion als Teil des Eigentums gesetzlich festgeschrieben. Hieraus resultiere eine funktionsbezogene Betrachtungsweise des Eigentums[290]. Mit der Veränderung oder Löschung von Daten ginge eine Beeinträchtigung der Gebrauchsmöglichkeiten des Datenträgers einher, die bei funktionsbezogener Betrachtung zu einem Eingriff in die Eigentümerbefugnisse führe[291]. Diese Ansicht ist – jedenfalls in Bezug auf die in dieser

---

286 *Maume* „Bestehen und Grenzen des virtuellen Hausrechts", a.a.O., 622; *Feldmann/Heidrich* „Rechtsfragen des Ausschlusses von Usern aus Internetforen – Praktische Analyse der Voraussetzungen eines Anspruchs auf Ausschluss", a.a.O., 408 f.

287 *Feldmann/Heidrich* „Rechtsfragen des Ausschlusses von Usern aus Internetforen – Praktische Analyse der Voraussetzungen eines Anspruchs auf Ausschluss", a.a.O., 408 f.

288 Kapitel 3 Ziffer B.I.2., Seite 46.

289 *Preuß* „Rechtlich geschützte Interessen an virtuellen Gütern", 167 ff., 170; *OLG Karlsruhe* Urt. v. 07.11.1995, 3 U 15/95, NJW 1996, 200, 201.

290 *Preuß* „Rechtlich geschützte Interessen an virtuellen Gütern", 170 f.; *OLG Karlsruhe* Urt. v. 07.11.1995, 3 U 15/95, NJW 1996, 200, 201.; *Spindler* „IT-Sicherheit und Produkthaftung – Sicherheitslücken, Pflichten der Hersteller und der Softwarenutzer", NJW 2004, 3135, 3146.

291 *Preuß* „Rechtlich geschützte Interessen an virtuellen Gütern", 170 f.; *OLG Karlsruhe* Urt. v. 07.11.1995, 3 U 15/95, NJW 1996, 200, 201; *Spindler* „IT-Sicherheit und Produkthaftung – Sicherheitslücken, Pflichten der Hersteller und der Softwarenutzer", a.a.O., 3146.

Arbeit behandelten Fallgruppen – jedoch nicht überzeugend. Denn es kann nicht darüber hinweggetäuscht werden, dass Anknüpfungspunkt für eine Eigentumsverletzung auf Grund einer Gebrauchsbeeinträchtigung eines Datenträgers durch Veränderung oder Löschung der darauf gespeicherten Daten stets und ausschließlich der Datenträger ist. Einzig die eingeschränkte Gebrauchsmöglichkeit des Datenträgers würde eine Eigentumsverletzung begründen. Die Einwirkung auf die Daten an sich begründet auch nach dieser Ansicht keine eigentumsrechtlichen Ansprüche. Solange der Gebrauch des Datenträgers trotz Veränderung oder Löschung der darauf gespeicherten Daten nicht beeinträchtigt ist, versagt dieser Ansatz. So verhält es sich bei sämtlichen in dieser Arbeit behandelten Fallgruppen. Bei

- einem Einmischen in die Kommunikation zwischen Betreiber des virtuellen Geschäftsmodelles und dessen Kunden im Zusammenhang mit dem Direktvertrieb von Waren oder Dienstleistungen (2. Stufe)[292];
- der Reduzierung der Kommunikation zwischen Betreiber des virtuellen Geschäftsmodells und dessen Kunden auf ein Minimum durch den Einsatz von Umgehungssoftware bei Internet-Börsen oder Internet-Handelsplattformen[293];
- der Unterbindung der Kommunikation zwischen Betreiber einer Internet-Datenbank und dessen Kunden in Gänze durch Kopieren des Angebots des Betreibers der Internet-Datenbank[294] und
- nicht-virtuell-spezifische Beeinträchtigungen – Internet-Chat-Rooms bzw. Internet-Meinungsforen[295].

wird zwar auf die Daten eingewirkt, über die die vorbenannten virtuellen Geschäftsmodelle im Rahmen ihrer Nutzung im Internet Zugriff gewähren. Dies führt jedoch nicht dazu, dass die Gebrauchsmöglichkeit der Datenträger, auf denen diese Daten gespeichert sind (z.B. Server), für den Betreiber der virtuellen Geschäftsmodelle eingeschränkt oder auf andere Weise beeinträchtigt wird. Die Störung besteht allein darin, dass die Daten entgegen dem Willen des Berechtigten verwendet werden. Diese Beeinträchtigung geschieht losgelöst von Beeinträchtigungen eines Datenträgers.

Darüber hinaus kann gegen die Herleitung eines virtuellen Hausrechts an Hand der Verkörperlichung der Internetpräsenz auf einem Datenträger (Server) auf die

292 Kapitel 2 Ziffer B.I.2., Seite 22.
293 Kapitel 2 Ziffer B.I.3., Seiten 25 ff.
294 Kapitel 2 Ziffer B.I.4., Seite 26.
295 Kapitel 2 Ziffer B.II., Seite 28.

Argumentation von *Berberich* betreffend die Herleitung eines virtuellen Eigentums an sog. virtuellen Gegenständen, die in Online-Spielen geschaffen werden, verwiesen werden[296], da die Situationen insoweit vergleichbar sind. Nach *Berberich* hat die Nutzung des virtuellen Raumes (übertragen auf den Fall des virtuellen Hausrechts: Internetpräsenz) nur mittelbaren Einfluss auf die Nutzung des Datenträgers[297]. Dies resultiere aus dem Auseinanderfallen von inhaltlicher Interaktion zwischen den Nutzern des virtuellen Raums und der zu Grunde liegenden technischen Interaktion auf der Ebene der dazu jeweils notwendigen Steuerungsbefehle und ihrer Ausführung auf einem die virtuelle Umgebung generierenden Computer[298]. Zwar werde die Systemhardware (übertragen auf den Fall des virtuellen Hausrechts: Datenträger) bei der Nutzung des virtuellen Raums in irgendeiner Weise genutzt. Diese Art der technischen Nutzung habe mit der inhaltlichen Nutzung innerhalb des generierten virtuellen Raums jedoch kaum etwas gemein. Unabhängig von den Handlungen, die Nutzer im inhaltlichen Kontext eines virtuellen Raumes vornehmen würden, erfolgten in technischer Hinsicht stets dieselben normalen Nutzungsvorgänge[299]. Daher sei ein Abstellen auf die Systemhardware (übertragen auf den Fall des virtuellen Hausrechts: Datenträger) zur Herleitung eines virtuellen Eigentums (übertragen auf die in diesem Abschnitt behandelte Problematik: virtuellen Hausrechts) nur bedingt tauglich. Die Modalitäten einer inhaltlichen-kontextbezogenen Nutzung einzelner virtueller Gegenstände (übertragen auf den Fall des virtuellen Hausrechts: Internetpräsenz) und einer physisch-technischen Nutzung der zu Grunde liegenden körperlichen Systeminfrastruktur (übertragen auf den Fall des virtuellen Hausrechts: Datenträger) seien nicht in Einklang zu bringen[300]. Diese Ansicht überzeugt.

2. Betreiber der Internetpräsenz ist nicht Eigentümer des Servers

Sofern der Betreiber der Internetseite diese nicht über einen eigenen Server betreibt, sondern den hierfür erforderlichen Speicherplatz bei Dritten (sog. Host) mietet, sieht sich die Herleitung des sog. virtuellen Hausrechts neben den vorbenannten Einwänden zudem folgendem Problem ausgesetzt: In Ermangelung eines Eigentums des Betreibers der Internetseite an dem Speichermedium (Server) kann nicht auf § 903 BGB zurückgegriffen werden.

296 *Berberich* „Virtuelles Eigentum“, 142 ff.
297 *Berberich* „Virtuelles Eigentum“, 143..
298 *Berberich* „Virtuelles Eigentum“, 143 f.
299 *Berberich* „Virtuelles Eigentum“, 143 f.
300 *Berberich* „Virtuelles Eigentum“, 158 f.

Bei dieser Konstellation der Personenverschiedenheit von Inhaber der Internetpräsenz und Eigentümer des Servers, über den die Internetpräsenz betrieben wird, handelt es sich um den Regelfall. In den seltensten Fällen wird die Internetpräsenz über einen eigenen Server betrieben[301]. Selbst wenn man die vorbenannten Einwände gegen ein Eigentumsrecht an Daten durch Anknüpfung an den Datenträger einmal außen vor ließe, kann ein Abwehranspruch jedenfalls für diesen (Regel-) Fall – der Betreiber der Internetpräsenz ist nicht Eigentümer des Servers – nicht aus Eigentumsrecht hergeleitet werden. Die Personenverschiedenheit führt dazu, dass dem Eigentümer des Servers zwar eigentumsrechtliche Abwehransprüche betreffend des Servers zustehen würden, er jedoch nicht in seinen Rechten betroffen wäre. Dies wäre vielmehr nur der Inhaber der Internetseite, der den Eigentümer des Servers mit dem Betrieb der Internetseite beauftragt hat. Der Schutz stünde somit Rechtssubjekten zu, die in ihrem Datenbestand überhaupt nicht geschädigt sind[302].

Eine Lösung dieses konzeptionellen Problems wird teilweise darin gesucht, trotz Personenverschiedenheit einen Besitz des Betreibers der Internetseite an den auf dem Server gespeicherten Daten zu begründen. Teilweise wird ein Abstrahieren des Verletzungsschutzes vom Rechtssubjekt als Lösungsansatz diskutiert.

a) Besitz des Betreibers der Internetseite an den auf dem Server gespeicherten Daten

Zum Einen wird das Vorliegen eines unmittelbaren Besitzes des Inhabers der Internetseite gemäß § 854 Abs. 1 BGB befürwortet und wie folgt begründet: Da die Serverkapazitäten Sachqualität hätten und diese Sache durch den Inhaber der Internetseite um einen virtuellen Raum veredelt würden, begründe der Inhaber der Internetseite an diesem Besitz im Sinne des § 854 Abs. 1 BGB[303].

Zum Anderen wird vertreten, dass es auf Grund des mit der modernen Fernkommunikation verbundenen Auseinanderfallens der räumlichen Nähe und inhaltlichen Funktionsherrschaft nur konsequent sei, dem aus der Distanz die

---

301 Hierzu *Preuß* „Rechtlich geschützte Interessen an virtuellen Gütern", 175 ff., der dies an der Nachfrage von externen Internetseiten-Verwaltung durch sog. Web-Hosting-Provider, wie zum Beispiel bei der Verwaltung von Web- und E-Mail-Accounts erläutert.

302 Vgl. *Preuß* „Rechtlich geschützte Interessen an virtuellen Gütern", 173.

303 *Feldmann/Heidrich* „Rechtsfragen des Ausschlusses von Usern aus Internetforen – Praktische Analyse der Voraussetzungen eines Anspruchs auf Ausschluss", a.a.O., 409.

Funktion Vorgebenden (Inhaber der Internetseite) zumindest Mitbesitz einzuräumen[304].

Nach beiden Ansichten ergäbe sich ein Besitzrecht des Inhabers der Internetseite mit allen damit verbundenen Ausschließlichkeitsrechten[305].

Hiergegen spricht jedoch, dass Besitz stets eine Beherrschbarkeit des Besitzobjektes voraussetzt. Denn die Vorschriften über den Besitz knüpfen am Bezugspunkt „Sache" an. Sachen sind gemäß § 90 BGB körperliche Gegenstände, die u.a. technisch beherrschbar sein müssen[306]. Auch (Mit-) Besitz erfordert die Möglichkeit, faktisch auf eine Sache positiv einwirken und andererseits Andere von einer solchen Einwirkung negativ ausschließen zu können[307]. An einer (technischen) Beherrschbarkeit der auf dem Server des Hosts gespeicherten Daten fehlt es dem Inhaber der Internetseite jedoch. Dieser hat in der Regel keinerlei Eingriffsmöglichkeit auf den Server[308].

Soweit ersichtlich, setzt sich von den Befürwortern eines virtuellen Hausrechts allein *Maume*[309] mit dieser Problematik auseinander und will das Problem durch

---

304 *Maume* „Bestehen und Grenzen des virtuellen Hausrechts", a.a.O., 622; im Ergebnis so auch *LG München I* Urt. v. 25.10.2006, 30 O 11973/05, K&R 2007, 283 ff.; *Kunz* „Rechtsfragen des Ausschlusses aus Internetforen", 124 f.

305 *Maume* „Bestehen und Grenzen des virtuellen Hausrechts", a.a.O., 622; *Feldmann/Heidrich* „Rechtsfragen des Ausschlusses von Usern aus Internetforen – Praktische Analyse der Voraussetzungen eines Anspruchs auf Ausschluss", a.a.O., 409.

306 *Maume* „Bestehen und Grenzen des virtuellen Hausrechts", a.a.O., 622.

307 *Berberich* „Absolute Recht an der Nutzung einer Domain – eine zentrale Weichenstellung für die Rechtsentwicklung", a.a.O., 545 m.w.N.

308 Zu den Bedenken hinsichtlich der Annahme eines (Mit-)Besitzes des Teilnehmers an sog. Online-Spielen hinsichtlich der vom Teilnehmer im Rahmen des Spieles geschaffenen oder „erworbenen" virtuellen Gegenständen *Berberich* „Virtuelles Eigentum", 162 ff.

309 *Maume* „Bestehen und Grenzen des virtuellen Hausrechts", a.a.O., 622., ist der Auffassung, dass dem Urteil des BGH vom 15.11.2006, XII ZR 120/04, a.a.O., 2395, unter Umständen entnommen werden könnte, dass die Besitzschutzregeln bei dem sog. Web-Hosting (ein Dritter, der Host, stellt Speicherplatz auf einem Server dem Betreiber einer Internetseite zur Verfügung) nicht anwendbar seien. Dies ist jedoch nicht der Fall. Dem genannten Urteil des BGH lässt sich eine solche Aussage nicht entnehmen. Vielmehr verneint der BGH einen Besitz des Betreibers der Internetseite an dem verkörperten Computerprogramm ohne weitere Begründung. Da das anzuwendende Mietvertragsrecht keine Besitzverschaffung, sondern lediglich eine Gebrauchsüberlassung erforderte, stellte der BGH darauf ab, dass lediglich die Verschaffung Zugangs zur Software erforderlich sei. Eine solche und damit verbunden eine Gebrauchsüberlassung im Sinne des Mietvertragsrechts war gegeben.

eine erweiternde Auslegung des Begriffs „Beherrschbarkeit“ und damit des Sachbegriffs lösen[310]. Dem kann jedoch nicht gefolgt werden.

Maume stützt seine Auffassung auf die Begründung, die Auslegung von Rechtsnormen habe dem zu folgen, was sich in der nicht-juristischen Welt ereigne. Die dem 19. Jahrhundert des letzten Jahrtausends entstammende Dogmatik sei nicht Eins zu Eins auf die Welt des 21. Jahrhunderts übertragbar. Zwar sei eine Internetpräsenz nicht als Sache zu qualifizieren. Jedoch habe eine weite Auslegung des Begriffs der theoretischen Beherrschbarkeit Auswirkungen auf die Frage der tatsächlichen Sachherrschaft gemäß § 854 BGB. Fielen durch moderne Fernkommunikation räumliche Nähe und inhaltliche Funktionsherrschaft auseinander, so sei es nur konsequent, dem aus der Distanz die Funktion Vorgebenden zumindest (Mit-)Besitz einzuräumen[311].

Dem ist zunächst entgegen zu halten, dass eine erweiternde Auslegung des Sachbegriffs dahingehend, dass verkörperte Daten hiervon erfasst werden, im Ergebnis zur Aufgabe des Körperlichkeitserfordernisses bei Sachen im Sinne des § 90 BGB führen würde. Denn im Ergebnis würden unkörperliche Daten vom Sachbegriff erfasst. Der Verweis auf deren Verkörperung auf einen Datenträger geht auf Grund der gebotenen Trennung zwischen Trägermedium und dem darauf gespeicherten Inhalt ins Leere[312].

Zum Anderen widerspricht sich *Maume* insoweit selbst. *Maume* erkennt zwar an, dass die Internetpräsenz an sich keine Sache ist, sondern die Sache erst in Form der Verkörperung der Internetpräsenz auf dem Server gegeben ist[313]. Als Sache, auf die sich die Frage nach der Beherrschbarkeit bezieht, ist nach *Maume* somit die Verkörperung der Daten auf dem Server zu qualifizieren. Konsequenterweise müsste *Maume* dann auch für die Bewertung der Beherrschbarkeit auf die Verkörperung der Daten auf dem Server abstellen. An dieser Stelle widerspricht sich *Maume* jedoch, indem es nach seiner Ansicht für die Beherrschbarkeit auf die Einwirkungsmöglichkeiten des Inhabers auf den Inhalt der Internetpräsenz und damit auf eine inhaltliche Funktionsherrschaft ankommen soll[314]. Anstatt auf die Sache „Server mit darauf gespeicherten Computerprogramm“ abzustellen, stellt *Maume* somit auf ein anderes Bezugsobjekt ab, nämlich auf die Nicht-Sache „Internetpräsenz“. Bezugsobjekt des Besitzes ist jedoch die Sache „Server“

---

310 *Maume* „Bestehen und Grenzen des virtuellen Hausrechts“, a.a.O., 622.

311 *Maume* „Bestehen und Grenzen des virtuellen Hausrechts“, a.a.O., 622.

312 Kapitel 3 Ziffer B.I.2., Seite 22.

313 *Maume* „Bestehen und Grenzen des virtuellen Hausrechts“, a.a.O., 622.

314 *Maume* „Bestehen und Grenzen des virtuellen Hausrechts“, a.a.O., 622 f.

als solche. Hält man sich vor Augen, dass dieser in der Regel in den Räumen des Hosts steht, nur diesem zugänglich ist und nicht nur dem Inhaber einer Internetseite, sondern parallel einer Vielzahl anderer Inhaber von Internetseiten zur Verfügung gestellt wird, zeigt sich schnell, dass eine elektronische Herrschaft der zahlreichen und räumlich entfernten Inhabern der über den Server betriebenen Internetseiten gegenüber der Sachherrschaft des Hosts verblasst. Mitbesitz erfordert ein Mindestmaß an Einwirkungsmöglichkeiten ähnlicher Intensität und folgt nicht allein aus einer Mitbenutzung[315]. Hieran fehlt es jedoch.

Dem entspricht auch die vom *BGH* ohne weitere Begründung vertretene Auffassung, dass derjenige, der durch einen Zugriff über das Internet das Computerprogramm eines Dritten nutzt, das auf dem Server des Dritten bereit gehalten wird, keinen Besitz an dem auf dem Server verkörperten Computerprogramm erlangt[316].

Maume verweist zur Begründung seiner Auffassung auf das klassische Lehrbuchbeispiel des Pfluges[317]. Das Beispiel des Pfluges, den der Bauer über Nacht auf dem Feld lässt und dessen Zuordnung zur Herrschaftsgewalt des Bauern dennoch nach der Verkehrsanschauung nicht verneint werde, zeige, dass auch in Konstellationen ohne Internetbezug die direkte Einwirkungsmöglichkeit auf die Sache kein absolutes Kriterium sei. So würde auch im Verhältnis Inhaber der Internetseite und Eigentümer des Servers (Host) der Verkehr davon ausgehen, dass der Inhaber der Internetpräsenz durch seine Administrationsrechte und weiteren Einwirkungsbefugnisse die tatsächliche Herrschaft allein oder zumindest mit dem Host ausübe.

Dieser Vergleich *Maumes* hinkt jedoch. Denn die Frage, wie die tatsächliche Sachherrschaft über einen über Nacht auf dem Feld zurückgelassenen Pflug nach der Verkehrsanschauung zu bewerten ist, betrifft den Aspekt der Beendigung eines bestehenden Besitzes. Vorliegend geht es jedoch um die Frage nach der Begründung von Besitz. Für die Erlangung des Besitzes gelten strengere Maßstäbe als für die Bewertung der Fortdauer bzw. der Beendigung[318]. Auf Grund der somit unterschiedlichen Bewertungsmaßstäbe ist der von *Maume* genannte Lehrbuchfall im Rahmen der vorliegenden Problematik als Erkenntnisquelle ungeeignet.

---

315 *Berberich* „Absolute Recht an der Nutzung einer Domain – eine zentrale Weichenstellung für die Rechtsentwicklung", a.a.O., 545; ders., „Virtuelles Eigentum", 159.ders., „Virtuelles Eigentum", 164 f.

316 *BGH* Urt. v. 15.11.2006, XII ZR 120/04, NJW 2007, 2394, 2395, vgl. auch Fn. 249.

317 *Maume* „Bestehen und Grenzen des virtuellen Hausrechts", a.a.O., 622.

318 Palandt/*Bassenge* § 854 Rn. 3.

Soweit vereinzelt die Auffassung vertreten wird, der Inhaber der Internetseite verfüge mittelbaren Besitz an dem Server des Hosts[319], ist auch dies abzulehnen[320]. So fehlt es insbesondere am Fremdbesitzwillen des Hosts, die Sachherrschaft an seinem Server dem Betreiber der Internetseite zu mitteln und sich dessen Herrschaftswillen zu unterwerfen. Ein die Herrschaftsgewalt tragender Herausgabeanspruch in Bezug auf den Server ist fernliegend[321]. Dies wird dadurch verstärkt, dass der Host seinen Server in der Regel einer Vielzahl von Personen zur Verfügung stellt.

b) Abstrahierung des Verletzungsschutzes vom Rechtssubjekt

Preuß[322] thematisiert im – Zusammenhang mit einem Deliktschutz von Daten – als Lösung des konzeptionellen Problems der Personenverschiedenheit von Inhaber der Internetseite und Eigentümer des Servers, über den die Internetseite betrieben wird, eine Abstrahierung des Verletzungsschutzes vom Rechtssubjekt[323]. Zwar widerspräche dieser gedankliche Ansatz dem Grundsatz, dass die deliktischen Schutzgüter stets als Herrschaftsrechte unmittelbar einem Rechtssubjekt zugeordnet seien. Begreife man jedoch den konkreten Datenbestand in Anlehnung an die Sachgesamtheiten als Ausfluss der (inneren) Ordnung des Eigentums, so könne an diese organisatorische Einheit als selbstständiges Schutzgut neben dem Sachgut angeknüpft werden. Nicht anders verhielte es sich bei der Sachgesamtheit. Neben den Schutz der Einzelgüter trete der Schutz der systematischen Ordnung. Folge man dieser funktionsbezogenen Betrachtungsweise, so abstrahiere sich der Verletzungsschutz von dem eigentlichen Rechtsgut. Das hierbei entstehende Problem der konkreten Zuordnung des selbstständigen Verletzungsschutzes werde im Falle einer Sachgesamtheit an Hand der Eigentumsrechte gelöst, die an den die Sachgesamtheit bildenden Einzelgütern bestünden. Diese seien offensichtlich und würden eine eindeutige Zuordnung erlauben. Körperliche Speichermedien würden

---

319 *Feldmann/Heidrich* „Rechtsfragen des Ausschlusses von Usern aus Internetforen – Praktische Analyse der Voraussetzungen eines Anspruchs auf Ausschluss", a.a.O., 409.

320 Vgl. *Berberich* „Virtuelles Eigentum", 167 ff. zu der Frage, inwieweit Teilbesitz des Betreibers der Internetseite an dem Server des Hosts bestehen könnte, der die Möglichkeit eines Teilbesitzes der Teilnehmer von sog. Online-Spielen an virtuellen Gegenständen, die die Teilnehmer im Rahmen des Spiels geschaffen oder „erworben" haben, ablehnt.

321 *Berberich* „Virtuelles Eigentum", 166.

322 *Preuß* „Rechtlich geschützte Interessen an virtuellen Gütern", 174.

323 *Preuß* „Rechtlich geschützte Interessen an virtuellen Gütern", 174.

im Gegensatz zu Sachgesamtheiten zwar keinen derart absoluten Zuweisungsgehalt aufweisen. Da jedoch die Beantwortung der Frage nach der Inhaberschaft des Schutzgutes – mit Blick auf die Sachgesamtheit – dogmatisch nicht vorbestimmt sei, läge es nicht mehr fern, den ohnehin schon vom Sachgut abstrahierten Schutz der systematischen Ordnung nicht mehr dem Inhaber des Eigentumsrechts am Sachgut, sondern dem Inhaber der betroffenen Daten zuzusprechen.

Dieser Ansatz kann jedoch nicht überzeugen und wird auch von *Preuß* im Ergebnis als nicht methodenehrlich verworfen[324]. Denn die Abstraktion einer solchen Rechtsposition vom Eigentum am Datenträger in Verbindung mit der Loslösung vom Inhaber des Eigentumsrechts würde die Begründung einer Schutzposition bedeuten, die nur an den immateriellen Datenbestand gebunden wäre. Die Schöpfung eines eigenständigen Rechtsguts, als das der Datenbestand dann rechtlich zu qualifizieren wäre, müsse sich der Methodik nach allein nach den Voraussetzungen richten, die an ein „sonstiges Recht" im Sinne des § 823 Abs. 1 BGB zu stellen seien. Ansonsten drohe man, dessen dogmatische Voraussetzung über die Abstraktion vom Eigentumsrecht am Datenträger zu umgehen.

Die Herleitung eines Eigentumsrechts des Inhabers von Daten am Datenbestand unter Verweis auf die vergleichbare Situation bei Sachgesamtheiten, versagt zudem aus folgendem Grund: Bei Sachgesamtheiten mag die organisatorische Einheit aus Einzelgütern ein selbstständiges Schutzgut darstellen. Anknüpfungspunkt eigentumsrechtlichen Schutzes sind jedoch die Einzelgüter. Diese sind Sachen im Sinne des § 90 BGB und daher dem (deliktischen) Eigentumsschutz zugänglich. Hierin liegt der wesentliche Unterschied der Sachgesamtheit zum Datenträger. Während sich die selbstständig geschützte organisatorische Ordnung im Falle der Sachgesamtheit auf Sachen im Sinne von § 90 BGB bezieht, wird die organisatorische Ordnung im Falle des Datenträgers durch die darauf gespeicherten unkörperlichen Daten gebildet. Diese sind jedoch keine Sachen im Sinne von § 90 BGB und können daher keinen eigentumsrechtlichen Schutz vermitteln.

III. Analoge Anwendung von § 1004 Abs. 1 BGB (analog) i.V.m. § 903 bzw. § 858 BGB – doppelte Analogie

Zu prüfen bleibt, ob der sachenrechtliche Unterlassungsanspruch § 1004 Abs. 1 BGB (analog) i.V.m. §§ 903 bzw. 858 BGB entsprechend, d.h. in doppelter Analogie, Anwendung finden kann.

---

324 *Preuß* „Rechtlich geschützte Interessen an virtuellen Gütern", 174 f.

Voraussetzung für eine analoge Anwendung ist das Vorliegen einer planwidrigen Regelungslücke. Die Rechtsfolge kann dann auf einen vergleichbaren Fall übertragen werden[325].

Diese Voraussetzungen liegen hinsichtlich einer analogen Anwendung der § 1004 Abs. 1 BGB (analog) i.V.m. §§ 903 bzw. 858 BGB nicht vor.

1. Planwidrige Regelungslücke

Die analoge Anwendung der besitz- und eigentumsschutzrechtlichen Abwehrrechte gemäß § 1004 Abs. 1 BGB (analog) i.V.m. §§ 903 bzw. 858 BGB scheitert am Fehlen einer planwidrigen Regelungslücke.

Das Vorliegen einer planwidrigen Regelungslücke könnte man zwar damit begründen, dass der aus dem 19. Jahrhundert stammende Sachbegriff des BGB zu einer Lücke in den sachenrechtlichen Abwehrrechten der Inhaber von Internetpräsenzen führt und der Gesetzgeber diese Fälle nicht bewusst ungeregelt gelassen hat, da die Internetkommunikation ein vergleichsweise neues Phänomen darstellt[326].

Dem ist jedoch entgegen zu halten, dass dem Gesetzgeber zwar womöglich das Phänomen „Internet" nicht bekannt gewesen ist. Jedoch war sich der Gesetzgeber des grundsätzlichen Unterschiedes zwischen körperlichen und unkörperlichen Gegenständen bewusst. Unkörperliche Gegenstände sollten gerade nicht vom Eigentums-/Besitzschutz erfasst sein. Ausgehend vom römischen Konzept des Eigentums, das sich auf *res corporales* beschränkte, liegt der Eigentumsdefinition des BGB eine Verengung auf körperliche Gegenstände zu Grunde[327]. Dies fand schließlich in der Definition des Sachbegriffs in § 90 BGB, auf den die Bestimmung der Herrschaftsbefugnis des Eigentümers in § 903 sowie der Ausschlussbefugnisse des Besitzers in § 858 BGB Bezug nimmt, ihren Niederschlag[328].

Somit hat der Gesetzgeber unkörperliche Gegenstände, wozu Internetpräsenzen zu zählen sind, bewusst dem Eigentums- und Besitzschutz entzogen. Hätte der Gesetzgeber den Sachbegriff auf unkörperliche Gegenstände wie z.B. Internetpräsenzen erstrecken wollen, hätte dies die Zulassung von (Sach-)Eigentum

---

325 Palandt/*Sprau* Einleitung Rn. 48.

326 *Maume* „Bestehen und Grenzen des virtuellen Hausrechts", a.a.O., 623.

327 Vgl. *Götting* „Der Begriff des Geistigen Eigentums", GRUR 2006, 355, m.w.N.; Psczolla, „Virtuelle Gegenstände als Objekte der Rechtsordnung", a.a.O., Abs. 31, m.w.N.

328 Vgl. *Götting* „Der Begriff des Geistigen Eigentums", a.a.O., 355, m.w.N.

an unkörperlichen Gegenständen zur Folge. Dies entspricht jedoch nicht der Intention des Gesetzgebers, der eine Abgrenzung von Immaterialgüterrechten zur sachenrechtlichen Eigentumsordnung gewollt hat[329].

Mithin ist die Nichterfassung von Internetpräsenzen vom Eigentums-/Besitzschutz, d.h. die Regelungslücke, nicht planwidrig.

2. Vergleichbarkeit der Sachverhalte

Die entsprechende Anwendbarkeit der besitzschutzrechtlichen Abwehrrechte gemäß §1004 Abs. 1 BGB (analog) i.V.m. § 858 BGB scheitert zudem am Fehlen einer Vergleichbarkeit der Sachverhalte.

Eine solche läge nur vor, wenn Internetpräsenzen mit Sachen und das Verhältnis des Besitzers zur Sache mit dem Verhältnis des Inhabers zur Internetpräsenz vergleichbar wären.

a) Vergleichbarkeit Sache – Internetpräsenz

Die Vergleichbarkeit einer Internetpräsenz mit einer Sache wird teilweise mit der Begründung bejaht, dass beide abgrenzbar und sinnlich wahrnehmbar seien[330]. So sei die Sachqualität von Sachen, die nicht selbst abgrenzbar sind, gegeben, wenn eine Abgrenzbarkeit bzw. Beherrschbarkeit, z.B. durch ein Behältnis, hergestellt werden könne. Dies sei bei Internetpräsenzen der Fall. Denn Internetpräsenzen seien auf Grund der Internetadresse, über welche diese erreicht werden könnten (sog. URL), abgegrenzt. Hierdurch sei die Internetpräsenz wie das Sacheigentum klar bestimmbar[331].

Zudem seien Internetpräsenzen wie auch Sachen der sinnlichen Wahrnehmung zugänglich. Hierbei sei es unschädlich, wenn die Wahrnehmung erst durch eine technische Einrichtung (wie z.B. Gas bei einer Gasuhr) ermöglicht werde. So seien Internetpräsenzen durch Zuhilfenahme eines Computers sinnlich wahrnehmbar[332].

Gegen die Annahme einer Abgrenzbarkeit ausgehend von der Internetadresse spricht jedoch Folgendes: Das Kriterium der Abgrenzbarkeit beinhaltet in diesem Zusammenhang[333] ein körperliches Moment. So muss die Abgrenzbarkeit im Raum

---

329 Vgl. *BGH* Urt. v. 09.03.1989, I ZR 54/87, NJW 1989, 2251, 2252 - *Friesenhaus*.
330 *Maume* „Bestehen und Grenzen des virtuellen Hausrechts“, a.a.O., 623 f.
331 *Maume* „Bestehen und Grenzen des virtuellen Hausrechts“, a.a.O., 624.
332 *Maume* „Bestehen und Grenzen des virtuellen Hausrechts“, a.a.O., 624.
333 Zum Vorliegen einer Abgrenzbarkeit virtueller Güter bei gebotenem zu Grunde legen einer natürlichen Betrachtungsweise siehe Kapitel 5 Ziffer A., Seiten 201 ff.

bestehen; und zwar entweder durch eigene körperliche Begrenzung oder durch Fassung in einem Behältnis[334]. Hieran fehlt es beim Abstellen auf die Internetadresse. Es mag zutreffend sein, dass mittels der Internetadresse eine Internetpräsenz eindeutig bestimmbar ist. Dies gilt jedoch einzig hinsichtlich der virtuellen Welt des Internets. Eine körperliche Abgrenzbarkeit erfährt die Internetpräsenz hierdurch nicht.

b) Vergleichbarkeit Verhältnis Besitzer – Sache mit Verhältnis Betreiber – Internetpräsenz

Zudem fehlt es an einer Vergleichbarkeit des Verhältnisses des Besitzers zur Sache mit dem Verhältnis des Inhabers zur Internetseite.

Eine solche Vergleichbarkeit wird teilweise damit begründet, dass die Einwirkungsmöglichkeiten ähnlich seien[335]. So seien inhaltliche Änderungen der Internetpräsenz ausschließlich dem Inhaber möglich. Dieser verfüge über die Administratorrechte, könne redaktionelle Änderungen durchführen und die zu Grunde liegende Programmierung verändern[336]. Auf Grund Wesensverschiedenheit greift diese Argumentation jedoch nicht.

Denn der unmittelbare Besitz ist durch eine nahe räumliche Beziehung des Besitzers zur Sache gekennzeichnet, der eine jederzeitige und ungehinderte Einwirkung auf diese ermöglicht. Diese Sachbeziehung setzt zudem voraus, dass sie für jeden, der sich dafür interessiert, erkennbar ist (sog. Publizitätsfunktion des Besitzes)[337]. Die Beziehung, die der Inhaber einer Internetpräsenz zu dieser hat, ist nicht annähernd so stark wie die Beziehung des Besitzers zur Sache[338]. So fehlt es am Merkmal der nahen räumlichen Beziehung. Die Daten der Internetpräsenz können sich auf einem Server befinden, der tausende Kilometer entfernt ist[339]. Auch fehlt es an einer ungehinderten Einwirkungsmöglichkeit, die mit dem Zugriff auf eine körperliche Sache vergleichbar wäre. So kann der Inhaber auf die Internetpräsenz zwar Zugriff nehmen. Jedoch kann diese Einwirkungsmöglichkeit jederzeit von dem Eigentümer des Servers, auf dem die Internetseite betrieben wird (Host), unterbunden werden[340]. Darüber hinaus fehlt es an der die Publizitätsfunktion des Besitzes erfüllenden Erkennbarkeit des Besitzverhältnisses.

---

334 Palandt/*Ellenberger* § 90 Rn. 1.

335 *Maume* „Bestehen und Grenzen des virtuellen Hausrechts“, a.a.O., 624.

336 *Maume* „Bestehen und Grenzen des virtuellen Hausrechts“, a.a.O., 624.

337 Vgl. *Psczolla* „Virtuelle Gegenstände als Objekte der Rechtsordnung“, a.a.O., Abs. 33.

338 Vgl. *Psczolla* „Virtuelle Gegenstände als Objekte der Rechtsordnung“, a.a.O., Abs. 33.

339 Vgl. *Psczolla* „Virtuelle Gegenstände als Objekte der Rechtsordnung“, a.a.O., Abs. 33.

340 Vgl. *Psczolla* „Virtuelle Gegenstände als Objekte der Rechtsordnung“, a.a.O., Abs. 33.

IV. Zwischenergebnis

Ein sachenrechtlicher Unterlassungsanspruch basierend auf einem virtuellen Hausrecht gemäß § 1004 Abs. 1 BGB (analog) i.V.m. §§ 903 bzw. 858 BGB ist in Ermangelung einer Sache als Anknüpfungspunkt bei virtuellen Ladengeschäften zu verneinen. Da es sich bei den in dieser Arbeit behandelten Fallgruppen der Beeinträchtigung virtueller Geschäftsmodelle

- Einmischen in die Kommunikation zwischen Betreiber des virtuellen Geschäftsmodelles und dessen Kunden im Zusammenhang mit dem Direktvertrieb von Waren oder Dienstleistungen (2. Stufe)[341];
- der Reduzierung der Kommunikation zwischen Betreiber des virtuellen Geschäftsmodells und dessen Kunden auf ein Minimum durch den Einsatz von Umgehungssoftware bei Internet-Börsen oder Internet-Handelsplattformen[342];
- der Unterbindung der Kommunikation zwischen Betreiber einer Internet-Datenbank und dessen Kunden in Gänze durch Kopieren des Angebots des Betreibers der Internet-Datenbank[343] und
- nicht-virtuell-spezifischen Beeinträchtigungen – Internet-Chat-Rooms bzw. Internet-Meinungsforen[344]

im Kern um Beeinträchtigungen als virtuelle Ladengeschäfte fungierende Internetseiten handelt, können diese nicht mit Verweis auf ein virtuelles Hausrecht abgewehrt werden.

C. Deliktische Unterlassungsansprüche

Deliktische Unterlassungsansprüche könnten auf Grund Eingriffs in

- das Rahmenrecht des virtuellen Hausrechts (§ 1004 Abs. 1 BGB i.V.m. § 823 Abs. 1 BGB);
- das Rahmenrecht des eingerichteten und ausgeübten Gewerbebetriebs (§ 1004 Abs. 1 BGB i.V.m. § 823 Abs. 1 BGB) oder

---

341 Kapitel 2 Ziffer B.I.2., Seite 22.
342 Kapitel 2 Ziffer B.I.3., Seiten 25 f.
343 Kapitel 2 Ziffer B.I.4., Seite 26.
344 Kapitel 2 Ziffer B.II., Seite 28.

- das Schutzgesetz gemäß § 202a Abs. 1 StGB (§ 1004 Abs. 1 BGB i.V.m. § 823 Abs. 2 BGB; 202a Abs. 1 StGB)

begründet werden.

I. Rahmenrecht des virtuellen Hausrechts

Die Existenz eines virtuellen Hausrechts wird nicht nur zur Begründung eines sachenrechtlichen Abwehranspruchs diskutiert[345], sondern auch von *Preuß* im Zusammenhang mit deliktischen Ansprüchen als sonstiges Recht im Sinne des § 823 Abs. 1 BGB erörtert und im Ergebnis zu Recht abgelehnt[346].

Nach *Preuß* könnte ein virtuelles Hausrecht ausschließlich als Rahmenrecht, vergleichbar mit dem Recht am eingerichteten und ausgeübten Gewerbebetrieb oder das allgemeine Persönlichkeitsrecht, in Betracht kommen können. Dies folge daraus, dass es dem virtuellen Hausrecht ebenso wie dem Recht am eingerichteten und ausgeübten Gewerbebetrieb und dem allgemeinen Persönlichkeitsrecht an einem eindeutigen Zuweisungsgehalt fehle. Daher habe das virtuelle Hausrecht – sofern man dieses anerkennen wollte – entsprechende Einschränkungen hinzunehmen. Folge sei, dass dem Inhaber zwar durch das objektive Recht eine gesicherte Stellung gewährt würde. Zugleich sei aber nicht ein jeder Eingriff Dritter reflexartig missbilligt, d.h. die Rechtsgutverletzung indiziert nicht die Rechtswidrigkeit des Handelns[347]. Aus einem solchen – und nur aus einem solchen – Verständnis der Fortbildung des Deliktsrechtsschutzes heraus, sei das virtuelle Hausrecht im Sinne eines sonstigen Rechts gemäß § 823 Abs. 1 BGB überhaupt zu konstruieren. Sein Bezugspunkt wäre daher nicht in einem rechtlich zugeordneten Rechtsobjekt zu suchen, sondern vielmehr in einer als schutzwürdig erachteten Stellung[348].

Obwohl *Preuß* die rechtliche Konstruktion eines virtuellen Hausrechts im Gefüge des Deliktsrechtsschutzes auf diese Weise für argumentierbar hält, lehnt er dieses im Ergebnis jedoch wegen einer fehlenden Bestimmbarkeit der Beziehung des Rechtssubjektes zum Schutzgut ab[349]. Denn im Gegensatz zum Rahmenrecht des eingerichteten und ausgeübten Gewerbebetrieb und allgemeinen Persönlichkeitsrechts fehle es beim virtuellen Hausrecht an einer durch die Rechtsordnung

345 Kapitel 3 Ziffer B.II., Seiten 63 ff.

346 *Preuß* „Rechtlich geschützte Interessen an virtuellen Gütern“, 180ff., 192 f.

347 *Preuß* „Rechtlich geschützte Interessen an virtuellen Gütern“, 182 f.

348 *Preuß* „Rechtlich geschützte Interessen an virtuellen Gütern“, 183.

349 *Preuß* „Rechtlich geschützte Interessen an virtuellen Gütern“, 184 ff., 192 f.

fest vorgesehenen Relation zwischen Rechtssubjekt und Schutzgut. So beziehe das Schutzgut des allgemeinen Persönlichkeitsrechts seine Verbindung zum Rechtsinhaber aus seinem personellen Gepräge, das seinen Ausdruck in Art. 1 Abs. 1 und Art. 2 Abs. 1 GG finde. Die Bestimmbarkeit des geschützten Personenkreises im Falle des Rechts am eingerichteten und ausgeübten Gewerbebetrieb resultiere aus der rechtlichen Inhaberschaft am Betrieb[350]. Demgegenüber sei die Beziehung des Inhabers der Daten, auf denen das virtuelle Hausrecht aufbaut, rechtlich kaum bestimmbar. Denn an einer gesetzlichen Festlegung der Beziehung zwischen Dateninhaber und Daten, auf denen das virtuelle Hausrecht aufbaue, fehle es[351].

Zwar scheine, so *Preuß*, das Strafrecht diese Beziehung in gewisser Weise zu würdigen, indem im Rahmen des Bestandsschutzes in § 303a StGB nicht allein an die abstrakte Existenz der Daten, sondern an die Befugnis des Inhabers angeknüpft werde[352]. Dieses Kriterium könne jedoch nicht in das Privatrecht übertragen werden. Denn strafrechtlicher Anknüpfungspunkt sei die Verfügungsbefugnis des Betroffenen, die sich vornehmlich über etwaige Verfügungs- oder Nutzungsrechte begründen lasse. Die Berücksichtigung obligatorischer Verfügungsrechte beim privatrechtlich-deliktischen Schutz von Daten würde jedoch bedeuten, dass man diesen relativen Rechten neben der bloßen Interessenabgrenzung eine Entscheidung über die Herrschaftssphären zu Grunde legen würde. Dies würde im Privatrecht eine Anerkennung absoluter Wirkung an sich relativer Rechte entsprechen. Wollte man in Hinblick auf die strafrechtliche Regelungen des §§ 202a; 303a StGB an die Verfügungsbefugnis auch aus obligatorischen Rechten anknüpfen, um das Verhältnis des Dateninhabers zu den Daten bestimmen zu können, so würde man das Recht zu nichts anderem als einem Herrschaftsrecht erheben. Daher könnten die §§ 202a; 303a StGB nicht als Vorgabe der Rechtsordnung für ein etwaiges Rahmenrecht dienen, böten sie doch keine hinreichende Möglichkeit, abseits von Herrschaftsrechten eine Relation zwischen etwaigem Schutzgut und konkretem Inhaber zu begründen[353].

Preuß verneint ein virtuelles Hausrecht als Rahmenrecht im Sinne von § 823 Abs. 1 BGB zudem mit dem Argument, dass die nicht hinreichende Möglichkeit einer Fixierung des Datenbestandes zu einer besonderen Haftungsanfälligkeit des

350 *Preuß* „Rechtlich geschützte Interessen an virtuellen Gütern“, 185 f.

351 *Preuß* „Rechtlich geschützte Interessen an virtuellen Gütern“, 185.

352 *Preuß* „Rechtlich geschützte Interessen an virtuellen Gütern“, 186: Die Anknüpfung an die Befugnis des Inhabers offenbare sich zwar nicht unmittelbar aus dem Tatbestand des § 303a StGB, werde als Kriterium dennoch als erforderlich gehalten, um die Fremdheit der verletzten Rechtsposition begründen zu können.

353 *Preuß* „Rechtlich geschützte Interessen an virtuellen Gütern“, 186 f.

Schutzgutes führe[354]. Da Daten anders als Sachgüter auf Grund ihrer Immaterialität ohne größeren Aufwand jederzeit verändert oder gelöscht werden könnten, sei das Schutzgut des virtuellen Hausrechts stets von einer gewissen Vergänglichkeit geprägt. Die hiermit verbundene Haftungsanfälligkeit immaterieller Daten könne durch die Rechtsordnung bei der Mehrzahl der Fälle, deren Erfassung die Anerkennung eines virtuellen Hausrechts überhaupt dient, jedoch nicht sinnvoll entgegen getreten werden: den Fällen der externen Speicherung von Daten[355]. Denn einzig sachgerechter Anknüpfungspunkt für eine Haftungseinschränkung sei das von der Einflusssphäre des Betroffenen ausgehend aufgestellte Erfordernis der Implementierung von Sicherungsmaßnahmen[356]. In Fällen der externen Speicherung von Daten sei die Speicherung dem Dateninhaber technisch vielfach nicht möglich. Die Ursache hierfür liege im Client-Server-Prinzip., wonach nur derjenige in der Lage sei, eine vollumfängliche Sicherung der Daten zu vollziehen, der auf den Server-Rechner zugreifen könne. Der lediglich über den Client eingebundene Dateninhaber sei zu dieser Sicherung regelmäßig nicht im Stande[357]. An das Ausbleiben von Sicherungsmaßnahmen seitens des Dritten, der die externe Datenspeicherung vornimmt, könne bei der deliktischen Haftung jedoch nicht angeknüpft werden, da es schlicht an einer entsprechenden Zurechnungsnorm fehle[358].

Gegen die Anerkennung eines virtuellen Hausrechts als „sonstiges Recht" im Sinne von § 823 Abs. 1 BGB spricht neben den von *Preuß* genannten Kritikpunkten zudem, dass ein Konflikt mit dem *numerus clausus* der Immaterialgüterrechte bestünde[359].

Darüber hinaus fehlt es an der erforderlichen Absolutheit der Rechtsposition jedenfalls in den Fällen, in denen das virtuelle Hausrecht vorranging diskutiert wird: in den Fällen der externen Speicherung der Daten. Dem Dateninhaber kommt aus dem Vertragsverhältnis zu dem Dritten, der die Daten extern speichert, bestenfalls eine rein faktische Ausschließlichkeitsstellung zu, die nicht ausreichend ist, um eine absolute Rechtsposition zu begründen[360].

---

354 *Preuß* „Rechtlich geschützte Interessen an virtuellen Gütern", 188 ff.

355 *Preuß* „Rechtlich geschützte Interessen an virtuellen Gütern", 192.

356 *Preuß* „Rechtlich geschützte Interessen an virtuellen Gütern", 190 f.

357 *Preuß* „Rechtlich geschützte Interessen an virtuellen Gütern", 191: So verhalte es sich zum Beispiel bei den Teilnehmern sog. Online-Spiele, die keine Möglichkeit hätten, die virtuellen Gütern, die ihnen faktisch zustünden, zu sichern.

358 *Preuß* „Rechtlich geschützte Interessen an virtuellen Gütern", 191 ff.

359 Zum Fehlen einer absoluten Rechtsposition bei einer rein faktischen Ausschließlichkeitsstellung siehe Kapitel 5 Ziffer A.I.2., Seiten 210 ff.

360 Näher hierzu Kapitel 5 Ziffer A., Seiten 202 ff.

II. Rahmenrecht am eingerichteten und ausgeübten Gewerbebetrieb

Zur Abwehr von Beeinträchtigungen virtueller Ladengeschäfte kommt ein Rückgriff auf das Recht am eingerichteten und ausgeübten Gewerbebetrieb (§ 823 Abs. 1 BGB) in Betracht.

Das Rahmenrecht am eingerichteten und ausgeübten Gewerbebetrieb schützt den Gewerbebetrieb oder die ernsthaften Absichten und Anstalten zur Aufnahme einer wirtschaftlichen Betätigung nicht im Sinne eines statischen, eigentumsähnlichen Besitzstandes. Vielmehr handelt es sich um eine Rechtsfortbildung in Erfüllung der verfassungsrechtlichen Pflicht des Staates zum Schutz wirtschaftlicher Betätigungsfreiheit gemäß Art. 2 Abs. 1; Art. 12 Abs. 1 GG in Ausnahmekonstellationen, in denen ohne Abwehr- bzw. Schadensersatzbefugnisse die Wahrnehmung der Erwerbsfreiheit des Betroffenen in ihrem Kern in Frage gestellt wäre[361]. Hiervon ausgehend erscheint ein Rückgriff auf das Recht am eingerichteten und ausgeübten Gewerbebetrieb zunächst sachnah, da in den vorliegend behandelten Fallgruppen Ausnahmekonstellationen gegeben sind, in denen die Wahrnehmung der Erwerbsfreiheit der Betreiber der virtuellen Geschäftsmodelle ohne Abwehrbefugnisse in ihrem Kern in Frage gestellt sind.

Auf Grund des weiten Umfangs der potentiell verletzbaren wirtschaftlichen Interessen von Unternehmen und dem damit verbundenen ausufernden Anwendungsbereich des Rahmenrechts am eingerichteten und ausgeübten Gewerbebetrieb wurde jedoch das Korrektiv der „Betriebsbezogenheit“ des Eingriffs geschaffen[362]. D.h. der Eingriff muss sich spezifisch gegen den betrieblichen Organismus oder die unternehmerische Entscheidungsfreiheit richten[363] und darf nicht vom Gewerbebetrieb ohne weiteres loslösbare Rechte oder Rechtsgüter betreffen[364]. Die Substanz des Betriebes muss insoweit berührt sein[365].

---

361 BGH Urt. v. 19.06.1952, III ZR 295/51, BGHZ 7, 30, 33, wonach die Überwindung des Eunumerationsprinzips ohne zwingende Gründe eine unzulässige Rechtsfortbildung *contra legem* ist.. Siehe auch *Meier-Beck* „Die unberechtigte Schutzrechtsverwarnung als Eingriff in das Recht am Gewerbebetrieb“, WRP 2009, 790, 793.

362 Palandt/*Sprau* § 823 Rn. 128.

363 Palandt/*Sprau* § 823 Rn. 128.

364 *BGH* Urt. v. 18.01.2012, I ZR 187/10, www.bundesgerichtshof.de (besucht am 10.02.2012) Rn. 31 - *gewinn.de.*

365 *BVerfG* Beschl. v. 24.11.2004, 1 BvR 1306/02, GRUR 2005, 261 - *Eigentumsschutz von Internet-Domains.*

In den in dieser Arbeit behandelten Fällen

- Einmischen in die Kommunikation zwischen Betreiber des virtuellen Geschäftsmodelles und dessen Kunden im Zusammenhang mit dem Direktvertrieb von Waren oder Dienstleistungen (2. Stufe)[366];
- Reduzierung der Kommunikation zwischen Betreiber des virtuellen Geschäftsmodells und dessen Kunden auf ein Minimum durch den Einsatz von Umgehungssoftware bei Internet-Börsen oder Internet-Handelsplattformen[367];
- Unterbindung der Kommunikation zwischen Betreiber einer Internet-Datenbank und dessen Kunden in Gänze durch Kopieren des Angebots des Betreibers der Internet-Datenbank[368] und
- nicht-virtuell-spezifischen Beeinträchtigungen – Internet-Chat-Rooms bzw. Internet-Meinungsforen[369].

dürfte es regelmäßig an der Betriebsbezogenheit des Eingriffs fehlen[370]. Denn die Beeinträchtigungen werden nicht vorgenommen, um das virtuelle Geschäftsmodell zu stören, sondern um das eigene Geschäft zu ermöglichen bzw. zu fördern. Hierbei tritt die Beeinträchtigung des virtuellen Geschäftsmodells als Nebeneffekt auf. Dieser ist zwar zwingend, aber nicht zielgerichtet.

Dass die durch den Eingriff betroffenen Güter für den Betrieb der virtuellen Geschäftsmodelle unter Umständen wichtig sind, führt zu keiner anderen Beurteilung. Denn nur die Beeinträchtigung solcher Rechtsgüter ist für die Beurteilung relevant, die mit der Wesenseigentümlichkeit des Betriebes in Beziehung stehen[371].

---

366 Kapitel 2 Ziffer B.I.2., Seite 22.

367 Kapitel 2 Ziffer B.I.3., Seiten 25 f.

368 Kapitel 2 Ziffer B.I.4., Seite 26.

369 Kapitel 2 Ziffer B.II., Seite 28.

370 Die Betriebsbezogenheit wurde zum Beispiel vom *BVerfG* Beschl. v. 24.11.2004, 1 BvR 1306/02, GRUR 2005, 261, 262 - *Eigentumsschutz von Internet-Domains* und vom *BGH* Urt. v. 18.01.2012, I ZR 187/10, www.bundesgerichtshof.de (besucht am 10.02.2012) Rn. 31 - *gewinn.de.* beim Entzug einer Internet-Domain verneint. Ein Eingriff in das Recht am eingerichteten und ausgeübten Gewerbebetrieb könnte dann jedoch in Betracht kommen, wenn die Allgemeinheit dazu aufgerufen wird, auf eine bestimmte Internetseite so häufig zuzugreifen, dass dieses zusammenbricht. In diesem Fall geht es dem Aufrufenden gerade darum, die Internetseite außer Betrieb zu setzen, womit die Betriebsbezogenheit begründet werden kann, vgl. *OLG Hamburg* Urt. v. 22.08.2006, 7 U 50/06, MMR 2006, 744, 745 - *heise.de.*

371 *BGH* Urt. v. 18.01.2012, I ZR 187/10, www.bundesgerichtshof.de (besucht am 10.02.2012) Rn. 31 - *gewinn.de.*

Kommt der Betrieb durch die Beeinträchtigung nicht zum Erliegen oder wird in seiner Substanz nicht ernstlich beeinträchtigt, fehlt es an dieser Voraussetzung[372]. In den vorliegend zu prüfenden Fallgruppen, wird diese Erheblichkeitsschwelle nicht überschritten. Zwar ist die als virtuelles Ladengeschäft fungierende Internetseite für den virtuellen Geschäftsbetrieb überaus wichtig. Die in dieser Arbeit behandelten Beeinträchtigungsformen bringen den Geschäftsbetrieb jedoch weder zum Erliegen noch wird dessen Substanz ernstlich beeinträchtigt.

III. Unterlassungsanspruch gemäß § 1004 Abs. 1 BGB i.V.m. §§ 823 Abs. 2 BGB, 202a Abs. 1 StGB

Da die den in dieser Arbeit behandelten Beeinträchtigungsformen virtueller Ladengeschäfte in einem ungewollten bzw. unberechtigten Zugriff auf Daten durch Dritte bestehen, könnte zur Begründung an Abwehrrechte der Unterlassungsanspruch gemäß §§ 1004 Abs. 1 BGB i.V.m. §§ 823 Abs. 2, 202 a Abs. 1 StGB interessant sein. Bei näherer Betrachtung ist jedoch auch dieser Weg versperrt. Denn Voraussetzung wäre, dass unbefugt auf Daten zugegriffen wird, die gegen unberechtigten Zugang besonders gesichert sind. Die Beeinträchtigungsformen virtueller Ladengeschäfte, die die höchste praktische Relevanz haben, sind jedoch gerade dadurch geprägt, dass keine vom Inhaber des virtuellen Ladengeschäftes eingerichteten technischen Schutzmaßnahmen überwunden werden. Denn um einen möglichst weiten Nutzerkreis zu erreichen und potentielle Kunden nicht durch Zugangskontrollmaßnahmen (z.B. Einrichtung eines passwortgeschützten Nutzungskontos unter Eingabe von persönlichen Daten) abzuschrecken, verzichten die Inhaber virtueller Ladengeschäfte wenn möglich auf technische Schutzmaßnahmen. Sämtliche in dieser Arbeit behandelten Fallgruppen von Beeinträchtigungsformen[373] werden ohne Überwindung von technischen Schutzmaßnahmen durchgeführt. Damit fehlt es in einer Vielzahl von Fällen am Vorliegen einer besonderen Sicherung der Daten vor unberechtigtem Zugang. Vielmehr werden die Daten vom Inhaber des virtuellen Ladengeschäftes öffentlich verfügbar gemacht.

---

372 *BGH* Urt. v. 18.01.2012, I ZR 187/10, www.bundesgerichtshof.de (besucht am 10.02.2012) Rn. 29 - *gewinn.de.*

373 Kapitel 2 Ziffer B.I.2., Seite 22; Kapitel 2 Ziffer B.I.3., Seiten 25 f.; Kapitel 2 Ziffer B.I.4., Seite 26 und Kapitel 2 Ziffer B.II., Seite 28.

III. Zwischenergebnis

Deliktische Unterlassungsansprüche hinsichtlich der in dieser Arbeit behandelten Fallgruppen aus

- einem Rahmenrecht des virtuellen Hausrechts (§ 1004 Abs. 1 BGB i.V.m. § 823 Abs. 1 BGB);
- dem Rahmenrecht des eingerichteten und ausgeübten Gewerbebetriebs (§ 1004 Abs. 1 BGB i.V.m. § 823 Abs. 1 BGB) oder
- Schutzgesetz gemäß § 202a Abs. 1 StGB (§ 1004 Abs. 1 BGB i.V.m. § 823 Abs. 2 BGB; 202a Abs. 1 StGB)

sind zu verneinen.

D. Sondergesetzliche Unterlassungsansprüche

Hinsichtlich der in dieser Arbeit behandelten Fallgruppen von Beeinträchtigungsformen; nämlich

- dem Einmischen in die Kommunikation zwischen Betreiber des virtuellen Geschäftsmodelles und dessen Kunden im Zusammenhang mit dem Direktvertrieb von Waren oder Dienstleistungen (2. Stufe)[374];
- der Reduzierung der Kommunikation zwischen Betreiber des virtuellen Geschäftsmodells und dessen Kunden auf ein Minimum durch den Einsatz von Umgehungssoftware bei Internet-Börsen oder Internet-Handelsplattformen[375];
- der Unterbindung der Kommunikation zwischen Betreiber einer Internet-Datenbank und dessen Kunden in Gänze durch Kopieren des Angebots des Betreibers der Internet-Datenbank[376] und
- nicht-virtuell-spezifischen Beeinträchtigungen – Internet-Chat-Rooms bzw. Internet-Meinungsforen[377].

ist zu prüfen, ob sondergesetzliche Unterlassungsansprüche in Betracht kommen.

---

374 Kapitel 2 Ziffer B.I.2., Seite 22.
375 Kapitel 2 Ziffer B.I.3., Seite 25 f.
376 Kapitel 2 Ziffer B.I.4., Seite 26.
377 Kapitel 2 Ziffer B.II., Seite 28.

Für die nachfolgenden Erörterungen ist zwischen den beiden Einzelaspekten des Screen Scrapings[378] zu unterscheiden; nämlich

- der Informationserlangung, d.h. dem Extrahieren von auf Internetseiten bereitgehaltenen Daten durch Dritte (1. Aspekt) und
- der Zur-Verfügung-Stellung der Daten (2. Aspekt).

I. Rechte des Datenbankherstellers – § 87b Abs. 1 UrhG

Ein sondergesetzlicher Unterlassungsanspruch könnte sich aus den Rechten des Datenbankherstellers gemäß §§ 97 Abs. 1 Satz 1, 87b Abs. 1 UrhG ergeben.

Gemäß § 87b Abs. 1 Satz 1 UrhG hat der Hersteller einer Datenbank das ausschließliche Recht, die Datenbank insgesamt oder einen nach Art und Umfang wesentlichen Teil der Datenbank zu vervielfältigen, zu verbreiten und öffentlich wiederzugeben. Gemäß § 87b Abs. 1 Satz 2 UrhG sind die Rechte des Datenbankherstellers auch betreffend des unwesentlichen Teils der Datenbank bei einer Vervielfältigung, Verbreitung oder öffentlichen Zugänglichmachung betroffen, wenn diese Handlungen wiederholt und systematisch vorgenommen werden, sofern diese Handlungen einer normalen Auswertung der Datenbank zuwiderlaufen oder die berechtigten Interessen des Datenbankherstellers unzumutbar beeinträchtigen.

Von den in dieser Arbeit behandelten Fallgruppen von Beeinträchtigungsformen kommen Rechte gemäß § 87b Abs. 1 UrhG von vornherein nur hinsichtlich der Fallgruppe

- Einmischen in die Kommunikation zwischen Betreiber des virtuellen Geschäftsmodelles und dessen Kunden im Zusammenhang mit dem Direktvertrieb von Waren oder Dienstleistungen (2. Stufe)[379];
- Reduzierung der Kommunikation zwischen Betreiber des virtuellen Geschäftsmodells und dessen Kunden auf ein Minimum durch den Einsatz von Umgehungssoftware bei Internet-Börsen oder Internet-Handelsplattformen[380];

378 Kapitel 2 Ziffer B.I.1., Seite 21.
379 Kapitel 2 Ziffer B.I.2., Seite 22.
380 Kapitel 2 Ziffer B.I.3., Seiten 25 f.

- Unterbindung der Kommunikation zwischen Betreiber einer Internet-Datenbank und dessen Kunden in Gänze durch Kopieren des Angebots des Betreibers der Internet-Datenbank[381] und

in Betracht. Hinsichtlich der vierten Fallgruppe

- nicht-virtuell-spezifische Beeinträchtigungen – Internet-Chat-Rooms bzw. Internet-Meinungsforen[382]

sind Ansprüche in Verbindung mit § 87b Abs. 1 UrhG ohne nähere Prüfung zu verneinen, da die Beeinträchtigungen nicht durch die Entnahme oder Verwendung von Daten aus der Datenbank des Betreibers des Internet-Chat-Rooms bzw. Internet-Meinungsforums, sondern durch die Platzierung von Äußerungen verursacht werden.

1. Geschützte Datenbank

Zunächst müsste in den zu prüfenden Fallgruppen auf eine geschützte Datenbank im Sinne des § 87a Abs. 1 UrhG zugegriffen werden.

a) Datenbank

Das Vorliegen einer Datenbank wird in der Regel unproblematisch bejaht werden können. Eine Datenbank ist eine Sammlung von Werken, Daten oder anderen unabhängigen Elementen, die systematisch oder methodisch angeordnet und einzeln mit Hilfe elektronischer Mittel oder auf andere Weise zugänglich sind[383]. Die Daten müssen voneinander unabhängig sein, d.h. getrennt werden können, ohne dass der Wert ihres Inhalts dadurch beeinträchtigt wird[384]. Auch muss die Sammlung eine Methode oder ein System beliebiger Art enthalten, mit der bzw. mit dem sich jeder der Bestandteile der Sammlung wieder auffinden lässt[385].

Bei den hier behandelten Fallgruppen liegen Datenbanken in diesem Sinne vor.

So sind die Daten in der Regel systematisch und methodisch geordnet, nämlich nach den jeweiligen Waren oder Dienstleistungen (2. Stufe) und den dazugehörigen

---

381 Kapitel 2 Ziffer B.I.4., Seite 26.

382 Kapitel 2 Ziffer B.II., Seite 28.

383 *BGH* Urt. v. 25.03.2010, I ZR 47/08, WRP 2010, 1404, 1405 - *Autobahnmaut*; *ders.* Urt. v. 01.12.2010, I ZR 196/08, WRP 2011, 927, 928 - *Zweite Zahnarztmeinung II*; *ders.* Urt. v. 22.06.2011, I ZR 159/10, WRP 2011, 1469, 1472 - *Automobil-Onlinebörse.*

384 *BGH* Urt. v. 01.12.2010, I ZR 196/08, WRP 2011, 927, 928 - *Zweite Zahnarztmeinung II.*

385 *EuGH* Urt. v. 09.11.2004, C-444/02; GRUR 2005, 254, Rn.30–32 - *Fixtures-Fußballspielpläne II.*

Einzelinformationen der Anbieter[386]. Bei Internet-Datenbanken[387] sind die Daten zudem oftmals chronologisch geordnet[388]. Auch sind die Daten nach einem System auffindbar und einzeln abrufbar, insbesondere durch Ausfüllen einer Suchmaske[389]. Es kann insoweit entscheidend auf die vorliegende Verbindung des Datenbestandes mit einem Abfragesystem abgestellt werden, welches zielgerichtete Recherchen nach Einzelelementen in diesem Datenbestand ermöglicht[390]. Die einzelnen Daten besitzen für sich einen Wert, denn jede Information über eine Ware oder Dienstleistung (2. Stufe) ist für sich nutzbar[391].

Auch die Einzelinformationen zu den Waren oder Dienstleistungen (2. Stufe), die von den Anbietern auf deren Internetseiten abrufbar sind und im Direktvertrieb abgesetzt werden[392], sind in der Weise angeordnet und miteinander verbunden, dass sie nach verschiedenen inhaltlichen und formalen Kriterien gruppiert, geordnet und abgefragt werden können. Die zu Grunde liegende logische Gliederung und planmäßige Strukturierung stellen die erforderliche systematische oder methodische Anordnung dar[393]. So wurde das Vorliegen einer Datenbank bejaht, die aktuelle Informationen über verfügbare Flugreisen einer Fluggesellschaft[394] oder Abschlagsdaten im Zusammenhang mit der Erhebung einer Autobahnmaut[395] enthält. Ebenso ist eine Datenbank bei der Zusammenstellung der von Patienten vorgenommenen Bewertungen von Zahnärzten im Internet gegeben[396].

---

386 *BGH* Urt. v. 25.03.2010, I ZR 47/08, WRP 2010, 1404, 1405 - *Autobahnmaut*; *ders.* Urt. v. 01.12.2010, I ZR 196/08, WRP 2011, 927, 928, „Zweite Zahnarztmeinung II"; ders., Urteil vom 22.06.2011, I ZR 159/10, WRP 2011, 1469, 1472 - *Automobil-Onlinebörse.*

387 Kapitel 2 Ziffer B.I.4., Seite 26.

388 Vgl. *BGH* Urt. v. 01.12.2010, I ZR 196/08, WRP 2011, 927, 928 - *Zweite Zahnarztmeinung II.*

389 Vgl. *BGH* Urt. v. 01.12.2010, I ZR 196/08, WRP 2011, 927, 928 - *Zweite Zahnarztmeinung II*; *ders.* Urt. v. 22.06.2011, I ZR 159/10, WRP 2011, 1469, 1472 - *Automobil-Onlinebörse.*

390 Vgl. *OLG Köln* Urt. v. 15.12.2006, 6 U 229/05, CR 2007, 802, 803.

391 *OLG Hamburg* Urt. v. 16.04.2009, 5 U 101/08, GRUR-RR 2009, 293 - *autobingooo*; *OLG Hamburg* Urt. v. 18.08.2010, 5 U 62/09, GRUR 2011, 728, 731- *autobingooo II.*

392 Fallgruppe gemäß Kapitel 2 Ziffer B.I.2., Seite 22.

393 *BGH* Urt. v. 25.03.2010, I ZR 47/08, WRP 2010, 1404, 1405 - *Autobahnmaut*; *ders.* Urt. v. 01.12.2010, I ZR 196/08, WRP 2011, 927, 928 - *Zweite Zahnarztmeinung II.*

394 *LG Hamburg* Urt. v. 26.02.2010, 310 O 31/09 (nicht veröffentlicht).

395 *BGH* Urt. v. 25.03.2010, I ZR 47/08, WRP 2010, 1404, 1405 - *Autobahnmaut.*

396 BGH., Urteil vom 01.12.2010, I ZR 196/08, WRP 2011, 927, 928, „Zweite Zahnarztmeinung II".

b) Schutzfähigkeit der Datenbank

Problematisch könnte hingegen das Vorliegen der Schutzfähigkeit der Datenbank in den zu prüfenden Fallgruppen sein.

Eine Datenbank ist im Sinne des § 87a UrhG schutzfähig, wenn die Beschaffung, Überprüfung oder Darstellung der Daten eine nach Art und Umfang wesentliche Investition erfordert[397]. Der Begriff der mit der Beschaffung, Überprüfung und Darstellung des Inhalts einer Datenbank verbundenen Investitionen ist dahin zu verstehen, dass er die zur Erstellung der Datenbank als solche gewidmeten Investitionen bezeichnet[398]. Der Hersteller der Datenbank muss somit nachweisen, dass er Investitionen vorgenommen hat, die die Beschaffung, Überprüfung oder Darstellung der Daten betreffen und wesentlich für diese sind.

In den zu prüfenden Fallgruppen kommt eine wesentliche Investition lediglich im Zusammenhang mit der Überprüfung und/oder Darstellung, nicht jedoch hinsichtlich der Beschaffung der Daten in Betracht. Unter den Begriff der wesentlichen Investitionen für die Beschaffung der Daten fallen allein die der Suche nach vorhandenen unabhängigen Elemente und deren Sammlung in dieser Datenbank gewidmeten Mittel unter Ausschluss der Mittel, die für das Erzeugen der unabhängigen Elemente als solches eingesetzt werden[399]. Die Mittel, die für die Datengenerierung aufgewendet werden, finden keine Beachtung.

In den vorliegend zu prüfenden Fallgruppen liegt der Schwerpunkt der Investitionen der Datenbeschaffung im Stadium der Datenerzeugung. So verursacht im Falle der Datenbank einer Fluggesellschaft (Unterfall der Fallgruppe „Einmischen in die Kommunikation zwischen Betreiber des virtuellen Geschäftsmodelles und dessen Kunden im Zusammenhang mit dem Direktvertrieb von Waren oder Dienstleistungen (2. Stufe)[400]), einer Internet-Börse[401] oder anderen Internet-Datenbank[402] die

---

397 Dreier, in: Dreier/Schulze, Urheberrechtsgesetz, 3. Auflage 2008, § 87a Rn. 11; Vogel, in: Schricker/Loewenheim, Urheberrecht, 4. Auflage 2010, § 87a Rn. 40.

398 EuGH, Urteil vom 09.11.2004, C-203/02, GRUR Int. 2005, 247 - The British Horseracing Board ./. William Hill Organization.

399 EuGH, Urteil vom 09.11.2004, C-203/02, a.a.O. Rn. 32 und Rn. 41 - The British Horseracing Board ./. William Hill Organization.EuGH, Urteil vom 09.11.2004, C-444/02, GRUR 2005, 254 Rn. 24 ff., „Fixtures-Fußballspielpläne I“; EuGH, Urteil vom 09.11.2004, C-444/02; GRUR 2005, 254, Rn. 40, „Fixtures-Fußballspielpläne II“; ders., Urteil vom 22.06.2011, I ZR 159/10, WRP 2011, 1469, 1472 - Automobil-Onlinebörse.

400 Kapitel 2 Ziffer B.I.2., Seite 22.

401 Kapitel 2 Ziffer A.II.1.a), Seite 12.

402 Kapitel 2 Ziffer A.II.1.b), Seiten 13 ff.

Erhebung der erforderlichen Daten den überwiegenden finanziellen Aufwand. Denn der überwiegende Arbeitsaufwand wird bei der Erstellung der Daten, z.B. einzelnen Flugdaten, Angaben zu den angebotenen Waren oder Dienstleistungen (2. Stufe) oder Informationen in der Internet-Datenbank, erbracht. Dies ist vergleichbar mit der Einstellung von Datumsangaben, Uhrzeiten und Mannschaftspaarungen in Spielplänen von Fußballspielen, betreffend derer der *EuGH* unmissverständlich klargestellt hat, dass die hierfür aufgebrachten Mittel für die Bewertung unbeachtlich sind[403]. Eine Vergleichbarkeit liegt ebenso mit den Investitionen vor, die für die Aufstellung von Pferderennen-Listen getätigt werden. Mittel, die für die Beschaffung der Daten der Pferde (z.B. Name, Alter, Erfolgsstatistik) aufgewendet sind, stellen nach der Rechtsprechung des *EuGH* ebenfalls keine wesentlichen Investitionen im Sinne des § 87a UrhG dar[404]. Denn sind solche Daten einmal generiert, bedarf es in der Regel keines erheblichen Aufwandes, diese als Inhalt der Datenbank zu beschaffen. Übertragen auf das Beispiel der Fluggesellschaft, die ihre Flüge im Direktvertrieb über ihre Internetseite absetzt und hierfür die Fluginformationen auf der Internetseite bereit hält, bedeutet dies Folgendes: Für die Beurteilung sind die Mittel unbeachtlich, die der eigentlichen Datenerzeugung dienen, aus der sich die Fluginformationen zusammensetzen (z.B. die Festlegung der Flugdaten, Abflugs-/Ankunftszeiten, Abflugs-/Zielort, Flugpreise). Relevant sind allein die Mittel, die dazu aufgebracht werden, die bereits existierenden Daten auf der Internetseite der Fluggesellschaft zusammenzustellen und bereit zu halten[405].

Eine andere Bewertung ergibt sich auch nicht aus einem Abstellen auf den Aufwand, der mit der Zusammenstellung der generierten Daten entsteht. Denn dieser Aufwand ist untrennbar mit der Datenerzeugung verbunden, sodass insoweit keine Investition vorliegt, die im Verhältnis zu der Investition, die das Erzeugen der Daten erfordert hat, selbstständig wäre[406].

---

403 *EuGH* Urt. v. 09.11.2004, C-444/02; GRUR 2005, 254, Rn. 30–32 - *Fixtures-Fußballspielpläne II*; *EuGH* Urt. v. 09.11.2004, C-338/02, GRUR 2005, 252 Rn. 28 - *Fixtures-Fußballspielpläne* I.

404 *EuGH* Urt. v 09.11.2004, C-203/02, GRUR 2005, 254, Rn. 38. und 42. - *The British Horseracing Board ./. William Hill Organization.*

405 *Deutsch* „Die Zulässigkeit des so genannten ‚Screen-Scraping' im Bereich Online-Flugvermittler", GRUR 2009, 1027, 1029.

406 *EuGH* Urt. v. 09.11.2004, C-203/02, GRUR 2005, 254, Rn. 40 - *The British Horseracing Board ./. William Hill Organization*; *EuGH* Urt. v. 09.11.2004, C-444/02, GRUR 2005, 254, Rn. 33. - *Fixtures-Fußballspielpläne I*; *EuGH* Urt. v. 09.11.2004, C-444/02; GRUR 2005, 254, Rn. 49. - *Fixtures-Fußballspielpläne II.*

Diese bei den zu prüfenden Fallgruppen aufgewendeten Investitionen für die Datengenerierung können einen Schutz gemäß § 87b UrhG somit nicht begründen. Anders verhält es sich jedoch für die im Zusammenhang mit der Überprüfung und Darstellung des Inhalts der Datenbank erbrachten Investitionen. Diese sind insoweit für die Bewertung relevant und überschreiten bei den zu prüfenden Fallgruppen die Wesentlichkeitsgrenze in der Regel, ohne größere Bedenken auszulösen.

Investitionen, die für die Überprüfung des Inhalts der Datenbank vorgenommen werden, sind solche Mittel, die, um die Verlässlichkeit der in der Datenbank enthaltenen Information sicherzustellen, der Kontrolle der Richtigkeit der ermittelten Elemente und während des Zeitraums des Betriebs der Datenbank gewidmet werden[407]. Der Begriff Investitionen, die mit der Darstellung des Inhalts der Datenbank verbunden sind, umfasst die Mittel, mit denen der Datenbank ihre Funktion der Informationsverarbeitung verliehen werden soll, d.h. die Mittel, die der systematischen oder methodischen Anordnung der in der Datenbank enthaltenen Elemente und der Organisation der individuellen Zugänglichkeit dieser Elemente gewidmet sind[408]. Die mit der Darstellung der Datenbank verbundenen Investitionen können im Einsatz von menschlichen, finanziellen oder technischen Ressourcen oder Mitteln bestehen, müssen aber in quantitativer oder qualitativer Hinsicht wesentlich sein[409].

Hierunter fallen z.B. Mittel, die zur Programmierung, Weiterentwicklung und Aktualisierung der Datenbanken sowie zur Betreuung der Datenbanksoftware aufgewendet werden. Ebenso verhält es sich mit Mitteln, die für die Überprüfung eingehender neuer Einträge aufgebracht werden[410]. Hierzu zählen auch die Mittel, die für den Einsatz von Personal (z.B. zur regelmäßigen Überprüfung des Inhalts der Datenbank) oder Technik (z.B. Server oder Internetzugänge)[411] sowie für die Aufbereitung der Daten als einheitliche Datenbank nach einem bestimmten System und die gesamte technische Infrastruktur, die die Erreichbarkeit der Datenbank für den einzelnen Nutzer gewährleistet[412], investiert werden.

---

407 *EuGH* Urt. v. 09.11.2004, C-203/02, GRUR 2005, 254, Rn. 34 - *The British Horseracing Board ./. William Hill Organization.*

408 *EuGH* Urt. v. 09.11.2004, C-338/02, GRUR 2005, 252 Rn. 27 - *Fixtures-Fußballspielpläne I.*

409 *EuGH* Urt. v. 09.11.2004, C-338/02, GRUR 2005, 252 Rn. 28 - *Fixtures-Fußballspielpläne I.*

410 *BGH* Urt. v. 01.12.2010, I ZR 196/08, WRP 2011, 927, 928 - *Zweite Zahnarztmeinung II.*

411 *OLG Hamburg* Urt. v. 16.04.2009, 5 U 101/08, GRUR-RR 2009, 293, 294 - *autobingooo*; *LG Hamburg* Urt. v. 26.02.2010, 310 O 31/09 (nicht veröffentlicht).

412 *OLG Hamburg* Urt. v. 18.08.2010, 5 U 62/09, GRUR 2011, 728, 730.

In den zu prüfenden Fallgruppen wird ein solcher Aufwand, der auf der Überprüfung und Darstellung des Inhalts der Datenbank beruht, typischerweise erbracht. So wird regelmäßig in die IT-Struktur (Server, Internetzugänge, Rechenzentrum, Verbindungsinfrastruktur) investiert und Personal mit der Überprüfung des Inhalts der Datenbank beauftragt, womit relevante Investitionen betroffen sind[413].

Auch wird die Datenbank regelmäßig um neue Datensätze erweitert, d.h. aktualisiert. Oftmals ist eine vorgelagerte Überprüfung der eingehenden Datensätze erforderlich. Die mit diesen Tätigkeiten verbundenen Personalkosten sind als relevante Investitionen mit folgender Einschränkung zu qualifizieren:

Die Einbeziehung der mit der Überprüfung neuer Datensätze verbundenen Kosten (z.B. Personalkosten) als Mittel, die für die Schutzfähigkeit der Datenbank relevant sind, ist nur dann zu bejahen, wenn die Überprüfung erst stattfindet, nachdem die neuen Datensätze in die Datenbank eingegeben wurden. Erst dann ist der Vorgang der Datensammlung, d.h. Erzeugung der Daten, abgeschlossen. Überprüfungen zu einem früheren Zeitpunkt können die Schutzfähigkeit der Datenbank nicht begründen, da diese noch dem Stadium der Datengenerierung zuzuordnen sind[414]. In den hier behandelten Fallgruppen wird die Überprüfung neuer Datensätze in der Regel stattfinden, bevor diese ins Internet gestellt werden. Daher ist die Fallgruppe der Mittel, die für die Überprüfung neuer Datensätze aufgewendet werden, insoweit nicht von Relevanz. Die übrigen vorgenannten Fallgruppen von Mitteln, sind hingegen bei der Bewertung zu berücksichtigen (Mittel zur Programmierung, Weiterentwicklung und Aktualisierung der Datenbanken; Mittel zur Betreuung der Datenbanksoftware, Personalkosten in Verbindung mit der Überprüfung der bereits vorhandenen Daten; Kosten für Technik).

Die Grenze der Wesentlichkeit der Investitionen wird in der Regel ebenfalls überschritten sein. Der Begriff „wesentliche Investitionen" stellt einen unbestimmten Rechtsbegriff dar, den es im Wege einer Gesamtbetrachtung und durch eine wertende Entscheidung unter dem Gesichtspunkt des Investitionsschutzes einzelfallbezogen als Zweck der Norm auszufüllen gilt[415]. Das Erfordernis der Wesentlichkeit ist im Hinblick auf das mit dem Schutz des Datenbankherstellers verfolgte Ziel dahin auszulegen, einen Schutz zu schaffen, der einen Anreiz für die Einrichtung von Systemen zur Speicherung und Verarbeitung vorhandener

---

413 *OLG Hamburg* Urt. v. 16.04.2009, 5 U 101/08, GRUR-RR 2009, 293, 294 - *autobingooo*; *OLG Hamburg* Urt. v. 18.08.2010, 5 U 62/09, GRUR 2011, 728, 730; *LG Hamburg* Urt. v. 26.02.2010, 310 O 31/09 (nicht veröffentlicht).

414 *BGH* Urt. v. 01.12.2010, I ZR 196/08, WRP 2011, 927, 929 - *Zweite Zahnarztmeinung II.*

415 Schricker/Loewenheim/*Vogel*, § 87a Rn. 41.; Dreier/Schulze/*Dreier* 87a Rn. 15.

Informationen bietet[416]. Dieses Ziel gebietet es, die Schutzschwelle für die Wesentlichkeit der Investitionen nicht zu hoch anzusetzen. Es reicht aus, wenn bei objektiver Betrachtung keine ganz unbedeutenden, von jedermann leicht zu erbringenden Aufwendungen erforderlich waren, um die Datenbank zu erstellen. Nicht erforderlich sind Investitionen von substantiellem Gewicht[417].

Von der Rechtsprechung wurden Investitionen als wesentlich im Sinne des § 87a UrhG bzw. Art. 7 Abs. 1 Richtlinie 96/9/EG des Europäischen Parlaments und des Rates über den rechtlichen Schutz von Datenbanken vom 11.03.1996 (sog. Datenbankrichtlinie), deren Umsetzung §§ 87a ff. UrhG dienen[418] bejaht, wenn

- im Falle einer Internet-Börse für die technischen Voraussetzungen der Datenbank (z.B. Server, Internetzugänge) jährlich ca. zwei Mio. EUR und für die Pflege/Wartung der Datenbank ca. 1,8 Mio. EUR aufgewendet werden sowie 12 Mitarbeiter mit der Sicherstellung des Betriebs der Datenbank, der Überprüfung der Datenbankeinträge und der Möglichkeit des Zugriffs auf die Daten über das Internet beschäftigt sind[419];
- im Falle einer Online-Flugdatenbank für die Anschaffung der Server ca. 230.000,00 EUR (die alle drei Jahre neu angeschafft werden müssen), allgemeine Investitionen in Höhe von 215.000,00 EUR, jährliche Investitionen in Höhe von 160.000,00 EUR in die Verbindungsinfrastruktur zwischen den Datenzentren und der Datenbank sowie 27 Mitarbeiter, die damit beschäftigt sind, den Betrieb der flugbezogenen Datenbank sicherzustellen und aus den vorhandenen Rohdaten in systematischer und methodischer Weise eine Datenbank zu erstellen[420];
- die Beschaffungskosten in Bezug auf Telefonbücher ca. 46 Mio. EUR (93 Mio. DM) betragen[421];
- bei Veranstalterdaten der Ticketpreis ca. 0,05 EUR (0,10 DM) beträgt, die Netz- und Rechnerkosten pro Ticket ca. 0,13 EUR (0,25 DM) betragen, ca. sieben

416 *BGH* Urt. v. 30.04.2009, I ZR 191/05, GRUR 2009, 852, 853 - *Elektronischer Zolltarif.*

417 *BGH* Urt. v. 01.12.2010, I ZR 196/08, WRP 2011, 927, 929 - *Zweite Zahnarztmeinung II.*

418 Vgl. *BGH* Urt. v. 25.03.2010, I ZR 47/08, WRP 2010, 1404, 1406 f. - *Autobahnmaut*; *ders.* Urt. v. 22.06.2011, I ZR 159/10, WRP 2011, 1469, 1473 - *Automobil-Onlinebörse.*

419 *OLG Hamburg* Urt. v. 16.04.2009, 5 U 101/08, GRUR-RR 2009, 293, 294 - *autobingooo*; *OLG Hamburg* Urt. v. 18.08.2010, 5 U 62/09, GRUR 2011, 728, 730- *autobingooo II*; *BGH* Urt. v. 22.06.2011, I ZR 159/10, WRP 2011, 1469, 1472 - *Automobil-Onlinebörse.*

420 *LG Hamburg* Urt. v. 26.02.2010, 310 O 31/09 (nicht veröffentlicht).

421 Dreier/Schulze/*Dreier* § 87a Rn. 15 m.w.N.

Mio. EUR (1,4 Mio. DM) Vorabzahlungen und die Gesamtkosten in zehn Jahren ca. zehn Mio. EUR (20 Mio. DM) betragen[422];

- im Falle einer Sammlung von ausgewählten Gedichten für deren Erstellung Kosten in Höhe von 34.900,00 EUR entstanden sind[423];
- bei einem Online-Fahrplan über Bahnverbindungen jährlich 2,5 Mio. EUR für die Pflege und Aktualisierung der Datenbank aufgewendet werden[424] und
- Kosten für die Beschaffung, Betreuung und Weiterentwicklung der Datenbanksoftware von 3.500 bis 4.000 EUR sowie Personalkosten für die Überprüfung von 3.500 Bewertungen von Patienten für 800 Zahnärzte (die Personalkosten hierfür wurden nicht beziffert) aufgewendet werden[425].

Der Schutzfähigkeit einer Datenbank steht nicht entgegen, dass ein Dritter dem Datenbankhersteller für die Errichtung und den Betrieb der Datenbank eine Vergütung zahlt[426]. Das Schutzrecht des Datenbankherstellers wird auch begründet, wenn die Daten vollständig aus einer anderen Datenbank stammen. Zwar zählt der bloße Erwerb einer fertigen Datenbank oder einer Lizenz an einer solchen nicht zu den schutzbegründenden Investitionen, da es sich hierbei nicht um Investitionen für den Aufbau der Datenbank handelt. Jedoch sind die Investitionen des früheren Inhabers des Datenbankherstellerrechts zurechenbar, da das Recht frei übertragbar ist[427].

c) Datenbankhersteller

Soweit das Betreiben der Datenbank im Auftrag eines Dritten geschieht und hierfür eine Vergütung gezahlt wird, steht dies einer Qualifizierung als Datenbankhersteller im Sinne von § 87a UrhG nicht entgegen. Denn Hersteller der Datenbank ist die Person, die die Investition vorgenommen hat, d.h. die Initiative ergriffen hat und das Investitionsrisiko trägt[428]. Diese Voraussetzungen sind gegeben, wenn die Datenbank im Auftrag eines Dritten betrieben wird und der Betreiber die organisatorische

---

422 Dreier/Schulze/*Dreier* § 87a Rn. 15 m.w.N.

423 *EuGH* Urt. v. 09.10.2008, C-304/07, GRUR 2008, 1077, 1078 - *Directmedia Publishing-GmbH/Albert-Ludwig-Universität Freiburg.*

424 Dreier/Schulze/*Dreier* § 87a Rn. 15 m.w.N.

425 *BGH* Urt. v. 01.12.2010, I ZR 196/08, WRP 2011, 927, 929 - *Zweite Zahnarztmeinung II.*

426 *BGH* Urt. v. 25.03.2010, I ZR 47/08, WRP 2010, 1404, 1405 f. - *Autobahnmaut.*

427 *BGH* Urt. v. 30.04.2009, I ZR 191/05, GRUR 2009, 852, 853 - *Elektronischer Zolltarif.*

428 *BGH* Urt. v. 25.03.2010, . I ZR 47/08, WRP 2010, 1404, 1405 - *Autobahnmaut*; *ders.* Urt. v. 01.12.2010, I ZR 196/08, WRP 2011, 927, 928 - *Zweite Zahnarztmeinung II*; *ders.* Urt. v. 22.06.2011, I ZR 159/10, WRP 2011, 1469, 1472 - *Automobil-Onlinebörse.*

Verantwortung sowie wirtschaftliche Risiko für die Errichtung und den Betrieb der Datenbank trägt[429].

Das Vorliegen eines Datenbankherstellerrechts mehrerer Personen könnte dann in Betracht kommen, wenn die Datensammlung durch die Leistung und Investitionen mehrerer erstellt wird[430].

2. Verletzung der Rechte des Datenbankherstellers – § 87b Abs. 1 UrhG

Ist nach den vorbenannten Grundsätzen bei den zu prüfenden Fallgruppen eine schutzfähige Datenbank zu bejahen (was in der Regel der Fall sein dürfte), müsste zur Begründung eines Abwehrrechts in die Rechte des Datenbankherstellers eingegriffen werden. Dies ist der Fall, wenn die Datenbank entgegen des Willens des Rechteinhabers insgesamt oder ein nach Art oder Umfang wesentlicher Teil vervielfältigt, verbreitet oder öffentlich wiedergegeben wird (§ 87b Abs. 1 Satz 1 UrhG) oder ein nach Art und Umfang unwesentlicher Teil der Datenbank entgegen des Willens des Rechteinhabers wiederholt und systematisch vervielfältigt, verbreitet oder öffentlich wiedergegeben wird, sofern diese Handlung einer normalen Auswertung der Datenbank zuwiderläuft oder die berechtigten Interessen des Rechteinhabers unzumutbar beeinträchtigt (§ 87b Abs. 1 Satz 2 UrhG).

a) Auslegung der Begriffe Vervielfältigung, Verbreitung und öffentliche Wiedergabe

Die Begriffe „Vervielfältigung, Verbreitung und öffentliche Wiedergabe" in § 87b Abs. 1 UrhG sind mit Blick auf die Bestimmung von Art. 7 Abs. 1 und 2 der Datenbankrichtlinie auszulegen[431]. Hiernach sehen die EU-Mitgliedstaaten für den Hersteller einer Datenbank, bei der für die Beschaffung, die Überprüfung oder Darstellung ihres Inhalts eine in qualitativer oder quantitativer Hinsicht wesentliche Investition erforderlich ist, das Recht vor, die Entnahme und/oder Weiterverwendung der Gesamtheit oder eines in qualitativer oder quantitativer Hinsicht wesentlichen Teils des Inhalts der Datenbank zu untersagen. Der deutsche Gesetzgeber hat diese Vorgabe in § 87b Abs. 1 UrhG in der Weise umgesetzt, dass er an die Stelle der in der Datenbankrichtlinie verwendeten Begriffe der „Entnahme" und „Weiterverwendung"

429 *BGH* Urt. v. 25.03.2010, I ZR 47/08, WRP 2010, 1404, 1405 - *Autobahnmaut.*
430 *BGH* Urt. v. 22.06.2011, I ZR 159/10, WRP 2011, 1469, 1472 - *Automobil-Onlinebörse.*
431 *BGH* Urt. v. 25.03.2010, I ZR 47/08, WRP 2010, 1404, 1406 f. - *Autobahnmaut*; *ders.* Urt. v. 22.06.2011, I ZR 159/10, WRP 2011, 1469, 1473 - *Automobil-Onlinebörse.*

die im UrhG bereits zuvor verwendeten Begriffe der „Vervielfältigung", „Verbreitung" und „öffentlichen Wiedergabe" verwendet hat[432].

Die Begriffe der „Entnahme"/„Weiterverwendung" bzw. „Vervielfältigung"/„Verbreitung"/„öffentlichen Wiedergabe" sind an Hand des Zieles auszulegen, das die Datenbankrichtlinie mit dem Recht *sui generis* des Datenbankherstellers verfolgt[433]. Dieses Ziel besteht darin, den Schutz einer Investition in die Beschaffung, Überprüfung oder Darstellung eines Inhaltes einer Datenbank für die begrenzte Dauer des Schutzrechts sicherzustellen[434]. Das besondere Recht auf Untersagung der unerlaubten Entnahme und/oder Weiterverwendung soll den Datenbankhersteller vor Handlungen des Benutzers schützen, die über dessen begründete Rechte hinausgehen und somit der Investition schaden[435]. Es bezieht sich sowohl auf die Herstellung eines parasitären Konkurrenzproduktes als auch auf Handlungen, die einen qualitativ oder quantitativ erheblichen Schaden für die Investition verursachen[436]. Das Schutzrecht *sui generis* soll sicherstellen, dass der Datenbankhersteller die ihm zustehende Vergütung erhält[437].

In Art. 7 Abs. 2 lit. a Datenbankrichtlinie wird die Entnahme definiert als die ständige oder vorübergehende Übertragung der Gesamtheit oder eines wesentlichen Teils des Inhalts der Datenbank auf einen anderen Datenträger, ungeachtet der dafür verwendeten Mittel und der Form der Entnahme. Nach der Begriffsbestimmung in Art. 7 Abs. 2 lit. b Datenbankrichtlinie bedeutet Weiterverwendung jede Form öffentlicher Verfügbarmachung der Gesamtheit oder eines wesentlichen Teils des Inhalts der Datenbank durch die Verbreitung von Vervielfältigungsstücken, durch Vermietung, durch Online-Übermittlung oder durch andere Formen der Übermittlung. Die Formulierungen *„ungeachtet der dafür verwendeten Mittel und der Form der Entnahme"* sowie *„jede Form öffentlicher Verfügbarmachung"* zeigen, dass der Richtliniengeber den Begriffen der Entnahme und Weiterverwendung eine weit gefasste Bedeutung verleihen wollte[438]. Mit Rücksicht auf das von der Datenbankrichtlinie

432 Dreier/Schulze/*Dreier* § 87b Rn. 2 f.; *BGH* Urt. v. 25.03.2010, I ZR 47/08, WRP 2010, 1404, 1406 f. - *Autobahnmaut.*

433 Vgl. *EuGH* Urt. v. 09.11.2004, C-203/02, GRUR Int. 2005, 247 Rn. 45 - *The British Horseracing Board ./. William Hill Organization.*

434 Datenbankrichtlinie 96/9/EG Erwägungsgrund 40 Satz 1.

435 Datenbankrichtlinie 96/9/EG Erwägungsgrund 42 Satz 1.

436 Datenbankrichtlinie 96/9/EG Erwägungsgrund 42 Satz 2.

437 Datenbankrichtlinie 96/9/EG Erwägungsgrund 48 Satz 1 Halbsatz 1.

438 *EuGH* Urt. v. 09.11.2004, C-203/02, GRUR Int. 2005, 247 Rn. 51 - *The British Horseracing Board ./. William Hill Organization*; *BGH* Urt. v. 25.03.2010, I ZR 47/08, WRP 2010, 1404, 1407 - *Autobahnmaut; ders.* Urt. v. 22.06.2011, I ZR 159/10, WRP 2011, 1469, 1473 - *Automobil-Onlinebörse.*

verfolgte Ziel, sind diese Begriffe somit dahin auszulegen, dass sie sich auf jede Handlung beziehen, die darin besteht, sich ohne Zustimmung der Person, die die Datenbank hergestellt hat, die Ergebnisse ihrer Investition anzueignen bzw. sie öffentlich verfügbar zu machen und damit die Einkünfte zu entziehen, die es ihr ermöglichen sollen, die Kosten dieser Investition zu amortisieren[439].

Auf Grund der gebotenen richtlinienkonformen, d.h. weiten Auslegung der Begriffe „Vervielfältigung"/„Verbreitung"/„öffentliche Wiedergabe" im Sinne des § 87b UrhG können auch Sachverhalte erfasst sein, die von diesen Begriffen im Rahmen anderer Normen des UrhG nicht erfasst sind. So verhält es sich zum Beispiel in Fällen, in denen die typische Verwertung einer Datenbank darin besteht, dass deren Nutzern nur die jeweils sie selbst betreffenden Datensätze zur Verfügung gestellt werden (z.B. Kontodaten von Kreditinstituten oder Benutzerdaten eines Online-Shops). Ermöglicht ein Dritter dem Nutzer den Zugriff auf die jeweils ihn selbst betreffenden Daten ohne Zustimmung des Datenbankherstellers, könnte das Recht auf öffentliche Wiedergabe betroffen sein. Problematisch ist in diesem Fall jedoch, dass es an der Öffentlichkeit im Sinne des §§ 15, 19a UrhG fehlt. Denn die Nutzer bilden zwar in ihrer Gesamtheit eine Öffentlichkeit im Sinne des § 15 Abs. 3 UrhG. Auf diese Gesamtheit kann jedoch nicht abgestellt werden, da jeder einzelne Nutzer nur Zugriff auf die ihn selbst betreffenden Daten hat und vom Zugriff auf alle anderen Datensätze ausgeschlossen ist. Daher wird weder ein einzelner Datensatz noch die Datenbank in ihrer Gesamtheit einer Mehrzahl von Mitgliedern der Öffentlichkeit zugänglich gemacht[440]. Auf Grund der gebotenen richtlinienkonformen Auslegung, die sich am Ziel der Datenbankrichtlinie orientiert, ist ein öffentliches Zugänglichmachen im Sinne des § 87b UrhG dennoch zu bejahen. Denn dem Datenbankhersteller werden die Einkünfte, die eine Amortisation der Investitionen ermöglichen sollen, bereits dadurch entzogen, dass ein Dritter den Nutzern die jeweils sie selbst betreffenden Daten zugänglich macht. Daher stellen die Nutzer in solchen Fällen in ihrer Gesamtheit eine Öffentlichkeit im Sinne von § 87b UrhG dar[441].

Der Datenbankhersteller kann sich grundsätzlich nicht gegen Handlungen wenden, mit denen die Datenbank abgefragt wird[442]. Zwar kann sich der

---

439 *EuGH* Urt. v. 09.11.2004, C-203/02, GRUR Int. 2005, 247 Rn. 51 - *The British Horseracing Board ./. William Hill Organization*; *BGH* Urt. v. 25.03.2010, I ZR 47/08, WRP 2010, 1404, 1407 - *Autobahnmaut.*

440 *BGH* Urt. v. 25.03.2010, I ZR 47/08, WRP 2010, 1404, 1406 f. - *Autobahnmaut.*

441 *BGH* Urt. v. 25.03.2010, I ZR 47/08, WRP 2010, 1404, 1407 - Autobahnmaut.

442 *EuGH* Urt. v. 09.11.2004, C-203/02, GRUR Int. 2005, 247 Rn. 54 - *The British Horseracing Board ./. William Hill Organization.*

Datenbankhersteller ein ausschließliches Recht auf Zugang seiner Datenbank vorbehalten oder den Zugang zu dieser einem bestimmten Personenkreis vorbehalten. Macht er jedoch selbst den Inhalt einer Datenbank oder einen Teil davon der Öffentlichkeit zugänglich, so erlaubt ihm das Schutzrecht *sui generis* nicht, sich dem Abfragen dieser Datenbank durch Dritte entgegenzustellen[443]. Erst wenn eine Entnahme und/oder Weiterverwendung der Gesamtheit oder eines wesentlichen Teils des Inhalts der Datenbank bzw. eines unwesentlichen Teils des Inhalts der Datenbank unter den Voraussetzungen gemäß § 87b Abs. 1 Satz 2 UrhG betroffen ist, greifen Abwehrbefugnisse des Datenbankherstellers. Die Zustimmung des Datenbankherstellers zur Abfrage der Datenbank führt nämlich nicht zur Erschöpfung des Schutzrechtes *sui generis*[444].

b) Handlungen der Entnahme und Weiterverwendung betreffend die relevanten Fallgruppen

Hinsichtlich der zu prüfenden Fallgruppen

- Einmischen in die Kommunikation zwischen Betreiber des virtuellen Geschäftsmodelles und dessen Kunden im Zusammenhang mit dem Direktvertrieb von Waren oder Dienstleistungen (2. Stufe)[445];
- Reduzierung der Kommunikation zwischen Betreiber des virtuellen Geschäftsmodells und dessen Kunden auf ein Minimum durch den Einsatz von Umgehungssoftware bei Internet-Börsen oder Internet-Handelsplattformen[446]; und
- Unterbindung der Kommunikation zwischen Betreiber einer Internet-Datenbank und dessen Kunden in Gänze durch Kopieren des Angebots des Betreibers der Internet-Datenbank[447]

liegen nach den vorbenannten Grundsätzen Handlungen der „Vervielfältigung"/„Verbreitung"/„öffentlichen Wiedergabe" im Sinne des § 87b Abs. 1 UrhG bzw. „Entnahme"/„Weiterverwendung" im Sinne von Art. 7 Abs. 2 Datenbankrichtlinie vor.

---

443 *EuGH* Urt. v. 09.11.2004, C-203/02, GRUR Int. 2005, 247 Rn. 55 - *The British Horseracing Board ./. William Hill Organization; BGH* Urt. v. 30.04.2009, I ZR 191/05, GRUR 2009, 852, 854 - *Elektronischer Zolltarif.*

444 Vgl. *EuGH* Urt. v. 09.11.2004, C-203/02, GRUR Int. 2005, 247 Rn. 58 - *The British Horseracing Board ./. William Hill Organization.*

445 Kapitel 2 Ziffer B.I.2., Seite 22.

446 Kapitel 2 Ziffer B.I.3., Seiten 25 f.

447 Kapitel 2 Ziffer B.I.4., Seite 26.

Denn Handlungen der Entnahme sind von der Übernahme der Datenbank in Gänze oder in Teilen geprägt[448]. Sie können mittels eines technischen Kopierverfahrens oder durch bloßes Abschreiben stattfinden[449]. Die Übernahme muss nicht dem Aufbau einer anderen Datenbank dienen[450]. Selbst eine nur vorrübergehende Übertragung, wie etwa zur Darstellung auf dem Bildschirm oder Kopieren in den flüchtigen Arbeits-/Zwischenspeicher des Computers, stellt eine Entnahme dar[451]. Schon ein einmaliger Datenabgleich unter Übernahme aller geänderten Daten aus einer geschützten Datenbank zur Aktualisierung des eigenen Wettbewerbsproduktes kann als Entnahme zu bewerten sein[452].

In den Fällen des Einmischens in die Kommunikation mit dem Kunden beim Direktvertrieb von Waren oder Dienstleistungen (2. Stufe)[453] werden die auf der Internetseite vom Inhaber bereit gestellten Informationen über die Waren oder Dienstleistungen (2. Stufe) mittels eines automatisierten Verfahrens (z.B. eine Software) von einem Dritten ausgelesen (extrahiert) und auf der eigenen Internet verwendet. Es liegt eine Entnahme im Sinne des § 87b Abs. 1 UrhG vor, da die Daten im Wege eines technischen Kopierverfahrens zumindest vorrübergehend übernommen und auf der Internetseite des Dritten dargestellt werden. Dass der Dritte diese Daten nicht zum Aufbau einer eigenen Datenbank verwendet, ist unerheblich. Sofern der Dritte die Daten zum Datenabgleich, z.B. zur Aktualisierung der eigenen Datenbank, verwendet, stellt dies eine separat zu bewertende Entnahmehandlung im Sinne des § 87b Abs. 1 UrhG dar.

Ähnlich verhält es sich beim Einsatz von Umgehungssoftware bei Internet-Börsen oder Internet-Handelsplattformen[454], wobei hier die Besonderheit

---

448 *EuGH* Urt. v. 09.11.2004, C-203/02, GRUR Int. 2005, 247 Rn. 61 - *The British Horseracing Board ./. William Hill Organization; v. Ungern-Sternberg* „Die Rechtsprechung des Bundesgerichtshofs zum Urheberrechtsgesetz und zu den verwandten Schutzrechten in den Jahren 2008 und 2009 (Teil II)", GRUR 2010, 386, 390 f.

449 *EuGH* Urt. v. 09.11.2004, C-304/07, GRUR 2005, 244 Rn. 51 - *Directmedia Publishing.*

450 *v. Ungern-Sternberg* „Die Rechtsprechung des Bundesgerichtshofs zum Urheberrechtsgesetz und zu den verwandten Schutzrechten in den Jahren 2008 und 2009 (Teil II)", a.a.O., 390.

451 *BGH* Urt. v. 30.04.2009, I ZR 191/05, GRUR 2009, 852, 854 - *Elektronischer Zolltarif; OLG Köln* Urt. v. 15.12.2006, 6 U 229/05, MMR 2007, 443, 444.

452 *BGH* Urt. v. 30.04.2009, I ZR 191/05, GRUR 2009, 852, 854 - Elektronischer Zolltarif; *ders.* Urt. v. 22.06.2011, I ZR 159/10, WRP 2011, 1469, 1472 - *Automobil-Onlinebörse.*

453 Kapitel 2 Ziffer B.I.2., Seite 22.

454 Kapitel 2 Ziffer B.I.3., Seiten 25 f. Vgl. auch *BGH* Urt. v. 22.06.2011, I ZR 159/10, WRP 2011, 1469, 1473 - *Automobil-Onlinebörse.*

besteht, dass nicht der Anbieter der Umgehungssoftware, sondern der Kunde die Entnahmehandlung vornimmt. Denn die Umgehungssoftware ermöglicht es dem Kunden, automatisierte Suchanfragen bei mehreren Internet-Börsen oder Internet-Handelsplattformen gleichzeitig durchzuführen, ohne sich auf die Internetseite des Inhabers der Internet-Börsen bzw. Internet-Handelsplattform begeben zu müssen. Der Kunde wählt die zu durchsuchende(n) Internet-Börse(n) bzw. Internet-Handelsplattform(en) aus, gibt die Suchkriterien betreffend der gewünschten Waren oder Dienstleistungen (2. Stufe) ein und startet mit nur einem Anklicken eine einmalige oder in bestimmten Zeitintervallen erfolgende Suche nach den gewünschten Waren oder Dienstleistungen (2. Stufe) in den verschiedenen Internet-Börsen bzw. Internet-Handelsplattformen parallel. Nach Auslösung der Suche greift die Software auf die in den Internet-Börsen bzw. Internet-Handelsplattformen gespeicherten Daten zu und durchsucht diese nach den vom Kunden eingegeben Kriterien[455]. Als Ergebnis der Suche erhält der Kunde eine Auflistung der gefundenen Waren oder Dienstleistungen (2. Stufe), z.B. Kraftfahrzeuge geordnet nach Modell, Erstzulassung, Preis, Kilometerstand und Automobilbörse. Sämtliche aufgezeigten Daten stammen von der jeweiligen Internet-Börse[456]. Die Daten werden von den Internetseiten der Internet-Börsen bzw. Internet-Handelsplattformen mittels eines technischen Kopiervorgangs ausgelesen und zumindest vorrübergehend auf dem Bildschirm und im Zwischenspeicher des Computers des Kunden übernommen. Mithin ist eine Entnahme im Sinne des § 87b Abs. 1 UrhG gegeben[457].

Da der Kunde die Entnahmehandlung vornimmt, ist jedoch fraglich, inwieweit eine Haftung des Anbieters der Umgehungssoftware begründet ist. Denn der Inhaber der Internet-Börse hat regelmäßig kein Interesse daran, gegen die Kunden der Umgehungssoftware vorzugehen. Die Identität der Kunden ist nicht bekannt und ein Vorgehen wäre gegen eine Vielzahl von Personen erforderlich. Daher ist das Interesse des Inhabers der Internet-Börse darauf gerichtet, gegen den Anbieter der Umgehungssoftware vorzugehen.

---

455 Vgl. *OLG Hamburg* Urt. v. 16.04.2009, 5 U 101/08, GRUR-RR 2009, 293 - *autobingooo*; *OLG Hamburg* Urt. v. 18.08.2010, 5 U 62/09, GRUR 2011, 728, 729 - *autobingooo II*.

456 *OLG Hamburg* Urt. v. 16.04.2009, 5 U 101/08, GRUR-RR 2009, 293 - *autobingooo*; *OLG Hamburg* Urt. v. 18.08.2010, 5 U 62/09, GRUR 2011, 728, 729 - *autobingooo II*; *BGH* Urt. v. 22.06.2011, I ZR 159/10, WRP 2011, 1469, 1473 - *Automobil-Onlinebörse*.

457 Vgl. *BGH* Urt. v. 22.06.2011, I ZR 159/10, WRP 2011, 1469, 1473 - *Automobil-Onlinebörse*.

Eine Haftung als Täter scheidet von vornherein aus, da der Anbieter der Umgehungssoftware die Entnahmehandlung nicht selbst vornimmt, sondern der Kunde[458].

Eine Haftung als mittelbarer Täter ist regelmäßig ebenso zu verneinen, da diese Tatherrschaft voraussetzt. Eine Tatherrschaft des Anbieters der Umgehungssoftware ist zu verneinen, da die Kunden den Einsatz der Umgehungssoftware und den Umfang der Nutzung dieser selbstverantwortlich bestimmten[459].

In Betracht käme eine Haftung als Teilnehmer oder Störer. Voraussetzung ist in beiden Fällen das Vorliegen einer rechtswidrigen Haupttat[460]. Für das Vorliegen einer rechtswidrigen Haupttat wiederum bedarf es einer den Anforderungen gemäß § 87b UrhG entsprechenden Entnahmehandlungen des Kunden. Hieran wird es in der Regel jedoch fehlen. Zwar vervielfältigen die Kunden Daten der Datenbank, indem die Daten in den Arbeitsspeicher des Computers des Kunden gespeichert werden[461], jedoch fehlt es an einer relevanten Handlung betreffend den wesentlichen Teil der Datenbank bzw. an einer gemäß § 87b Abs. 1 Satz 2 UrhG relevanten Handlung betreffend den unwesentlichen Teil der Datenbank. Ohne den nachfolgenden Ausführungen hierzu[462] vorgreifen zu wollen, ist dies im Falle von Umgehungssoftware damit zu begründen, dass selbst wenn der Kunde die Umgehungssoftware so aktiviert hat, dass diese permanent und in schneller Folge immer wieder auf die Datenbank zugreift, stets nur ein unwesentlicher Teil der Datenbank betroffen ist. Denn jede Suchanfrage wird aus Praktikabilitätsgründen auf bestimmte Suchmerkmale eingegrenzt werden (z.B. Marke und Modell des Kfz, das in einer Automobil-Online-Börse gesucht wird), da ansonsten auch unerwünschte Suchergebnisse angezeigt werden. Daher wird stets nur ein Bruchteil der in der Datenbank enthaltenen Daten angezeigt, womit ein wesentlicher Teil nicht betroffen ist[463]. Auch ist eine relevante Handlung betreffend eines unwesentlichen Teils der Datenbank zu verneinen. Denn Hintergrund des Schutzes ist allein, eine wiederholte und systematische Entnahme

---

458 Vgl. *BGH* Urt. v. 22.06.2011, I ZR 159/10, WRP 2011, 1469, 1471 - *Automobil-Onlinebörse.*

459 Vgl. *BGH* Urt. v. 22.06.2011, I ZR 159/10, WRP 2011, 1469, 1471 - *Automobil-Onlinebörse.*

460 Köhler/Bornkamm/*Köhler* § 8 UWG Rn. 2.12; *OLG Hamburg* Urt. v. 18.08.2010, 5 U 62/09, GRUR 2011, 728, 729 - *autobingooo II*; *BGH* Urt. v. 22.06.2011, I ZR 159/10, WRP 2011, 1469, 1472 - *Automobil-Onlinebörse.*

461 *BGH* Urt. v. 22.06.2011, I ZR 159/10, WRP 2011, 1469, 1471 - *Automobil-Onlinebörse.*

462 Kapitel 3 Ziffer D.I.2.d), Seiten 110 ff.

463 *BGH* Urt. v. 22.06.2011, I ZR 159/10, WRP 2011, 1469, 1472 f. - *Automobil-Onlinebörse.*

und/oder Weiterverwendung unwesentlicher Teile des Inhalts der Datenbank zu verhindern, die durch ihre kumulative Wirkung die Investition des Datenbankherstellers beeinträchtigen würden. Einzig in solchen Fällen steht die Entnahme und/oder Weiterverwendung eines unwesentlichen Teils relevanten Beeinträchtigungen eines wesentlichen Teils gleich und rechtfertigt einen Schutz[464]. Hieran fehlt es jedoch beim Einsatz von Umgehungssoftware in Bezug auf Kunden, die permanent Suchanfragen starten. Denn die hiermit verbundenen Entnahme- bzw. Weiterverwendungshandlung erstellen durch ihre kumulative Wirkung weder die Gesamtheit noch einen wesentlichen Teil des Inhalts der gespeicherten Daten[465].

c) Entnahme bzw. Weiterverwendung der Datenbank insgesamt oder eines wesentlichen Teils – § 87b Abs. 1 Satz 1 UrhG

Um Rechte des Datenbankherstellers gemäß § 87b Abs. 1 Satz 1 UrhG zu begründen, müsste eine Entnahme bzw. Weiterverwendung hinsichtlich der gesamten Datenbank oder eines wesentlichen Teils gegeben sein.

Für die Fallgruppe des Kopierens einer Internet-Datenbank in Gänze[466] kann dies bejaht werden, da die gesamte Datenbank übernommen wird. Es wird ein parasitäres Konkurrenzprodukt hergestellt, das einen qualitativ und quantitativ erheblichen Schaden für die Investition verursacht. Den Schutz hiervor bezweckt § 87b Abs. 1 Satz 1 UrhG gerade[467].

Hinsichtlich der anderen zu prüfenden Fallgruppen

- Einmischen in die Kommunikation mit dem Kunden beim Direktvertrieb von Waren oder Dienstleistungen (2. Stufe)[468] und
- Reduzierung der Kommunikation mit dem Kunden auf ein Minimum durch den Einsatz von Umgehungssoftware bei Internet-Börsen oder Internet-Handelsplattformen[469]

---

464 *BGH* Urt. v. 22.06.2011, I ZR 159/10, WRP 2011, 1469, 1475 - *Automobil-Onlinebörse.*

465 Vgl. *BGH* Urt. v. 22.06.2011, I ZR 159/10, WRP 2011, 1469, 1475 - *Automobil-Onlinebörse*, der jedoch zudem darauf abstellt, dass die Entnahme-/Weiterverwendungshandlung nicht auf ein Wiedererstellen der Gesamtheit oder eines wesentlichen Teils des Inhalts der Datenbank durch die kumulative Wirkung gerichtet ist. Das Erfordernis des „darauf gerichtet seins" lässt auf ein subjektives Element schließen, dessen Vorhandensein Art. 7 Abs. 1 Datenbankrichtlinie jedoch nicht vorsieht.

466 Kapitel 2 Ziffer B.I.4., Seite 26.

467 Datenbankrichtlinie 96/9/EG Erwägungsgrund 42 Satz 2.

468 Kapitel 2 Ziffer B.I.2., Seite 22.

469 Kapitel 2 Ziffer B.I.3., Seiten 25 f.

ist jedoch fraglich, ob die Entnahme/Weiterverwendung eines relevanten Teils des Inhalts einer Datenbank gegeben ist. Eine Übernahme der Datenbank in Gänze findet in beiden Fällen nicht statt. Vielmehr werden die Angebotsinformationen pro Kundenanfrage und bezogen auf bestimmte Informationen, z.B. betreffend eines Fluges oder einer bei der Internet-Börse angebotene Ware/Dienstleistung (2. Stufe), aus der Datenbank des Inhabers der Internet-Börse einzelfallbezogen extrahiert[470].

Es könnte jedoch die Entnahme bzw. Weiterverwendung eines wesentlichen Teils des Inhalts der Datenbank gegeben sein. Zur Unterscheidung zwischen wesentlichen und unwesentlichen Teilen des Inhalts einer Datenbankinhalts ist darauf abzustellen, ob die Investition des Datenbankherstellers in quantitativer oder qualitativer Hinsicht durch die diesen Teil betreffende Entnahme und/oder Weiterverwendung beeinträchtigt wird[471].

aa) Wesentlichkeit in quantitativer Hinsicht

Für die Wesentlichkeit in quantitativer Hinsicht ist auf das Verhältnis zwischen dem entnommenen bzw. weiterverwendeten Datenvolumen und dem Datenvolumen der gesamten Datenbank abzustellen[472]. Wenn ein Nutzer nämlich einen quantitativ erheblichen Teil des Inhalts einer Datenbank, für deren Erstellung der Einsatz wesentlicher Mittel erforderlich war, entnimmt bzw. weiterverwendet, so ist die Investition, die den entnommenen bzw. weiterverwendeten Teil betrifft, proportional ebenfalls erheblich[473].

In den vorliegend zu prüfenden Fällen des Einmischens in den Direktvertrieb von Waren oder Dienstleistungen (2. Stufe) durch Bereitstellung der Angebotsinformationen des Anbieters auf der eigenen Internetseite[474] und den Einsatz von Umgehungssoftware bei Internet-Börsen oder Internet-Handelsplattformen[475] werden die Daten jeweils ausschließlich bei konkreten Kundenanfragen und bezogen auf konkrete Waren oder Dienstleistungen extrahiert. So werden Suchanfragen in

470 *BGH* Urt. v. 22.06.2011, I ZR 159/10, WRP 2011, 1469, 1474 f. - *Automobil-Onlinebörse.*

471 *EuGH* Urt. v. 09.11.2004, C-203/02, GRUR Int. 2005, 247 Rn. 69 - *The British Horseracing Board ./. William Hill Organization.*

472 *BGH* Urt. v. 01.12.2010, I ZR 196/08, WRP 2011, 927, 930 - *Zweite Zahnarztmeinung II*; *ders.* Urt. v. 22.06.2011, I ZR 159/10, WRP 2011, 1469, 1475 - *Automobil-Onlinebörse.*

473 *EuGH* Urt. v. 09.11.2004, C-203/02, GRUR Int. 2005, 247 Rn. 70 - *The British Horseracing Board ./. William Hill Organization.*

474 Kapitel 2 Ziffer B.I.2., Seite 22.

475 Kapitel 2 Ziffer B.I.3., Seiten 25 f.

der Regel auf bestimmte Suchkriterien eingeschränkt, um handhabbare Ergebnisse zu erzielen[476]. Es werden bei jedem Zugriff nur einzelne Datensätze entnommen. Einzelne Datensätze stellen in quantitativer Hinsicht für sich genommen in der Regel keinen wesentlichen Teil des Inhalts einer Datenbank dar[477]. So wird die Wesentlichkeit in quantitativer Hinsicht z.B. verneint, wenn ein Anteil von zehn Prozent des Datenvolumens der gesamten Datenbank entnommen wird[478].

Die Entnahme bzw. Weiterverwendung eines in quantitativer Hinsicht wesentlichen Teils des Inhalts der Datenbank könnte nur bejaht werden, wenn nicht auf die Einzelabfragen, sondern deren Summe abgestellt werden könnte[479]. Hierfür spricht, dass durch die automatisierte Abfrage nach benötigten Informationen praktisch ein Rückgriff auf alle verfügbaren Daten genommen wird[480]. Gegen ein Abstellen auf die Summe der abgefragten Einzeldatensätze ist jedoch einzuwenden[481], dass dies zu einer Monopolisierung des an sich ungeschützten Datenbankinhalts führt, was den Zielen der Datenbankrichtlinie widerspricht. Anerkanntermaßen soll das Recht an der Datenbank kein Monopol auf Informationen begründen[482]. Ein Abstellen auf die Summe einzeln abgefragter und in qualitativer Hinsicht unwesentlicher Datensätze ließe diese Wertentscheidung des Gesetzgebers leer laufen. Denn es wären auch Nutzungsformen öffentlich zugänglich gemachter Datenbanken verboten, die ausdrücklich nicht vom Recht des Datenbankherstellers sind. So würde eine unzulässige Entnahme/Weiterverwendung auch dann vorliegen, wenn jemand eine Datenbank intensiv über einen längeren Zeitraum nutzt und hierbei in der Summe einen Großteil der Datenbankinhalte abgefragt hat. In diesem Zusammenhang ist zudem die Regelung des § 87b Abs. 1 Satz 2 UrhG zu beachten. Hierin sind Rechte

---

476 Vgl. *BGH* Urt. v. 22.06.2011, I ZR 159/10, WRP 2011, 1469, 1474 f. - *Automobil-Onlinebörse.*

477 Dreier/Schulze/*Dreier* § 87b Rn. 7.

478 *BGH* Urt. v. 01.12.2010, I ZR 196/08, WRP 2011, 927, 930 - *Zweite Zahnarztmeinung II.*

479 *LG Berlin* Beschl. v. 27.10.2005, 16 O 743/05, MMR 2006, 46.

480 *LG Berlin* Beschl. v. 27.10.2005, 16 O 743/05, MMR 2006, 46.

481 Anders könnte die Sachlage jedoch dann zu bewerten sein, wenn es sich um eine solche Datenbank handelt, die ausschließlich Daten zur Verfügung stellt, die den Abfragenden persönlich betreffen (zum Beispiel Kontendaten eines Kreditinstituts oder Benutzerdaten eines Online-Shops). In diesem Fall werden dem Datenbankhersteller bei der Abfrage der den Nutzer betreffenden Daten die Einkünfte entzogen, die eine Armotisation der Investitionen ermöglichen soll, vgl. *BGH* Urt. v. 25.03.2010, I ZR 47/08, WRP 2010, 1404, 1407 - *Autobahnmaut.*

482 *EuGH* Urt. v. 09.11.2004, C-203/02, GRUR Int. 2005, 247 Rn. 84 - *The British Horseracing Board ./. William Hill Organization;* Dreier/Schulze/*Dreier* § 87b Rn. 5.

des Datenbankherstellers auch bei der Entnahme/Weiterverwendung unwesentlicher Teile der Datenbank nur unter besonderen Voraussetzungen vorgesehen. Es handelt sich um eine eng auszulegende Ausnahmeregelung[483], die eine Umgehung des Verbots der Entnahme/Weiterverwendung eines wesentlichen Teils des Inhalts einer Datenbank durch wiederholte und systematische Entnahme- bzw. Weiterverwendungshandlungen verhindern soll, die in ihrer kumulativen Wirkung der Entnahme/Weiterverwendung eines wesentlichen Teils entsprechen, sofern diese einer normalen Auswertung der Datenbank zuwiderlaufen oder die berechtigten Interessen des Datenbankherstellers unzumutbar beeinträchtigen[484]. Diese Regelung erfasst somit den Fall, dass an sich unwesentliche Teile der Datenbank entnommen/weiterverwertet werden, jedoch eine Umgehung der Wertung von § 87b Abs. 1 Satz 1 UrhG dadurch droht, dass diese unwesentlichen Teile in ihrer Summe einem wesentlichen Teil gleichzusetzen sind. In solchen Fällen müssen jedoch besondere Voraussetzungen vorliegen, um einen Schutz des Datenbankherstellers zu begründen. Diese gesetzgeberische Entscheidung würde unterlaufen, wenn man bei der Frage der Wesentlichkeit in quantitativer Hinsicht auf die Summe einzeln abgefragter Datensätze abstellt, ohne den weiteren Anforderungen von § 87b Abs. 1 Satz 2 UrhG zu genügen.

Hinsichtlich der Fallgruppe des Vertriebs von Umgehungssoftware bei Internet-Börsen oder Internet-Handelsplattformen[485] ist zudem die bereits erörterte Problematik zu beachten, dass der Anbieter der Umgehungssoftware nicht selbst den Zugriff auf die Datenbank des Inhabers der Internet-Börse bzw. der Internet-Handelsplattform vornimmt[486]. Er ermöglicht vielmehr lediglich dem Kunden den Zugriff durch die von ihm vertriebene Umgehungssoftware[487]. Der Anbieter der Umgehungssoftware könnte somit nur als Teilnehmer oder Störer haften, wofür eine rechtswidrige Haupttat gegeben sein müsste[488]. Eine solche müsste in der Handlung des Kunden gegeben sein. Somit müsste hinsichtlich der einzelnen

483 *EuGH* Urt. v. 09.11.2004, C-203/02, GRUR Int. 2005, 247 Rn. 84 - *The British Horseracing Board ./. William Hill Organization;* Dreier/Schulze/*Dreier* § 87b Rn. 13; *LG Hamburg* Urt. v. 26.02.2010, 310 O 31/09, S. 19 (nicht veröffentlicht).

484 Vgl. *EuGH* Urt. v. 09.11.2004, C-203/02, GRUR Int. 2005, 247 Rn. 85 ff. - *The British Horseracing Board ./. William Hill Organization.*

485 Kapitel 2 Ziffer B.I.3., Seite 22.

486 Kapitel 3 Ziffer D.I.2.b), Seite 48.

487 *OLG Hamburg* Urt. v. 16.04.2009, 5 U 101/08, GRUR-RR 2009, 293, 295 - *autobingooo*; *OLG Hamburg* Urt. v. 18.08.2010, 5 U 62/09, GRUR 2011, 728, 729 - *autobingooo II*; *BGH* Urt. v. 22.06.2011, I ZR 159/10, WRP 2011, 1469, 1471 - *Automobil-Onlinebörse.*

488 Vgl. Kapitel 3 Ziffer D.I.2.b), Seite 48.

Kunden der Umgehungsoftware – jedenfalls für einen Teil – eine Entnahme von Einzeldatensätzen vorliegen, die in ihrer Summe einen wesentlichen Teil der Datenbank darstellen[489]. Denn eine rechtswidrige Haupttat kann nur personenbezogen sein[490]. Die Wahrscheinlichkeit, dass dies gegeben ist, ist noch geringer als in den Fällen, in denen der Dritte die Datenbank für eine Vielzahl von Kunden abfragt. Dies folgt unter anderem daraus, dass die Abfrage von Datenbanken über Umgehungssoftware in der Regel unter der Eingrenzung von Suchkriterien erfolgt[491]. Hierdurch wird der Umfang der abgefragten Daten erheblich eingegrenzt und die entnommenen Daten repräsentieren regelmäßig nur einen Ausschnitt der gesamten Datenbank[492]. Betreffend solche Handlungen, die sich auf einen in quantitativer Hinsicht wesentlichen Teil der Datenbank beziehen, kann auch nicht auf die Summe der Einzelabfragen aller Kunden abgestellt werden. Auf die Gesamtheit mehrerer Kunden kann es nur dann ankommen, wenn diese ihre Handlungen gemeinschaftlich, in bewusstem und gewolltem Zusammenwirken vornehmen würden und somit eine Haftung als Mittäter begründet wäre. Mehrere, jeweils für sich genommene zulässige Nutzungen durch einzelne Kunden können nicht zu einer insgesamt unzulässigen Nutzung zusammengerechnet werden[493].

Darüber hinaus ist bei den vorliegend zu prüfenden Fällen nicht anzunehmen, dass auch die Summe der einzeln abgefragten Datensätze einen wesentlichen Teil der Datenbank repräsentiert. Denn der Dritte entnimmt die Daten stets bezogen auf konkrete Kundenanfragen. Dass die Summe aller Kundenanfragen sämtliche Waren bzw. Dienstleistungen (2. Stufe) erfasst, die in der Datenbank angeboten werden, ist unwahrscheinlich. Auf die bloße Möglichkeit, dass der Kunde auf sämtliche Datensätze der Datenbank zugreifen kann, kommt es insoweit nicht an. Vielmehr ist erforderlich, dass es tatsächlich zur Entnahme/Weiterverwendung eines in seiner Summe der abgefragten Einzeldatensätze wesentlichen Teils der Datenbank kommt. Hiervon kann in der Regel jedoch nicht ausgegangen werden. In jedem Fall dürfte der Nachweis, dass eine entsprechend umfangreiche Nutzung der Datenbank tatsächlich stattfindet, in der Praxis nur schwer zu erbringen sein.

---

489 *OLG Hamburg* Urt. v. 16.04.2009, 5 U 101/08, GRUR-RR 2009, 293, 295 - *autobingooo*; *OLG Hamburg* Urt. v. 18.08.2010, 5 U 62/09, GRUR 2011, 728, 730 - *autobingooo II*;

490 *OLG Hamburg* Urt. v. 16.04.2009, 5 U 101/08, GRUR-RR 2009, 293, 295 – *autobingooo*.

491 *BGH* Urt. v. 22.06.2011, I ZR 159/10, WRP 2011, 1469, 1473 - *Automobil-Onlinebörse*.

492 *BGH* Urt. v. 22.06.2011, I ZR 159/10, WRP 2011, 1469, 1473 - *Automobil-Onlinebörse*.

493 *BGH* Urt. v. 22.06.2011, I ZR 159/10, WRP 2011, 1469, 1474 Rn. 48, - *Automobil-Onlinebörse*.

bb) Wesentlichkeit in qualitativer Hinsicht

Die Betroffenheit eines in qualitativer Hinsicht wesentlichen Teils des Inhalts der Datenbank ist ebenfalls zu verneinen. Der Begriff bezieht sich auf die Bedeutung der mit der Beschaffung, Überprüfung oder Darstellung des Inhalts des Gegenstandes der Entnahme-/Weiterverwendungshandlung verbundenen Investition unabhängig davon, ob dieser Gegenstand einen quantitativ wesentlichen Teil des allgemeinen Inhalts der geschützten Datenbank darstellt. Ein quantitativ geringfügiger Teil des Inhalts einer Datenbank kann nämlich, was die Beschaffung, Überprüfung und Darstellung angeht, eine ganz erhebliche menschliche, technische oder finanzielle Investition erfordern[494]. Die Übernahme von Ordnungsprinzipien der Datenbank ist für eine rechtswidrige Entnahmehandlung nicht zwingend erforderlich. Maßgeblich ist allein, ob sich gerade in den übernommenen Datensätzen ein wesentlicher Teil der Investition in die Datenbank widerspiegelt[495].

Bei den zu prüfenden Fallgruppen stellt sich in diesem Zusammenhang insbesondere die Frage, inwieweit entnommene/weiterverwendete Einzeldatensätze einen qualitativ wesentlichen Teil einer Datenbank repräsentieren können. Denn die Datenabfragen werden in der Regel konkret produkt- bzw. dienstleistungsbezogen durchgeführt und betreffen somit regelmäßig nur Einzeldatensätze.

(1) Qualitative Wesentlichkeit von Einzeldatensätzen

Problematisch ist bereits, ob Einzeldatensätze überhaupt einen in qualitativer Hinsicht wesentlichen Teil des Inhalts einer Datenbank darstellen können. Der *BGH* hat diese Frage in seinem Urteil vom 25.03.2010 „Autobahnmaut" offen gelassen[496]. Geht man vom Zweck der Datenbankrichtlinie aus, erscheint es zumindest nicht ausgeschlossen, dass auch die Entnahme bzw. Weiterverwendung von Einzeldatensätzen eine relevante Beeinträchtigung der Investitionen des Datenbankherstellers in qualitativer Hinsicht darstellen. Denn für die Beurteilung ist einzig darauf abzustellen, ob die menschlichen, technischen und finanziellen Anstrengungen, die der Datenbankhersteller für die Beschaffung, Überprüfung und Darstellung der entsprechenden Daten getätigt hat, eine wesentliche Investition

---

494 *EuGH* Urt. v. 09.11.2004, C-203/02, GRUR Int. 2005, 247 Rn. 71 - *The British Horseracing Board ./. William Hill Organization; BGH* Urt. v. 01.12.2010, I ZR 196/08, WRP 2011, 927, 930 - *Zweite Zahnarztmeinung II; ders.* Urt. v. 22.06.2011, I ZR 159/10, WRP 2011, 1469, 1474 - *Automobil-Onlinebörse.*

495 *BGH* Urt. v. 01.12.2010, I ZR 196/08, WRP 2011, 927, 930 - *Zweite Zahnarztmeinung II.*

496 *BGH* Urt. v. 25.03.2010, I ZR 47/08, WRP 2010, 1403, 1406 - *Autobahnmaut.*

darstellen[497]. Maßgeblich ist allein, ob sich gerade in den übernommenen Datensätzen ein wesentlicher Teil der Investition in die Datenbank verkörpert[498]. Dieses Kriterium können auch Einzeldatensätze erfüllen, wenn sie im Verhältnis zu den übrigen Daten somit besondere Investitionen erfordern[499].

Diese Voraussetzungen werden bei der Fallgruppe des Einmischens in den Direktvertrieb des Anbieters von Waren oder Dienstleistungen (2. Stufe) über dessen Internetseite[500] jedoch nicht erfüllt[501]. Diese Fallgruppe ist insoweit mit dem Fall einer Datenbank vergleichbar, die Informationen über künftig stattfindende Pferderennen (wie z.B. Bezeichnung des Rennens, Ort/Datum des Rennens, Renndistanz, Zulassungskriterien, Datum des Meldeschlusses, Höhe der Meldegebühr) enthält, und lediglich die Namen aller an einem Rennen teilnehmenden Pferde sowie das Datum, die Uhrzeit, die Bezeichnung des Rennens und der Name der Pferderennbahn entnommen/weiterverwendet werden. Ebenso liegt eine Vergleichbarkeit mit Fußballspielplänen vor, denen Einzeldaten wie z.B. das Datum, die Uhrzeiten oder die Mannschaftspaarungen für die einzelnen Begegnungen entnommen und/oder weiterverwendet werden. In beiden Fällen ist eine Entnahme/Weiterverwendung eines in qualitativer Hinsicht wesentlichen Teils des Inhalts der Datenbank zu verneinen, da die insoweit getätigten Investitionen im Stadium der Datengenerierung erfolgten bzw. mit der Datenerzeugung verbunden sind[502]. Es kann daher nicht angenommen werden, dass sie eine Investition erfordert, die im Verhältnis zu diesen mit dem Erzeugen der Daten verbundener Investition selbstständig wäre[503].

Insoweit ist unerheblich, dass diese Daten für die Realisierung des Geschäftsmodells des Inhabers der Internet-Börse grundlegend sind. Dies mag den eigentlichen Hintergrund darstellen, vor dem gegen den Dritten vorgegangen wird. Vom Schutz der Rechte des Datenbankherstellers ist dies jedoch nicht erfasst. Denn der den

497 *EuGH* Urt. v. 09.11.2004, C-203/02, GRUR Int. 2005, 247 Rn. 76 - *The British Horseracing Board ./. William Hill Organization.*

498 *BGH* Urt. v. 22.06.2011, I ZR 159/10, WRP 2011, 1469, 1473 f. - *Automobil-Onlinebörse.*

499 Vgl. *EuGH* Urt. v. 09.11.2004, C-444/02, GRUR 2005, 254 Rn. 51. - *Fixtures-Fußballspielpläne I; OLG Hamburg* Urt. v. 16.04.2009, 5 U 101/08, GRUR-RR 2009, 293, 295 - *autobingooo.*

500 Kapitel 2 Ziffer B.I.2., Seite 22.

501 Vgl. *OLG Frankfurt am Main* Urt. v. 05.03.2009, 6 U 221/08 CR 2009, 290 f.

502 *EuGH* Urt. v. 09.11.2004, C-338/02, GRUR 2005, 252 Rn. 37 - *Fixtures-Fußballspielpläne I*; *EuGH* Urt. v. 09.11.2004, C-203/02, GRUR Int. 2005, 247 Rn. 75 und Rn. 90 - *The British Horseracing Board ./. William Hill Organization.*

503 *EuGH* Urt. v. 09.11.2004, C-444/02, GRUR 2005, 254 Rn. 51. - *Fixtures-Fußballspielpläne I;* vgl. Kaptiel 3 Ziffer D.I.2.a), Seite 85.

durch die Entnahme-/Weiterverwendungshandlung betroffenen Daten innewohnende Wert ist für die Beurteilung nicht relevant[504]. Daher ist ein Schutz auch dann nicht zu bejahen, wenn die Entnahmehandlung zu einem Ausfall von Einnahmen führt, so z.B. auf Grund der geringen Anzahl von Zugriffen auf die Internetseite, womit bei werbefinanzierten Geschäftsmodellen Werbeeinnahmen verloren gehen[505].

Hinsichtlich der Fallgruppe des Vertriebs von Umgehungssoftware von Internet-Börsen oder Internet-Handelsplattformen[506] gilt nichts anderes[507], wobei ein Sonderfall zu beachten ist: Sofern die typische Verwertung der Datenbank darin besteht, dass deren Nutzern nur die jeweils sie selbst betreffenden Datensätze zugänglich gemacht werden, (z.B. Datenbanken, die die Kontendaten von Bankkunden, Benutzerdaten von Online-Shops oder Abrechnungsdaten von Mautpflichtigen[508]), ist ein in qualitativer Hinsicht wesentlicher Teil der Datenbank dann berührt, wenn dem jeweiligen Nutzer dessen Daten zur Verfügung gestellt werden. Denn hierdurch werden dem Datenbankhersteller bereits die Einkünfte entzogen, die eine Armotisation der Investitionen ermöglichen sollen[509].

(2) Qualitative Wesentlichkeit wegen Auslesens aktualisierter Daten

In Fällen, in denen lediglich jeweils aktualisierte Daten zur Erstellung einer Abgleichsliste entnommen/weiterverwendet werden, könnte argumentiert werden, dass ein in qualitativer Hinsicht wesentlicher Teil einer Datenbank betroffen ist, da die aktualisierten Daten von besonderem wirtschaftlichen Wert sind[510]. So könnte der Eingriff in das virtuelle Geschäftsmodell in den Fallgruppen

- Einmischen in die Kommunikation zwischen Inhaber des virtuellen Geschäftsmodelles und dessen Kunden im Zusammenhang mit dem Direktvertrieb von Waren oder Dienstleistungen (2. Stufe)[511];

---

504 *EuGH* Urt. v. 09.11.2004, C-203/02, GRUR Int. 2005, 247 Rn. 78 - *The British Horseracing Board ./. William Hill Organization.*

505 Vgl. *BGH* Urt. v. 22.06.2011, I ZR 159/10, WRP 2011, 1469, 1473 - *Automobil-Onlinebörse.*

506 Kapitel 2 Ziffer B.I.3., Seiten 25 f.

507 Vgl. *OLG Hamburg* Urt. v. 16.04.2009, 5 U 101/08, GRUR-RR 2009, 295 - autobingooo.

508 *BGH* Urt. v. 25.03.2010, I ZR 47/08, WRP 2010, 1403, 1407 – *Autobahnmaut.*

509 *BGH* Urt. v. 25.03.2010, I ZR 47/08, WRP 2010, 1403, 1407 – *Autobahnmaut.*

510 *OLG Hamburg* Urt. v. 18.08.2010, 5 U 62/09, GRUR 2011, 728, 731 f. - *autobingooo II*; vgl. *BGH* Urt. v. 22.06.2011, I ZR 159/10, WRP 2011, 1469, 1474 f. - *Automobil-Onlinebörse.*

511 Kapitel 2 Ziffer B.I.2., Seite 22.

- Reduzierung der Kommunikation zwischen Inhaber des virtuellen Geschäftsmodells und dessen Kunden auf ein Minimum durch den Einsatz von Umgehungssoftware bei Internet-Börsen oder Internet-Handelsplattformen[512] und
- Unterbindung der Kommunikation zwischen Inhaber einer Internet-Datenbank und dessen Kunden in Gänze durch Kopieren des Angebots des Betreibers der Internet-Datenbank[513]

darin bestehen, dass der Dritte lediglich die jeweils aktualisierten Daten entnimmt/weiterverwendet (bzw. entnehmen/weiterverwenden lässt). Eine Verletzung des Rechts des Datenbankherstellers wäre jedoch nur dann zu bejahen, wenn gerade betreffend die aktualisierten Daten eine wesentliche Investition vorliegen würde[514]. Darauf, dass die aktualisierten Daten für den Datenbankhersteller einen besonderen wirtschaftlichen Wert verkörpern, kommt es nicht an[515]. Dies ist z.B. dann der Fall, wenn die Datenbank eine breite Nutzung auf Grund des Umstandes erfährt, dass diese stets aktuell ist. Die wesentlichen Investitionen in die Datenbank werden in der Regel jedoch nicht bezogen auf die aktualisierten Daten erbracht. Die Aktualisierung stellt regelmäßig nur einen Teilaspekt dar.

d) Entnahme bzw. Weiterverwendung eines unwesentlichen Teils der Datenbank – § 87b Abs. 1 Satz 2 UrhG

Grundsätzlich kann der Datenbankhersteller zwar die Entnahme/Weiterverwendung eines unwesentlichen Teils des Inhalts der Datenbank nicht untersagen. Eine solche Nutzung der Datenbank ist frei, da Informationen als solche nicht monopolisiert werden können[516]. Um jedoch eine Umgehung des Verbots der Entnahme/Weiterverwendung eines wesentlichen Teils des Inhalts einer Datenbank durch wiederholte und systematische Entnahme-/Weiterverwendungshandlungen, die in ihrer kumulativen Wirkung der Entnahme bzw. Weiterverwendung eines wesentlichen Teils entsprechen, zu verhindern, sind auch Handlungen hinsichtlich

512 Kapitel 2 Ziffer B.I.3., Seiten 25 f.

513 Kapitel 2 Ziffer B.I.4., Seite 25.

514 *BGH* Urt. v. 30.04.3009, I ZR 191/05, GRUR 2009, 852, 855 - *Elektronischer Zolltarif*; *BGH* Urt. v. 22.06.2011, I ZR 159/10, WRP 2011, 1469, 1474 f. - *Automobil-Onlinebörse*; *OLG Hamburg* Urt. v. 18.08.2010, 5 U 62/09, GRUR 2011, 728, 731 f. - *autobingooo II.*

515 *BGH* Urt. v. 22.06.2011, I ZR 159/10, WRP 2011, 1469, 1474 - *Automobil-Onlinebörse.*

516 *EuGH* Urteil vom 09.11.2004, C-203/02, GRUR Int. 2005, 247 Rn. 84 - *The British Horseracing Board ./. William Hill Organization;* Dreier/Schulze/*Dreier* § 87b Rn. 9.

eines unwesentlichen Teils erfasst, sofern diese einer normalen Auswertung der Datenbank zuwiderlaufen oder die berechtigten Interessen des Datenbankherstellers unzumutbar beeinträchtigen[517] (§ 87b Abs. 1 Satz 2 UrhG). Da es sich um eine Ausnahme zum oben genannten Grundsatz handelt[518], sind die Begriffe „Verletzung der normalen Auswertung" und „Beeinträchtigung besonderer Interessen" eng auszulegen[519].

Ein unwesentlicher Teil des Inhalts einer Datenbank ist betroffen, wenn der Teil keinen in quantitativer oder qualitativer Hinsicht wesentlichen Teil des Inhalts einer Datenbank darstellt[520]. Ist somit wie bei den zu prüfenden Fallgruppen das Vorliegen eines in quantitativer oder qualitativer Hinsicht Teils des Inhalts einer Datenbank zu verneinen, kommt eine Anwendung der Ausnahmevorschrift gemäß § 87b Abs. 1 Satz 2 UrhG in Betracht. Hierbei ist nicht erforderlich, dass die entnommenen Daten in der Summe die Wesentlichkeitsgrenze überschritten haben[521]. Denn wäre dies der Fall, verbliebe der Bestimmung gemäß § 87b Abs. 1 Satz 2 UrhG kein eigenständiger Anwendungsbereich[522].

Von zu prüfenden Fallgruppen[523]

- Einmischen in die Kommunikation zwischen Inhaber des virtuellen Geschäftsmodelles und dessen Kunden im Zusammenhang mit dem Direktvertrieb von Waren oder Dienstleistungen (2. Stufe)[524];

---

517 Vgl. *EuGH* Urt. v. 09.11.2004, C-203/02, GRUR Int. 2005, 247 Rn. 85 ff. - *The British Horseracing Board ./. William Hill Organization.*

518 *EuGH* Urt. v. 09.11.2004, C-203/02, GRUR Int. 2005, 247 Rn. 84 - *The British Horseracing Board ./. William Hill Organization.*

519 Dreier/Schulze/*Dreier* § 87b Rn. 13.; *LG Hamburg* Urt. v. 26.02.2010, 310 O 31/09, S. 19 (nicht veröffentlicht).

520 *EuGH* Urt. v. 09.11.2004, C-203/02, GRUR Int. 2005, 247 Rn. 73 - *The British Horseracing Board ./. William Hill Organization.*

521 Betreffend die Fallgruppe des Einsatzes von sog. Umgehungssoftware bei Internet-Börsen oder Internet-Handelsplattformen (Kapitel 2 Ziffer B.I.3., Seiten 25 f.) könnte darüber hinaus nicht auf die Summe aller Nutzungen der Kunden abgestellt werden, da eine solche Zurechnung der Handlungen der Kunden untereinander eine Mittäterschaft dieser voraussetzt. Für eine solche fehlt es jedoch an einem bewussten und gewollten Zusammenwirken, *BGH* Urt. v. 22.06.2011, I ZR 159/10, WRP 2011, 1469, 1476 - *Automobil-Onlinebörse.*

522 *BGH* Urt. v. 01.12.2010, I ZR 196/08, WRP 2011, 927, 930 - *Zweite Zahnarztmeinung II.*

523 Kapitel 3 Ziffer D.I., Seiten 85 ff.

524 Kapitel 2 Ziffer B.I.2., Seite 22.

- Reduzierung der Kommunikation zwischen Inhaber des virtuellen Geschäftsmodells und dessen Kunden auf ein Minimum durch den Einsatz von Umgehungssoftware bei Internet-Börsen oder Internet-Handelsplattformen[525] und
- Unterbindung der Kommunikation zwischen Betreiber einer Internet-Datenbank und dessen Kunden in Gänze durch Kopieren des Angebots des Inhabers der Internet-Datenbank[526]

sind Abwehransprüche gemäß § 87b Abs. 1 Satz 2 UrhG wegen der Entnahme bzw. Weiterverwendung eines unwesentlichen Teils der Datenbank von vornherein allein hinsichtlich der beiden erstgenannten Fallgruppen denkbar. Denn die Entnahme-/Weiterverwendungshandlungen des Dritten beziehen sich bei der dritten Fallgruppe ausschließlich auf die Datenbank in Gänze, womit stets ein wesentlicher Teil der Datenbank betroffen ist, was in den Regelungsbereich von § 87b Abs. 1 Satz 2 UrhG fällt.

In den vorliegend zu prüfenden Fallgruppen kann eine wiederholte und systematische Entnahmehandlung unproblematisch bejaht werden, da die auf vom Inhaber des virtuellen Geschäftsmodells im Internet bereit gehaltenen Daten mittels eines automatisierten Verfahrens (z.B. einer Software) zugegriffen und diese ausgelesen werden (1. Aspekt des Screen Scrapings)[527]. Hiermit wird nach einem Prinzip systematisch vorgegangen, dem sachliche und logische Erwägungen zu Grunde liegen[528]. Gegen einen systematischen Zugriff spricht auch nicht, dass dieser stets im Hinblick auf konkrete Kundenanfragen stattfindet[529]. Denn die Systematik des Zugriffs besteht darin, an Hand konkreter Suchkriterien (Kundenanfragen) bestimmte Daten abzufragen.

Fraglich ist jedoch, ob dies der normalen Auswertung der Datenbank zuwiderläuft oder berechtigte Interessen des Datenbankherstellers unzumutbar beeinträchtigt werden.

aa) Zuwiderlaufen einer normalen Auswertung

Der normalen Auswertung der Datenbank widerspricht nicht, dass auf diese wiederholt und systematisch zugegriffen wird[530]. Dies ergibt sich aus § 87 Abs. 1 Satz

525 Kapitel 2 Ziffer B.I.3., Seiten 25 f.

526 Kapitel 2 Ziffer B.I.4., Seite 26.

527 *LG Hamburg* Urt. v. 26.02.2010, 310 O 31/09, S. 19 (nicht veröffentlicht).

528 Vgl. Dreier/Schulze/*Dreier* § 87b Rn. 11.

529 a.A. *LG Hamburg* Urt. v. 01.10.2010, 308 O 162/09, CR 2010, 747, 749 f.

530 *BGH* Urt. v. 17.07.2003, I ZR 259/00, NJW 2003, 3406, 3410 - *Paperboy*; *OLG Hamburg* Urt. v. 16.04.2009, 5 U 101/08, GRUR-RR 2009, 293, 296 - *autobingooo*; *OLG Hamburg* Urt. v. 18.08.2010, 5 U 62/09, GRUR 2011, 728, 732 - *autobingooo II.*

2 UrhG, nach dessen Wortlaut eine wiederholte und systematische Entnahme allein noch keine Rechtsverletzung begründet. Vielmehr müssen weitere Umstände hinzutreten, die eine nicht-normale Auswertung der Datenbank begründen.

Dem Zweck des § 87b Abs. 1 Satz 2 UrhG entsprechend liegt eine nicht-normale Auswertung einer Datenbank vor, wenn durch die kumulative Wirkung von Entnahmehandlungen die Gesamtheit oder ein wesentlicher Teil des Inhalts der geschützten Datenbank wieder erstellt und/oder der Öffentlichkeit durch die kumulative Wirkung von Weiterverwendungshandlungen die Gesamtheit oder ein wesentlicher Teil des Inhalts der Datenbank zur Verfügung gestellt wird und hierdurch die Investition des Datenbankherstellers schwerwiegend beeinträchtigt wird[531].

Dies ist bei den zu prüfenden Fallgruppen zu verneinen[532]. Denn es werden lediglich die einer konkreten Kundenanfrage entsprechenden Informationen entnommen und dem konkreten Kunden zur Verfügung gestellt. Hierbei handelt es sich um eine Auswertung der Datenbank, die vom Hersteller vorgesehen ist. Die Entnahme- und Weiterverwendungshandlungen sind mithin normal[533].

Zu einem anderen Ergebnis könnte man jedoch dann gelangen, wenn die Entnahmehandlung sich zwar in der Gegenwart noch als normale Auswertung darstellt, sie jedoch erkennbar darauf gerichtet ist, in der Zukunft die Gesamtheit oder einen wesentlichen Teil des Inhalts der geschützten Datenbank wieder zu erstellen[534].

Bei dieser Betrachtungsweise ist jedoch fraglich, ob der Schutzzweck der Datenbankrichtlinie nicht überdehnt wird. Denn letztlich könnte bei jeder wiederholt und systematisch erfolgenden Auswertung vertreten werden, dass diese auf die Wiedererstellung der geschützten Datenbank gerichtet ist. Die Grenzziehung dürfte insoweit schwierig sein und zu Rechtsunsicherheit führen. Auch würde das subjektive Element der Zielgerichtetheit als ungeschriebene Tatbestandsvoraussetzung geschaffen, für das es in der Datenbankrichtlinie keine Anhaltspunkte gibt.

Ebenso fraglich ist, ob ein Zugänglichmachen der Öffentlichkeit vorliegt. Wie oben ausgeführt, ist der Begriff des Zugänglichmachens der Öffentlichkeit im

---

531 *EuGH* Urt. v. 09.11.2004, C-203/02, GRUR Int. 2005, 247 Rn. 89 - *The British Horseracing Board ./. William Hill Organization.*

532 a.A. *Lober/Neumüller* Anm. zu OLG Frankfurt am Main Urt. v. 05.03.2009, U 221/08, EWiR § 4 UWG 2/10, 230, 231.

533 *LG Hamburg* Urt. v. 26.02.2010, 310 O 31/09, S. 20 (nicht veröffentlicht); *OLG Frankfurt am Main* Urt. v. 05.03.2009, 6 U 221/08, CR 2009, 290.

534 *BGH* Urt. v. 01.12.2010, I ZR 196/08, WRP 2011, 927, 930 - *Zweite Zahnarztmeinung II.*

Rahmen des § 87b Abs. 1 UrhG zwar richtlinienkonform weiter auszulegen, als im Rahmen anderer Normen des UrhG[535]. So kann ein Zugänglichmachen der Öffentlichkeit auch dann zu bejahen sein, wenn die Daten jeweils nur einem einzelnen Nutzer zur Verfügung gestellt werden, die Datenbank jedoch bestimmungsgemäß ausschließlich eine Abfrage der auf den Nutzer selbst bezogenen Datensätze erlaubt (z.B. Kontodaten von Kreditinstituten oder Benutzerdaten eines Online-Shops)[536]. Die zu prüfenden Fallgruppen haben demgegenüber Datenbanken zum Gegenstand, deren gesamter Datenbestand einem unbestimmten Kreis von Nutzern zur Verfügung gestellt wird. Daher ist auf das Verständnis der Öffentlichkeit im Sinne des § 15 Abs. 2 UrhG abzustellen, wonach eine Wiedergabe öffentlich ist, wenn sie für eine Mehrzahl von Mitgliedern der Öffentlichkeit bestimmt ist[537]. Das Zugänglichmachen einer Mehrzahl von Mitgliedern der Öffentlichkeit ist vorliegend zu verneinen, da die konkreten Daten einzig dem anfragenden Kunden zur Verfügung gestellt werden. Dieser bildet keine Mehrzahl von Mitgliedern der Öffentlichkeit.

Normale, auf einen unwesentlichen Teil des Inhalts der Datenbank gerichtete Auswertungshandlungen können dann jedoch zu einer relevanten Verletzung des Datenbankherstellerstrechts gemäß § 87b Abs. 1 Satz 2 UrhG führen, wenn die geschützte Datenbank durch solche Handlungen ersetzt wird[538]. Der Begriff „Ersetzen" erfasst nicht allein Fälle des Aufbaus einer eigenen Datenbank des Dritten, d.h. eines unmittelbaren Konkurrenzproduktes[539]. Vielmehr sind sämtliche Handlungen erfasst, die den (relevanten) Investitionen des Datenbankherstellers ganz allgemein einen wesentlichen Schaden zufügen[540].

Bei den beiden zu prüfenden Fallgruppen ist ein Ersetzen der Datenbank in den Regelfällen zu verneinen, denn die vom Datenbankhersteller zur Herstellung der

535 Kapitel 3 Ziffer D.I.2.a), Seite 85.

536 *BGH* Urt. v. 25.03.2010, I ZR 47/08, WRP 2010, 1404, 1406 f. - *Autobahnmaut.*

537 Vgl. *BGH* Urt. v. 25.03.2010, I ZR 47/08, WRP 2010, 1404, 1406 - *Autobahnmaut.*

538 Vgl. *BGH* Urt. v. 17.07.2003, I ZR 259/00, NJW 2003, 3407, 3410 - *Paperboy.*

539 Vgl. Schricker/Loewenheim/*Vogel* § 87b Rn. 57.; a.A. Dreier/Schulze/*Dreier* § 87b Rn. 14., wonach der Aufbau eines unmittelbaren Konkurrenzproduktes stets Voraussetzung ist. Hiergegen spricht jedoch Erwägungsgrund 42 der Datenbankrichtlinie 96/9/EG, wonach es wesentlich auf die Gefährdung der Investitionen des Datenbankherstellers ankommt. Zudem hat der EuGH in seinem Urteil vom 09.11.2004, C-203/02, GRUR Int. 2005, 247 Rn. 87 - *The British Horseracing Board ./. William Hill Organization* nicht allein die Erstellung einer anderen Datenbank, sondern auch die „Ausübung einer anderen Tätigkeit als der Erstellung einer solchen Datenbank" von den verbotenen Entnahmehandlung erfasst erachtet.

540 *EuGH* Urt. v. 09.11.2004, C-203/02, GRUR Int. 2005, 247 Rn. 86 - *The British Horseracing Board ./. William Hill Organization.*

Datenbank getätigten Investitionen werden nicht beeinträchtigt. Dies folgt daraus, dass in diesen Fällen für das Vorhandensein der von den Handlungen der Dritten betroffenen Daten keine Investitionen betroffen sind, die als von den zur Datenerzeugung eingesetzten Mittel selbstständig bewertet werden können[541]. Eine Beeinträchtigung relevanter Investitionen und somit ein Eingriff in Rechte gemäß § 87b Abs. 1 Satz 2 UrhG sind nicht gegeben sind[542].

bb) Unzumutbare Beeinträchtigung berechtigter Interessen

Berechtigte Interessen des Datenbankherstellers werden in den zu prüfenden Fallgruppen ebenfalls nicht beeinträchtigt[543]. Die Beeinträchtigung besteht ausschließlich darin, dass die Kunden die Internetseite des Inhabers der Datenbank nicht mehr aufsuchen und so die für Werbeeinnahmen wesentlichen Klicks verloren gehen. Im Falle des Einmischens in die Kommunikation zwischen Inhaber des virtuellen Geschäftsmodelles und dessen Kunden im Zusammenhang mit dem Direktvertrieb von Waren oder Dienstleistungen (2. Stufe)[544] erhebt der Dritte für seine Tätigkeit gegenüber dem Kunden oftmals ein Entgelt, was der Dritte dem Kunden in der Regel zusammen mit dem Entgelt des Inhabers der Waren oder Dienstleistungen (2. Stufe) in Rechnung stellt. Hierdurch entsteht für den Kunden der subjektive Eindruck, dass der Gesamtpreis für die Waren oder Dienstleistungen (2. Stufe) höher ist als es tatsächlich der Fall ist. Die Waren oder Dienstleistungen (2. Stufe) erscheinen gegenüber denen anderer Anbieter weniger attraktiv, selbst wenn deren Entgelte tatsächlich gleich hoch oder höher sind.

Die Beeinträchtigung dieser Interessen des Inhabers des virtuellen Geschäftsmodells[545] oder der Internet-Börse bzw. Internet-Handelsplattform[546] sind für die Prüfung jedoch unbeachtlich. Dem Schutzweck des § 87b Abs. 1 UrhG entsprechend sind allein schwerwiegende Beeinträchtigungen der Investitionen des Datenbankherstellers relevant[547]. Die Art und Weise der Auswertung

---

541 Kapitel 3 Ziffer D.I.2.b), Seiten 98 ff.

542 Vgl. *EuGH* Urt. v. 09.11.2004, C-203/02, GRUR Int. 2005, 247 Rn. 93 f. - *The British Horseracing Board ./. William Hill Organization.*

543 Vgl. *LG Hamburg* Urt. v. 26.02.2010, 310 O 31/09, S. 20 (nicht veröffentlicht); *LG Hamburg* Urt. v. 01.10.2010, 308 O 162/09, CR 2010, 747, 749 f.; *OLG Frankfurt am Main* Urt. v. 05.03.2009, 6 U 221/08, CR 2009, 290, 291.

544 Kapitel 2 Ziffer B.I.2., Seite 22.

545 Kapitel 2 Ziffer B.I.2., Seite 22.

546 Kapitel 2 Ziffer B.I.3., Seiten 25 f.

547 Vgl. *EuGH* Urt. v. 09.11.2004, C-203/02, GRUR Int. 2005, 247 Rn. 89 - *The British Horseracing Board ./. William Hill Organization.*

muss dazu geeignet sein, die wirtschaftliche Verwertung der Datenbank durch ihren Hersteller zu gefährden, da es sich bei dem Schutz nach § 87b Abs. 1 UrhG um einen reinen Investitionsschutz handelt[548]. Da Inhaber des virtuellen Geschäftsmodells[549] oder der Internet-Börse bzw. Internet-Handelsplattform[550] jedoch insoweit keine relevanten Investitionen getätigt hat[551], besteht auch nicht die Gefahr einer schwerwiegenden Beeinträchtigung dieser. Somit kommt eine unzumutbare Beeinträchtigung berechtigter Interessen des Datenbankherstellers nicht in Betracht[552].

e) Zwischenergebnis

Ein sondergesetzlicher Unterlassungsanspruch gemäß §§ 97 Abs. 1 Satz 1, 87b Abs. 1 UrhG kommt betreffend die relevanten Fallgruppen

- Einmischen in die Kommunikation zwischen Inhaber des virtuellen Geschäftsmodelles und dessen Kunden im Zusammenhang mit dem Direktvertrieb von Waren oder Dienstleistungen (2. Stufe)[553];
- Reduzierung der Kommunikation zwischen Inhaber des virtuellen Geschäftsmodells und dessen Kunden auf ein Minimum durch den Einsatz von Umgehungssoftware bei Internet-Börsen oder Internet-Handelsplattformen[554] und
- Unterbindung der Kommunikation zwischen Betreiber einer Internet-Datenbank und dessen Kunden in Gänze durch Kopieren des Angebots des Inhabers der Internet-Datenbank[555]

lediglich hinsichtlich der letztgenannten Fallgruppe in Betracht.

In den übrigen Fällen fehlt es entweder bereits an einer geschützten Datenbank oder an der Entnahme/Weiterverwendung eines wesentlichen Teils des Inhalts der Datenbank. Auch ein ausnahmsweiser Schutz auf Grund Entnahme/Weiterverwendung eines unwesentlichen Teils des Inhalts der Datenbank ist nicht gegeben.

548 Dreier/Schulze/*Dreier* § 87b Rn. 16.; *LG Hamburg* Urt. v. 26.02.2010, 310 O 31/09, S. 20 (nicht veröffentlicht).
549 Kapitel 2 Ziffer B.I.2., Seite 22.
550 Kapitel 2 Ziffer B.I.3., Seiten 25 f.
551 Kapitel 3 Ziffer B.I.2.c), Seite 58.
552 Vgl. *EuGH* Urt. v. 09.11.2004, C-203/02, GRUR Int. 2005, 247 Rn. 89 f. - *The British Horseracing Board ./. William Hill Organization.*
553 Kapitel 2 Ziffer B.I.2., Seite 22.
554 Kapitel 2 Ziffer B.I.3., Seiten 25 f.
555 Kapitel 2 Ziffer B.I.4., Seite 26.

II. Gesetz gegen den unlauteren Wettbewerb

Das Gesetz gegen unlauteren Wettbewerb (UWG) könnte einen sondergesetzlichen Schutz bieten. In Betracht kommen Ansprüche wegen gezielter Mitbewerberbehinderung (§§ 8 Abs. 1 Satz 1, 3 Abs. 1, 4 Nr. 10 UWG) und Ansprüche unter dem Aspekt des mittelbaren oder unmittelbaren lauterkeitsrechtlichen Leistungsschutzes.

1. Prüfungsumfang – Beschränkung auf die Fallgruppe „Einmischen in die Kommunikation zwischen Inhaber des virtuellen Geschäftsmodelles und dessen Kunden im Zusammenhang mit dem Direktvertrieb von Waren oder Dienstleistungen (2. Stufe)"

Die nachfolgende Prüfung lauterkeitsrechtlicher Abwehransprüche beschränkt sich hinsichtlich der in dieser Arbeit näher behandelten Fallgruppen

- Einmischen in die Kommunikation zwischen Inhaber des virtuellen Geschäftsmodelles und dessen Kunden im Zusammenhang mit dem Direktvertrieb von Waren oder Dienstleistungen (2. Stufe)[556];
- Reduzierung der Kommunikation zwischen Inhaber des virtuellen Geschäftsmodells und dessen Kunden auf ein Minimum durch den Einsatz von Umgehungssoftware bei Internet-Börsen oder Internet-Handelsplattformen[557];
- Unterbindung der Kommunikation zwischen Betreiber einer Internet-Datenbank und dessen Kunden in Gänze durch Kopieren des Angebots des Inhabers der Internet-Datenbank[558] und
- nicht-virtuell-spezifische Beeinträchtigungen – Internet-Chat-Rooms bzw. Internet-Meinungsforen[559]

auf die erstgenannte Fallgruppe. Einzig in Bezug auf diese kommen lauterkeitsrechtliche Ansprüche in Betracht.

Hinsichtlich der letztgenannten Fallgruppe scheiden lauterkeitsrechtliche Ansprüche bereits von vornherein aus, da es an einem Wettbewerbsverhältnis als Voraussetzung lauterkeitsrechtlicher Ansprüche zwischen dem Inhaber des

---

556 Kapitel 2 Ziffer B.I.2., Seite 22.

557 Kapitel 2 Ziffer B.I.3., Seiten 25 f.

558 Kapitel 2 Ziffer B.I.4., Seite 26.

559 Kapitel 2 Ziffer B.II., Seite 28.

Internet-Chat-Rooms bzw. Internet-Meinungsforums und dem beeinträchtigenden Dritten in den Regelfällen fehlt. Der Dritte handelt regelmäßig nicht gewerblich.

Hinsichtlich der zweit- und dritt-genannten Fallgruppe scheiden lauterkeitsrechtliche Ansprüche auf Grund folgender Erwägungen aus:

Die Anwendbarkeit lauterkeitsrechtlicher Abwehransprüche ist auf den 2. Aspekt des Screen Scrapings, d.h. der Zur-Verfügung-Stellung der erlangten Informationen[560], beschränkt. Hinsichtlich des 1. Aspekts des Screen Scrapings, der Informationserlangung, werden etwaige lauterkeitsrechtliche Ansprüche von den sondergesetzlichen Vorschriften des Rechts des Datenbankherstellers (§§ 87 b Abs. 1 UrhG ff.) verdrängt. Die Wertungen des Immaterialgüterrechts dürfen durch das Lauterkeitsrecht und insbesondere den ergänzenden lauterkeitsrechtlichen Leistungsschutz nicht unterlaufen werden[561]. Denn Sonderschutzrechte wie das UrhG sind auf gesetzgeberische Entscheidungen und damit auf eine positivrechtlich festgelegte Interessenabwägung zurückzuführen. Eine solche liefe leer, würde sie durch die richterliche Entscheidungsprärogative, die das Lauterkeitsrecht bietet, im Einzelfall ausgehebelt[562]. Dies gilt insbesondere hinsichtlich der Schutzfrist als wichtigste immaterialgüterrechtliche Schranke[563]. Daher kommt ein lauterkeitsrechtlicher (Leistungs-)Schutz nur in solchen Fällen in Betracht, in denen eine gesetzgeberische (Wert-)Entscheidung nicht getroffen wurde[564].

Hinsichtlich des 1. Aspekts des Screen Scrapings ist eine solche gesetzgeberische (Wert-)Entscheidung gegeben. Die Informationserlangung (1. Aspekt des Screen Scrapings) ist gemäß §§ 87b UrhG ff. in den zu prüfenden Fallgruppen vom Betreiber des virtuellen Geschäftsmodells hinzunehmen[565]. Dies hat zur Folge, dass lauterkeitsrechtliche Unterlassungsansprüche insoweit ausgeschlossen sind, da ansonsten den im Rahmen des Urheberrechts vorgenommenen Wertungen widersprochen würde.

Für eine Anwendbarkeit lauterkeitsrechtliche Ansprüche ist somit einzig hinsichtlich des Zur-Verfügung-Stellens der erlangten Informationen (2. Aspekt des

---

560 Kapitel 2 Ziffer B.I.2., Seite 22.

561 Dreier/Schulze/*Dreier* Vor §§ 87a ff. Rn. 9; Schricker/Loewenheim/*Vogel* Vor §§ 87a Rn. 47.

562 Dreier/Schulze/*Dreier* Vor §§ 87a ff. Rn. 9; Schricker/Loewenheim/*Vogel* Vor §§ 87a Rn. 9.

563 *Nemeczek* „Gibt es einen unmittelbaren Leistungsschutz im Lauterkeitsrecht?“, GRUR, 2010, 1203, 1205.

564 *Nemeczek* „Gibt es einen unmittelbaren Leistungsschutz im Lauterkeitsrecht?“, a.a.O., 1205.

565 Kapitel 3 Ziffer D.I., Seite 85.

Screen Scrapings) Raum. Dieses erschöpft sich in der zweit- und dritt-genannten Fallgruppe in der Verwertung zulässigerweise erlangter Informationen. Wollte man auf Grund lauterkeitsrechtlicher Ansprüche eine solche Verwertung unterbinden, käme es zu dem oben erwähnten Wertungswiderspruch zum Urheberrecht. Hiernach ist das Kopieren von Datenbanken einzig unter dem Gesichtspunkt des Schutzes von Investitionen, d.h. bei Vorliegen bestimmter Voraussetzungen, rechtswidrig. Liegen die Voraussetzungen nicht vor, hat der Datenbankhersteller das Kopieren der Datenbank hinzunehmen und auch das Verwerten der kopierten Datenbank zu akzeptieren.

Für die Anwendbarkeit lauterkeitsrechtlicher Ansprüche hinsichtlich des Zur-Verfügung-Stellens der erlangten Informationen (2. Aspekt des Screen Scrapings) bedarf es somit eines Anknüpfungspunktes, der über die bloße Verwertung der Daten hinaus geht. Ein solcher ist allein hinsichtlich der erstgenannten Fallgruppe „Einmischen in die Kommunikation zwischen Inhaber des virtuellen Geschäftsmodelles und dessen Kunden im Zusammenhang mit dem Direktvertrieb von Waren oder Dienstleistungen (2. Stufe)“[566] gegeben, indem die Waren oder Dienstleistungen (2. Stufe) des Inhabers des virtuellen Geschäftsmodells (Anbieter) von dem Dritten (Mittler) an den Kunden vermittelt werden. Dieser Aspekt könnte lauterkeitsrechtlich relevant sein.

2. Gezielte Mitbewerberbehinderung – §§ 8 Abs. 1 Satz 1; 3 Abs. 1; 4 Nr. 10 UWG

Eine geschäftliche Handlung ist gemäß §§ 3 Abs. 1; 4 Nr. 10 UWG unlauter und begründet einen Unterlassungsanspruch (§ 8 Abs. 1 Satz 1 UWG) wenn ein Mitbewerber gezielt behindert wird.

Zunächst sei noch einmal in Erinnerung gerufen, worin die Beeinträchtigung in der zu prüfenden Fallgruppe besteht:

Der Inhaber des virtuellen Geschäftsmodells bietet über eine Internetpräsenz Waren und/oder Dienstleistungen (2. Stufe) gegenüber Kunden im Wege des Direktvertriebes an. Zwischenhändler sind nicht vorgesehen, was der Inhaber des virtuellen Geschäftsmodells regelmäßig über seine Allgemeinen Geschäftsbedingungen zum Vertragsgegenstand macht. Der beeinträchtigende Dritte übergeht diesen Willen des Inhabers des virtuellen Geschäftsmodells und mischt sich in den Vertrieb der Waren und/oder Dienstleistungen (2. Stufe) ein, indem er die Informationen über die Waren oder Dienstleistungen (2. Stufe) von der Internetseite des

566 Kapitel 2 Ziffer B.I.2., Seite 22.

Inhabers des virtuellen Geschäftsmodells extrahiert und auf der eigenen Internetseite Kunden zur Verfügung stellt. Das Interesse des Dritten am Extrahieren der Daten und Zur-Verfügung-Stellen auf der eigenen Internetseite besteht darin, von dem Umstand des Angebots der Waren/Dienstleistungen (2. Stufe) zu profitieren. Der Dritte agiert als Vermittler oder Wiederverkäufer der Waren oder Dienstleistungen (2. Stufe), indem er den Kunden einen Zugriff auf dessen Angebot ermöglicht, ohne dass sich der Kunde auf die Internetseite des Anbieters der Waren und Dienstleistungen (2. Stufe) begeben muss. Dieses Geschäftsmodell wird insbesondere dann attraktiv, wenn nicht die Daten von der Internetseite eines Anbieters, sondern von den Internetseiten einer Vielzahl von Anbietern identischer oder ähnlicher Waren/Dienstleistungen (2. Stufe) extrahiert werden. Dem Kunden wird so ermöglicht, mit dem Besuch einer Internetseite – nämlich der des Dritten – auf eine breite Palette von Waren oder Dienstleistungen (2. Stufe) verschiedener Anbieter gleichzeitig zuzugreifen. Hat der Kunde sich für ein Angebot entschieden, ermöglicht es der Dritte, die Waren oder Dienstleistungen (2. Stufe) des Anbieters über die Internetseite des Dritten bei dem Anbieter zu bestellen. Der Kunde gibt in eine Bestellmaske, die der Dritte auf der eigenen Internetseite bereit hält, die entsprechenden Informationen zu den ausgewählten Waren oder Dienstleistungen (2. Stufe) ein und der Dritte führt die Bestellung anschließend für den Kunden beim Anbieter aus. Hierfür erhebt der Dritte eine Gebühr, die er dem Kunden zusammen mit dem Preis für die Waren oder Dienstleistungen (2. Stufe) in einem Gesamtpreis in Rechnung stellt. Der Dritte vermittelt[567] somit den Vertragsschluss zwischen dem Anbieter und dem Kunden.

Das Einmischen des Dritten bewirkt, dass der Kunde mit dem Anbieter während des Vorgangs der Auswahl und Bestellung der Waren oder Dienstleistungen (2. Stufe) nicht kommuniziert. Zu welchem Zeitpunkt es zu einem unmittelbaren Kontakt zwischen dem Anbieter und Kunden kommt, richtet sich nach der konkreten Ausgestaltung des Bestellvorgangs des Dritten. So kann der Bestellvorgang des Dritten in der Weise ausgestaltet sein, dass dieser einzig die Bestellung gegenüber dem Anbieter abgibt und die weitere Kommunikation (Zusendung der Bestellbestätigung durch den Anbieter, Vertragsschluss und Leistungserbringung) unmittelbar zwischen Betreiber und Kunden stattfindet. Die Einmischung kann jedoch auch so weit reichen, dass der Betreiber erst bei der Leistungserbringung unmittelbar mit dem Kunden in Kontakt tritt.

Das Einmischen des Dritten hat zur Folge, dass dem Anbieter der Waren oder Dienstleistungen (2. Stufe) die im Zusammenhang mit der Vermietung von

567 Rechtsunspezifisch zu verstehen.

Werbeflächen wichtigen Klicks verloren gehen. Es werden weniger Nutzer der Internetpräsenz registriert, womit der Marktwert der auf der Internetseite bereitgestellten Werbefläche sinkt. Dies wirkt sich auf die Miete der Werbeflächen negativ aus und kann zu Einnahmeverlusten führen[568]. Da die Dritten für ihre Dienstleistungen gegenüber dem Kunden in der Regel ein Entgelt verlangen, erhöht sich aus Sicht des Kunden der Gesamtpreis für die angebotenen Waren oder Dienstleistungen (2. Stufe). Oftmals sind die von dem Dritten erhobenen Entgelte nicht als solche erkennbar, so dass der Kunde davon ausgeht, bei dem erhöhten Endpreis handele es sich um den tatsächlichen Endpreis der Ware oder Dienstleistungen (2. Stufe)[569]. Dies ist z.B. dann problematisch, wenn die Waren oder Dienstleistungen im Niedrigpreissegment angeboten werden. Denn dem Kunden wird unter Umständen nicht im Gedächtnis bleiben, dass der Gesamtpreis auf Grund des Zwischenschaltens des Dritten höher gewesen ist, sondern dass die Waren oder Dienstleistungen (2. Stufe) nicht niedrigpreisig sind.

a) Geschäftliche Handlung und Mitbewerber

Voraussetzung ist zunächst, dass der das virtuelle Geschäftsmodell beeinträchtigende Dritte (nachfolgend: Mittler) geschäftlich handelt und als Mitbewerber des Inhabers des virtuellen Geschäftsmodells zu qualifizieren ist.

Ein geschäftliches Handeln des Mittlers ist gegeben, da das Vermitteln[570] ein Handeln zu Gunsten des eigenen Unternehmens ist, das mit der Förderung des Absatzes oder Bezugs von Waren oder Dienstleistungen (2. Stufe) objektiv zusammenhängt[571].

Zudem ist der Mittler als Mitbewerber des Anbieters im Sinne des § 4 Nr. 10 UWG zu qualifizieren.

Stellt man auf die angebotenen Waren oder Dienstleistungen (2. Stufe) ab, sind der Mittler und der Anbieter zwar auf unterschiedlichen Wirtschaftsstufen tätig. Denn der Anbieter ist der Hersteller der Waren bzw. Erbringer der Dienstleistungen (2. Stufe) und der Mittler deren Händler bzw. Vermittler. Jedoch ist das Vorliegen einer konkreten Mitbewerberbeziehung zu bejahen, da sich beide im Ergebnis an den gleichen Abnehmerkreis wenden[572].

568 Kapitel 2 Ziffer A.III, Seiten 15 f.

569 Vgl. Kapitel 3 Ziffer D.II.2.b)aa), Seite 122.

570 Rechtsunspezifisch zu verstehen.

571 Vgl. Köhler/Bornkamm/*Köhler* § 4 UWG Rn. 10.4.

572 Vgl. Köhler/Bornkamm/*Köhler* § 2 UWG Rn. 97a; *LG Hamburg* Urt. v. 26.02.2009, 310 O 31/09 (nicht veröffentlicht).

Sofern man auf den Vertrieb der Waren oder Dienstleistungen (2. Stufe) abstellt, liegt ebenfalls ein konkretes Wettbewerbsverhältnis zwischen dem Anbieter und Mittler vor. Denn der Mittler versucht dieselben Waren oder Dienstleistungen (2. Stufe) innerhalb desselben Abnehmerkreises abzusetzen, mit der Folge, dass die eigene Vertriebstätigkeit des Anbieters beeinträchtigt wird[573].

b) Gezielte Behinderung

Das relevante Verhalten des Mittlers besteht darin, dass sich dieser in den Direktvertrieb des Anbieters einschaltet. Es kommt eine betriebsbezogene Behinderung in der Fallgestaltung des unlauteren Schleichbezugs in Betracht.

aa) Einschaltung in den Direktvertrieb

Der Anbieter setzt seine Waren oder Dienstleistungen (2. Stufe) unmittelbar gegenüber dem Kunden über die eigene Internetseite, d.h. im Wege des Direktvertriebes ab. Er verbietet in seinen Allgemeinen Geschäftsbedingungen den Erwerb zum Zwecke des kommerziellen Weiterverkaufs, d.h. erbringt seine Leistung ausschließlich gegenüber Endkunden.

Der Mittler bietet Kunden an, über die Internetseite des Dritten nach Waren oder Dienstleistungen (2. Stufe) verschiedener Anbieter zu suchen. Der Kunde gibt in eine Suchmaske auf der Internetseite des Mittlers die entsprechenden Suchkriterien ein. Anschließend sucht der Mittler dann im Wege eines automatisierten Verfahrens die Internetseite des Anbieters nach Waren oder Dienstleistungen (2. Stufe) ab, die den Suchkriterien entsprechen. Im Falle einer Übereinstimmung, stellt der Mittler dem Kunden die Informationen über die Waren oder Dienstleistungen (2. Stufe) auf der eigenen Internetseite zur Verfügung und bietet dem Kunden die Möglichkeit, die Waren oder Dienstleistungen (2. Stufe) über eine Bestellmaske auf der Internetseite des Mittlers beim Anbieter zu bestellen. Für seine Dienstleistung erhebt der Mittler eine Gebühr, die der Kunde zusätzlich zu dem Entgelt des Anbieters zu entrichten hat. Aus Sicht des Kunden erhöht sich hierdurch der Gesamtpreis, der für den Erwerb der Waren bzw. die Inanspruchnahme der Dienstleistungen (2. Stufe) des Anbieters aufzubringen ist.

Das Geschäftsmodell des Mittlers ist für Kunden attraktiv, da der Kunde die Möglichkeit hat, sich auf einer Internetseite einen Überblick über die Waren oder Dienstleistungen (2. Stufe) verschiedener Anbieter zu verschaffen. Für den Kunden entfällt die Suche auf der Internetseite eines jeden Anbieters.

---

573 Vgl. Köhler/Bornkamm/*Köhler* § 2 UWG Rn. 97a.

bb) Vertriebsbezogende Behinderung – unlauterer Schleichbezug

Das Verhalten des Mittlers könnte eine vertriebsbezogene Behinderung in der Fallgestaltung des unlauteren Schleichbezugs sein.

Der Schwerpunkt des Unlauterkeitsvorwurfes liegt hierbei in der Behinderung eines Vertriebskonzepts, mit dem der Hersteller einer Ware oder Erbringer einer Dienstleistung legitime Absatzinteressen verfolgt[574]. Die Fallgruppe des Schleichbezugs wird dadurch geprägt, dass in das Vertriebssystem „eingeschlichen“ wird, indem die Waren oder Dienstleistungen durch aktive Täuschung über eine Absicht zum kommerziellen Weitervertrieb (Wiederverkauf[575]) erlangt werden[576]. Zudem muss eine Abwägung der Interessen ergeben, dass das Interesse des Herstellers der Waren bzw. Dienstleistungsanbieters am ungestörten Direktvertrieb überwiegt[577]. Die zu selektiven Vertriebssystemen entwickelte Fallgruppe des Schleichbezugs ist auch auf Direktvertriebssysteme anwendbar[578].

Die Voraussetzungen eines unlauteren Schleichbezugs könnten gegeben sein, wenn der Mittler die Waren oder Dienstleistungen (2. Klasse) durch Täuschung über seine Absicht zum kommerziellen Wiederverkauf vom Anbieter erlangt. Sofern kein Wiederverkauf vorliegt, ist zu prüfen, ob ein unlauteres geschäftliches Handeln des Mittlers durch eine Erweiterung der Fallgruppe des Schleichbezugs bejaht werden kann.

(1) Täuschung über Wiederverkaufsabsicht

Als Täuschungshandlung betreffend die Wiederverkaufsabsicht des Mittlers gegenüber dem Anbieter kommt die Weiterleitung der vom Kunden auf der Internetseite des Mittlers vorgenommenen Bestellung der Waren oder Dienstleistungen (2. Stufe) beim Anbieter in Betracht. Die Handlung des Mittlers müsste

- einen Wiederverkauf der Waren oder Dienstleistungen (2. Stufe) sowie
- eine Täuschung gegenüber dem Anbieter über die Wiederverkaufsabsicht

darstellen.

---

574 *BGH* Urt. v. 11.09.2008, I ZR 74/06, WRP 2009, 177, 179 - *bundesligakarten.de.*

575 Der Terminus „Wiederverkauf“ ist untechnisch zu verstehen, da er sich auch auf Dienstleistungen bezieht und solche nicht verkauft werden.

576 Piper/*Ohly* § 4.10 Rn. 10/77.

577 Köhler/Bornkamm/*Köhler* § 4 UWG Rn. 10.63.

578 *BGH* Urt. v. 14.07.198, 8 I ZR 184/86 - *Pkw-Schleichbezug*; *BGH* Urt. v. 07.02.1991, I ZR 104/89, WRP 1991, 391, 392 - *Eigenvertriebssystem*; *BGH* Urt. v. 11.09.2008, I ZR 74/06, WRP 2009, 177, 180 - *bundesligakarten.de.*

Das Vorliegen einer Täuschung ist zu bejahen. Denn der Anbieter hat (in der Regel in seinen Allgemeinen Geschäftsbedingungen) zum Ausdruck gebracht, dass ein Erwerb der Waren oder Dienstleistungen (2. Stufe) nicht zum Zwecke des kommerziellen Wiederverkaufs, sondern ausschließlich unmittelbar gegenüber Endkunden möglich ist. Indem der Mittler diese Bedingung akzeptiert (denn nur so ist die Bestellung möglich) und die Bestellung vornimmt, täuscht er vor, dass er einen kommerziellen Wiederverkauf nicht beabsichtigt.

Fraglich ist jedoch, ob ein Wiederverkauf der Waren oder Dienstleistungen (2. Stufe) durch den Mittler gegeben ist. Ein solcher ist nur dann zu bejahen, wenn es auf Grund der Bestellung zunächst zu einem Vertragsschluss des Mittlers mit dem Anbieter kommt und der Mittler anschließend einen Vertrag mit dem Kunden schließt.

Ob ein Vertragsschluss über die Waren oder Dienstleistungen (2. Stufe) zwischen dem Anbieter und Mittler vorliegt, ist nach dem objektiven Empfängerhorizont gemäß §§ 133, 157 BGB zu beurteilen. Hierbei kommt es maßgeblich darauf an, wie der Bestellvorgang der Waren oder Dienstleistungen (2. Stufe) ausgestaltet ist. Zu klären ist, ob auf Grund der konkreten Ausgestaltung des Bestellvorganges davon ausgegangen werden kann, dass der Mittler das Angebot zum Erwerb der Waren oder Dienstleistungen (2. Stufe), d.h. die Bestellung, gegenüber dem Anbieter im eigenen Namen zu Gunsten des Kunden (§ 328 BGB) oder im Namen des Kunden abgibt.

Gibt der Mittler als Kontaktdaten (z.B. E-Mail-Adresse, Telefonnummer, Adresse) sowie als Details zum Zahlungsmittel (z.B. Kreditkartendetails) eigene Daten gegenüber dem Inhaber des virtuellen Geschäftsmodells an, sprechen gut Gründe für einen Vertragsabschluss im eigenen Namen des Mittlers[579]. Denn aus Sicht eines objektiven Empfängers muss sich derjenige, der in den Kontaktdaten genannt ist, den Vertrag zurechnen lassen. Dies gilt insbesondere dann, wenn die in den Kontaktdaten benannte Person zudem die Zahlung des Entgeltes für die Waren oder Dienstleistungen (2. Stufe) vornimmt[580].

Eine solche Ausgestaltung des Bestellvorgangs ist durchaus üblich, da der Mittler ein Interesse daran hat, dass der Anbieter betreffend die Bestellung und Zahlung nicht unmittelbar mit dem Kunden kommuniziert. Hierdurch behält der

---

579 Vgl. *BGH* Urt. v. 11.09.2008, I ZR 74/06, WRP 2009, 177, 179 - *bundesligakarten. de*; *OLG Hamburg* Urt. v. 28.05.2009, 3 U 191/08, CR 2009, 609, 610 f.; LG *Hamburg* Urt. v. 26.02.2009, 310 O 31/09 (nicht veröffentlicht).

580 *OLG Hamburg* Urt. v. 28.05.2009, 3 U 191/08, CR 2009, 609, 610 f.; *LG Hamburg* Urt. v. 26.02.2009, 310 O 31/09 (nicht veröffentlicht).

Mittler die Kontrolle über das Rechtsgeschäft. Dies ist insbesondere hinsichtlich des Zahlungsvorgangs von Bedeutung. Denn der Mittler hat kein Interesse daran, dass der Kunden die Rechnung für die Waren oder Dienstleistungen (2. Stufe) unmittelbar vom Anbieter erhält. Der Mittler müsste das Entgelt für seine Tätigkeit dann nämlich separat gegenüber dem Kunden geltend machen, was die Versendung einer eigenen Rechnung erforderlich machen würde. Der Kunde würde somit zwei Rechnungen erhalten, nämlich eine Rechnung betreffend die Waren oder Dienstleistungen (2. Stufe) sowie eine Rechnung betreffend die Tätigkeit des Mittlers. Zum Einen ist dies weniger kundenfreundlich. Zum Anderen müsste der Mittler dafür Sorge tragen, dass der Kunde die Rechnung des Mittlers erst nach Lieferung der Ware oder Erbringung der Dienstleistung (2. Stufe) und zeitnah zusammen mit der Rechnung des Inhabers des virtuellen Geschäftsmodells erhält. Würde der Kunde die Rechnung des Mittlers vorher oder weit später erhalten, besteht das Risiko, dass dem Kunden der Zusammenhang mit der Rechnung über den Erwerb der Waren bzw. die Inanspruchnahme der Dienstleistungen (2. Stufe) nicht deutlich wäre. Es bestünde zu befürchten, dass der Kunde die zweite Rechnung für eine unberechtigte Forderung oder einen Betrugsfall hält. Da der Mittler regelmäßig keine Kenntnis davon hat, zu welchem Zeitpunkt die Ware geliefert bzw. die Dienstleistung (2. Stufe) erbracht und die Rechnung hierfür versendet wird, ist dem Mittler eine entsprechende Koordination mit dem eigenen Rechnungsversand nicht möglich. Auch ist damit zu rechnen, dass den Kunden der Erhalt einer zweiten, separat betreffend die Tätigkeit des Mittlers aufgestellten Rechnung irritiert. Denn dem Kunden mag zwar bewusst sein, dass er hinsichtlich des Erwerbes der Waren oder Dienstleistungen (2. Stufe) einen Mittler eingeschaltet hat, für dessen Tätigkeit ein separates Entgelt anfällt. Für ihn stellt sich der gesamte Vorgang jedoch einheitlich dar. Es ist nicht fernliegend, dass er der separaten Rechnung des Mittlers zumindest skeptisch gegenüber steht und nicht unverzüglich begleicht.

Der Mittler ist somit daran interessiert, dass der Kunde lediglich eine Rechnung erhält, die sich auf den Erwerb der Ware oder Dienstleistung (2. Stufe) und die Tätigkeit des Mittlers bezieht. Da sich der Vorgang hinsichtlich des Erwerbs der Ware oder Dienstleistung (2. Stufe) unter Einbeziehung eines Mittlers als ein einheitlicher Vorgang darstellt, ist der Kunde eher geneigt zu akzeptieren, dass er für zwei Leistungen ein Entgelt erbringt und Zahlung beider Rechnungsposten leisten. Hierfür ist es erforderlich, dass der Bestellvorgang des Mittlers wie oben beschrieben so gestaltet ist, dass als Rechnungs- und Zahlungsdaten nicht die Kundendaten, sondern die Daten des Mittlers an den Inhaber des virtuellen Geschäftsmodells weitergeleitet werden. Resultat ist, dass der Inhaber des virtuellen Geschäftsmodells seine Rechnung an den Mittler sendet, der Mittler diese Rechnung begleicht und an den Kunden eine eigene Rechnung weiterleitet, die als Rechnungsposten den an den Inhaber des virtuellen Geschäftsmodells gezahlten Betrag sowie das Entgelt für die Mittlertätigkeit enthält.

Um eine Leistung (Lieferung der Ware bzw. Erbringung der Dienstleistung (2. Stufe)) unmittelbar an den Kunden zu bewirken, gibt der Mittler gegenüber dem Inhaber des virtuellen Geschäftsmodells den Kunden als Leistungsempfänger an[581]. Dies führt jedoch nicht dazu, dass der Vertragsanschluss anders als vorab beschrieben zu bewerten wäre. Denn die Angabe des Kunden als Leistungsempfänger enthält nach dem objektiven Empfängerhorizont lediglich die Aussage, dass die Leistung an einen Dritten zu erfolgen hat. Dies ist z.B. bei Flugreisemittlern üblich. So sind Buchender und Fluggast oftmals personenverschieden. Bei den Angaben zum Fluggast, d.h. des Leistungsempfängers, werden die entsprechenden Kundendaten gegenüber der Fluggesellschaft angegeben. In einem solchen Fall liegt ein Vertrag zu Gunsten Dritter (§ 328 BGB) vor.

Bei einer solchen Ausgestaltung des Bestellvorgangs ist somit von einem Vertragsschluss über die Waren oder Dienstleistungen (2. Stufe) zwischen dem Mittler und dem Anbieter auszugehen. Anschließend schließt der Mittler mit dem Kunden über die Waren oder Dienstleistungen (2. Stufe) einen Vertrag, womit ein Wiederverkauf vorliegt. Da der Mittler den entgeltlichen Wiederverkauf bereits beim Vertragsschluss mit dem Anbieter beabsichtigte, hat er über seine Absicht eines Wiederverkaufs zu kommerziellen Zwecken getäuscht[582]. Die erste Voraussetzung für einen unlauteren Schleichbezug ist hiermit zu bejahen.

Sofern die Entscheidung des Anbieters zum Direktvertrieb ein anerkennenswertes Interesse zu Grunde liegt und keine kartellrechtlichen Bedenken gegen den Direktvertrieb bestehen, dürfte die durchzuführende Abwägung der Interessen des Anbieters und des Mittlers zu Gunsten der Interessen des Anbieters ausfallen, womit die zweite Voraussetzung für einen unlauteren Schleichbezug zu bejahen ist. Ein anerkennenswertes Interesse des Anbieters ist z.B. zu bejahen, wenn der Anbieter mit dem Direktvertrieb Qualitätsstandards im Zusammenhang mit den Waren oder Dienstleistungen (2. Stufe) sichern möchte. Dies kann der Fall sein, wenn der Direktvertrieb von Eintrittskarten für Fußballspiele der

581 *OLG Hamburg* Urt. v. 28.05.2009, 3 U 191/08, CR 2009, 609, 610 f.; *LG Hamburg* Urt. v. 26.02.2009, 310 O 31/09 (nicht veröffentlicht).

582 *OLG Hamburg* Urt. v. 28.05.2009, 3 U 191/08, CR 2009, 609, 610 f.

Gewährleistung einer besseren Sicherheit im Fußballstadion dient[583]. Ein anerkennenswertes Interesse an einem Direktvertrieb ist zudem gegeben, wenn dieser der Umsetzung einer unternehmerischen Entscheidung dient, wie z.B. stets der günstigste Anbieter zu sein[584] oder mit der Kontrolle über die Entgeltgestaltung den finanziellen Möglichkeiten weniger zahlungskräftiger Kunden Rechnung zu tragen[585].

In Fällen, in denen der Mittler im Rahmen der Bestellung gegenüber dem Anbieter als Kontaktdaten, an welche die Bestellbestätigung und Rechnung gesendet werden soll sowie hinsichtlich des Zahlungsmittels, eigene Daten (z.B. E-Mail-Adresse, Telefonnummer, Adresse, Kreditkartennummer) angibt, ist das Vorliegen eines unlauteren Schleichbezugs, mithin eine unlautere geschäftliche Handlung gemäß § 4 Nr. 10 UWG gegeben.

Fraglich ist, ob ein Wiederverkauf auch dann zu bejahen ist, wenn der Mittler ein Minimum an eigenen Daten und im Übrigen die Daten des Kunden an den Anbieter im Rahmen des Bestellvorgangs übermittelt.

Wie oben dargestellt, besteht das primäre Interesse des Mittlers am Einmischen in die Kommunikation zwischen Anbieter und Kunden darin, in die Zahlungsabwicklung des Entgeltes für die Waren oder Dienstleistungen (2. Stufe) involviert zu sein. Da im Bereich des Internethandels Zahlungen in der Regel über Kreditkarten vorgenommen und Rechnungen per E-Mail versendet werden, erreicht der Mittler dieses Ziel auch dann, wenn er im Rahmen des Bestellvorgangs einzig hinsichtlich der Kreditkarteninformationen (Kreditkartennummer) und Kontakt-E-Mail-Adresse eigene Daten angibt und hinsichtlich der übrigen Informationen die Daten des Kunden an den Anbieter übermittelt. So würde z.B. im Falle einer Flugbuchung als Vor- und Nachname, Anschrift, Telefonnummer und Geburtsdatum und Personalausweisnummer ausschließlich Kundendaten angegeben. Einzig die Felder „Kreditkartennummer“ und „E-Mail-Adresse“ werden mit den entsprechenden Daten des Mittlers ausgefüllt. Für den Anbieter ist nicht erkennbar, dass Kundendaten und die Daten eines Dritten (des Mittlers) gemischt werden.

Fraglich ist, ob auch bei einer solchen Sachverhaltsausgestaltung von einem Vertragsschluss zwischen Anbieter und Mittler, d.h. einem Wiederverkauf, ausgegangen werden kann. Wäre dies zu verneinen, könnte ein Mittler den Bestellvorgang zu

583 *BGH* Urt. v. 11.09.2008, I ZR 74/06, WRP 2009, 177, 180 - bundesligakarten.de.

584 *OLG Hamburg* Urt. v. 28.05.2009, 3 U 191/08, CR 2009, 609, 611; *LG Hamburg* Urt. v. 26.02.2009, 310 O 31/09 (nicht veröffentlicht).

585 *BGH* Urt. v. 11.09.2008, I ZR 74/06, WRP 2009, 177, 179 f. - bundesligakarten.de.

Vermeidung des Vorwurfs eines unlauteren Handelns entsprechend gestalten bzw. entsprechend umgestalten[586].

Ausgehend vom maßgeblichen objektiven Empfängerhorizont (§§ 133, 157 BGB) ist bei dieser Sachverhaltskonstellation der Abschluss eines Vertrages zwischen Anbieter und Mittler, d.h. ein Weiterverkauf zu verneinen.

Das Übermitteln der Kreditkartennummer des Mittlers sowie der E-Mail-Adresse des Mittlers kann aus Sicht des objektiven Bestellempfängers nicht dahingehend bewertet werden, dass sich der Mittler den Vertrag zurechnen lassen wollte, sofern es sich bei den übrigen Daten um Kundendaten handelt. Denn bei der Kreditkartennummer und E-Mail-Adresse handelt es sich nicht um Daten, die gemeinhin der Identifizierung einer Person dienen bzw. hierzu geeignet sind.

Ausgehend von der Kontakt-E-Mail-Adresse kann nicht auf den Vertragspartner geschlossen werden. Der Verkehr ist vielmehr daran gewöhnt, dass E-Mail-Adressen aus Phantasienamen oder Abkürzungen des tatsächlichen Namens des Inhabers der E-Mail-Adresse bestehen. Es besteht keine Erwartung dahingehend, dass man an Hand der E-Mail-Adresse den vollständigen oder korrekten Namen des Inhabers der E-Mail-Adresse erfährt. Dementsprechend werden aus E-Mail-Adressen keine entsprechenden Schlüsse gezogen.

Auch die Kreditkartennummer gibt keinen Aufschluss über die Identität des Inhabers, da sie aus einer Zahlenreihe besteht. Darüber hinaus gilt Folgendes: Selbst wenn der Anbieter an Hand der Informationen zum Zahlungsmittel erkennen könnte, dass die zahlende Person von der Person verschieden ist, auf die sich übrigen Daten beziehen (z.B. bei Zahlung durch Lastschriftverfahren unter Angabe der Kontodaten des Mittlers), ist dies unschädlich. Denn die Zahlung des Entgeltes für die Waren oder Dienstleistungen (2. Stufe) kann gemäß § 267 BGB auch von Dritten vorgenommen werden[587].

Der Identifizierung einer Person dienen vielmehr die übrigen, sich auf den Kunden beziehenden Daten, wie z.B. Vor- und Nachname. Der Kunde wird gegenüber

---

586 So hat der im Rahmen des Verfahrens vor dem *LG Hamburg*, (Urt. v. 26.02.2009, 310 O 31/09, nicht veröffentlicht) von einem Anbieter in Anspruch genommene Mittler seine ursprüngliche Buchungspraxis, die einen Wiederverkauf begründete, umgestellt und seine Allgemeinen Geschäftsbedingungen dahingehend geändert, dass die eigene Tätigkeit als „Vermittlung" bezeichnet wurde, nachdem das *OLG Hamburg* in einem Verfahren, dem ein ähnlicher Sachverhalt zu Grunde lag, mit Urteil vom 28.05.2009, 3 U 191/08, CR 2009, 609, 610 f. eine unlautere Mitbewerberbehinderung in der Form des Schleichbezugs gemäß § 4 Nr. 10 UWG auf Grund des Wiederverkaufs bejaht hat.

587 *LG Hamburg* Urt. v. 26.02.2009, 310 O 31/09 (nicht veröffentlicht).

dem Anbieter als Besteller (und – je nach Ausgestaltung des Bestellvorgangs des Anbieters – als Leistungsempfänger) benannt. Es werden der Vor- und Nachname und die Kontaktdaten sowie die postalische Anschrift und Telefonnummer des Kunden angegeben. Hieraus folgt aus Sicht des objektiven Empfängers, dass der Vertrag mit dem Kunden zu Stande kommen soll und der Mittler die Bestellung, d.h. das Angebot zum Erwerb der Waren oder Dienstleistungen (2. Stufe), als Stellvertreter (§§ 164 BGB) für den Kunden abgibt[588].

Auch hat der Mittler die Möglichkeit, durch die Gestaltung seiner Allgemeinen Geschäftsbedingungen auf die Beurteilung des Vorliegens eines Wiederverkaufs bzw. Vermittlergeschäfts Einfluss zu nehmen. Denn der für die Beurteilung maßgebliche objektive Empfängerhorizont (§§ 133, 157 BGB) bewertet sich aus Sicht des Kunden. Die Kundensicht wird maßgeblich durch die Vertragsgestaltung, d.h. in der Regel durch die Allgemeinen Geschäftsbedingungen des Mittlers, geprägt. Erwecken die Allgemeinen Geschäftsbedingungen beim Kunden den Eindruck eines Wiederverkaufs bzw. einer Vermittlung, stellt dies ein Indiz für den vertraglichen Charakter dar[589]. So kann die Wortwahl in den Allgemeinen Geschäftsbedingungen für oder gegen das Vorliegen eines Wiederverkaufs sprechen[590]. Ebenso kann ein Wiederverkauf angenommen werden, wenn der Mittler dem Kunden den Namen und die Kontaktdaten des Anbieters nicht mitteilt[591]. Unterlässt der Mittler gegenüber dem Kunden den ausdrücklichen Hinweis, dass er als Vermittler der Waren oder Dienstleistungen (2. Stufe) des Anbieters agiert, ist dies ebenfalls als Indiz für einen Wiederverkauf zu bewerten. Denn dieser Umstand ist aus Sicht des Kunden mit Blick auf die Geltendmachung etwaiger Gewährleistungsansprüche von Bedeutung[592]. Als Umkehrschluss ist der Hinweis in den Allgemeinen Geschäftsbedingungen des Mittlers, dass Gewährleistungsrechte gegenüber dem Anbieter geltend zu machen sind, als Indiz für ein Vermittlergeschäft zu bewerten.

Der Mittler wird in der Regel von der Möglichkeit der Einflussnahme auf die Beurteilung des Vertragscharakters des zwischen ihm und dem Kunden geschlossenen

588 Vgl. *LG Hamburg* Urt. v. 26.02.2009, 310 O 31/09 (nicht veröffentlicht).
589 *BGH* Urt. v. 05.12.1991, I ZR 63/90, WRP 1992, 165, 167 f. - *Vorgetäuschter Vermittlungsauftrag.*
590 *BGH* Urt. v. 05.12.1991, I ZR 63/90, WRP 1992, 165, 167 f. - *Vorgetäuschter Vermittlungsauftrag.*
591 *BGH* Urt. v. 05.12.1991, I ZR 63/90, WRP 1992, 165, 167 f. - *Vorgetäuschter Vermittlungsauftrag.*
592 *BGH* Urt. v. 05.12.1991, I ZR 63/90, WRP 1992, 165, 167 f. - *Vorgetäuschter Vermittlungsauftrag.*

Rechtsgeschäfts durch entsprechende Gestaltung seiner Allgemeinen Geschäftsbedingungen Gebrauch machen, um sich nicht dem Vorwurf eines unlauteren Schleichbezugs auszusetzen. Dementsprechend wird der Mittler seine Tätigkeit in seinen Allgemeinen Geschäftsbedingungen ausdrücklich als Vermittlertätigkeit beschreiben und ausgestalten.

Eine Besonderheit ergibt sich jedoch, wenn der Bestellvorgang des Anbieters so ausgestaltet ist, dass neben einer Kontakt-E-Mail-Adresse eine separate Rechnungsanschrift anzugeben ist. Der Mittler kann als Rechnungsanschrift zwar die Kundendaten verwenden, um den erwünschten Effekt der Kontrolle des Zahlungsverkehrs erreichen, sofern er die eigene E-Mail-Adresse als Kontakt-E-Mail-Adresse angibt. Dies folgt aus den üblichen Gepflogenheiten im Rahmen des Internethandels, wonach sämtliche Dokumente, z.B. Rechnungen, elektronisch versendet werden, d.h. an die Kontakt-E-Mail-Adresse des Mittlers. Dem Anbieter liegt somit zwar eine postalische Rechnungsanschrift des Kunden vor, er versendet die Rechnung dennoch an die E-Mail-Adresse des Mittlers. In der Regel dürfte dem Anbieter nicht bewusst sein, dass insoweit Personenverschiedenheit vorliegt.

Die Angabe einer separaten Rechnungsanschrift unter Benennung der entsprechenden Kundendaten neben der Angabe der eigenen E-Mail-Adresse als Kontakt-E-Mail-Adresse des Mittlers kann jedoch dazu führen, dass dies als Indiz für einen Wiederverkauf des Mittlers bewertet wird[593].

(2) Übertragung auf Vermittlungstätigkeiten

Fraglich ist, ob die Grundsätze des unlauteren Schleichbezugs auf die Fälle übertragen werden können, in denen kein Wiederverkauf, sondern eine Stellvertretung bzw. Vermittlung betreffend die Waren oder Dienstleistungen (2. Stufe) des Anbieters vorliegt.

Dies ist zu verneinen. Denn der Schwerpunkt des Unlauterkeitsvorwurfes des Schleichbezugs liegt in der Behinderung eines Vertriebskonzepts[594]. Hierzu kommt es nicht, wenn der Mittler als Stellvertreter bzw. Vermittler auftritt. Er handelt für den Endkunden und schließt den Vertrag mit dem Anbieter für den (End-)Kunden ab. Es kommt somit zu einem unmittelbaren Vertragsschluss zwischen Anbieter und (End-)Kunden, d.h. der Direktvertrieb des Anbieters wird nicht gestört. Die

---

593 *BGH* Urt. v. 05.12.1991, I ZR 63/90, WRP 1992, 165, 167 f. - *Vorgetäuschter Vermittlungsauftrag.*

594 *BGH* Urt. v. 11.09.2008, I ZR 74/06, WRP 2009, 177, 179 - *bundesligakarten.de*; Kapitel 3 Ziffer D.II.2.b)bb), Seite 123.

Anwendbarkeit der Fallgruppe des unlauteren Schleichbezugs auf Fälle, in denen kein Wiederverkauf, sondern eine Stellvertretung bzw. Vermittlung vorliegt, ist mithin abzulehnen[595].

c) Zwischenergebnis

Eine gezielte Mitbewerberbehinderung (§§ 8 Abs. 1 Satz 1; 3 Abs. 1; 4 Nr. 10 UWG ist in Form eines unlauteren Schleichbezugs in den Fällen gegeben, in denen der Mittler im Rahmen der Bestellung gegenüber dem Anbieter als Kontaktdaten, an welche die Bestellbestätigung und Rechnung gesendet werden soll sowie hinsichtlich des Zahlungsmittels, eigene Daten (z.B. E-Mail-Adresse, Telefonnummer, Adresse, Kreditkartennummer) angibt.

Anders verhält es sich in den Fällen, in denen der Mittler ausschließlich hinsichtlich der Kreditkartennummer und der Kontakt-E-Mail-Adresse eigene Daten und im Übrigen Kundendaten (z.B. Vor- und Nachname, Anschrift, Telefonnummer, Geburtsdatum, Personalausweisnummer) gegenüber dem Anbieter angibt. Nach dem maßgeblichen objektiven Empfängerhorizont ist in diesem Fall ein Vertragsschluss zwischen dem Kunden und dem Anbieter der Waren bzw. Dienstleistungen (2. Stufe) anzunehmen und der Mittler als Stellvertreter des Kunden zu betrachten. Denn die Kreditkartennummer und Kontakt-E-Mail-Adresse des Mittlers haben keine den Vertragspartner identifizierende Funktion. Als Folge fehlt es an einem Wiederverkauf der Waren oder Dienstleistungen (2. Stufe) durch den Mittler und ein unlauterer Schleichbezug scheidet aus.

Eine Übertragung der Grundsätze des unlauteren Schleichbezugs auf Vermittlertätigkeiten ist zu verneinen, da der Schwerpunkt des Unlauterkeitsvorwurfs beim Schleichbezug in der Behinderung eines Vertriebskonzepts besteht. Im Falle von Vermittlungstätigkeiten der Mittler wird das Vertriebskonzept des Anbieters nicht gestört, da der Vertrag rechtstechnisch unmittelbar mit dem Kunden zustande kommt. Das Konzept des Direktvertriebes des Anbieters bleibt somit unberührt.

Praktische Konsequenz des vorab Beschriebenen ist, dass in der Vielzahl der Mittlertätigkeiten eine unlautere Mitbewerberbehinderung zu verneinen ist. Denn die Mittler gestalten den Bestellvorgang entsprechend dem oben Gesagten in der Weise, dass deren Tätigkeit nicht als Weiterverkauf, sondern Vermittlung qualifiziert werden kann.

---

595 vgl. *BGH* Urt. v. 05.12.1991, I ZR 63/90, WRP 1992, 165, 167 f. - *Vorgetäuschter Vermittlungsauftrag; LG Hamburg* Urt. v. 26.02.2010, 310 O 31/09 (nicht veröffentlicht).

3. Ergänzender lauterkeitsrechtlicher Leistungsschutz

Im Falle der Vermittlung von Waren oder Dienstleistungen (2. Stufe) könnte ein Unterlassungsanspruch gemäß § 8 Abs. 1 Satz 1 UWG unter dem Gesichtspunkt des ergänzenden lauterkeitsrechtlichen Leistungsschutzes in Betracht kommen.

Leistungsschutz besteht, wenn die Rechtsordnung einer Person, die ein unkörperliches Gut hervorgebracht hat, das subjektive Recht einräumt, gegen die Übernahme dieser Leistung durch andere vorzugehen. Hierbei lässt sich zwischen mittelbaren und unmittelbaren Leistungsschutz differenzieren. Während der unmittelbare Leistungsschutz die Übernahme der Leistung als solcher betrifft und typischerweise durch das Recht am geistigen Eigentum gewährt wird, bedarf es für den mittelbaren Leistungsschutz des Hinzutretens zusätzlicher Unlauterkeitsmerkmale[596].

a) Mittelbarer Leistungsschutz – §§ 8 Abs. 1 Satz 1; 3 Abs. 1; 4 Nr. 9 UWG

Mittelbarer Leistungsschutz wird als Nachahmungsschutz über §§ 3, 4 Nr. 9 UWG gewährt. Hiernach ist nicht die Nachahmung selbst, sondern die Art und Weise des Angebots des nachgeahmten Erzeugnisses unlauter[597]. Ein solcher Anspruch ist in der zu prüfenden Fallgruppe jedoch zu verneinen, da – sofern eine wettbewerbliche Eigenart der Waren bzw. Dienstleistungen (2. Stufe) des Anbieters gegeben ist[598] – es jedenfalls an einer Nachahmung fehlt. Stellt man auf die Waren und Dienstleistungen (2. Stufe) des Anbieters ab, ist eine Nachahmung zu verneinen, da der Mittler diese nicht imitiert. Vielmehr bietet er die Waren oder Dienstleistungen (2. Stufe) nicht als eigene, sondern als solche des Anbieters an. Stellt man auf die Vermittlungstätigkeit ab, liegt eine Nachahmung ebenfalls nicht vor. Die Tätigkeit des Mittlers besteht darin, dass er die Informationen zu den Waren oder Dienstleistungen (2. Stufe) verschiedener Anbieter auf seiner Internetseite bereit hält. Ist ein Kunde auf der Suche nach bestimmten Waren oder Dienstleistungen (2. Stufe), hat er die Möglichkeit, auf der Internetseite des Mittlers einen entsprechenden Suchbegriff einzugeben und die Informationen zu den jeweiligen Waren oder Dienstleistungen (2. Stufe) verschiedener Anbieter zu

---

596 *Ohly* „Hartplatzhelden.de oder: Wohin mit dem unmittelbaren Leistungsschutz?“, GRUR 2010, 487.

597 *Ohly* „Hartplatzhelden.de oder: Wohin mit dem unmittelbaren Leistungsschutz?“, a.a.O., 487.

598 Vgl. *Nemeczek* „Wettbewerbliche Eigenart und die Dichtonomie des mittelbaren Leistungsschutzes“, a.a.O., 1315 ff.

erhalten. Hat der Kunde sich für ein Angebot entschieden, ermöglicht der Mittler dem Kunden, die Waren oder Dienstleistungen (2. Stufe) über Internetseite des Mittlers bei dem Anbieter zu bestellen. Diese Dienstleistung des Mittlers stellt keine Nachahmung einer Dienstleistung des Anbieters, sondern eine eigene, originäre Leistung des Mittlers dar[599]. Somit fehlt es an dem für eine Nachahmung typischen Anbieten einer fremden Leistung als eigene Leistung[600]. Der Mittler gibt die Waren oder Dienstleistungen (2. Stufe) des Anbieters in keiner Weise als eigene Leistungen aus[601].

Ein ergänzender mittelbarer Leistungsschutz gemäß § 4 Nr. 9 UWG ist somit zu verneinen.

b) Unmittelbarer Leistungsschutz – §§ 8 Abs. 1 Satz 1; 3 Abs. 1 UWG

Beim unmittelbaren Leistungsschutz, als dessen rechtliche Grundlage die Generalklausel des § 3 Abs. 1 UWG herangezogen wird, geht es im Kern um die Frage, ob die Ausnutzung einer fremden Leistung ohne angemessenen eigenen Aufwand auch dann unlauter sein kann, wenn sondergesetzlicher Schutz nicht greift[602].

Bis zur UWG-Reform im Jahr 2004 wurde ein unmittelbarer Leistungsschutz in zahlreichen Fällen anerkannt[603], wobei die Notwendigkeit zusätzlicher Unlauterkeitsmerkmale oftmals ins Hintertreffen geriet[604]. Dies fand seine Rechtfertigung darin, dass das Immaterialgüterrecht in weiten Teilen Schutzlücken aufwies, die es zu füllen galt. So wurden einzelne Leistungsschutzrechte auf Grundlage des UWG gewährt, bevor sie der Gesetzgeber ausdrücklich im Recht des geistigen Eigentums geregelt hat, wie z.B. das Leistungsschutzrecht an Datenbanken (§§ 87 b UrhG ff.)[605].

---

599 Vgl. *LG Hamburg* Urt. v. 6.02.2010, 310 O 31/09 (nicht veröffentlicht).

600 Vgl. Köhler/Bornkamm/*Köhler* § 4 UWG Rn. 9.38.

601 Vgl. Köhler/Bornkamm/*Köhler* § 4 UWG Rn. 9.38; *LG Hamburg* Urt. v. 6.02.2010, 310 O 31/09 (nicht veröffentlicht).

602 *Ohly* „Hartplatzhelden.de oder: Wohin mit dem unmittelbaren Leistungsschutz?“, a.a.O., 490.

603 *BGH* Urt. v. 19.01.1973, I ZR 39/71, GRUR 1973, 478 ff. - *Modeneuheit; BGH* Urt. v. 24.05.1963, Ib ZR 62/62, GRUR 1963, 575 ff. - *Vortragsabend*; *BGH* Urt. v. 06.05.1999, I ZR 199/96, GRUR 1999, 923, 926 ff. - *Tele-Info-CD.*

604 *Ohly* „Hartplatzhelden.de oder: Wohin mit dem unmittelbaren Leistungsschutz?“, a.a.O., 489; *Nemeczek* „Gibt es einen unmittelbaren Leistungsschutz im Lauterkeitsrecht?“, a.a.O, 1205.

605 *Nemeczek* „Gibt es einen unmittelbaren Leistungsschutz im Lauterkeitsrecht?“, a.a.O., 1205.

Seit der UWG-Reform im Jahr 2004 ist jedoch fraglich, ob für einen unmittelbaren lauterkeitsrechtlichen Leistungsschutz noch Raum ist, da der Gesetzgeber mit den Beispielskatalogen (§§ 4, 5 UWG) die alte Rechtsprechung in Gesetzesform goss und bewusst von einer Normierung des unmittelbaren Leistungsschutzes absah[606].

Unter Gesichtspunkten des Rechts der Europäischen Union ist die Zuerkennung unmittelbaren Leistungsschutzes denkbar, da die betroffenen Bereiche der Warenverkehrs- und Dienstleistungsfreiheit (Art. 34 und Art. 56 Vertrag über die Arbeitsweise der Europäischen Union) bisher nicht harmonisiert sind und somit Verbote, die dem Schutz von Unternehmern gegen unlauteren Wettbewerb dienen, gerechtfertigt sein können[607].

Teilweise wird der unmittelbare Leistungsschutz kategorisch abgelehnt. Das seit dem Jahr 2004 reformierte UWG verfüge auf Grund der tatbestandsimmanenten Wechselwirkung in § 4 Nr. 9 UWG, dem Verhältnis der Beispielstatbestände untereinander und der Generalklausel in § 3 Abs. 1 UWG über flexible Instrumente zur umfassenden Interessenabwägung. Die Anerkennung eines entsprechenden absoluten Rechts, das gegenüber diesen Instrumenten subsidiär wäre, sei bedenklich und die Schaffung eines entsprechenden Rechtsrahmens überzeugender[608].

Demgegenüber wird vertreten, dass bei Vorliegen spezifischer Voraussetzungen für einen unmittelbaren Leistungsschutz im Ausnahmefall und subsidiär neben dem Recht des geistigen Eigentums auch weiterhin Raum sei. Entweder sei Voraussetzung hierfür, dass das Recht des geistigen Eigentums eine planwidrige Lücke aufweise und ohne den unmittelbaren Leistungsschutz ein Marktversagen drohe[609]. Oder der Originalhersteller müsse eine wesentliche Investition erbracht haben, das Originalprodukt müsse durch technische Mittel zu minimalen Kosten vervielfältigt werden können, der Originalhersteller dürfe weder rechtlich noch faktisch die Möglichkeit der Verhinderung haben und es müsse die ernsthafte Gefahr bestehen, dass auf Grund dessen auf diesem Markt weitere Investitionen unterbleiben[610].

---

606 Nemeczek, „Gibt es einen unmittelbaren Leistungsschutz im Lauterkeitsrecht?“, a.a.O., 1210.

607 *Ohly* „Hartplatzhelden.de oder: Wohin mit dem unmittelbaren Leistungsschutz?“, a.a.O., 491 m.w.N.

608 *Nemeczek* „Gibt es einen unmittelbaren Leistungsschutz im Lauterkeitsrecht?“, a.a.O., 1211.

609 *Ohly* „Hartplatzhelden.de oder: Wohin mit dem unmittelbaren Leistungsschutz?“, a.a.O., 493.

610 *Peukert* „hartplatzhelden.de – Eine Nagelprobe für den wettbewerbsrechtlichen Leistungsschutz“, WRP 2010, 316, 320.

Würde man dieser zweitgenannten Auffassung folgen, nach der unter bestimmten Voraussetzungen Rechtsschutzlücken des geistigen Eigentums durch den unmittelbaren Leistungsschutz geschlossen werden können, könnte ein Unterlassungsanspruch gemäß §§ 8 Abs. 1 Satz 1; 3 UWG bei der zu prüfenden Fallgruppe des Einmischens in die Kommunikation zwischen Inhaber des virtuellen Geschäftsmodelles und dessen Kunden im Zusammenhang mit dem Direktvertrieb von Waren oder Dienstleistungen (2. Stufe)[611] bejaht werden.

Fraglich ist somit, ob das UWG auch nach der Reform im Jahr 2004 seine immer wieder zitierte Schrittmacherfunktion[612] behalten hat.

Hierfür könnte sprechen, dass sich an dem Bedürfnis einer rechtlichen Handhabe unter dem Aspekt planwidriger Regelungslücken im Recht des geistigen Eigentums nichts geändert hat. Gerade im Bereich der Informationstechnologie oder des Internets eröffnen rasante technische Entwicklungen fortlaufend neue Möglichkeiten. Diese werfen neue Schutzrechtfragen auf, die in dieser Form noch nicht behandelt wurden und im Gesetz noch keinen Niederschlag gefunden haben. Es wird rechtliches Neuland betreten, wofür es eines Instrumentariums bedarf, das bis zu einer gesetzgeberischen Entscheidung einen ausreichenden, den Grundrechten entsprechenden Rechtsschutz gewährt.

Diese Funktion hat bis zur Reform des UWG im Jahr 2004 zwar der unmittelbare Leistungsschutz erfüllt, weshalb es naheliegend ist, auch künftig hierauf zurück zu greifen. Auch ist unter anderem gerade die Funktion der Generalklausel des § 3 Abs. 1 UWG neuartige geschäftliche Handlungen zu erfassen, die nicht unter die Beispielstatbestände fallen[613]. Jedoch können die Grenzen der Anwendbarkeit des UWG nicht entgegen des gesetzgeberischen Willens verschoben werden. Dies wäre bei einer Gewährung unmittelbaren Leistungsschutzes auf der Grundlage des § 3 Abs. 1 UWG der Fall.

Vor der Reform des UWG im Jahr 2004 konnte ein Leistungsschutz auch ohne ergänzende Unlauterkeitsmerkmale bejaht werden, da die Generalklausel des § 1 UWG a.F. eine weite Entscheidungsprärogative einräumte. Der Gesetzgeber reformierte das UWG im Jahr 2004 und installierte in Kenntnis der Problematik des unmittelbaren Leistungsschutzes lediglich den ergänzenden mittelbaren Leistungsschutz unter den Voraussetzungen des § 4 Nr. 9 UWG[614]. Hiermit wurde

611 Kapitel 2 Ziffer B.I.2., Seite 22.

612 *Ulmer* 40.

613 BT-Drucksache 15/1487, 13; Köhler/Bornkamm/*Köhler* § 3 UWG Rn. 65b.

614 Vgl. *Peukert* „hartplatzhelden.de – Eine Nagelprobe für den wettbewerbsrechtlichen Leistungsschutz“, a.a.O., 319; *Nemeczek* „Gibt es einen unmittelbaren Leistungsschutz im Lauterkeitsrecht?“, a.a.O., 1210.

eine Entscheidung zu Gunsten des Postulats der Nachahmungsfreiheit getroffen[615]. Darüber hinaus schuf der Gesetzgeber die Beispielskataloge und akzentuierte damit die Notwendigkeit ergänzender Unlauterkeitsmerkmale[616]. Mit Blick auf die grundsätzlich bestehende Nachahmungsfreiheit ist die Nachahmung eines fremden Produktes nur in Ausnahmefällen als wettbewerbswidrig anzusehen, wenn besondere Umstände hierfür vorliegen[617].

Die Anerkennung eines unmittelbaren Leistungsschutzes würde ein Unterlaufen dieser gesetzgeberischen Wertung bedeuten. Verglichen zur Rechtslage vor der Reform hätte sich lediglich der Prüfungsablauf geändert. Denn man hätte zunächst zu prüfen, ob der Sachverhalt von einem der Beispielstatbestände erfasst ist. Ist dies zu verneinen, z.B. da es an Unlauterkeitsmerkmalen fehlt oder die Voraussetzungen des ergänzenden mittelbaren Leistungsschutzes nicht vorliegen, könnte man auf die Generalklausel des § 3 Abs. 1 UWG zurückgreifen. Die Schaffung des Beispielkatalogs, d.h. des Erfordernisses ergänzender Unlauterkeitsmerkmale, wie auch die Implementierung eines lediglich ergänzenden mittelbaren Leistungsschutzes, d.h. die Entscheidung für das Postulat der Nachahmungsfreiheit, wären reine Leerformeln. Zwar haben die Regelbeispiele im Katalog gemäß § 4 Nr. 9 UWG keinen abschließenden Charakter. Vielmehr soll weiterhin die Möglichkeit bestehen, neu auftretende Problemfälle im Wege der richterlichen Rechtsfortbildung zu lösen[618]. Jedoch soll die Aufzählung der Regelbeispiele lediglich *„entsprechend der allgemeinen Regelungsstruktur der Beispielsfälle“* nicht abschließend sein[619]. Somit ist die Möglichkeit der richterlichen Rechtsfortbildung auf marktverhaltensregelende Lösungen beschränkt, die sich wiederum an den Wertungen der Regelbeispiele des Katalogs gemäß § 4 Nr. 9 UWG messen lassen müssen[620]. Da die Regelbeispiele ergänzende Unlauterkeitsmerkmale voraussetzen, ergibt sich hieraus, dass nur solche neu auftretenden Problemfälle erfasst sein sollen, die ergänzende Unlauterkeitsmerkmale aufweisen. Ein unmittelbarer Leistungsschutz ohne diese ist hiervon nicht erfasst[621].

---

615 *Nemeczek* „Gibt es einen unmittelbaren Leistungsschutz im Lauterkeitsrecht?“, a.a.O., 1204.

616 Ohly, „Hartplatzhelden.de oder: Wohin mit dem unmittelbaren Leistungsschutz?“, a.a.O., 491.

617 *BGH* Urt. v. 11.01.2007, I ZR 198/04, GRUR 2007, 795, 797 - *Handtaschen.*

618 BT-Drucksache 15/1487, 13.

619 BT-Drucksache 15/1487, 18.

620 *Nemeczek* „Gibt es einen unmittelbaren Leistungsschutz im Lauterkeitsrecht?“, a.a.O., 1210.

621 *Peukert* „hartplatzhelden.de – Eine Nagelprobe für den wettbewerbsrechtlichen Leistungsschutz“, a.a.O., 319.

Darüber hinaus wäre bedenklich, dass durch den unmittelbaren Leistungsschutz ein subsidiäres absolutes Recht geschaffen würde[622]. Denn durch den Verzicht auf besondere Umstände wie ergänzende Unlauterkeitsmerkmale und den Schutz des Leistungsergebnisses als solches, wird eine absolute Rechtsposition eingeräumt. Diese wäre subsidiär und könnte erst herangezogen werde, wenn die Voraussetzungen des ergänzenden unmittelbaren Leistungsschutzes gemäß § 4 Nr. 9 UWG, der gezielten Mitbewerberbehinderung gemäß § 4 Nr. 10 UWG und des § 3 Abs. 1 UWG unter dem Aspekt des marktverhaltensregelnden Schutzes nicht vorlägen[623].

Die Anerkennung eines unmittelbaren Leistungsschutzes gemäß § 3 Abs. 1 UWG widerspricht somit dem gesetzgeberischen Willen und ist daher abzulehnen[624].

Der *BGH* hat sich bisher – soweit ersichtlich – noch nicht zu dieser Streitfrage positioniert. In seinem Urteil vom 15.04.2010[625] heißt es: *„Durch die Bestimmung des § 4 Nr. 9 UWG ist der ergänzende wettbewerbsrechtliche Leistungsschutz nur gesetzlich geregelt worden, nicht aber inhaltlich geändert worden."*[626]. Dieser Formulierung ist schwer zu entnehmen, ob der *BGH* einen über den Spezialfall des § 4 Nr. 9 UWG (Nachahmungen) hinausgehenden ergänzenden Leistungsschutz bejaht oder verneint. Denn zum Einen nimmt der *BGH* Bezug auf die Regelung in § 4 Nr. 9 UWG, die inhaltlich auf Nachahmungen beschränkt ist. Zum Anderen soll die gesetzliche Erfassung des ergänzenden wettbewerbsrechtlichen Leistungsschutzes in § 4 Nr. 9 UWG zu keiner inhaltlichen Änderung geführt haben, wohlwissend, dass vor Erlass von § 4 Nr. 9 UWG ergänzender wettbewerbsrechtlicher Leistungsschutz nicht nur bei Nachahmungsfällen denkbar war. Mittlerweile hat der *BGH* diese Streitfrage jedoch ausdrücklich offengelassen. So heißt es im späteren Urteil des *BGH* vom 28.10.2010[627]: *„Es kann dahinstehen, ob und gegebenenfalls unter welchen Voraussetzungen unmittelbarer Leistungsschutz auf der Grundlage von § 3 UWG gewährt werden kann, wenn die Voraussetzungen der in § 4 Nr. 9 UWG geregelten Unlauterkeitstatbestände nicht vorliegen."*.

---

622 *Nemeczek* „Gibt es einen unmittelbaren Leistungsschutz im Lauterkeitsrecht?", a.a.O., 1205.

623 *Nemeczek* „Gibt es einen unmittelbaren Leistungsschutz im Lauterkeitsrecht?", a.a.O., 1211.

624 Vgl. *Peukert* „hartplatzhelden.de – Eine Nagelprobe für den wettbewerbsrechtlichen Leistungsschutz", a.a.O., 319; *Nemeczek* „Gibt es einen unmittelbaren Leistungsschutz im Lauterkeitsrecht?", a.a.O., 1210.

625 *BGH* Urt. v. 15.04.2010, I ZR 145/08, GRUR 2010, 1125 - *Femur-Teil.*

626 *BGH* Urt. v. 15.04.2010, I ZR 145/08, GRUR 2010, 1125, 1127 - *Femur-Teil.*

627 *BGH* Urt. v. 28.10.2010, I ZR 60/09, GRUR 2011, 436, 437 - *Hartplatzhelden.de.*

4. Zwischenergebnis

Wettbewerbsrechtliche Unterlassungsansprüche sind sowohl gemäß §§ 8 Abs. 1 Satz 1, 3 Abs. 1, 4 Nr. 10 UWG als auch unter dem Aspekt des mittelbaren (§§ 8 Abs. 1 Satz 1, 3 Abs. 1, 4 Nr. 9 UWG) oder unmittelbaren lautkeitsrechtlichen (§§ 8 Abs. 1 Satz 1, 3 Abs. 1 UWG) Leistungsschutzes hinsichtlich der Zur-Verfügung-Stellung der erlangten Daten (2 Aspekt des Screen Scrapings) der zu prüfenden Fallgruppe

- dem Einmischen in die Kommunikation zwischen Betreiber des virtuellen Geschäftsmodelles und dessen Kunden im Zusammenhang mit dem Direktvertrieb von Waren oder Dienstleistungen (2. Stufe)[628];
- Der Reduzierung der Kommunikation zwischen Betreiber des virtuellen Geschäftsmodells und dessen Kunden auf ein Minimum durch den Einsatz von Umgehungssoftware bei Internet-Börsen oder Internet-Handelsplattformen[629];
- der Unterbindung der Kommunikation zwischen Betreiber einer Internet-Datenbank und dessen Kunden in Gänze durch Kopieren des Angebots des Betreibers der Internet-Datenbank[630] und
- nicht-virtuell-spezifische Beeinträchtigungen – Internet-Chat-Rooms bzw. Internet-Meinungsforen[631].

zu verneinen.

Betreffend die vierte Fallgruppe ist Wettbewerbsrecht in Ermangelung eines Wettbewerbsverhältnisses zwischen dem Inhaber des Internet-Chat-Rooms bzw. Internet-Meinungsforums bereits von vornherein nicht anwendbar.

Betreffend die zweite und dritte Fallgruppe scheitern lauterkeitsrechtliche Ansprüche am Anwendungsvorrang des Urheberrechts[632].

Hinsichtlich der erstgenannten Fallgruppe kommen lauterkeitsrechtliche Ansprüche zwar grundsätzlich in Betracht. Da es in den Regelfällen jedoch an einer Weiterverkaufshandlung des Mittlers fehlt, ist ein unlauterer Schleichbezug als Unterfall der unlauteren Mitbewerberbehinderung (§§ 8 Abs. 1 Satz 1; 3 Abs. 1; 4 Nr. 10 UWG) zu verneinen. In Ermangelung einer Nachahmung ist zudem mittelbarer Leistungsschutz in Form des Nachahmungsschutzes (§§ 8 Abs. 1 Satz 1;

628 Kapitel 2 Ziffer B.I.2., Seite 22.

629 Kapitel 2 Ziffer B.I.3., Seiten 25 f.

630 Kapitel 2 Ziffer B.I.4., Seiten 26 f.

631 Kapitel 2 Ziffer B.II., Seite 28.

632 Kapitel 3 Ziffer D.II.1., Seiten 117 f.

3 Abs. 1; 4 Nr. 9 UWG) nicht zu bejahen. Unmittelbarer wettbewerbsrechtlicher Leistungsschutz ist seit der UWG-Reform im Jahr 2004 grundsätzlich abzulehnen und kann daher nicht als Grundlage herangezogen werden.

III. Unterlassungsanspruch gemäß §§ 97 Abs. 1; 69c Nr. 1 UrhG – Urheberrecht an Computerprogrammen

Anzudenken ist ein Unterlassungsanspruch gemäß §§ 97 Abs. 1; 69c Nr. 1 UrhG. Nach §§ 97 Abs. 1; 69c Nr. 1 Satz 1 UrhG kann der Rechtsinhaber Dritte auf Unterlassung in Anspruch nehmen, sofern diese eine dauerhafte oder vorübergehende Vervielfältigung, ganz oder teilweise, eines Computerprogramms vornehmen. Soweit das Laden, Anzeigen, Ablaufen, Übertragen oder Speichern eines Computerprogramms eine Vervielfältigung erfordert, können auch solche Handlungen vom Rechtsinhaber untersagt werden (§§ 97 Abs. 1; 69c Nr. 1 Satz 2 UrhG). Voraussetzung ist somit, dass die Vervielfältigung eines Computerprogramms gegeben ist. Dies kommt hinsichtlich der beiden Fallgruppen

- Einmischen in die Kommunikation zwischen Betreiber des virtuellen Geschäftsmodelles und dessen Kunden im Zusammenhang mit dem Direktvertrieb von Waren oder Dienstleistungen (2. Stufe)[633] und
- Reduzierung der Kommunikation zwischen Betreiber des virtuellen Geschäftsmodells und dessen Kunden auf ein Minimum durch den Einsatz von Umgehungssoftware bei Internet-Börsen oder Internet-Handelsplattformen[634]

in Betracht. Denn bei diesen werden Inhalte von Internetseiten extrahiert und heruntergeladen. Internetseiten bzw. deren Kodierung in Teilen können unter bestimmten Voraussetzungen Schutz als Computerprogramm gemäß § 69a UrhG genießen[635]. Das Extrahieren und Herunterladen von Daten könnte als Vervielfältigungshandlung qualifiziert werden. Dieser nicht uninteressante Ansatz braucht jedoch nicht weiter vertieft zu werden. Denn selbst wenn die betroffenen Internetseiten Computerprogramme und das Extrahieren/Herunterladen der Daten Vervielfältigungshandlungen im Sinne von § 69c Nr. 1 Satz 1 und 2 UrhG darstellen würden, müsste von einer Zustimmung des Rechtsinhabers ausgegangen werden.

---

633 Kapitel 2 Ziffer B.I.2., Seite 22.

634 Kapitel 2 Ziffer B.I.3., Seiten 25 f.

635 Wandtke/Bullinger/*Grützmacher* UrhG § 69a Rn. 18.

Denn der Anbieter der Waren oder Dienstleistungen (2. Stufe) in der ersten Fallgruppe sowie der Betreiber der Internet-Börse bzw. der Internet-Handelsplattform willigt in die Vervielfältigungshandlungen zumindest konkludent ein, indem er ohne Zugangskontrolle jedem Dritten die über seine Internetseite zugänglichen Daten zur Nutzung zur Verfügung stellt. So stellt der Anbieter bzw. Betreiber eine Eingabemaske auf seiner Internetseite bereit, mittels derer eine gezielte Datenabfrage möglich ist. Insoweit gewährt der Anbieter bzw. Betreiber ein Nutzungsrecht gemäß § 31 Abs. 1 UrhG. Andernfalls würde es an einer Nutzbarkeit der Eingabemaske auf dem Computerbildschirm der Nutzer fehlen[636].

Etwas anderes ergibt sich auch nicht daraus, dass die Datenabfrage zu kommerziellen Zwecken untersagt wird, z.B. über eine Regelung in den Allgemeinen Geschäftsbedingungen. Eine dahingehende Beschränkung des Nutzungsrechts gemäß § 31 Abs. 1 UrhG ist unzulässig. Denn die Nutzung zu kommerziellen Zwecken stellt keine selbstständige Nutzungsart dar.

Nach § 31 Abs. 1 Satz 2 UrhG kann der Urheber einem Anderen das Recht einräumen, das Werk auf einzelne oder alle Nutzungsarten zu nutzen (Nutzungsrecht). Das Nutzungsrecht kann gemäß § 31 Abs. 1 Satz 2 UrhG als einfaches oder ausschließliches Recht sowie räumlich, zeitlich oder inhaltlich beschränkt eingeräumt werden. Die Nutzungsart ist nicht mit dem Verwertungsrecht gemäß §§ 15 ff. UrhG identisch[637]. Vielmehr erweist sich die Nutzungsart als ein Begriff zur Kennzeichnung der konkreten wirtschaftlichen und technischen Nutzungsform, die dem Verwertungsrecht unterliegen soll[638]. Auf Grund der dinglichen Wirkung der gemäß § 31 Abs. 1 UrhG eingeräumten Nutzungsrechte und da der Rechtsverkehr nicht mit beliebig zugeschnittenen Rechten konfrontiert werden soll, sondern nur mit herkömmlichen Rechtsfiguren, die klar abgrenzbar sind und vernünftigen wirtschaftlichen Bedürfnissen entsprechen, wird der Aufspaltbarkeit der Verwertungsrechte in gegenständliche Nutzungsrechte Grenzen gesetzt. Daher sind gegenständliche Nutzungsrechte nur für nach der Verkehrsauffassung als solche hinreichend klar abgrenzbare, wirtschaftlich-technisch als einheitlich und selbstständig sich abzeichnende Nutzungsarten zulässig[639].

Die Nutzung zu nicht-kommerziellen Zwecken der Internetseite erfüllt diese Voraussetzungen einer zulässigen selbstständigen Nutzungsart nicht. Denn die

636 Vgl. *Maume* „Bestehen und Grenzen des virtuellen Hausrechts", a.a.O., 623.
637 Schricker/Loewenheim/*Schricker* § 31 Rn. 86.
638 *BGH* Urt. v. 12.12.1991, I ZR 165/89; GRUR 1992, 310, 311 - *Taschenbuchlizenz.*
639 Schricker/Loewenheim/*Schricker* Vor §§ 28 ff. Rn. 88 m.w.N.

Beschränkung kann nur inhaltlich, z.B. auf Absatz- oder Vertriebswege, sich nicht aber auf bestimmte Personenkreise innerhalb eines Vertriebsweges beziehen[640]. Vorliegend ist eine Beschränkung auf einen bestimmten Personenkreis gegeben, indem ein kommerzieller Weiterverkauf untersagt ist. Somit soll die Nutzung ausschließlich Endabnehmern gestattet sein. Hierbei handelt es sich um eine schuldrechtlich zwar mögliche, dinglich aber unwirksame Beschränkung des Nutzungsrechts[641].

VI. Zwischenergebnis

Ein sondergesetzlicher Unterlassungsanspruch ist einzig hinsichtlich der Fallgruppe

- Unterbindung der Kommunikation zwischen Betreiber einer Internet-Datenbank und dessen Kunden in Gänze durch Kopieren des Angebots des Betreibers der Internet-Datenbank[642]

gemäß §§ 97 Abs. 1 Satz 1; 87b Abs. 1 Satz 1 UrhG wegen der Entnahme bzw. Weiterverwendung einer Datenbank bzw. eines wesentlichen Teils durch Erstellung eines Konkurrenzproduktes gegeben[643].

Hinsichtlich der übrigen Fallgruppen

- Einmischen in die Kommunikation zwischen Betreiber des virtuellen Geschäftsmodelles und dessen Kunden im Zusammenhang mit dem Direktvertrieb von Waren oder Dienstleistungen (2. Stufe)[644]
- Reduzierung der Kommunikation zwischen Betreiber des virtuellen Geschäftsmodells und dessen Kunden auf ein Minimum durch den Einsatz von Umgehungssoftware bei Internet-Börsen oder Internet-Handelsplattformen[645] und
- nicht-virtuell-spezifische Beeinträchtigungen – Internet-Chat-Rooms bzw. Internet-Meinungsforen[646].

sind sondergesetzliche Unterlassungsansprüche zu verneinen.

---

640 Dreier/Schulze/*Schulze* § 31 Rn. 36.
641 Dreier/Schulze/*Schulze* § 31 Rn. 36.
642 Kapitel 2 Ziffer B.I.4., Seiten 26 f.
643 Kapitel 3 Ziffer D.I.2.c), Seite 102 f.
644 Kapitel 2 Ziffer B.I.2., Seite 22.
645 Kapitel 2 Ziffer B.I.3., Seiten 25 f.
646 Kapitel 2 Ziffer B.II., Seite 28.

E. Übertragung der Ergebnisse auf die in dieser Arbeit zu prüfenden Beeinträchtigungen virtueller Geschäftsmodelle

Die bisherigen Darstellungen haben gezeigt, dass bei den zu prüfenden Fallgruppen von Beeinträchtigungen virtueller Geschäftsmodelle sachenrechtliche Abwehransprüche auf Grund Fehlens einer Sache ausscheiden[647]. Die Anerkennung eines virtuellen Hausrechts ist in Ermangelung einer Sache zu abzulehnen[648]. Deliktische Unterlassungsansprüche kommen ebenso wenig in Betracht[649]. Sondergesetzlicher Schutz ist nur sehr eingeschränkt zu bejahen. So könnte bei der Fallgruppe

- Unterbindung der Kommunikation zwischen Betreiber einer Internet-Datenbank und dessen Kunden in Gänze durch Kopieren des Angebots des Betreibers der Internet-Datenbank[650]

ein Unterlassungsanspruch gemäß §§ 97 Abs. 1 Satz 1; 87b Abs. 1 Satz 1 UrhG wegen der Entnahme bzw. Weiterverwendung einer Datenbank bzw. eines wesentlichen Teils durch Erstellung eines Konkurrenzproduktes zu bejahen sein[651]. Hinsichtlich der Fallgruppe

- Einmischen in die Kommunikation zwischen Inhaber des virtuellen Geschäftsmodelles und dessen Kunden im Zusammenhang mit dem Direktvertrieb von Waren oder Dienstleistungen (2. Stufe)[652]

könnte ein lauterkeitsrechtlicher Abwehranspruch gemäß §§ 8 Abs. 1 Satz 1; 3 Abs. 1; 4 Nr. 10 UWG wegen gezielter Mitbewerberbehinderung in Form eines unlauteren Schleichbezugs bestehen, sofern die Handlungen des beeinträchtigenden Dritten als Weiterverkauf qualifiziert werden können[653]. Hierbei ist jedoch anzumerken, dass in der Praxis ein Weiterverkauf des beeinträchtigenden Dritten

647 Kapitel 3 Ziffer B.I., Seite 32 ff.
648 Kapitel 3 Ziffer B.II., Seite 63 ff.
649 Kapitel 3 Ziffer C., Seite 78 ff.
650 Kapitel 2 Ziffer B.I.4., Seiten 26 f.
651 Kapitel 3 Ziffer D.I.2.c), Seiten 102 f.
652 Kapitel 2 Ziffer B.I.2., Seite 22.
653 Kapitel 3 Ziffer D.II.2., Seiten 119 f.

in der Regel nicht anzunehmen sein wird. Vielmehr hat der Dritte die Möglichkeit, den Sachverhalt so zu gestalten, dass sein Handeln nicht als Weiterverkauf, sondern als Stellvertretung zu qualifizieren ist. Bei einer Stellvertretung fehlt es an der den unlauteren Schleichbezug charakterisierenden Einmischung in das Vertriebskonzept eines anderen.

Kapitel 4 – Dimension der Nichterfassung virtueller Sachverhalte durch die Rechtsordnung und Wertungswiderspruch

Die bisherige Prüfung hat gezeigt, dass im Hinblick auf Beeinträchtigungen virtueller Geschäftsmodelle durch Dritte keine sachenrechtlichen Unterlassungsansprüche und nur punktuell sondergesetzliche Unterlassungsansprüche bestehen. Im Rahmen der nachfolgenden Ausführungen werden weitere Beispiele genannt, um – insbesondere mit Blick auf den in dieser Arbeit unterbreiteten Lösungsvorschlag[654] – die Dimension der Problematik einer unzureichenden Erfassung virtueller bzw. digitaler Sachverhalte durch die Rechtsordnung nicht aus den Augen zu verlieren und nicht den Eindruck entstehen zu lassen, dass eine Lösung einzig in Bezug auf virtuelle Geschäftsmodelle erforderlich ist (nachfolgend Ziffer A.). Sodann wird herausgearbeitet, inwieweit Wertungswidersprüche zu vergleichbaren Sachverhalten in der realen Welt bestehen (nachfolgend Ziffer B.). Anschließend wird sich der Frage zugewandt, inwieweit ein gesetzgeberischer Handlungsbedarf, insbesondere mit Blick auf die Eigentumsgarantie gemäß Art. 14 Abs. 1 GG besteht (nachfolgend Ziffer C.).

A. Dimension der Problematik einer Nichterfassung virtueller Sachverhalte

Bei virtuellen Geschäftsmodellen, d.h. Geschäftsmodellen, denen das Angebot und der Vertrieb von Waren oder Dienstleistungen (1. und/oder 2. Stufe) über das Internet zu Grunde liegen[655], ist die Internetpräsenz mit einem virtuellen Ladenlokal Geschäftslokal vergleichbar[656]. Bedingt durch den technischen Fortschritt und die hierdurch geschaffene Möglichkeit einer geschäftlichen Betätigung über das Internet, ist ein neues Medium entstanden, über das Ladengeschäfte virtuell betrieben werden können. Unter wirtschaftlichen Gesichtspunkten besteht der

654 Kapitel 5 Ziffer B.; Seiten 223 ff.
655 Kapitel 2 Ziffer A., Seiten 11 ff.
656 Kapitel 1 Ziffer A.; Seiten 1 ff.

einzige Unterschied zu Ladengeschäften der nicht-virtuellen Geschäftswelt in der Verwendung des Mediums „Internet“. Hiermit verbunden ist die Folge, dass es auf Grund der Virtualität des Ladengeschäftes an einem körperlichen Gegenstand, d.h. einer Sache im Sinne des § 90 BGB, als Anknüpfungspunkt fehlt[657]. Denn dem Sachbegriff des BGB liegt die physikalisch-naturwissenschaftliche Vorstellungswelt des Gesetzgebers der letzten Jahrhundertwende des letzten Jahrtausends zu Grunde, dem das Internet und die Möglichkeiten virtueller Geschäftsmodelle unbekannt waren. Dies hat zur Folge, dass die Rechtsschutzmöglichkeiten bei Beeinträchtigungen virtueller Geschäftslokale im Vergleich zu denen bei Beeinträchtigungen nicht-virtueller Geschäftslokale enorm eingeschränkt sind, da insbesondere sachenrechtliche Unterlassungsansprüche nicht in Betracht kommen[658].

Diese Problematik des Entstehens von Rechtsschutzlücken auf Grund neuer tatsächlicher Entwicklungen tritt nicht nur im Zusammenhang mit virtuellen Geschäftsmodellen auf. Sie zieht sich vielmehr wie ein roter Faden durch sämtliche Bereiche, in denen die Digitalisierung bzw. Virtualisierung von Arbeitsabläufen und steigende Übernahme dieser in das private sowie geschäftliche Leben – ermöglicht durch die rasanten technischen Fortschritte im IT-Bereich (insbesondere das Internet) – stattgefunden haben. So unterschiedlich die Sachzusammenhänge und Fallgestaltungen sind, das Problem ist stets dasselbe: Auf Sachverhalte, die digitaler bzw. virtueller Natur sind, müssen Gesetze angewendet werden, die auf der oben beschriebenen analogen, d.h. physikalisch-naturwissenschaftlichen Vorstellungswelt des Gesetzgebers der letzten Jahrhundertwende des letzten Jahrtausends beruhen. Die bis dahin eindeutigen und vollständigen Regelungen werden lückenhaft und ergänzungsbedürftig[659]. Stets steht zu beurteilen, ob die entstandenen Rechtsschutzlücken hinzunehmen sind oder nicht. Zu entscheiden ist, ob Sachverhalte, die einzig die Besonderheit einer digitalen bzw. virtuellen Natur aufweisen, im Ergebnis anders zu beurteilen sind, als vergleichbare Sachverhalte, die nicht digitaler bzw. virtueller Natur sind. Stets ist zu prüfen, wie das Gesetzesrecht auf neue Zeitumstände anzuwenden ist. Diese Lückensuche und –schließung findet ihre verfassungsrechtliche Rechtfertigung darin, dass Gesetze einem Alterungsprozess unterworfen

657 Kapitel 3 Ziffer B., Seiten 30 ff.

658 Kapitel 3 Ziffer B., Seiten 30 ff.

659 Vgl. *BVerfG* Beschl. v. 21.12.2010, 1 BvR 2760/08, GRUR 2011, 223, 225 - *Drucker und Plotter*; *BVerfG* Beschl. v. 30.08.2010, 1 BvR 1631/08, MMR 2010, 767, 769 - *Drucker und Plotter.*

sind[660]. Da die Gesetze Sachverhalte, die auf neuen tatsächlichen Entwicklungen beruhenden, in der Regel nur schwer bis gar nicht abbilden, ist oftmals argumentative Kreativität gefragt, um eine ungewünschte Rechtsschutzlükke zu schließen. Zwar hat der Gesetzgeber vereinzelt bereits reagiert und die Gesetzeslage entsprechend den neuen Anforderungen angepasst. So wird z.B. die Umgestaltung von § 202a Abs. 1 StGB zum Zugangsdelikt[661] als „elektronischer Hausfriedensbruch" apostrophiert[662]. Dies kann jedoch nicht darüber hinwegtäuschen, dass die Rechtsordnung mit den tatsächlichen Entwicklungen bisher nicht Schritt hält.

Diese Gesamtproblematik einer Nichterfassung neuartiger digitaler bzw. virtueller Produkte durch die Rechtsordnung ist für diese Arbeit von Relevanz, da für eine rechtliche Erfassung der in dieser Arbeit näher behandelten virtuellen Ladengeschäfte der Blick hiervor nicht verschlossenen werden kann. Ein Alleingang hinsichtlich der rechtlichen Erfassung virtueller Ladengeschäfte ohne Berücksichtigung des Gesamtkontextes in dem sich dieses Problemfeld bewegt, wäre wenig praktikabel und nicht sinnvoll. Hinzu kommt, dass dies die Gelegenheit bietet, bereits im Zusammenhang mit anderen virtuellen Produkten diskutierte Lösungsvorschläge zu beleuchten und auszuwerten.

Um die Dimension Gesamtproblematik einer Nichterfassung neuartiger digitaler bzw. virtueller Produkte durch die Rechtsordnung anschaulich zu machen, werden nachfolgend weitere Fälle beschrieben, die hierfür beispielhaft sind. Eine Bewertung bzw. Stellungnahme hierzu erfolgt in Kapitel 5 Ziffer A.[663].

I. Rechtliche Einordnung von Computerprogrammen

Mit der Entwicklung von Computerprogrammen, die digitaler Natur sind, kam die Frage auf, welche Gewährleistungsansprüche auf den Erwerb von Computerprogrammen anzuwenden sind[664]. Auf Grund gleicher Interessenlage ist die Anwendbarkeit kaufrechtlicher Gewährleistungsansprüche auf den Erwerb von Computerprogrammen

660 *BVerfG* Beschl. v. 21.12.2010, 1 BvR 2760/08, GRUR 2011, 223, 225 - *Drucker und Plotter*; *BVerfG* Beschl. v. 30.08.2010, 1 BvR 1631/08, MMR 2010, 767, 769 - *Drucker und Plotter.*

661 41. StrÄndG, in Kraft getreten am 11.08.2007.

662 *Gröseling/Höfinger* „Hacking und Computerspionage Auswirkungen des 41. StrafÄndG zur Bekämpfung der Computerkriminalität", MMR 2007, 549, 551.

663 Seiten 201 ff.

664 Kapitel 3 Ziffer B.I., Seite 32.

gewünscht[665]. Diese knüpfen jedoch an die Sacheigenschaft des Kaufgegenstandes im Sinne des BGB an. Da Computerprogramme unkörperlich sind, stellen diese keine Sachen im Sinne des BGB dar[666]. Um dennoch eine Anwendbarkeit der kaufrechtlichen Gewährleistungsansprüche bejahen zu können, behalf man sich zunächst damit, den grundsätzlichen Unterschied zwischen dem unkörperlichen Inhalt des Datenträgers „Computerprogramm“ und dem körperlichen Datenträger an sich in den Hintergrund treten zu lassen und stellte für die Begründung der Sachqualität schlicht auf den körperlichen Datenträger ab.[667]

Auch diese, bereits von Beginn an heftiger Kritik ausgesetzte,[668] Behelfslösung wurde mit der Entwicklung diverser Möglichkeiten einer unkörperlichen Datenübertragung vom technischen Fortschritt überholt. Die mit der Weiterentwicklung verbundene Digitalisierung der Möglichkeiten einer Überlassung von Computerprogrammen unter Verzicht auf einen körperlichen Datenträger hat dazu geführt, dass die an die Sachqualität anknüpfenden Rechtsnormen nicht mehr mit Verweis auf die Verkörperlichung des Computerprogramms auf einen Datenträger herangezogen werden können[669].

Die Diskussion um die Sacheigenschaft von Computerprogrammen zur Schließung von Rechtslücken ist für die in dieser Arbeit untersuchten Fallgruppen[670] von besonderer Relevanz. Denn es liegt insoweit eine Vergleichbarkeit vor, als dass Rechtsschutzlücken einzig auf Grund der Digitalität bzw. Virtualität des Rechtsobjektes und der damit verbundenen Unanwenbarkeit von an die Sachqualität des Rechtsobjektes anknüpfender Rechtsnormen entstehen, obwohl die Interessenlage zu entsprechenden körperlichen Rechtsobjekten vergleichbar ist. So sehr die Kritik an einer Bejahung der Anwendbarkeit kaufrechtlicher Gewährleistungsrechte durch Abstellen auf die Sachqualität des Datenträgers berechtigt ist, so nachvollziehbar ist, dass diese argumentative Schwäche zur Erreichung des Ziels hingenommen wird, Rechtsschutzlücken. Auf Grund der gleichen Interessenlage bei körperlichen Kaufgegenständen und unkörperlichen Computerprogrammen wird weder von den Befürwortern noch den Kritikern der Sachqualität von Computerprogrammen in Frage gestellt, dass diese Rechtsschutzlücken zu schließen sind[671].

665 Kapitel 3 Ziffer B.I.1.a), Seite 33.
666 Kapitel 3 Ziffer B.I.2., Seite 46
667 Kapitel 3 Ziffer B.I., Seite 32.
668 Kapitel 3 Ziffer B.I.1.b), Seite 40.
669 Kapitel 3 Ziffer B.I.2.b)bb), Seite 53.
670 Kapitel 2 Ziffer B., Seiten 20 ff.
671 Kapitel 3 Ziffer B.I.1., Seite 33.

II. Rechtliche Einordnung virtueller Gegenstände

Eine der Spielwiesen, die die Entwicklung des Internets mit sich gebracht hat, sind sog. Online-Spiele, die von einer Vielzahl von Teilnehmern im Internet gespielt werden. Die Ausgestaltung dieser Spiele ist facettenreich[672]. Zu den bekanntesten Typen von Online-Spielen gehören z.B. sog. Massive Multiplayer Online Roleplay Games (MMORPGs), bei denen es um die Verwirklichung bestimmter Spielziele geht[673]. Hierzu zählt z.B. das bekannte MMORPG *„World of Warcraft"*[674]. Bei einem weiteren der bekanntesten Typen von Online-Spielen handelt es sich um sog. Echt-Zeitsimulationen, welche die Entwicklung und Ausgestaltung einer der realen Welt nachgebildeten, virtuellen Welt zum Gegenstand haben, deren Inhalte von den Teilnehmern selbst erstellt wurden[675]. Zu einer der bekanntesten Echt-Zeitsimulationen gehört das Online-Spiel *„Second Life"*[676].

Einen wesentlichen Bestandteil der Online-Spiele stellen die Gegenstände dar, die im Rahmen der virtuellen Welt des Online-Spiels verwendet werden, sog. virtuelle Gegenstände. Hierbei handelt es sich z.B. um die sog. Avatare. Avatare sind *alter ego* der Nutzer, über die diese innerhalb des Online-Spiels agieren und die den Nutzer mit einer virtuellen Erscheinung repräsentieren[677]. Neben den Avataren existieren weitere virtuelle Gegenstände, die innerhalb der virtuellen Welt als Hilfsmittel, Werkzeuge, Waffen usw. benutzt werden, die sog. Items[678].

Um den Handel mit virtuellen Gegenständen ist außerhalb des Internets in der realen Welt ein gewinnträchtiger Markt entstanden. Die Umsatzzahlen, die im Zusammenhang mit dem Handel virtueller Gegenstände genannt werden, sind

---

672 Vertieft zur Geschichte und den Erscheinungsformen von Online-Spielen vgl. *Berberich* „Virtuelles Eigentum", 4 ff.

673 *Psczolla* „Virtuelle Gegenstände als Objekte der Rechtsordnung", a.a.O., Abs. 1.

674 *Krasemann* „Onlinespielrecht – Spielwiese für Juristen", a.a.O., 351; Striezel, „Der Handel mit virtuellen Gegenständen aus Onlinewelten", 47 ff. zur Funktionsweise von sog. MMORPGs.

675 *Psczolla* „Virtuelle Gegenstände als Objekte der Rechtsordnung", a.a.O., Abs. 1; *Krasemann* „Onlinespielrecht – Spielwiese für Juristen", a.a.O., 351.

676 Vgl. *Berberich* „Virtuelles Eigentum", 19 f., wonach der Binnenumsatz bei dem Online-Spiel „Second Life" täglich 1,2 Mio. US-Dollar betragen soll.

677 *Berberich* „Virtuelles Eigentum", 8 m.w.N.

678 *Koch* „Die rechtliche Bewertung virtueller Gegenstände auf Online-Plattformen", a.a.O., Abs. 34.

beachtlich[679]. Der Handel kann darin bestehen, dass die virtuellen Gegenstände gegen reales Geld auf dem freien Markt angeboten und erworben werden. Eine weitere Ausformung des Handels war Gegenstand des Urteils des LG Hamburg vom 30.06.2011[680]: Kläger war der Betreiber des sog. Free-To-Play-Games (Online-Spiel) „Runes of Magic". Bei diesem Spiel besteht die Möglichkeit einer kostenlosen Teilnahme. Der Betreiber erzielt seine Einnahmen durch kostenpflichtige Zusatzleistungen, wie z.B. den Verkauf von virtuellen Gegenständen, die im Rahmen des Online-Spiels eingesetzt werden können (Items)[681]. Hierbei kann es sich z.B. um Ausrüstung, Reittiere oder Dekoration des Hauses des Avatars handeln. Als Währung für die Bezahlung der Zusatzleistungen muss der Spieler beim Betreiber gegen reales Geld die virtuelle Währung „Diamanten" erwerben, die der Spieler dann seinem Avatar zum Erwerb der virtuellen Gegenstände zur Verfügung stellt. Der Kaufpreis für 100 Diamanten betrug 5,00 EUR[682].

---

679 *Psczolla* „Virtuelle Gegenstände als Objekte der Rechtsordnung", a.a.O., wonach die Umsätze mit virtuellen Gegenständen aus Online-Spielen im Jahr 2010 von Analysten auf eine halbe Milliarde US-Dollar geschätzt wurde; *Krasemann* „Onlinespielrecht – Spielwiese für Juristen", a.a.O., 351, wonach nach einer Schätzung das Handelsvolumen betreffend virtuelle Gegenstände 2005 auf 900 Mio. US-Dollar geschätzt wurde; *Wemmer/Bodensiek* „Virtueller Handel – Geld und Spiele", a.a.O., 432, wonach zwischen Juli 2003 und Mai 2004 bei dem Online-Auktionshaus eBay mehr als 20 Mio. US-Dollar für virtuelle Gegenstände ausgegeben wurden; *Lober/Weber* „Money for Nothing? Der Handel mit virtuellen Gegenständen und Charakteren", a.a.O., 653, wonach während zwei Wochen im Jahr 2009 der Umsatz mit dem Handel von virtuellen Gegenständen bei dem Online-Auktionshaus eBay mehr als 150.000,00 Mio. US-Dollar betragen haben soll; *Berberich* „Virtuelles Eigentum", 19 f. zu weiteren ökonomischen Eckdaten von Online-Spielen; *Preuß* „Rechtlich geschützte Interessen an virtuellen Gütern", 22, wonach der Wert des Marktes, der den Verkauf virtueller Güter zum Gegenstand hat, teilweise bereits auf 880 Mio. US-Dollar geschätzt worden sein soll. Der Betreiber eines Online-Spiels soll laut *LG Hamburg* Urt. v. 30.06.2011, 327 O 741/10, juris (nicht rechtskräftig, bis zur Abgabe dieser Arbeit anhängig beim Hanseatischen Oberlandesgericht unter 5 U 168/11) mit dem Handel von virtuellen Gegenständen im Jahr 2009 einen Umsatz von ca. 18 Mio. US-Dollar erreicht haben.

680 *LG Hamburg* Urt. v. 30.06.2011, 327 O 741/10, juris (nicht rechtskräftig, bis zur Abgabe dieser Arbeit anhängig beim Hanseatischen Oberlandesgericht unter 5 U 168/11).

681 *LG Hamburg* Urt. v. 30.06.2011, 327 O 741/10, juris Rn. 6 (nicht rechtskräftig, bis zur Abgabe dieser Arbeit anhängig beim Hanseatischen Oberlandesgericht unter 5 U 168/11).

682 *LG Hamburg* Urt. v. 30.06.2011, 327 O 741/10, juris Rn. 6 (nicht rechtskräftig, bis zur Abgabe dieser Arbeit anhängig beim Hanseatischen Oberlandesgericht unter 5 U 168/11).

Parallel zu den Zahlungsmitteln, die der Spieler beim Betreiber gegen reales Geld erwerben kann (Diamanten), existiert noch eine weitere virtuelle Währung, die der Spieler im Rahmen des Spiels erwirbt (sog. Spielwährung), die als „Gold“ bezeichnet wird[683]. Der Spieler erhält das „Gold“ z.B. als Belohnung für Aufgaben, die der Avatar in den Online-Spielen erledigt hat.

Die beiden virtuellen Währungen „Diamanten“ und „Gold“ werden in realen Auktionshäusern gehandelt. Der Wechselkurs richtet sich nach Angebot und Nachfrage[684].

Die mit dem Handel solcher virtuellen Gegenstände verbundenen Gewinnerzielungsmöglichkeiten sind so attraktiv, dass Dritte versuchen, gegen den Willen des Betreibers des Online-Spiels an dem Handel zu partizipieren. So werden Dritte z.B. als sog. Goldseller tätig. Hierbei handelt es sich um Spieler, die das Spiel zu dem Zweck spielen, möglichst viel Spielgeld („Gold“) zu sammeln, um dieses dann anderen Spielern gegen reale Zahlungsmittel zum Kauf anzubieten. Das „Gold“ wird anderen Spielern zu einem Kaufpreis angeboten, der unter dem Kaufpreis für die Diamanten liegt. Durch diese Aktivitäten werden immer größere Mengen billigen „Goldes“ in den Verkehr gebracht und der Bedarf eines Erwerbes des beim Betreiber des Online-Spiels verfügbaren Spielgeldes („Diamanten“) sinkt. Der Betreiber des Online-Spiels sah hierdurch seine Einnahmequelle gefährdet und ging (im einstweiligen Verfügungsverfahren erfolgreich) gegen Goldseller vor[685].

Mit der wirtschaftlichen Bedeutung des Handels mit virtuellen Gegenständen geht die Frage nach deren rechtlicher Einordnung und der Abwehr von unberechtigten

683 *LG Hamburg* Urt. v. 30.06.2011, 327 O 741/10, juris Rn. 6 (nicht rechtskräftig, bis zur Abgabe dieser Arbeit anhängig beim Hanseatischen Oberlandesgericht unter 5 U 168/11).

684 *LG Hamburg* Urt. v. 30.06.2011, 327 O 741/10, juris Rn. 6 (nicht rechtskräftig, bis zur Abgabe dieser Arbeit anhängig beim Hanseatischen Oberlandesgericht unter 5 U 168/11).

685 Der Betreiber erwirkte sechs einstweilige Verfügungen gegen sog. Goldseller vor dem *LG Hamburg*: Beschl. v. 10.06.2010, 327 O 370/10; Beschl. v. 12.07.2010, 315 O 231/10; Beschl. v. 14.07.2010, 315 O 252/10; Beschl. v. 15.07.2010, 312 O 419/10; Beschl. v. 22.07.2010, 308 O 270/10 und Beschl. v. 03.09.2010, 327 579/10. Die Beschlüsse sind nicht veröffentlicht, jedoch auf Anfrage bei der Pressestelle des LG Hamburg erhältlich. Die Beschlüsse sind nicht näher begründet, insbesondere lässt sich diesen die Rechtsgrundlage für die Gewährung des einstweiligen Rechtsschutzes nicht entnehmen. Nach telefonischer Auskunft des Berichterstatters am 18.01.2012 basierten die Beschlüsse vorrangig auf markenrechtlichen Ansprüchen.

Nutzungen durch Dritte einher[686]. Denn nur wer über die entsprechenden Nutzungsrechte an den virtuellen Gegenständen verfügt, kann an deren wirtschaftlicher Verwertung partizipieren. Hierbei stellt sich das Problem, dass sich virtuelle Gegenstände dem Versuch einer Einordnung in die Rechtsfiguren des deutschen Rechts zu entziehen scheinen[687]. Wie auch bei Computerprogrammen wird diskutiert, ob virtuellen Gegenständen Sachqualität im Sinne von § 90 BGB zukommt und damit verbunden sachenrechtliche Abwehransprüche anwendbar sind. Dies wird überwiegend zu Recht mit Verweis auf die Unkörperlichkeit virtueller Gegenstände verneint[688]. Man sieht sich somit mit demselben Grundproblem konfrontiert wie z.B. bei virtuellen Ladengeschäften und Computerprogrammen. Virtuelle Gegenstände stehen systematisch zwischen Sachen im Sinne von § 90 BGB und klassischen Immaterialgüterrechten[689].

Zwar kann die Diskussion um die Einordnung virtueller Gegenstände für diese Arbeit nur bedingt nutzbar gemacht werden, da sie einen starken vertragsrechtlichen Einschlag aufweist[690], der bei virtuellen Ladengeschäften nicht gegeben ist. Dies folgt daraus, dass ein Zugriff auf die virtuellen Gegenstände eines Online-Spieles in der Regel nur im Rahmen einer bestehenden vertraglichen Beziehung zwischen dem Betreiber des Online-Spiels und den Teilnehmern möglich ist. Ohne die einen Vertrag begründende Anmeldung zu dem Online-Spiel ist eine Teilnahme technisch in der Regel ausgeschlossen[691].

---

686 Zu dieser Problematik ausführlich: *Berberich* „Virtuelles Eigentum" und *Preuß* „Rechtlich geschützte Interessen an virtuellen Gütern".

687 *Berberich* „Virtuelles Eigentum", 22.

688 *Wemmer/Bodensiek* „Virtueller Handel – Geld und Spiel", a.a.O. 436; *Lober/Weber* „Den Schöpfer verklagen – Haften Betreiber virtueller Welten ihren Nutzern für virtuelle Güter?", CR 2006, 837, 842; dies., „Money for Nothing? Der Handel mit virtuellen Gegenständen und Charakteren", a.a.O., 655; *Psczolla* „Virtuelle Gegenstände als Objekte der Rechtsordnung", a.a.O., Abs. 8; *Krasemann* „Onlinespielrecht – Spielwiese für Juristen", a.a.O., 352; *Berberich* „Virtuelles Eigentum", 157 f.

689 *Koch* „Die rechtliche Bewertung virtueller Gegenstände auf Online-Plattformen", a.a.O. Abs. 46.

690 *Striezel* „Der Handel mit virtuellen Gegenständen aus Onlinewelten", 199 ff.; *Schneider* „Virtuelle Werte. Der Handel mit Accounts und virtuellen Gegenständen im Internet.", 66 ff.; *Berberich* „Virtuelles Eigentum", 240 ff.; vgl. auch *Rippert/Weimer* „Rechtsbeziehungen in der virtuellen Welt", ZUM 2007, 272 ff.

691 *Lober/Weber* „Den Schöpfer verklagen – Haften Betreiber virtueller Welten ihren Nutzern für virtuelle Güter?", a.a.O., 842; *Berberich* „Virtuelles Eigentum", 195; *Preuß* „Rechtlich geschützte Interessen an virtuellen Gütern", 29.

Abzuwehrende Beeinträchtigungen virtueller Gegenstände finden somit überwiegend im Rahmen einer vertraglichen Beziehung statt[692]. Dies bietet die Möglichkeit, auf vertragliche Abwehransprüche zurückzugreifen. Obwohl sich somit in Bezug auf virtuelle Gegenstände die Problematik bestehender Rechtsschutzlücken auf Grund deren virtuellen Charakters ebenso stellt, wie z.B. bei virtuellen Ladengeschäften und Computerprogrammen, hat dies in der Praxis keinen vergleichbaren Einschlag.

Jedoch sind auch im Zusammenhang mit virtuellen Gegenständen Fallkonstellationen denkbar, bei denen ein Rückgriff auf vertragliche Ansprüche nicht möglich ist und das in dieser Arbeit behandelte Grundproblem des Fehlens gesetzlicher Abwehransprüche bei Sachverhalten mit digitaler bzw. virtueller Natur offenkundig wird. Im Verhältnis zwischen dem Nutzer und Betreiber des Online-Spiels kann dies der Fall sein, wenn ein wirksamer Vertragsschluss auf Grund der Anmeldung unter falschem Namen scheitert[693]. Ebenso ist ein Rückgriff auf vertragliche Ansprüche bei Beeinträchtigungen durch außenstehende Dritte ausgeschlossen[694]. Insbesondere diese – wenn auch auf Grund der technischen Hürden seltenen – Fälle sind mit den in dieser Arbeit näher geprüften Beeinträchtigungen virtueller Geschäftsmodelle[695] vergleichbar.

Hinsichtlich der rechtlichen Einordnung virtueller Gegenstände wird teilweise

- auf die klassischen Immaterialgüterrechte abgestellt (nachfolgend Ziffer 1);
- ein sonstiger Gegenstand im Sinne von § 453 Abs. 1 BGB bejaht (nachfolgend Ziffer 2.);
- für die Anerkennung als ungeschriebenes Immaterialgüterrecht *sui generis* als virtuelles Eigentum plädiert (nachfolgend Ziffer 3.) und
- eine Erfassung virtueller Gegenstände als sonstiges Recht im Sinne des § 823 Abs. 1 BGB befürwortet (nachfolgend Ziffer 4.).

Eine Stellungnahme zu diesen Lösungsvorschlägen erfolgt in Kapitel 5 Ziffer A.[696].

---

692 *Klickermann* „Virtuelle Welten ohne Rechtsanspruch?“, MMR 2007, 766, 767 ff.; *Lober/Weber* „Money for Nothing? Der Handel mit virtuellen Gegenständen und Charakteren“, a.a.O., 656 ff.; *Berberich* „Virtuelles Eigentum“, 176 ff.

693 *Berberich* „Virtuelles Eigentum“, 195 m.w.N.; *Koch* „Die rechtliche Bewertung virtueller Gegenstände auf Online-Plattformen“, a.a.O. Abs. 9 ff.

694 *Berberich* „Virtuelles Eigentum“, 196.

695 Kapitel 2 Ziffer B., Seiten 20 ff.

696 Seiten 201 ff.

1. Erfassung durch die bestehenden Immaterialgüterrechte

Der Schutz virtueller Gegenstände wird zum Teil einzig durch die Erfassung der bestehenden Immaterialgüterrechte, namentlich das Urheberrecht, bejaht[697].

2. Sonstiger Gegenstand im Sinne von § 453 Abs. 1 BGB

Zur rechtlichen Erfassung virtueller Gegenstände wird zum Teil eine Subsumtion dieser unter den Begriff des sonstigen Gegenstandes im Sinne von § 453 Abs. 1 BGB befürwortet. So seien virtuelle Gegenstände die Rechte, einen abgrenzbaren Teil eines Computerprogramms entsprechend den Regeln des Online-Spiels ausschließlich nutzen zu dürfen. Dies habe zur Folge, dass diese als Immaterialgut einen Gegenstand im Sinne von § 453 Abs. 1 BGB zu qualifizieren und auf diese die Regelungen für den Rechtskauf anwendbar seien[698].

3. Ungeschriebenes Immaterialgüterrecht *sui generis*

Teilweise wird vorgeschlagen, virtuelle Gegenstände rechtlich als ungeschriebenes Immaterialgüterrecht *sui generis* zu erfassen[699].

a) Individualisierbarkeit und Verkehrsfähigkeit virtueller Gegenstände

Die immaterialgüterrechtliche Qualifikation wird damit begründet, dass zu den Gegenständen im rechtlichen Sinne nicht nur Sachen, sondern – nach einem weit gefassten Rechtsverständnis – sämtliche individualisierbaren, vermögenswerten Objekte gehören würden, über die der Berechtigte seine Rechtsmacht frei ausüben könne. Das Vorliegen dieser Voraussetzungen wird bei virtuellen Gegenständen bejaht, da diese im Rahmen des Online-Spiels von der Spielplattformsoftware abgrenzbar und dem Nutzer zugeordnet seien. Als Beispiel wird auf die Avatare bei MMORGPs[700] verwiesen, deren Erscheinungsbild und Charakter von der Fantasie des Nutzers geprägt würden und daher einzigartig seien. Auf Grund der

---

697 *Schneider* „Virtuelle Werte. Der Handel mit Accounts und virtuellen Gegenständen im Internet.“, 112 ff.; *Striezel* „Der Handel mit virtuellen Gegenständen aus Onlinewelten“, 102 ff.

698 *Geis/Geis* „Erste Ansätze des Rechts zur Konfliktlösung in Second Life“, CR 2007, 721.

699 *Koch* „Die rechtliche Bewertung virtueller Gegenstände auf Online-Plattformen“, a.a.O., Abs. 20 ff.

700 Kapitel 4 Ziffer A.II., Seiten 148 ff.

alleinigen Zugriffsmöglichkeit des Nutzers auf dessen Nutzerkonto (Account) läge eine faktische ausschließliche Nutzungsmöglichkeit vor, die andere von der Nutzung ausschließen würde[701].

Weiterhin wird argumentiert, dass Immaterialgüterrechte seit jeher Herrschaftsrechte an geistigen wie auch kreativen Schöpfungen erfassen und die Befugnis zur ausschließlichen Nutzung oder Verwertung der Schöpfung gewähren würden. Daher werde als Immaterialgut generell ein unkörperliches Gut betrachtet, dem ein bestimmter Vermögenswert innewohne. Bei virtuellen Gegenständen handele es sich um solche unkörperlichen Güter mit einem bestimmten Vermögenswert[702].

Von den Befürwortern eines ungeschriebenen Immaterialgüterrechts *sui generis* an virtuellen Gegenständen werden Einschränkungen insofern vorgenommen, als Immaterialgüterrechte nur bestimmte besonders schützenswerte Rechtsobjekte erfassen und die übrigen Rechtsobjekte dem Gemeingebrauch freigegeben würden[703]. Die tatsächliche Beurteilung von virtuellen Gegenständen als abgrenzbare, individualisierbare und vermögenswerte Immaterialgüter[704] führe nicht zwingend dazu, dass die Rechtsordnung diese durch ein Ausschließlichkeitsrecht schütze[705]. Daher müssten gewisse Merkmale für eine Verobjektivierung des Rechts an virtuellen Gegenständen festgestellt werden können. Diese lägen vor, wenn die virtuellen Gegenstände von dem Recht des Betreibers des Online-Spiels an der Spielplattform bzw. an der Spielsoftware und von der relativen vertragsrechtlichen Rechtsposition des Nutzers aus dem Verhältnis zum Spielbetreiber wenigstens teilweise abgelöst seien und beliebigen anderen Personen zugeordnet werden könnten[706].

Im Falle der Avatare[707] wird das Vorliegen dieser Merkmale bejaht. Zwar gewähre der Betreiber des Online-Spiels bzw. der Anbieter der Spielsoftware den Zutritt

701 *Koch* „Die rechtliche Bewertung virtueller Gegenstände auf Online-Plattformen“, a.a.O., Abs. 21 f.

702 *Koch* „Die rechtliche Bewertung virtueller Gegenstände auf Online-Plattformen“, a.a.O., Abs. 24.

703 *Koch* „Die rechtliche Bewertung virtueller Gegenstände auf Online-Plattformen“, a.a.O., Abs. 26.

704 Zu den Unterschieden der Entstehung von Immaterialgütern und Immaterialgüterrechten siehe *Koch* „Die rechtliche Bewertung virtueller Gegenstände auf Online-Plattformen“, a.a.O., Abs. 25 f.

705 *Koch* „Die rechtliche Bewertung virtueller Gegenstände auf Online-Plattformen“, a.a.O., Abs. 26.

706 *Koch* „Die rechtliche Bewertung virtueller Gegenstände auf Online-Plattformen“, a.a.O., Abs. 29.

707 Kapitel 4 Ziffer A.II., Seiten 148 ff.

zu dem Online-Spiel, jedoch komme die eigentliche Interaktion erst durch den einzelnen Nutzer zu Stande. Der Avatar existiere als Spielcharakter nicht nur in der virtuellen Welt des Online-Spiels, sondern davon losgelöst vor dem geistigen Auge des Nutzers, der ihn erfunden habe. Rein technisch gesehen sei es allein dem Nutzer möglich, mittels seines Accounts (individuellen Zugangskontos) auf den Avatar einzuwirken. Daher sei es naheliegend, die Rechtsposition an einem einzelnen Avatar nicht dem Betreiber des Online-Spiels, sondern dem Nutzer zuzuordnen, der allein für die Weiterentwicklung und den Ausbau des Avatars verantwortlich sei. Auch sei der Avatar mit der jeweiligen Persönlichkeit des Nutzers eng verbunden und erhalte hierdurch einen ideellen Mehrwert gegenüber der Software, die das Online-Spiel ermögliche[708]. Hieraus ergebe sich das zumindest teilweise Losgelöstsein des Avatars von dem Recht des Betreibers des Online-Spiels. Die Verkehrsfähigkeit des Avatars ergebe sich daraus, dass der Avatar durch die Übertragung des Accounts (individuelles Zugangskonto) des Nutzers auf einen anderen Nutzer übertragen werden könne. Hieraus resultiere die Möglichkeit der Abstraktion des Avatars vom ursprünglichen Nutzer, was die Verkehrsfähigkeit des Avatars begründe[709].

Anders verhalte es sich mit den übrigen Items, denen eine Verobjektivierung fehle. Denn zum Einen entwickle der Betreiber der Online-Plattform die Items selbst und zum Anderen habe der Nutzer weder eine direkte Einflussmöglichkeit auf die Beschaffenheit der Items, noch auf die Art und Weise deren Übergabe. Auch seien die Items nicht mit der Persönlichkeit des Nutzers verbunden[710].

b) Belohnung der individuellen Leistung

Hinsichtlich der Anerkennung eines ungeschriebenen Immaterialgüterrechts *sui generis* an virtuellen Gegenständen wird zudem darauf verwiesen, dass deren Aufbau zum Teil mit wesentlichen Investitionen zeitlicher und finanzieller Art sowie einem erheblichen Ausmaß an Kreativität verbunden sei. Die Belohnung und der Anreiz zur Schaffung von Innovation, Schöpfung und Werten würden neben den vorgenannten Aspekten (Individualisierbarkeit und Verkehrsfähigkeit) weitere Aspekte zur Anerkennung eines Immaterialgüterrechts darstellen[711].

---

708 *Koch* „Die rechtliche Bewertung virtueller Gegenstände auf Online-Plattformen“, a.a.O., Abs. 31.

709 *Koch* „Die rechtliche Bewertung virtueller Gegenstände auf Online-Plattformen“, a.a.O., Abs. 32.

710 *Koch* „Die rechtliche Bewertung virtueller Gegenstände auf Online-Plattformen“, a.a.O., Abs. 34.

711 *Koch* „Die rechtliche Bewertung virtueller Gegenstände auf Online-Plattformen“, a.a.O., Abs. 37 ff.

c) Absolute Rechtsposition

Von den Befürwortern eines ungeschriebenen Immaterialgüterrechts *sui generis* an virtuellen Gegenständen wird weiterhin darauf verwiesen, dass der Anerkennung eines absoluten Rechts an virtuellen Gütern die Abhängigkeit des Bestands des virtuellen Gegenstands vom Bestehen eines Vertrages zwischen dem Betreiber des Online-Spiels und dem Nutzer nicht entgegen stehe[712].

Zwar würden sich absolute Rechtspositionen dadurch auszeichnen, dass sie dem Berechtigten einen Freiheitsbereich zuweisen, in dem er unter Ausschluss aller anderen Personen allein über sein Recht bestimmen könne. Die ausschließliche Herrschaftsbefugnis zeige sich vor allem darin, dass der Berechtigte seine Rechtsmacht ausüben könne, ohne dabei auf die Mithilfe Dritter angewiesen zu sein[713]. Virtuelle Gegenstände, wie z.B. Avatare, seien in ihrer Entstehung und Nutzungsmöglichkeit zwar abhängig von einer technischen Realisierung über die Software und Online-Plattform, über die das Online-Spiel betrieben wird. Auch verfüge der Betreiber des Online-Spiels über die jederzeitige Möglichkeit einer Einstellung oder Veränderung des Online-Spiels[714].

Diese Abhängigkeit von der technischen Realisierung durch Dritte falle jedoch nicht ins Gewicht, da der Nutzer über seinen Account (individuellen Zugangskonto) jederzeit auf seine virtuellen Güter zugreifen könne, d.h. andere von der Nutzung ausgeschlossen seien, und der Nutzer abgesehen von der technischen Realisierung nach Belieben mit seinen virtuellen Gütern verfahren könne[715]. Dem Nutzer komme auf Grund dessen eine faktische Monopolstellung zu, so dass dieser nur formal durch die vertragliche Beziehung zum Betreiber des Online-Spiels, nicht jedoch in seiner tatsächlichen Gewalt über das konkrete Recht beschränkt sei und somit eine absolute Rechtsposition vorliege[716].

---

712 *Koch* „Die rechtliche Bewertung virtueller Gegenstände auf Online-Plattformen", a.a.O., Abs. 41 ff.

713 *Koch* „Die rechtliche Bewertung virtueller Gegenstände auf Online-Plattformen", a.a.O., Abs. 46.

714 *Koch* „Die rechtliche Bewertung virtueller Gegenstände auf Online-Plattformen", a.a.O., Abs. 42.

715 *Koch* „Die rechtliche Bewertung virtueller Gegenstände auf Online-Plattformen", a.a.O., Abs. 42.

716 *Koch* „Die rechtliche Bewertung virtueller Gegenstände auf Online-Plattformen", a.a.O., Abs. 44.

d) Reichweite ungeschriebenes Immaterialgüterrecht sui generis

Die Reichweite des ungeschriebenen Immaterialgüterrechts *sui generis* an virtuellen Gegenständen wird von den Befürwortern nur am Rande erörtert.

So sei die Rechtsposition aus tatsächlichen Gründen als zeitlich begrenzt immaterialgüterrechtlich zu qualifizieren. Dies folge daraus, dass die Verkörperung der virtuellen Gegenstände (Avatare) anders als die Verkörperung eines urheberrechtlich geschützten Werkes von der technischen Realisierung eines Dritten, d.h. des Betreibers des Online-Spiels, abhängig sei. Denn dieser könnte das Online-Spiel einstellen oder den Account des Nutzers und damit den virtuellen Gegenstand (Avatar) löschen[717]. Das ungeschriebene Immaterialgüterrecht *sui generis* an virtuellen Gegenständen habe zur Folge, dass der Inhaber zwar nicht verhindern könne, dass der Betreiber des Online-Spiels die virtuellen Gegenstände aus geschäftspolitischen Gründen löscht oder das Online-Spiel einstellt. Insoweit träfe den Betreiber des Online-Spiels keine neben der relativen vertraglichen Beziehung zum Nutzer stehende Pflicht, das ungeschriebene Immaterialgüterrecht *sui generis* über die Dauer der Vertragsbeziehung hinaus realisierbar zu halten. Jedoch sei der Betreiber des Online-Spiels andererseits nicht berechtigt, die virtuellen Gegenstände durch Übertragung des Nutzer-Accounts an Dritte zu veräußern. Dies gelte sogar über die Dauer der vertraglichen Beziehung mit dem Nutzer hinaus. Denn hierdurch würde der Betreiber des Online-Spiels den dem Nutzer zugeordneten Vermögenswert selbst nutzen und verwerten, was eine Verletzung des ungeschriebenen Immaterialgüterrechts *sui generis* des Nutzers an den virtuellen Gegenständen darstellen würde[718].

Unter der Prämisse, dass der Betrieb des Online-Spiels aufrechterhalten und der Account des Nutzers nicht gelöscht wird, wirke das ungeschriebene Immaterialgüterrecht *sui generis* an virtuellen Gegenständen gegenüber jedermann[719]. Eingriffe würden Verletzungen eines Immaterialgüterrechts darstellen und ein deliktischer Schutz bestehe gemäß § 823 Abs. 1 BGB[720].

---

717 *Koch* „Die rechtliche Bewertung virtueller Gegenstände auf Online-Plattformen“, a.a.O., Abs. 46.

718 *Koch* „Die rechtliche Bewertung virtueller Gegenstände auf Online-Plattformen“, a.a.O., Abs. 47.

719 *Koch* „Die rechtliche Bewertung virtueller Gegenstände auf Online-Plattformen“, a.a.O., Abs. 48.

720 *Koch* „Die rechtliche Bewertung virtueller Gegenstände auf Online-Plattformen“, a.a.O., Abs. 48.

Darüberhinaus wird eine Einzelfallprüfung dahingehend vorgeschlagen, ob die Schwelle einer Verletzung des Rechts am virtuellen Gegenstand überschritten ist[721].

4. Sonstiges Recht im Sinne des § 823 Abs. 1 BGB

Die Diskussion um die Anerkennung eines sonstigen Rechts im Sinne von § 823 Abs. 1 BGB an virtuellen Gütern ist nicht neu. Sie wurde unter anderem im Zusammenhang mit Fragestellungen zum deliktischen Schutz von Daten geführt[722]. Bei der rechtlichen Einordnung virtueller Gegenstände wird teilweise ebenfalls vorgeschlagen, ein sonstiges Recht im Sinne von § 823 Abs. 1 BGB als sog. virtuelles Eigentum anzuerkennen[723].

a) Abgrenzung zum Immaterialgüterrecht

Eines der Hauptargumente zur Bejahung eines sonstigen Rechts im Sinne von § 823 Abs. 1 BGB ist hierbei, dass ein Rückgriff auf das Sachenrecht sachgerechter sei als ein Rückgriff auf Immaterialgüterrechte.

aa) Abstellen auf Herrschaftsobjekt

Dies ergebe sich zum Einen aus der zwar technisch vermittelten, aber dennoch unmittelbar erfahrbaren und damit gleichsam natürlichen Existenz des Herrschaftsobjektes

---

721 *Koch* „Die rechtliche Bewertung virtueller Gegenstände auf Online-Plattformen", a.a.O., Abs. 48.

722 *Meier/Wehlau* „Die zivilrechtliche Haftung für Datenlöschung, Datenverlust und Datenzerstörung", a.a.O., 1588; *Faustmann* „Der deliktische Datenschutz", VuR, 260, 262 f.

723 *Berberich* „Virtuelles Eigentum", 215 ff.; *Lober/Weber* „Den Schöpfer verklagen – Haften Betreiber virtueller Welten ihren Nutzern für virtuelle Güter", a.a.O., 842 f.; a.A. *Preuß* „Rechtlich geschützte Interessen an virtuellen Gütern", der einen deliktischen Schutz virtueller Güter verneint. *Preuß* stellt betreffend die Frage der Rechtsnatur virtueller Gegenstände darauf ab, dass es sich bei diesen um reine Daten handele (S. 51) und kommt zu dem Ergebnis, dass ein Datenbestand sich hinsichtlich einer deliktischen Schutzfähigkeit von der Sphäre des Eigentumsrechts am körperlichen Datenträger nicht ohne dogmatische Brüche abstrahieren lasse (S. 200). Der Datenbestand lasse sich daher als eigenständiges Schutzobjekt nicht annähernd harmonisch in das System des deliktischen Haftungsrechts integrieren. Das Deliktsrecht könne daher nur demjenigen Dateninhaber umfassenden Schutz gewähren, der zugleich Eigentümer des verkörperten Speichermediums ist (S. 200 f.).

„virtueller Gegenstand“[724]. Virtuelle Gegenstände würden nicht durch das Recht erzeugt und stünden insoweit körperlichen Sachen als Gegenstand des Eigentums näher als Immaterialgütern[725]. Ausgehend von der Verkehrsanschauung würden virtuelle Gegenstände zum Anderen die übrigen Wesensmerkmale realen Eigentums aufweisen: Abgrenzbarkeit, Wahrnehmbarkeit und Beherrschbarkeit (d.h. sozialtypische Offenkundigkeit)[726]. Hierdurch würde deren Verkehrsfähigkeit ermöglicht[727]. Darüber hinaus würden virtuelle Gegenstände über die weiteren Voraussetzungen einer gewissen Dauerhaftigkeit und die Möglichkeit nichtrivalisierender Nutzungen verfügen[728]. Der einzige Unterschied zu Sacheigentum bestehe in der fehlenden Körperlichkeit[729]. Die Unkörperlichkeit virtueller Gegenstände sei unbeachtlich. Zwar könnten Immaterialgüter niemals körperlich sein. Umgekehrt sei jedoch nicht alles Unkörperliche zugleich ein Immaterialgut, was sich z.B. an Daten oder Internet-Domains zeige[730].

bb) Abstellen auf den Schutzzweck mit Blick auf die abzuwehrenden Nutzungen – rivalisierende und nicht-rivalisierende Nutzungen

Berberich stellt weiterhin wesentlich auf die unterschiedlichen Schutzzwecke der Regelungsregime „Sacheigentum“ und „Immaterialgüterrechte“ ab, wobei insoweit eine Unterscheidung zwischen rivalisierender und nicht-rivalisierender Nutzung des Gegenstandes vorgenommen wird[731]. Hiervon ausgehend sei die größere Nähe von virtuellen Gegenständen zum Sacheigentum als zu Immaterialgüterrechten zu bejahen[732].

Sachen seien wegen ihrer Körperlichkeit nur einer rivalisierenden Nutzung zugänglich. Jeder Gebrauch durch einen Anderen habe unmittelbar negative Auswirkungen auf die – zumindest potentielle – Nutzbarkeit der Sache selbst. Dies bringe die Gefahr einer ineffizienten Übernutzung oder Zerstörung mit sich. Auf dieses Problem reagiere das Sacheigentum mit einer exklusiven Zuweisung der Nutzung

724 *Berberich* „Virtuelles Eigentum“, 128.
725 *Berberich* „Virtuelles Eigentum“, 128.
726 *Berberich* „Virtuelles Eigentum“, 108 und 224; *Koch* „Die rechtliche Bewertung virtueller Gegenstände auf Online-Plattformen“, a.a.O., Abs. 21 ff.; *Psczolla* „Virtuelle Gegenstände als Objekte der Rechtsordnung“, a.a.O., Abs. 12 ff.
727 *Berberich* „Virtuelles Eigentum“, 224.
728 *Berberich* „Virtuelles Eigentum“, 224.
729 *Berberich* „Virtuelles Eigentum“, 213.
730 *Berberich* „Virtuelles Eigentum“, 118 f.
731 *Berberich* „Virtuelles Eigentum“, 119 f. und 128.
732 *Berberich* „Virtuelles Eigentum“, 128.

eines Gegenstandes und zugleich eines Mechanismus zur Abwehr rivalisierender Nutzungen Dritter, um den Inhaber vor der Beeinträchtigung aller aktuellen und potentiellen Nutzungsmöglichkeiten zu schützen[733]. Den Schutz von Immaterialgütern trage dieser Gedanke nicht. Diese seien ein frei verfügbares, nichtrivalisierendes und ohne Beeinträchtigung der aktuellen Nutzung durch Andere ebenso nutzbares Gut. Es könne insofern bei Immaterialgütern auch nicht zu einer Übernutzung kommen. Grund des Schutzes von Immaterialgütern und ihrer künstlichen Verknappung seien nicht die Nachteile rivalisierender Nutzungen, sondern der Gedanke, dem Kreativen die Früchte seiner Arbeit zu gönnen und so im Allgemeininteresse Anreize zukünftiger geistiger, künstlerischer und erfinderischer Tätigkeit zu schaffen[734]. Der wesentliche Unterschied zwischen Sacheigentum und Immaterialgüterrechten bestehe somit darin, dass das Sacheigentum primär die effiziente Nutzung sichere und nur sekundär Anreize zum weiteren Schaffen setzte, während für Immaterialgüterrechte der letztgenannte Zweck primär sei[735]. Hieraus folge, dass das Sacheigentum ausschließlich der Abwehr rivalisierender Nutzungen diene, welche in irgendeiner Weise die Nutzung der Sache selbst beeinträchtigen. Nichtrivalisierende wirtschaftliche Nutzungen seien hingegen von der Abwehrbefugnis des Sacheigentümers nicht erfasst, da hierbei nicht mehr die eigentliche Sache als Schutzgut betroffen sei[736]. Umgekehrt könne auf ein Immaterialgüterrecht grundsätzlich nicht zur Abwehr rivalisierender Nutzungen zurückgegriffen werden. Dies folge schon aus der Tatsache, dass das zu Grunde liegende Gut immaterieller Natur und eine rivalisierende Nutzung höchst selten denkbar sei[737]. Daher könne zur Abwehr rivalisierender Nutzungen nur auf das klassische Sacheigentum zurückgegriffen werden[738], während Immaterialgüterrechte allein Schutz gegen die wirtschaftliche Nutzung des Immaterialguts bieten würden[739].

Auf Grund der Knappheitsbedingungen, die auf dem exklusiven Zugriff des Nutzers über das individualisierte Account (Zugangskonto) basieren würden[740],

733 *Berberich* „Virtuelles Eigentum“, 121.
734 *Berberich* „Virtuelles Eigentum“, 121.
735 *Berberich* „Virtuelles Eigentum“, 122.
736 *Berberich* „Virtuelles Eigentum“, 124.
737 *Berberich* „Virtuelles Eigentum“, 125; *ders.* zum Verhältnis von Körperlichkeit und Rivalität, „Virtuelles Eigentum“, 125.
738 *Berberich* „Virtuelles Eigentum“, 131.
739 *Berberich* „Virtuelles Eigentum“, 128.
740 *Berberich* „Virtuelles Eigentum“, 128, Fn. 53; zu den faktischen Knappheitsbedingungen auf Grund des Regime des Betreibers vgl. *Preuß* „Rechtlich geschützte Interessen an virtuellen Gütern“, 45.

könnte eine Nutzung der virtuellen Gegenstände nur in rivalisierender Weise erfolgen. Daher seien Abwehrrechte betreffend Nutzungen virtueller Gegenstände selbst ausgehend vom Schutzweck der Regelungsregime sachnäher beim Sachenrecht als den klassischen Immaterialgüterrechten zu verorten[741].

cc) Keine hinreichende Erfassung durch die klassischen Immaterialgüterrechte

Darüberhinaus wird gegen die Anwendbarkeit der klassischen Immaterialgüterrechte angeführt, dass in der Regel nur Urheberrechtsschutz in Betracht käme. Dieser würde jedoch keine Handlungen erfassen, die die (rivalisierende) Zerstörung oder Löschung der virtuellen Gegenstände zum Gegenstand hätten. Denn Beeinträchtigungen des Werkstückes seien urheberrechtlich nicht geschützt[742].

b) Keine Konstruktion einer rechtlichen Erfassung über Sacheigentum und Sachbesitz

Die Konstruktion einer rechtlichen Erfassung virtueller Gegenstände über Sacheigentum und Sachbesitz wird von den Befürwortern eines virtuellen Eigentums als sonstiges Recht im Sinne von § 823 Abs. 1 BGB zudem mit Verweis auf die fehlende Sachqualität virtueller Gegenstände gemäß § 90 BGB[743] und wegen dysfunktionaler Ergebnisse[744] abgelehnt. Diese ergäben sich aus der fehlenden Konvergenz zwischen dogmatischer Anknüpfung und eigentlichem Herrschaftsgegenstand. So verzerre sich nicht nur die Frage der Inhaberschaft, wenn Sacheigentum am Server und virtuelle Inhaberschaft an den virtuellen Gegenständen auseinanderfallen. Auch könne dies zu einer potentiellen Vervielfachung von Rechtspositionen führen[745]. Darüber hinaus seien die an einem physisch-körperlichen Verständnis ausgerichteten Modalitäten und die Reichweite der jeweils

741 *Berberich* „Virtuelles Eigentum“, 128 f.

742 *Berberich* „Virtuelles Eigentum“, 129.

743 *Lober/Weber* „Money for Nothing? Der Handel mit virtuellen Gegenständen und Charakteren”, a.a.O., 655; *Psczolla* „Virtuelle Gegenstände als Objekte der Rechtsordnung“, a.a.O., Abs. 8; *Krasemann* „Onlinespielrecht – Spielwiese für Juristen“, a.a.O., 352; *Wemmer/Bodensiek* „Virtueller Handel – Geld und Spiele“, a.a.O., 436; *Klickermann* „Virtuelle Welten ohne Rechtsansprüche?“, a.a.O., 767; *Koch* „Die rechtliche Bewertung virtueller Gegenstände auf Online-Plattformen“, a.a.O., Abs. 21.

744 *Berberich* „Virtuelles Eigentum“, 131 ff.

745 *Berberich* „Virtuelles Eigentum“, 131 ff.

zugewiesenen Sachnutzung unzureichend auf die Nutzung virtueller Gegenstände innerhalb ihres virtuellen Kontextes abgestimmt[746].

c) Teilweise: Einschränkung auf Grund teil-absoluten Charakters

Teilweise wird eine Einschränkung des absoluten Rechts an virtuellen Gegenständen im Sinne von § 823 Abs. 1 BGB auf Grund deren teil-absoluten Charakters vorgenommen[747]. Der teil-absolute Charakter virtueller Gegenstände resultiere daraus, dass der Inhaber eines virtuellen Gegenstandes die Beachtung seiner Rechtsposition von jedermann verlangen könne. Wie der Besitz stehe der Zugriff auf den virtuellen Gegenstand stets nur einer oder wenigen Personen offen. Jedoch wirke diese Stellung des Inhabers des virtuellen Gegenstandes ausschließlich innerhalb des Schuldverhältnisses zwischen ihm und dem Betreiber des Online-Spiels. Somit sei die Inhaberschaft relativ[748]. Insoweit seien virtuelle Gegenstände vergleichbar mit dem mittelbaren Besitz, der ebenso über einen gemischt absolut-relativen Charakter verfüge[749]. Dies habe zur Folge, dass der Rechtsschutz des absoluten Rechts an virtuellen Gegenständen gemäß § 823 Abs. 1 BGB nur insoweit bestehe, als gerade nicht das relative Verhältnis betroffen ist. Daher seien virtuelle Gegenstände deliktisch nicht gegenüber dem Betreiber des Online-Spiels, jedoch gegen Eingriffe durch Dritte geschützt[750].

d) Reichweite des sonstigen Rechts an virtuellen Gegenständen im Sinne von § 823 Abs. 1 BGB

Von den Befürwortern eines sonstigen Rechts an virtuellen Gegenständen im Sinne von § 823 Abs. 1 BGB wird die Reichweite des Rechts insbesondere von *Berberich* ausführlich diskutiert[751]. Von *Berberich* wird insoweit zutreffend erkannt, dass es insbesondere bei virtuellen Gütern einer Grenzziehung bei der Zuerkennung absoluter Rechtspositionen bedarf[752].

---

746 *Berberich* „Virtuelles Eigentum“, 139 ff.

747 *Lober/Weber* „Money for Nothing? Der Handel mit virtuellen Gegenständen und Charakteren”, a.a.O., 655.

748 *Lober/Weber* „Money for Nothing? Der Handel mit virtuellen Gegenständen und Charakteren”, a.a.O., 655.

749 *Lober/Weber* „Den Schöpfer verklagen – Haften Betreiber virtueller Welten ihren Nutzern für virtuelle Güter“, a.a.O., 842 f.

750 *Lober/Weber* „Den Schöpfer verklagen – Haften Betreiber virtueller Welten ihren Nutzern für virtuelle Güter“, a.a.O., 842 f.

751 *Berberich* „Virtuelles Eigentum“, 239 ff.

752 *Berberich* „Virtuelles Eigentum“, 239.

Berberich trennt bei seinen Betrachtungen zur Reichweite eines sonstigen Rechts an virtuellen Gegenständen im Sinne von § 823 Abs. 1 BGB zwischen dem Vertikalverhältnis „Betreiber des Online-Spiels und Nutzer“ (nachfolgend Ziffer aa)) sowie dem Horizontalverhältnis der Nutzer untereinander (nachfolgend Ziffer bb)).

Desweiteren ergibt sich nach *Berberich* eine Einschränkung der Reichweite des virtuellen Eigentums an virtuellen Gegenständen nach der Art der abzuwehrenden Nutzungen (nachfolgend Ziffer cc)).

aa) Vertikalverhältnis zwischen Betreiber und Nutzer

Das sonstige Recht an virtuellen Gegenständen im Sinne von § 823 Abs. 1 BGB erfährt nach *Berberich* im Vertikalverhältnis zwischen Betreiber des Online-Spiels und Nutzer Einschränkungen, wobei sich diese insbesondere aus einer vertraglichen Überformung des Rechts, der Regelungsautonomie virtueller Räume und der Interessen- bzw. Konfliktlage im Vertikalverhältnis ergeben.

(1) Vertragliche Überformung

Eine Einschränkung der Reichweite eines sonstigen Rechts an virtuellen Gegenständen im Sinne von § 823 Abs. 1 BGB im Vertikalverhältnis zwischen dem Betreiber des Online-Spiels und Nutzer resultiert nach *Berberich* daraus, dass das Innenrecht (d.h. die Übereinkunft zwischen Betreiber und Nutzer) in der Regel durch vertragliche Nutzungsbedingungen (sog. End User Licence Agreements, EULA) gebildet wird. Insoweit stelle sich die Frage des Verhältnisses von vertraglichen Bestimmungen und virtuellen Eigentums[753]. Diese Frage sei dahingehend zu lösen, dass das virtuelle Eigentum ein gedanklich vorgelagertes originäres Rechtsinstitut sei und die daraus hervorgehenden Rechte durch die jeweiligen Vertragsbestimmungen überformt würden. Dies habe zur Folge, dass die regelmäßig den Betreiber eines Online-Spiels begünstigenden Vertragsbestimmungen in Form des virtuellen Eigentums ein normatives Gegengewicht erhielten, das sich dazu nutzen ließe, eine allzu einseitige vertragliche Rechteverteilung im Verhältnis von Nutzer und Betreiber des Online-Spiels zu hinterfragen[754]. Diese vertragliche Überformung schränke zwar die Reichweite des virtuellen Eigentums ein, andererseits könne das virtuelle Eigentum die Grenzen seiner Überformung mit ziehen, wenn diese seine weitgehende Aushöhlung zur Folge habe[755].

753 *Berberich* „Virtuelles Eigentum“, 240.
754 *Berberich* „Virtuelles Eigentum“, 242.
755 *Berberich* „Virtuelles Eigentum“, 243.

(2) Regelungsautonomie virtueller Räume

Berberich sieht das sonstige Recht an virtuellen Gegenständen im Sinne von § 823 Abs. 1 BGB zudem durch die Anerkennung von zwischen dem Betreiber des Online-Spiels und dem Nutzer vereinbarten Regelungen (Innenrecht) durch die objektive Rechtsordnung (Außenrecht) eingeschränkt und verweist insoweit auf die Regelungsautonomie virtueller Räume[756].

Obgleich Regelungsautonomie nicht bedeute, dass es sich bei virtuellen Welten um rechtsfreie Räume handele[757] – so werde diese aus dem Außenrecht hergeleitet[758] – bestimme das aus dem Konsens zwischen dem Betreiber des Online-Spiels und Nutzer ergebende Innenrecht (z.B. durch Vereinbarung eines Nutzungsvertrages) die Reichweite des virtuellen Eigentums an den virtuellen Gütern[759]. Dies sei allein schon auf Grund der in der Natur virtueller Welten verankerten erheblichen Unterschiede zueinander geboten, da nur so eine differenzierte rechtliche Behandlung gewährleistet werde[760]. Insoweit decke sich die Einschränkung des virtuellen Eigentums durch konsensgetragene Regulierung mit der oben erwähnten vertraglichen Überformung[761].

Ihre Grenzen finde die Regelungsautonomie in den allgemeinen Grenzen der Privatautonomie, insbesondere bei zwingenden Rechtsnormen[762], sowie bei Sachverhalten mit Drittwirkung[763].

(3) Interessen- und Konfliktlage im Vertikalverhältnis

Weitere Einschränkungen des sonstigen Rechts an virtuellen Gütern im Sinne von § 823 Abs. 1 BGB sollen sich nach *Berberich* aus der Interessen- und Konfliktlage zwischen dem Betreiber des Online-Spiels und Nutzer ergeben[764].

Die sich gegenüberstehenden widerstreitenden Interessen des Betreibers des Online-Spiels und Nutzers bestünden in der Regel im Hinblick auf den Schutz der virtuellen Güter gegen Entzug und Schädigung durch den Betreiber, den Schutz des Wertes virtueller Güter durch z.B. künstliche Verknappung, um in

756 *Berberich* „Virtuelles Eigentum", 245 ff.
757 *Berberich* „Virtuelles Eigentum", 245 und 251.
758 *Berberich* „Virtuelles Eigentum", 251.
759 *Berberich* „Virtuelles Eigentum", 252.
760 *Berberich* „Virtuelles Eigentum", 252.
761 *Berberich* „Virtuelles Eigentum", 253.
762 *Berberich* „Virtuelles Eigentum", 258 f.
763 *Berberich* „Virtuelles Eigentum", 260.
764 *Berberich* „Virtuelles Eigentum", 265 ff.

der virtuellen Welt ein reales Marktwirtschaftssystem nachzubilden und die Preise stabil zu halten, sowie den Schutz der virtuellen Güter gegen grundlegende Änderungen oder Einstellung des Betriebes des Online-Spiels durch den Betreiber des Online-Spiels[765]. Die Anerkennung eines virtuellen Eigentums an den virtuellen Gegenständen und der damit verbundene Einbruch des Außenrechts in das betreibergesetzte Innenrecht gehe mit Einschränkungen der wirtschaftlichen Handlungsfreiheit des Betreibers der Online-Spiele sowie Gefährdung der Kontrolle über den vom Betreiber geschaffenen virtuellen Raums einher. Von Betreiberseite werde ins Feld geführt, dass hierdurch der störungsfreie Betrieb des Online-Spiels gefährdet werde, da korrigierende Eingriffe in das virtuelle Wirtschaftssystem notwendig seien. Auch sei der Betrieb mit erheblichen Investitionen verbunden, deren Armotisation nur durch profitorientiertes Wirtschaften möglich sei[766]. Diese Interessen des Betreibers des Online-Spiels seien mit den Interessen des Nutzers an dessen erlangter eigentumsähnlicher Herrschaftsposition durch eine differenzierte Lösung in Ausgleich zu bringen, die eine Einschränkung des sonstigen Rechts an den virtuellen Gegenständen im Sinne von § 823 Abs. 1 BGB mit sich brächten.[767]. Diese Differenzierung solle nach der Art der virtuellen Welt sowie der Schutzrichtung des virtuellen Eigentums erfolgen[768].

bb) Horizontalverhältnis zwischen Nutzern

Im Rahmen des zweiten von *Berberich* behandelten Aspekts der Einschränkung der Reichweite des virtuellen Eigentums an virtuellen Gegenständen als sonstiges Recht im Sinne von § 823 Abs. 2 BGB, nämlich dem Horizontalverhältnis von Nutzern untereinander, stellt *Berberich* wie auch bei den Einschränkungen im Vertikalverhältnis wesentlich auf das konsensual-autonom gesetzte Innerecht (nachfolgend Ziffer (1)) sowie die informalen Verhaltensnormen und Verkehrsgewohnheiten (nachfolgend Ziffer (2)) ab. Darüber hinaus sieht *Berberich* Einschränkungen im Horizontalverhältnis zwischen Nutzern auf Grund der technischen Architektur des virtuellen Raums (nachfolgend Ziffer (3)).

(1) Einschränkung durch konsensual-autonom gesetztes Innenrecht

Die Schutzreichweite des virtuellen Eigentums richtet sich nach *Berberich* im Horizontalverhältnis nach dem Inhalt des jeweiligen virtuellen Sozialvertrages, der

765 *Berberich* „Virtuelles Eigentum“, 265 ff.
766 *Berberich* „Virtuelles Eigentum“, 268 f.
767 *Berberich* „Virtuelles Eigentum“, 269 f.
768 *Berberich* „Virtuelles Eigentum“, 270 ff.

in den explizit geregelten Verhaltensregeln (z.B. End User Licence Agreement [EULA], Terms of Service [TOS], Rules of Conduct) Bestandteil des Nutzungsvertrages sei[769].

(2) Einschränkung durch informale Verhaltensnormen und Verkehrsgewohnheiten

Informale Verhaltensnormen und Verkehrsgewohnheiten seien bei Lücken oder Auslegungsfragen der vertraglich formulierten Pflichten ergänzend heranzuziehen. Diese würden eine selbstständige Quelle impliziter Übereinkunft bilden, um den Inhalt des innenrechtlichen Konsenses und damit die Reichweite der Regelungsautonomie bestimmen[770].

(3) Einschränkung auf Grund der technischen Architektur des virtuellen Raums

Berberich verweist zudem auf die einschränkende Wirkung der Technik (z.B. in Gestalt des digitalen Computerprogrammcodes), wenn diese gar nicht erst die Wahl zwischen Regelbefolgung und Regelverstoß eröffne und – gleich den Naturgesetzen in der realen Welt – einem Verhalten unmittelbare Grenzen setze[771]. Das betreibergesetzte Innenrecht erhalte durch die Technik den Charakter von virtuellen Naturgesetzen[772]. Diese technisch bedingten Einschränkungen des virtuellen Eigentums würden jedoch bei technischen Defekten[773] und Manipulationen[774] an ihre Grenzen stoßen sowie dort, wo eine technische Realisierung des Innenrechts nicht möglich ist, z.B. wenn die Würdigung eines Verhaltens komplexe Wertungen erfordere, die eine technische Kontrolle zu aufwendig machen[775]. So könnten bloße Behinderungen der Nutzung virtueller Gegenstände ohne Substanzeinwirkung wegen ihres Kontextbezuges technisch kaum ausgeschlossen werden, so z.B.

769 *Berberich* „Virtuelles Eigentum“, 278.

770 *Berberich* „Virtuelles Eigentum“, 278 ff., der insoweit jedoch auf das Problem der Herleitung des impliziten Konsenses aus Verkehrsgepflogenheiten hinweist, den genauen Inhalt auszumachen, da eine unüberschaubare Anzahl von Verhaltensregeln existieren würde.

771 *Berberich* „Virtuelles Eigentum“, 284 f.; *ders.* „Virtuelles Eigentum“, 285 ff. zum Verhältnis von Recht und Technik („Code of Law“)

772 *Berberich* „Virtuelles Eigentum“, 288.

773 *Berberich* „Virtuelles Eigentum“, 291.

774 *Berberich* „Virtuelles Eigentum“, 292 f.

775 *Berberich* „Virtuelles Eigentum“, 288.

virtuelle Blockaden wie die Behinderung des Zugangs zu einem virtuellen Geschäft oder virtuelle Demonstrationen[776].

cc) Art der abzuwehrenden Nutzung

Nach *Berberich* findet das virtuelle Eigentum an virtuellen Gegenständen zudem dann keine Anwendung, wenn es sich bei der abzuwehrenden Nutzung nicht um eine Nutzung handelt, die den virtuellen Gegenstand selbst betrifft und diese auf Grund seiner technisch gegebenen Natur nur in rivalisierender Weise erfolgen könne. Denn nur in diesem Fall sei nach dem Schutzzweck der Regelungsregime „Sacheigentum" und „Immaterialgüterrechte" eine größere Sachnähe zum Sacheigentum gegeben[777].

5. *Numerus Clausus* der Immaterialgüterrechte

Der Anerkennung eines virtuellen Eigentums an virtuellen Gegenständen steht weder nach Auffassung der Befürworter eines sonstigen Rechts im Sinne von § 823 Abs. 1 BGB noch nach Auffassung der Befürworter eines Immaterialgüterrechts *sui generis* der *numerus clausus* der Immaterialgüterrechte entgegen.

Teilweise wird ein *numerus clausus* der Immaterialgüterrechte bereits nicht anerkannt[778]. Soweit eine Anerkennung erfolgt, wird argumentiert, dass der *numerus clausus* der Immaterialgüterrechte einer generellen Rechtsfortbildung nicht entgegen stehe[779]. Dies würde durch zahlreiche Durchbrechungen im Sachenrecht belegt, wo durch richterliche Rechtsfortbildung mittlerweile Anwartschaftsrecht, Sicherungseigentum und Sicherungsgrundschuld gewohnheitsrechtlich anerkannt seien[780]. Die Voraussetzung für eine Rechtsfortbildung sei bei virtuellen Gegenständen gegeben. Denn diese würde zu fest umrissenen, einzelnen Tatbeständen und nicht zu einer generalklauselartigen Durchbrechung führen[781].

---

776 *Berberich* „Virtuelles Eigentum", 289.

777 *Berberich* „Virtuelles Eigentum", 128.

778 *Koch* „Die rechtliche Bewertung virtueller Gegenstände auf Online-Plattformen", a.a.O., Abs. 27.

779 *Berberich* „Virtuelles Eigentum", 220; *ders.* „Absolute Rechte an der Nutzung einer Domain – eine zentrale Weichenstellung für die Rechtsentwicklung", a.a.O., 547.

780 *Berberich* „Virtuelles Eigentum", 220 f.

781 *Berberich* „Virtuelles Eigentum", 221.

III. Rechtliche Einordnung von Internet-Domains

Die rechtliche Einordnung von Internet-Domains wird vordergründig im Zusammenhang mit zwangsvollsteckungsrechtlichen Fragen diskutiert[782]. Darüber hinaus ist die rechtliche Einordnung von Internet-Domains auch bei Störungen der Nutzung von Internet-Domains relevant.

1. Zwangsvollstreckungsrecht

Internet-Domains verkörpern zum Teil enorme wirtschaftliche Werte[783], was sie zu beliebten Objekten der Zwangsvollstreckung gemacht hat. Insoweit stellte sich die Frage, ob es sich bei Internet-Domains um absolute Rechtspositionen im Sinne von § 857 Abs. 1 ZPO handelt.

Als Vermögensrecht nach § 857 Abs. 1 ZPO pfändbar sind Rechte aller Art, die einen Vermögenswert derart verkörpern, dass die Pfandverwertung zur Befriedigung des Geldanspruches des Gläubigers führen kann. Hierzu ist erforderlich, dass dem Vermögensrecht eine mit einem Patent-, Marken- oder Urheberrecht vergleichbare ausschließliche Stellung zukommt[784]. Sonstige Rechte im Sinne von § 823 Abs. 1 BGB erfüllen diese Kriterien.

---

782 *Preuß* „Rechtlich geschützte Interessen an virtuellen Gütern", 72 ff. zur rechtlichen Einordnung von Internet-Domains in der US-amerikanischen Rechtsprechung.

783 *BGH* Urt. v. 05.07.2005, VII ZB 5/05, GRUR 2005, 969, 970 - *Pfändung von Internet-Domains*, wonach die schuldrechtlichen Ansprüche, die dem Inhaber einer Internet-Domain gegenüber der die Internet-Domain vergebenden Stelle ein Recht gewährt, das einen Vermögenswert in der Weise verkörpert, dass dies zu einer Pfandverwertung zur Befriedigung eines Geldanspruches des Gläubigers führen kann; *OLG Naumburg* Urt. v. 24.06.2010, 1 U 20/10, MMR 2010, 781, 782; *Kleespies* „Die Domain als selbstständiger Vermögensgegenstand in der Einzelzwangsvollstreckung", GRUR 2002, 767, 764, wonach im Jahr 2002 die Internet-Domain www.lippenstift.de für 50.000,00 EUR, die Internet-Domain www.juristen.de für 70.000,00 EUR, die Internet-Domain www.harry-potter-fanartikel.de für 250.000,00 EUR und die Internet-Domain www.musik-nonstop.de für 500.000,00 EUR zum Erwerb angeboten wurden; *Schafft* „Internet-Domains als Kreditsicherheit", BB 2006, 1013, wonach die Internet-Domain www.sex.com Anfang des Jahres 2006 laut dem Online-Magazin www.n-tv.de für ca. 12 Mio. US-Dollar verkauft wurde; *Viefhues* Anmerkung zu LG Essen Beschl. v. 22.02.1999, 11 T 370/99, MMR 2000, 286, 289 f. zur wirtschaftlichen Bewertung von Internet-Domains.

784 BGH Urt. v. 05.07.2005, VII ZB 5/05, GRUR 2005, 969, 970 - *Pfändung von Internet-Domains*.

Im Zusammenhang mit der Diskussion, ob Internet-Domains Vermögensrechte im Sinne von § 857 Abs. 1 ZPO sind, wurde die Internet-Domain zum Teil als absolutes Recht bejaht[785]. Dem stehe nach den Befürwortern die Abhängigkeit der Rechtsposition von einer technischen Verwirklichung durch die Vergabestelle (bzgl. die TDL „de“ die DENIC e.G.) nicht entgegen. Denn diese unterliege auf Grund ihrer Monopolstellung einem Kontrahierungszwang und auf Grund dessen fehle es an einer privatautonomen Freiheit der Vergabestelle[786]. Hieraus resultiere, dass der Inhaber der Internet-Domain lediglich formal, nicht aber tatsächlich in seiner Gewalt über sein Recht beschränkt sei[787]. Internet-Domains wohne angesichts des Umstands, dass es jede Internet-Domain aus technischen Gründen nur einmal geben könne, eine tatsächliche Absolutheit inne, die ihren Charakter besonders präge. Hieraus folge, dass Internet-Domains als quasi-ausschließliche Tatsache wie andere ausschließliche Rechte (z.B. Markenrechte) pfändbar seien[788].

Die Gegenauffassung[789], der sich der *BGH* mit Urteil vom 05.07.2005[790] angeschlossen hat, lehnt Internet-Domains als absolute Rechtsposition und damit verbunden als Vermögensrecht im Sinne von § 857 Abs. 1 ZPO ab. Dies wird damit begründet, dass der Internet-Domain eine mit einem Patent-, Marken- oder Urheberrecht vergleichbare ausschließliche Stellung nicht zukomme. Denn es fehle an der Gewäh-

---

785 *Völzmann-Stickelbrock* „Die Internet-Domain in Zwangsvollstreckung und Insolvenz“, MarkenR 2006, 2 ff.; *Berberich* „Absolute Recht an der Nutzung einer Domain – eine zentrale Weichenstellung für die Rechtsentwicklung“, a.a.O., 543 m.w.N. zum damaligen Meinungsstand; *Fezer* MarkenR § 3 Rn. 301 und 350; *LG Düsseldorf* Beschl. v. 16.03.2001, 25 T 59/01, CR 2001, 468.

786 *Koch* „Die rechtliche Bewertung virtueller Gegenstände auf Online-Plattformen“, a.a.O., Abs. 43; *Koos* „Die Domain als Vermögensgegenstand zwischen Sache und Immaterialgut Begründung und Konsequenzen einer Absolutheit des Rechts an der Domain“, MMR 2004, 359, 361.

787 *Koos* „Die Domain als Vermögensgegenstand zwischen Sache und Immaterialgut Begründung und Konsequenzen einer Absolutheit des Rechts an der Domain“, a.a.O., 360.

788 *Welzel* „Zwangsvollstreckung in Internet-Domains“, MMR 2001, 131, 133.

789 *Kleespies* „Die Domain als selbstständiger Vermögensgegenstand in der Einzelzwangsvollstreckung“, a.a.O., 766; *Hartig* „Die Rechtsnatur der Domain Anmerkung zur BGH Entscheidung „Domain-Pfändung“, GRUR 2006, 299, 300; *Ulmer* „Domains in Zwangsvollstreckung und Insolvenz“, ITRB 2005, 112 f.; *Beyerlein* „Zur Pfändung der Internet-Domain“, EWiR 2005, 811, 812; *Empting* „Die Internet-Domain in der Insolvenz“, ZInsO 2006, 229 ff.; *Berberich* „Absolute Recht an der Nutzung einer Domain – eine zentrale Weichenstellung für die Rechtsentwicklung“, a.a.O., 543 m.w.N. zum Meinungsstand; *Ingerl/Rohnke* nach § 15 Rn. 37.

790 *BGH* Urt. v. 05.07.2005, VII ZB 5/05, GRUR 2005, 969, 970 - *Pfändung von Internet-Domains.*

rung eines Absolutheitsanspruches zu Gunsten des Inhabers, der vom Gesetzgeber begründet worden ist und nicht durch Parteivereinbarung geschaffen werden könne. Die ausschließliche Stellung des Inhabers einer Internet-Domain, die darauf beruhe, dass von der Vergabestelle (bzgl. die TDL „de" der DENIC e.G.) eine Internet-Domain nur einmal vergeben wird, sei allein technisch bedingt. Eine derartige, rein faktische Ausschließlichkeit begründe kein absolutes Recht im Sinne von § 857 Abs. 1 ZPO[791]. Als Vermögensrecht im Sinne von § 857 Abs. 1 ZPO sei jedoch die Gesamtheit der schuldrechtlichen Ansprüche, die dem Inhaber des Domainnamens gegenüber der Vergabestelle (DENIC e.G.) aus dem Registrierungsvertrag zustünden[792].

Das *Bundesverfassungsgericht* (BVerfG) hat mit Urteil vom 24.11.2004[793] entschieden, dass der Inhaber einer Internet-Domain weder ein Eigentum im Sinne von Art. 14 Abs. 1 GG noch ein sonstiges absolutes Recht an der Internet-Domain erwirbt, welches ähnlich der Inhaberschaft an Immaterialgüterrechten verdinglicht ist. Vielmehr erhalte der Inhaber ein relativ wirkendes, vertragliches Nutzungsrecht. Dieses sei dem Inhaber der Internet-Domain ebenso ausschließlich zugewiesen wie das Eigentum an einer Sache. Der dem Inhaber zustehende vertragliche Nutzungsanspruch sei als verfassungsrechtlich geschütztes Eigentum im Sinne von Art. 14 Abs. 1 GG zu qualifizieren[794].

2. Störungen der Nutzung von Internet-Domains

Nachdem der *BGH* die Diskussion betreffend die rechtliche Einordnung von Internet-Domains im Zusammenhang mit dem Zwangsvollstreckungsrecht und § 857 Abs. 1 ZPO höchstrichterlich entschieden hat[795], wurde die Diskussion nun hinsichtlich der Abwehr von Störungen der Nutzung von Internet-Domains geführt.

---

791 *BGH* Urt. v. 05.07.2005, VII ZB 5/05, GRUR 2005, 969, 970 - *Pfändung von Internet-Domains*; *Kleespies* „Die Domain als selbstständiger Vermögensgegenstand in der Einzelzwangsvollstreckung", a.a.O., 765.

792 *BGH* Urt. v. 18.01.2012, I ZR 187/10, www.bundesgerichtshof.de (besucht am 10.02.2012) Rn. 29 - *gewinn.de; ders.* Urt. v. 05.07.2005, VII ZB 5/05, GRUR 2005, 969, 970 - *Pfändung von Internet-Domains*; Kleespies, „Die Domain als selbstständiger Vermögensgegenstand in der Einzelzwangsvollstreckung", a.a.O., 765.

793 *BVerfG* Beschl. v. 24.11.2004, 1 BvR 1306/02, GRUR 2005, 261 - *Eigentumsschutz von Internet-Domains.*

794 *BVerfG* Beschl. v. 24.11.2004, 1 BvR 1306/02, GRUR 2005, 261 - *Eigentumsschutz von Internet-Domains.*

795 *BGH* Urt. v. 05.07.2005, VII ZB 5/05, GRUR 2005, 969, 970 - *Pfändung von Internet-Domains.*

Insoweit wird für die Anerkennung eines sonstigen Rechtes im Sinne von § 823 Abs. 1 BGB[796] bzw. für ein absolutes Recht *sui generis*[797] plädiert[798].

Dies wird zum Teil in Anlehnung an das Urteil des *BVerfG* vom 24.11.2004[799] damit begründet, dass der Inhaber einer Internet-Domain über ein relativ wirkendes vertragliches Nutzungsrecht verfüge, das einen rechtlich geschützten Vermögenswert darstelle und dem Inhaber ebenso ausschließlich zugewiesen sei, wie das Eigentum an einer Sache. Hieraus folge eine Vergleichbarkeit der Situation bei der Inhaberschaft einer Internet-Domain mit der Situation des berechtigten Besitzers an einer Sache. Auch Besitz könne schuldrechtlich eingeräumt sein und sei als sonstiges Recht gemäß § 823 Abs. 1 BGB schutzfähig. Wie auch der Besitz verfüge das Nutzungsrecht des Inhabers an einer Internet-Domain über eine Ausschluss-, Zuweisungs- und Nutzungsfunktion[800].

Für die Anerkennung von Internet-Domains als sonstiges Recht im Sinne von § 823 Abs. 1 BGB wird weiterhin vorgebracht, dass Internet-Domains einzig auf Grund ihrer fehlenden Körperlichkeit dem quasi-negatorischen Rechtsschutz des § 1004 BGB entzogen seien[801]. Die oben erwähnte Rechtsprechung des *BGH*, wonach Internet-Domains keine sonstigen Vermögensrechte im Sinne von § 857 Abs. 1 ZPO sind[802], sei in diesem Zusammenhang unschädlich, da diese die Frage des deliktischen Schutzes von Internet-Domains nicht zum Gegenstand habe[803].

---

796 *Berberich* „Absolute Rechte an der Nutzung einer Domain – eine zentrale Weichenstellung für die Rechtsentwicklung", a.a.O., 543.; *Fezer*MarkenR Einl. G Rn. 15; *LG Düsseldorf* Urt. v. 19.08.2009, 34 O 16/09, BeckRS 2010, 05759; *OLG Köln* Urt. v. 17.03.2006, 6 U 163/05, MMR 2006, 460, 470 - *investment.de*; *Koch* „Die rechtliche Bewertung virtueller Gegenstände auf Online-Plattformen", a.a.O., Abs. 43.

797 *Koch* „Die rechtliche Bewertung virtueller Gegenstände auf Online-Plattformen", a.a.O., Abs. 43; *Koos* „Die Domain als Vermögensgegenstand zwischen Sache und Immaterialgut Begründung und Konsequenzen eiern Absolutheit des Rechts an der Domain", a.a.O., 359 f.; *LG Essen* Beschl. v. 22. 9. 1999, 11 T 370/99, MMR 2000, 286.

798 Die Stellungnahme hierzu erfolgt in Kapitel 5 Ziffer A., Seiten 201 ff.

799 *BVerfG* Beschl. v. 24.11.2004, 1 BvR 1306/02, GRUR 2005, 261 f. - *Eigentumsschutz von Internet-Domains.*

800 *LG Düsseldorf* Urt. v. 19.08.2009, 34 O 16/09, BeckRS 2010, 05759; *OLG Köln* Urt. v. 17.03.2006, 6 U 163/05, MMR 2006, 460, 470 - *investment.de.*

801 *Berberich* „Absolute Recht an der Nutzung einer Domain – eine zentrale Weichenstellung für die Rechtsentwicklung", a.a.O., 543.

802 Kapitel 4 Ziffer A.III.1., Seite 169.

803 *Berberich* „Absolute Recht an der Nutzung einer Domain – eine zentrale Weichenstellung für die Rechtsentwicklung", a.a.O., 544.

Auch führe der vertragliche Ansatz des *BGH* bei Fragen des quasi-negatorischen Rechtsschutzes in eine Sackgasse[804].

Der *numerus clausus* des Immaterialgüterrechts stehe der Anerkennung eines sonstigen Rechts an Internet-Domains gemäß § 823 Abs. 1 BGB bzw. als Recht *sui generis* nicht entgegen, da eine solcher nicht existiere[805] bzw. einer Rechtsfortbildung nicht entgegen stehe[806].

Mit Urteil vom 18.01.2012[807] hat der *BGH* sich zu dieser Frage positioniert und die eine Erfassung von Internet-Domains als sonstiges Recht im Sinne von § 823 Abs. 1 BGB abgelehnt. Nach Auffassung des *BGH* erwerbe der Inhaber einer Internet-Domain durch deren Registrierung kein Eigentum oder sonstiges absolutes Recht, das ähnlich der Inhaberschaft an einem Immaterialgüterrecht verdinglicht wäre[808]. Zwar begründe der Vertragsschluss mit der Registrierungsstelle ein relativ wirkendes vertragliches Nutzungsrecht zu Gunsten des Inhabers der Internet-Domain, das diesem ebenso ausschließlich zugewiesen sei wie das Eigentum an einer Sache. Jedoch fehle es an einer absoluten, gegenüber jedermann wirkenden Rechtsposition. Denn bei einer Internet-Domain handele es sich lediglich um eine technische Adresse im Internet. Die ausschließliche Stellung des Inhabers der Internet-Domain beruhe allein darauf, dass eine Internet-Domain von der Registrierungsstelle nur einmal vergeben werden kann und sei daher allein technisch bedingt. Eine solche, rein faktische Ausschließlichkeit könne kein absolutes Recht begründen[809].

IV. Weitere Fälle

Neben den vorbenannten Fallgruppen zeigen zahlreiche weitere Fälle, dass es sich bei der mit der Fortentwicklung der Informationstechnologie verbundenen Digitalisierung bzw. Virtualisierung von Lebens- und Arbeitsprozessen und damit

---

804 *Berberich* „Absolute Recht an der Nutzung einer Domain – eine zentrale Weichenstellung für die Rechtsentwicklung“, a.a.O., 543.

805 *Fezer*MarkenR Einl. G Rn. 15; *Koch* „Die rechtliche Bewertung virtueller Gegenstände auf Online-Plattformen“, a.a.O., Abs. 27.

806 *Berberich* „Absolute Rechte an der Nutzung einer Domain – eine zentrale Weichenstellung für die Rechtsentwicklung, a.a.O., 547., siehe Kapitel 4 Ziffer A.II.5., Seite 166.

807 *BGH* Urt. v. 18.10.2012, I ZR 187/10, abrufbar auf www.bundesgerichtshof.de (besucht am 10.02.2012) - *gewinn.de.*

808 *BGH* Urt. v. 18.10.2012, I ZR 187/10, abrufbar auf www.bundesgerichtshof.de (besucht am 10.02.2012) Rn. 23 - *gewinn.de.*

809 *BGH* Urt. v. 18.10.2012, I ZR 187/10, abrufbar auf www.bundesgerichtshof.de (besucht am 10.02.2012) Rn. 23 - *gewinn.de.*

verbundene Rechtschutzlücken nicht um punktuelle Erscheinungen handelt. Das Gegenteil ist der Fall. Dem aufmerksamen Beobachter entgeht nicht, dass sich diese Fälle häufen. Die Tendenz ist steigend. Denn es kann davon ausgegangen werden, dass die Digitalisierung bzw. Virtualisierung zunehmen wird – abhängig davon, inwieweit die technische Fortentwicklung dies erlaubt.

1. Versandhandel von Motorenölen im Internet

Im Zusammenhang mit dem Versandhandel von Motorenölen über das Internet findet sich ein weiteres Beispiel für eine Rechtslücke, die auf Grund der Entwicklung des Internets entstanden und mit dem Alterungsprozess von Gesetzen verbunden ist. So hatte sich das OLG Hamburg in seinem Urteil vom 02.06.2010[810] mit der Frage zu befassen, ob § 8 Abs. 1 Satz 2 Altölverordnung (AltölVO) zur Vermeidung von Rechtslücken entgegen seines Wortlautes auf den Internethandel mit Altöl anwendbar ist.

Gemäß § 8 Abs. 1 Satz 2 AltölVO hat derjenige, der gewerbsmäßig Verbrennungsmotoren- oder Getriebeöl an Endverbraucher abgibt, eine Annahmestelle für solche gebrauchten Öle einzurichten oder eine solche durch entsprechende vertragliche Vereinbarungen nachzuweisen. Zudem ist gemäß § 8 Abs. 1 Satz 2 AltölVO bei der Abgabe an private Endverbraucher durch leicht erkennbare und lesbare Schrifttafeln am Ort des Verkaufs auf die Annahmestelle für die gebrauchten Öle hinzuweisen.

Die Verwendung der Formulierung *„lesbare Schrifttafeln am Ort des Verkaufs"* lässt darauf schließen, dass die Norm allein den stationären Handel mit Motorenölen in Ladengeschäften oder Tankstellen erfasst. So legt das Wort „Schrifttafel" nahe, dass ausschließlich körperliche Schilder gemeint sind, die im Internethandel auf Grund der Unkörperlichkeit nicht verwendet werden können[811]. Ebenso lässt der Zeitpunkt des Erlasses im Jahr 1987 auf eine solche Auslegung schließen. So steckte der Versandhandel über das Internet im Jahr 1987 bestenfalls in seinen Anfängen.

Auch spricht gegen eine Anwendung von § 8 Abs. 1 Satz 2 AltölVO auf den Internet-Versandhandel von Motorenölen, dass diese Norm im Jahr 2002 geändert wurde[812], ohne dass eine Umformulierung vorgenommen wurde, die den Internet-

---

810 *OLG Hamburg* Beschl. v. 02.06.2010; 5 W 59/10, GRUR 2010, 479 ff. - *Vertrieb von Motorenölen im Internet.*

811 *OLG Hamburg* Beschl. v. 02.06.2010; 5 W 59/10, GRUR 2010, 479 - *Vertrieb von Motorenölen im Internet.*

812 BGBl. I, 1360.

Versandhandel erfasst. Da der Versandhandel über das Internet im Jahr 2002 bereits einen gängigen Vertriebsweg darstellte, könnte dies darauf schließen lassen, dass der Gesetzgeber den Internet-Versandhandel bewusst nicht erfasst wissen wollte.

Trotz dieser gewichtigen Argumente gegen eine Anwendbarkeit von § 8 Abs. 1 Satz 2 AltölVO auf den Internet-Vertrieb ist dem OLG Hamburg darin zuzustimmen, die Regelung für eine interessengerechte und rechtslückenvermeidende Lösung auf den Internet-Vertrieb zu erstrecken[813]; auch wenn dies mit dem Wortlaut der Norm und dem Willen des Gesetzgebers nicht im Einklang stehen mag.

Zum Einen erscheint dies nach dem Sinn und Zweck der Norm geboten. Dieser besteht in der Sicherstellung einer fachgerechten Entsorgung von Altöl und einer Erinnerung des Endverbrauchers daran, dass eine fachgerechte Entsorgung von Altöl erforderlich ist[814]. Hierbei ist es ohne Bedeutung, auf welchem Vertriebsweg das Öl erworben wurde[815]. Die Regelung des § 8 Abs. 1 Satz 2 AltölVO ist nur dann sinnvoll, wenn sie sämtliches Altöl erfasst, das an Endverbraucher geliefert wird. Andernfalls könnte der Sinn und Zweck der Norm nicht erreicht werden, da den mit einer nicht-fachgerechten Entsorgung von Altöl verbundenen Gefahren für Mensch und Umwelt nicht flächendeckend begegnet werden könnte.

Die Nichterfassung des Internet-Versandhandels würde die Regelung des § 8 Abs. 1 Satz 2 AltölVO zudem leer laufen lassen. Denn als Folge würde eintreten, dass die Händler von Motorenölen auf den ohnehin mit geringeren Kosten verbundenen Internet-Vertrieb ausweichen würden, um sich der Pflicht zur fachgerechten Entsorgung von Altölen zu entziehen. Insoweit bestünde geradezu ein Anreiz.

2. Strafrecht

Die Entwicklung des Internets hat im Bereich des Strafrechts ebenfalls planwidrige Rechtsschutzlücken entstehen lassen, deren Schließung sich dem Vorwurf einer Überschreitung des Wortsinns und eines Verstoßes gegen das Analogieverbot (Art. 103 Abs. 2 GG, § 1 StGB) ausgesetzt sieht.

Im Zusammenhang mit dem Konsum von Darstellungen kinderpornografischen Inhalts im Internet stellt sich die Frage, inwieweit eine Strafbarkeit gegeben ist,

---

813 *OLG Hamburg* Beschl. v. 02.06.2010; 5 W 59/10, GRUR 2010, 479 - *Vertrieb von Motorenölen im Internet.*

814 *OLG Hamburg* Beschl. v. 02.06.2010; 5 W 59/10, GRUR 2010, 479 - *Vertrieb von Motorenölen im Internet.*

815 *OLG Hamburg* Beschl. v. 02.06.2010; 5 W 59/10, GRUR 2010, 479 - *Vertrieb von Motorenölen im Internet.*

wenn die Darstellungen betrachtet, nicht jedoch gesondert manuell auf dem Computer des Täters gespeichert wurden und eine Speicherung lediglich automatisch im (flüchtigen) Arbeitsspeicher des Computers des Täters stattgefunden hat.

Gemäß § 184b Abs. 4 StGB ist das Besitzen von kinderpornografischen Schriften strafbar. Gemäß § 11 Abs. 3 StGB sind Datenspeicher den Schriften gleichgestellt. Hiermit sollte dem tiefgreifenden Wandel Rechnung getragen werden, der durch die Entwicklung der Informations- und Kommunikationstechnologie, sog. IuK-Technologie, stattgefunden hatte[816]. Zu den Datenspeichern gehören elektronische oder sonstige Datenspeicher, die gedankliche Inhalte verkörpern und nur unter Zuhilfenahme technischer Geräte wahrnehmbar werden[817].

Fraglich ist, ob ein Besitz an kinderpornografischen Darstellungen dadurch begründet wird, dass nach diesen gezielt im Internet gesucht, diese auf dem Computerbildschirm betrachtet und (nicht gezielt), d.h. automatisch, im flüchtigen Arbeitsspeicher gespeichert werden.

Um ungewollte Rechtsschutzlücken zu schließen, wird das Vorliegen des Tatbestandsmerkmals „Besitz" mit einer bereichsspezifischen Auslegung des objektiven und subjektiven Herrschaftsverhältnisses bejaht[818]. Das Vorliegen von Besitz wird damit begründet, dass sich der Begriff nicht allein nach dem zu verkörperten Schriften entwickelten Verständnis definiere. Vielmehr müsse das den Besitz begründende objektive und subjektive Herrschaftsverhältnis eine hinreichend konturierte Modifikation erfahren[819]. Zwar knüpfe der Begriff „Besitz" sowohl im bürgerlich-rechtlichen Verständnis als auch in hiervon abweichenden Auslegungen, z.B. im Betäubungsmittelstrafrecht, stets an ein tatsächliches Innehaben an. Diese Besitzbegriffe seien jedoch an Hand der Herrschaft an körperlichen Gegenständen entwickelt worden und genügten damit nicht den Besonderheiten der §§ 184b, 11 Abs. 2 StGB, da nach diesen auch unkörperliche Darstellungen in Dateien Bezugsgegenstand sein können. Hieraus ergebe sich das Erfordernis eines spezifischen Besitzbegriffes, der im Kern an den allgemeinen Besitzbegriff anknüpfe, aber einzelne Definitionsmerkmale an die Besonderheiten unkörperlicher Gegenstände anpasse. Ausreichend sei, dass durch das automatische Speichern der Daten in den flüchtigen Arbeitsspeicher und die Darstellung auf

816 Vgl. *BGH* Urt. v. 27.06.2001, 1 StR 66/01, MMR 2001, 676, 677.
817 BT-Drs. 13/7385 v. 09.04.1997, Entwurf eines Gesetzes zur Regelung der Rahmenbedingungen für Informations- und Kommunikationsdienste (Informations- und Kommunikationsdienstegesetz – IuKDG), S. 36.
818 *OLG Hamburg* Urt. v. 15.02.2010, 2-27/09 (REV), MMR 2010, 342, 343.
819 *OLG Hamburg* Urt. v. 15.02.2010, 2-27/09 (REV), MMR 2010, 342, 343.

dem Computerbildschirm über die aufgerufenen Daten volle Verfügungsgewalt erlangt werde[820].

Nach dieser Ansicht wird somit die Herrschaftsgewalt über körperliche Gegenstände mit einer solchen über unkörperliche Daten gleichgestellt[821] und hiervon ausgehend Besitz bejaht. So nachvollziehbar der hinter dieser Argumentation stehende Zweck einer Schließung ungewollter Rechtsschutzlücken im Bereich der Strafbarkeit von Kinderpornografie sein mag, eine dogmatische Begründung bleibt sie schuldig. Denn die Bejahung von Besitz durch Gleichstellung körperlicher und unkörperlicher Gegenstände steht im Widerspruch zum vom Gesetzgeber gewählten Verständnis des Begriffes „Besitz".

Im Zivilrecht knüpft der Begriff „Besitz" ausnahmslos an die tatsächliche Herrschaft über körperliche Sachen an[822].

Das Strafrecht hat zwar ein von den zivilrechtlichen Besitzregeln abweichendes Verständnis des tatsächlichen Herrschaftsverhältnisses. So wird z.B. beim Diebstahl und der Unterschlagung (§§ 242 ff. BGB) nicht auf Besitz, sondern Gewahrsam abgestellt. Gewahrsam kann an einer Sache vorliegen, obwohl nach zivilrechtlichen Verständnis Besitz fehlt; und umgekehrt. So verhält es sich z.B. beim Besitzdiener, der nach zivilrechtlichem Verständnis an der Sache keinen Besitz, nach strafrechtlichem Verständnis jedoch Gewahrsam an der Sache hat, so dass diese ihm gestohlen werden kann[823]. Auch wird im Betäubungsmittelstrafrecht ein vom Zivilrecht abweichendes Begriffsverständnis hinsichtlich der tatsächlichen Sachherrschaft zu Grunde gelegt, indem ein tatsächliches Innehaben ausreichend ist.

Mit Verweis auf diese Unterschiede zwischen Straf- und Zivilrecht kann jedoch eine Gleichstellung körperlicher und unkörperlicher Gegenstände nicht begründet werden. Denn diese Unterschiede beziehen sich einzig auf die Auslegung des Begriffes „tatsächliches Herrschaftsverhältnis" bzw. „tatsächliche Sachherrschaft"[824]. Insoweit mag in bestimmten Fällen eine bereichsspezifische Auslegung angebracht und dogmatisch begründbar sein. Eine Gleichstellung

---

820 *OLG Hamburg* Urt. v. 15.02.2010, 2-27/09 (REV), MMR 2010, 342, 343.

821 So auch *BGH* Urt. v. 27.06.2001, 1 StR 66/01, MMR 2001, 676, 677, dort heißt es „Da der Angekl. vorhatte, die Fotos im Internet zu vermarkten, handelte er in der Absicht, die Tat zum Gegenstand eines Datenspeichers (genauer: zum Gegenstand von gespeicherten Daten) zu machen [...]."

822 Vgl. Kapitel 3 Ziffer B.I., Seiten 32 f.

823 *Fischer*StGB § 242 Rn. 11.

824 *OLG Hamburg* Urt. v. 15.02.2010, 2-27/09 (REV), MMR 2010, 342, 343; *Fischer*StGB § 242 Rn. 11.

körperlicher und unkörperlicher Gegenstände kann hiermit jedoch nicht begründet werden. Denn zu unterscheiden ist die Frage, wie man das Verhältnis der Person zur Sache definiert (tatsächliches Herrschaftsverhältnis), von der Frage, wie man die Sache selbst definiert. Das Begriffsverständnis von „Sache" erfasst sowohl im Zivilrecht als auch im Strafrecht ausschließlich körperliche Gegenstände[825]. Auf die Körperlichkeit des Gegenstandes wird sowohl nach zivil- als auch strafrechtlichen Verständnis nicht verzichtet[826].

Eine Gleichstellung körperlicher und unkörperlicher Gegenstände im Rahmen von § 184b StGB sähe sich dem Vorwurf einer Überschreitung des Wortsinns und eines Verstoßes gegen das Analogieverbot (Art. 103 Abs. 2 GG, § 1 StGB) ausgesetzt. Denn Schriften im Sinne des § 184b StGB sind gemäß § 11 Abs. 3 StGB lediglich den Datenspeichern, d.h. den körperlichen Trägermedien, gleichgestellt worden[827]. Hiervon streng zu unterscheiden sind die unkörperlichen Daten. Dem Gesetzgeber war bei der Gleichstellung von Datenspeichern mit Schriften im Jahr 1997 der Unterschied auch bekannt, so dass man die gesetzliche Bezeichnung „Datenspeicher" auch nicht als Redaktionsversehen übergehen könnte[828].

3. Nutzung im Internet zugänglich gemachter Werke

Ein weiteres Beispiel dafür, dass vergleichbare virtuelle und nicht-virtuelle Sachverhalte eine unterschiedliche rechtliche Behandlung erfahren, findet sich im Zusammenhang mit der öffentlichen Zugänglichmachung von urheberrechtlich geschützten Werken im Internet durch den Berechtigten.

Wird ein urheberrechtlich geschütztes Werk vom Berechtigten im Internet öffentlich zugänglich gemacht, so z.B. durch Einstellen auf der eigenen Internetseite, stellt sich die Frage, ob und ggf. unter welchen Voraussetzungen Dritten untersagt werden kann, das Werk durch Zugriff auf das im Internet bereitgestellte Werkexemplar zu nutzen. Eine Nutzung kommt z.B. durch Setzen eines sog.

---

825 *Fischer*StGB § 242 Rn. 3.

826 *Fischer*StGB § 242 Rn. 3.

827 Zwar sind nach der Gesetzesbegründung vom Begriff „Datenspeicher" gemäß § 11 Abs. 3 StGB ausdrücklich auch die flüchtigen Arbeitsspeicher erfasst. Zur Frage, inwieweit man auf diesen zur Begründung eines Besitzes abstellen kann, siehe jedoch *Henning* Anmerkung zu OLG Hamburg Urt. v. 15.02.2010, 2-27/09, MMR 2010, 344, 345 m.w.N..

828 *Henning* Anmerkung zu OLG Hamburg Urt. v. 15.02.2010, 2-27/09, MMR 2010, 344 f.

Hyperlinks (unter anderem in Form eines sog. Deep-Links[829]) oder durch Anzeige von Bildern in der Trefferliste von Internetsuchmaschinen in verkleinerter Form als Vorschaubilder (sog. Thumbnails[830]) in Betracht.

Der *BGH* vertritt – abhängig von der Fallgestaltung mit unterschiedlichen Begründungsansätzen – im Ergebnis die Auffassung, dass derjenige, der ein Werk ohne technische Schutzmaßnahmen oder Einschränkungen im Internet öffentlich zugänglich macht, die Nutzung des Werkes durch Dritte hinzunehmen hat[831]. Dies begründet der *BGH* damit, dass aus dem öffentlichen Zugänglichmachen des Werkes im Internet ohne technische Schutzmaßnahme durch den Berechtigten eine schlichte Einwilligung folge, die die Rechtswidrigkeit eines Eingriffes durch Nutzung des Werkes ausschließe. Dies würde sogar dann gelten, wenn der Berechtigte ausdrücklich zu erkennen gebe, dass er mit der Verwendung des Werkes durch Dritten nicht einverstanden ist (z.B. durch einen sog. Copyright-Vermerk)[832] oder ein Dritter eine Abbildung des Werks mit Zustimmung des Berechtigten ohne Schutzvorkehrungen im Internet zugänglich macht[833].

Hieraus folgt, dass der Berechtigte, der ein urheberrechtlich geschütztes Werk im Internet öffentlich zugänglich macht, zunächst selbst aktiv werden und (technische) Schutzmaßnahmen ergreifen muss, bevor er Abwehrrechte gegenüber Dritten geltend machen kann. Nach Auffassung des *BGH* werde z.B. auf Grund des Umstandes, dass die textgestützte Bildersuche einer Internetsuchmaschine wie „Google" ein im Internet übliches Verfahren sei, allein durch das Einstellen eines Werkes auf der eigenen Internetseite ein schutzwürdiges Vertrauen dahingehend geweckt, dass die Bildersuche und -verwendung vom Berechtigten gewollt sei,

829 Vgl. *BGH* Urt. v. 29.04.2010, I ZR 39/08, MMR 2011, 47 - *Session-ID*.

830 Vgl. *BGH* Urt. v. 29.04.2010, I ZR 69/08, NJW 2010, 2731 - *Vorschaubilder, ders.* Urt. v. 19.10.2011, I ZR 140/10 - Vorschaubilder II (Bis zum Tag der Fertigstellung dieser Arbeit waren die Entscheidungsgründe noch nicht veröffentlicht. Die Pressemitteilung des *BGH* ist auf dessen Internetseite www.bundesgerichtshof.de einlesbar, diesseits besucht am 19.02.2012).

831 *BGH* Urt. v. 17.07.2003, I ZR 259/00, MMR 2003, 719 - Paperboy; *BGH* Urt. v. 29.04.2010, I ZR 69/08, NJW 2010, 2731 – *Vorschaubilder; BGH* Urt. v. 22.06.2011, I ZR 159/10, WRP 2011, 1469 ff. – *Autobmobil-Onlinebörse.*

832 *BGH* Urt. v. 29.04.2010, I ZR 69/08, NJW 2010, 2731 - *Vorschaubilder.*

833 *BGH* Urt. v. 19.10.2011, I ZR 140/10 - Vorschaubilder II (Bis zum Tag der Fertigstellung dieser Arbeit waren die Entscheidungsgründe noch nicht veröffentlicht. Die Pressemitteilung des *BGH* ist auf dessen Internetseite www.bundesgerichtshof.de einlesbar, diesseits besucht am 19.02.2012).

solange er nicht aktiv technische Maßnahmen ergreift, um die Bildersuche zu verhindern[834].

Im Gegensatz hierzu wird bei einer öffentlichen Bereitstellung eines urheberrechtlich geschützten Werkes durch den Berechtigten außerhalb des Internets zur Geltendmachung von Abwehrrechten nicht gefordert, dass der Berechtigte zuvor aktiv technische Sicherungsmaßnahmen gegen Beeinträchtigungen eingeleitet hat. Der hierin liegende Wertungswiderspruch wird besonders deutlich, wenn man – wie *Spindler*[835] zu Recht bemerkt – die Situation mit dem Besitz an einem Grundstück vergleicht: Dem Grundstücksbesitzer werden nicht erst dann Abwehrrechte gegen Dritte zugesprochen, die das Grundstück überqueren, wenn er einen Zaun um das Grundstück errichtet. Eine schlichte Einwilligung des Grundstücksbesitzers an jedermann dahingehend, dass das Grundstück benutzt werden darf, würde ohne Zaun und trotz deutlicher Hinweisschilder auch der *BGH* nicht ernsthaft annehmen wollen. Auf welcher Grundlage eine solche Ungleichbehandlung zwischen in der virtuellen Welt des Internets und der nicht-virtuellen Welt außerhalb des Internets zugänglich gemachtem „Eigentum" gerechtfertigt sein soll, erschließt sich nicht.

4. Urheberrechtliche Erschöpfung von im Internet vertriebenen Computerprogrammen oder anderer Güter wie z.B. E-Books

Die mit der Weiterentwicklung der IT-Technologie verbundene Möglichkeit der reinen Online-Übermittlung von Computerprogrammen hat einen weiteren Beispielsfall geschaffen, an Hand dessen die Frage zu beantworten ist, ob unterschiedliche Rechtsfolgen trotz vergleichbarer Interessenlagen einzig auf Grund der Digitalisierung des Übergabevorgangs hingenommen werden sollten.

Wird ein Computerprogramm mit Zustimmung des Berechtigten innerhalb der Europäischen Union oder des Europäischen Wirtschaftsraums auf Datenträgern in den Verkehr gebracht, so tritt Erschöpfung gemäß § 69c Nr. 3 Satz 2 UrhG ein. Dies hat zur Folge, dass der Berechtigte betreffend der nachfolgenden

834 *BGH* Urt. v. 29.04.2010, I ZR 69/08, NJW 2010, 2731 – *Vorschaubilder; ders.* Urt. v. 19.10.2011, I ZR 140/10 - Vorschaubilder II (Bis zum Tag der Fertigstellung dieser Arbeit waren die Entscheidungsgründe noch nicht veröffentlicht. Die Pressemitteilung des *BGH* ist auf dessen Internetseite www.bundesgerichtshof.de einlesbar, diesseits besucht am 19.02.2012).

835 *Spindler* „Bildersuchmaschine, Schranken und konkludente Einwilligung im Urheberrecht Besprechung der BGH-Entscheidung ‚Vorschaubilder'", GRUR 2010, 785, 790.

Verbreitung des Computerprogramms keine Rechte geltend machen kann (ausgenommen Vermietrecht). Da sich die Norm nach ihrem Wortlaut ausschließlich auf „Vervielfältigungsstücke“ bezieht, ist Gegenstand einer regen Diskussion, ob Erschöpfung auch dann eintritt, wenn es nicht zum Inverkehrbringen eines körperlichen Datenträgers (Vervielfältigungsstückes) kommt, sondern das Computerprogramm durch reine Online-Übermittlung (z.B. Download aus dem Internet) in den Verkehr gebracht wird.

Die praktische Relevanz der Beantwortung dieser Frage ist insbesondere für den Bereich des Handels mit „gebrauchter“ Software von enormer Bedeutung. So kann der Rechteinhaber beim Inverkehrbringen von Computerprogrammen durch Übergabe eines körperlichen Datenträgers keine Rechte wegen des weiteren Verbreitens des auf dem körperlichen Datenträger gespeicherten Computerprogramms geltend machen, d.h. einen Handel mit dem Computerprogramm hat der Rechteinhaber hinzunehmen. Verneint man die Anwendbarkeit des § 69 c Nr. 3 Satz 1 UrhG auf die Online-Übermittlung von Computerprogrammen, wäre in diesem Bereich das Gegenteil der Fall: Da keine Erschöpfung eintritt, kann der Rechteinhaber den (Weiter-)Handel des Computerprogramms verhindern. Das rechtliche Schicksal des Computerprogramms hinge einzig davon ab, für welchen Vertriebsweg sich der Rechteinhaber entscheidet. Wie auch bei sämtlichen vorab beschriebenen Fallgruppen geht es somit im Kern um die Frage, ob der durch den technischen Fortschritt ermöglichte Verzicht auf körperliche Gegenstände und die damit einhergehende fortschreitende Digitalisierung von Lebensvorgängen gegensätzliche rechtliche Folgen rechtfertigen kann; dies obwohl der körperliche Gegenstand (hier: der Datenträger) nach einer wirtschaftlichen Betrachtung eine nur untergeordnete Rolle spielt. Denn der wirtschaftliche Schwerpunkt liegt sowohl beim Inverkehrbringen durch Übergabe eines körperlichen Datenträgers als auch bei der Online-Übermittlung von Computerprogrammen bei dem Erwerb der Nutzungsmöglichkeit des Computerprogramms.

Die Meinungen hinsichtlich der Anwendbarkeit des Erschöpfungsgrundsatzes auf online-übermittelte Computerprogramme gehen weit auseinander[836]:

---

836 Die nachfolgenden Darstellungen beziehen sich allein auf die Frage der Erschöpfung des Verbreitungsrechts an demjenigen konkreten körperlichen Vervielfältigungsstück, das der Ersterwerber ursprünglich in Folge der Online-Übermittlung des Computerprogramms hergestellt hat. In diesem Fall handelt der Ersterwerber mit dem von ihm hergestellten Vervielfältigungsstück und fraglich ist, ob dieser Handel vom Erschöpfungsgrundsatz gedeckt ist. Hiervon zu unterscheiden ist die Fallgestaltung des reinen Handels mit Lizenzen. In diesem Fall wird kein Vervielfältigungsstück vom Ersterwerber angefertigt. Vielmehr geht es um die Frage, ob auch der Handel mit

Teilweise wird vertreten[837], dass § 69c Nr. 3 Satz 2 UrhG auf Fälle der Weitergabe von Computerprogrammen durch Online-Übermittlung unmittelbar anwendbar sei, da die Rechtsfolge der Erschöpfung des Verbreitungsrechts an den Erstverkauf einer Programmkopie knüpfe und daher nicht unbedingt das Inverkehrbringen eines Vervielfältigungsstückes des Computerprogramms voraussetze. Der Zweck der Regelung, dem Rechtsinhaber die Möglichkeit zu geben, beim erstmaligen Inverkehrbringen des geschützten Erzeugnisses einen finanziellen Ausgleich für die Nutzung seines Rechts zu erhalten, sei auch dann gewahrt, wenn sich das Verbreitungsrecht bei einer dauerhaften, gegen Entgelt erfolgenden Überlassung des Computerprogramms im Wege der Online-Übermittlung erschöpfe.

Teilweise wird vertreten[838], dass § 69c Nr. 3 Satz 2 UrhG im Falle der unkörperlichen Veräußerung eines Computerprogramms entsprechend anwendbar sei, da insoweit eine planwidrige Regelungslücke vorliege. Der Gesetzgeber habe diese Fallgestaltung weder geregelt noch bedacht. Die Interessenlage sei vergleichbar, da technisch und wirtschaftlich gleichgültig sei, ob dem Erwerber ein Programmträger übergeben wird oder ob vom Erwerber selbst eine Kopie des

---

Lizenzen vom Erschöpfungsgrundsatz erfasst ist. Diese Fallgestaltung ist Gegenstand von *BGH* Beschl. v. 03.02.2011, I ZR 129/08, MMR 2011, 305 – *UsedSoft*, mit dem der *BGH* u.a. diese Frage dem *EuGH* zur Vorabentscheidung vorgelegt hat. In diesem Beschluss hat sich der *BGH* hierzu bereits positioniert und die Anwendbarkeit des Erschöpfungsgrundsatzes abgelehnt, a.a.O., 308. Die Entscheidung des *EuGH* stand zum Zeitpunkt der Fertigstellung dieser Arbeit noch aus.

837 *Sosnitza* „‚Gebrauchte Software‘: Licht und Schatten auf dem Weg von Karlsruhe nach Luxemburg“, K&R 2011, 243, 244; *Sosnitza* „Gemeinschaftsrechtliche Vorgaben und urheberrechtlicher Gestaltungsspielraum für den Handel mit gebrauchter Software“, ZUM 2009, 521, 522 ff.; *Eilmansberger* „Immaterialgüterrechtliche und kartellrechtliche Aspekte des Handels mit gebrauchter Software“, GRUR 2009, 1123, 1124ff.; Dreier/Schulze/*Dreier* § 69c Rn. 24; *Mäger* „Der urheberrechtliche Erschöpfungsgrundsatz bei der Veräußerung von Software“, CR 1996, 522, 524 ff.; *Ulmer/Hoppen* „Was ist das Werkstück des Software-Objektcodes?“, CR 2008, 681 ff.; *Spindler* „Der Handel mit Gebrauchtsoftware - Erschöpfungsgrundsatz quo vadis?“, CR 2008, 69, 75ff.; *LG Düsseldorf* Urt. v. 26.11.2008, 12 O 431/08, BeckRS 2008, 2516.

838 Wandtke/Bullinger/*Grützmacher* UrhG Rn. 31; Dreier/Schulze/*Dreier* § 69c Rn. 24; *Hoeren* „Die Online-Erschöpfung im Softwarebereich Fallgruppen und Beweislast“, a.a.O., 447 ff.; *ders.* „Der Erschöpfungsgrundsatz bei Software Körperliche Übertragung und Folgeprobleme“, GRUR 2010, 665, 672; *ders./Spittka* „Aktuelle Entwicklungen des IT-Vertragsrechts“, MMR 2009, 583, 588; *BGH* Urt. v. 03.02.3011, ZI ZR 129/08, K&R 2011, 252, 254 - *UsedSoft* m.w.N..

Computerprogramms durch Download aus dem Internet und speichern auf einen Datenträger erzeugt werde. Habe der Rechteinhaber einem Herunterladen aus dem Internet und dem Abspeichern des Computerprogramms auf einen Datenträger zugestimmt, sei sein Verbreitungsrecht hinsichtlich dieser Programmkopie erschöpft.

Nach der Gegenauffassung[839] ist eine Anwendbarkeit von § 69c Nr. 3 Satz 2 UrhG zu verneinen, da die Erschöpfung des Verbreitungsrechts stets das Inverkehrbringen eines körperlichen Vervielfältigungsstücks durch den Berechtigten voraussetzt. Der Erschöpfungsgrundsatz diene dem Interesse an der Verkehrsfähigkeit der mit Zustimmung des Berechtigten in Verkehr gebrachten Waren[840]. Das Werk selbst solle nicht verkehrsfähig gehalten werden. Bei der Online-Übermittlung werde kein körperlicher Gegenstand, d.h. keine Ware vom Berechtigten weitergegeben, dessen Verkehrsfähigkeit ohne Annahme einer Erschöpfung gefährdet sein könnte. Die Annahme einer Erschöpfung würde dazu führen, dass nicht die Verkehrsfähigkeit eines Vervielfältigungsstücks gewährleistet sei, sondern eine

839 Schricker/Loewenheim/*Loewenheim* § 69c UrhG Rn. 34; Fromm/Nordemann/*Czychowski* § 69c UrhG Rn. 33; *Spindler* „Der Handel mit Gebrauchtsoftware - Erschöpfungsgrundsatz quo vadis?“, a.a.O., 70 ff.; *Bräutigam/Sosna* „Handel mit ‚gebrauchten‘ Softwarelizenzen aus Volumenlizenzverträgen“, Anmerkung zu LG Hamburg Urt. v. 29.06.2006315 O 343/06, jurisPR-ITR 12/2006 Anm. 5; *Bräutigam/Lederer* „Handel mit Second-Hand-Software erschöpfend behandelt“, Anmerkung zu OLG München Urt. v. 03.07.2008, 6 U 2759/07, jurisPR-ITR 17/2008 Anm. 2; *Bräutigam* „Zur Frage der Zulässigkeit der Weitergabe von Nutzungsrechten an gebrachter Software“, Anmerkung zu OLG München Urt. v. 03.07.2008, 6 U 2759/08, CR 2008, 551 ff.; *Moritz* „Handel mit ‚gebrauchter‘ Software“, Anmerkung zu LG München I Urt. v. 15.03.2007, 7 O 7061/06, jurisPR-ITR 5/2007 Anm. 5; *ders.* „Keine Nutzungsberechtigung für ein ‚gebrauchtes‘ Computerprogramm nach Art. 5 Abs. 1 RL 2009/24/EG ohne Zustimmung des Rechtsinhabers“, K&R 2011, 240, 242; *ders.* „Zulässiger Weiterverkauf von vorinstallierter Software auch ohne Hardware“, Anmerkung zu LG Düsseldorf Urt. v. 26.11.2008, 12 O 431/08; jurisPR-ITR 5/2009 Anm. 3; *BGH* Urt. v. 03.02.3011, I ZR 129/08, K&R 2011, 252, 254 - *UsedSoft*; *OLG Frankfurt am Main* Urt. v. 22.06.2010, 11 U 13/10, MMR 2010, 681 682; *ders.* Urt. v. 18.05.2010, 11 U 69/09, MMR 2010, 621, 622; *ders.* Urt. v. 06.01.2010, 2-06 O 556/09, MMR 2010, 465; *ders.* Beschl. v. 12.05.2009, 11 W 15/09, MMR 2009, 544, 545; *OLG Düsseldorf* Urt. v. 29.06.2009,I-20 U 247/08, MMR 2009, 629; *OLG München* Urt. v. 03.07.2008, 6 U 2759/07, MMR 2008, 601; *OLG München* Urt. v. 03.08.2006, 6 U 1818/06, BeckRS 2006, 10438; *OLG Hamburg* Urt. v. 16.10.2008, 10 U 87/07, Seite 7., nicht veröffentlicht; LG Mannheim, Urteil vom 22.12.2009, 2 O 37/09, MMR 2010, 323, 324; *LG Berlin* Urt. v. 14.07.2009, 16 O 67/08, MMR 2010, 46 f.

840 *BGH* Urt. v. 11.02.2010, I ZR 178/08, GRUR 2010, 822, 824 - *Half-Life 2*.

Verkehrsfähigkeit des Vervielfältigungsrechts bewirkt würde[841]. Dies sei vom Gesetzgeber nicht gewollt worden. Eine planwidrige Regelungslücke liege nicht vor. Dies zeige der Erwägungsgrund 29 der EU-Richtlinie 2001/29/EG zur Harmonisierung bestimmter Aspekte des Urheberrechts und der verwandten Schutzrechte in der Informationsgesellschaft. Darin sei festgehalten, dass sich die Frage der Erschöpfung weder bei Dienstleistungen allgemein noch bei Online-Diensten im Besonderen stelle und dies auch für die materiellen Vervielfältigungsstücke eines Werkes oder seines sonstigen Schutzgegenstandes gelte, die durch den Nutzer eines solchen Dienstes mit Zustimmung des Rechteinhabers hergestellt worden seien. Auch habe die EU-Kommission bereits im Jahr 2000 darauf hingewiesen, dass sich nach Art. 4 lit. c Satz 2 der EU-Richtlinie 91/250/EWG[842] das Urheberrecht nur beim Verkauf einer Programmkopie, also einer Ware, erschöpfe, hingegen die Lieferung über einen Online-Dienst keine Erschöpfung bewirke[843].

Die Entscheidung der strittigen Frage einer Anwendbarkeit des Erschöpfungsgrundsatzes auf online-übermittelte Computerprogramme hat der *BGH* Anfang 2011 dem *EuGH* vorgelegt[844]. Denn die Regelung in § 69 c Abs. 3 Satz 2 UrhG stellt die Umsetzung von Art. 4 Abs. 2 Halbsatz 1 der EU-Richtlinie 2009/24/EG des Europäischen Parlaments und des Rates über den Schutz von Computerprogrammen (sog. Computerrichtlinie) in deutsches Recht dar[845]. Es kann derzeit nur spekuliert werden, zu welchem Ergebnis der *EuGH* kommt. Dass der *EuGH* – wollte er den Erschöpfungsgrundsatz auf online-übermittelte Computerprogramme erstrecken – einige nicht unerhebliche Hürden nehmen müsste, dürfte keine gewagte These darstellen. Denn geht man vom Gesetzeswortlaut aus, nach welchem der Erschöpfungsgrundsatz ausschließlich in Bezug auf das

---

841 *BGH* Urt. v. 03.02.3011, I ZR 129/08, K&R 2011, 252, 254 - *UsedSoft* und *Sosnitza* „‚Gebrauchte Software‘: Licht und Schatten auf dem Weg von Karlsruhe nach Luxemburg“, a.a.O., 244 mit weiteren Argumenten, die gegen die Ausdehnung des Erschöpfungsgrundsatzes auf die Online-Übermittlung angeführt werden, insbesondere basierend auf Art. 4 Abs. 2 der RL 2001/29/EG und Art. 6 Abs. 2 FN. 6 WIPO-Urheberrechtsvertrag (WCT),

842 Art. 4 lit. c Satz 2 der EU-Richtlinie 91/250/EWG wurde von Art. 4 Abs. 2 der EU-Richtlinie 2009/24/EG ersetzt, der in § 69c Nr. 3 Satz 2 UrhG in deutsches Recht umgesetzt wurde.

843 KOM [2000] 199 endg., 18.

844 *BGH* Beschl. v. 03.02.2011, I ZR 129/08, MMR 2011, 305 ff. - *UsedSoft; die Entscheidung des EuGH in dieser Sache war bis zur Fertigstellung dieser Arbeit noch nicht ergangen.*

845 Vgl. *BGH* Beschl. v. 03.02.2011, I ZR 129/08, MMR 2011, 305, 307 - *UsedSoft.*

Verbreitungsrecht und Vervielfältigungsstücke anwendbar ist, kann eine Ausdehnung des Erschöpfungsgrundsatzes auf die unkörperliche Programmweitergabe kaum überzeugend argumentiert werden. Schließlich bezieht sich das Verbreitungsrecht allein auf Waren, d.h. körperliche Gegenstände. Einziger Sinn und Zweck des Erschöpfungsgrundsatzes ist es, den freien Warenverkehr zu gewährleisten[846]. Hinzu kommt, dass der *EuGH* bei der Auslegung des Wortlautes von Art. 4 Abs. 2 Halbsatz 1 EU-Richtlinie 2009/24/EG den Copyright Treaty der World Intellectual Property Organization vom 20.12.1996 (sog. WIPO-Urheberrechtsvertrag) zu beachten hat[847], der von der Europäischen Union am 14.12.2009 ratifiziert wurde und am 14.03.2010 in Kraft getreten ist. Art. 6 Abs. 1 i.V.m. Art. 4 des WIPO-Urheberrechtsvertrages schreiben vor, dass der Inhaber der Urheberrechte an einem Computerprogramm das ausschließliche Recht hat, die öffentliche Zugänglichmachung durch den Verkauf von Kopien oder jegliche anderweitige Art der Eigentumsübertragung zu erlauben. Zwar dürfen die Vertragsparteien gemäß Art. 6 Abs. 2 WIPO-Urheberrechtsvertrag die Voraussetzung für eine Erschöpfung des Verbreitungsrechts frei bestimmen. Jedoch wird der Begriff „Vervielfältigungsstück" im Zusammenhang mit dem Verbreitungsrecht in Fußnote 6 zu Art. 6 und 7 WIPO-Urheberrechtsvertrag einschränkend dahingehend definiert, dass dieser ausschließlich („exclusively") körperliche Gegenstände erfasst[848]. Somit ist die Europäische Union seit dem In-Kraft-Treten des WIPO-Urheberrechtsvertrages am 14.03.2010 als Vertragspartei lediglich betreffend körperliche Vervielfältigungsstücke frei, die Voraussetzungen für eine Erschöpfung des Verbreitungsrechts zu bestimmen. Bei unkörperlicher öffentlicher Zugänglichmachung, wie z.B. bei der Online-Übermittlung von Computerprogrammen, bleibt die Regelung in Art. 6 Abs. 1 i.V.m. Art. 4 WIPO-Urheberrechtsvertrag für die Vertragsparteien hingegen verbindlich, d.h. dem Rechteinhaber steht insoweit das ausschließliche Recht zu[849].

Für den *EuGH* dürfte bei der Frage der Anwendbarkeit des Erschöpfungsgrundsatzes auf online-übermittelte Computerprogramme zudem die EU-Richtlinie

846 Vgl. *BGH* Urt. v. 11.02.2010, I ZR 178/08, GRUR 2010, 822, 825 - *Half-Life 2.*

847 *Truiken* Anmerkung zu BGH Beschl. v. 03.02.2011, I ZR 129/08 - *UsedSoft*, MMR 2011, 309, 310.

848 Der Wortlaut von Fußnote 6 zu Art. 6 und 7 des WIPO-Urheberrechtsvertrages lautet: „Agreed statements concerning Articles 6 and 7: As used in these Articles, the expressions ‚copies' and ‚original and copies', being subject to the right of distribution and the right of rental under the said Articles, refer exclusively to fixed copies that can be put into circulation as tangible objects."

849 *Truiken* Anmerkung zu BGH Beschl. v. 03.02.2011, I ZR 129/08 - *UsedSoft*, a.a.O., 310.

96/9/EG des Europäischen Parlaments und des Rates über den rechtlichen Schutz von Datenbanken vom 11.03.1996 (sog. Datenbankrichtlinie) zu beachten sein. Diese erfasst – wie auch die Computerrichtlinie – jede Form der Verbreitung, d.h. sowohl mittels körperlichen Datenträgers als auch durch Online-Übermittlung[850]. Dennoch unterscheidet die Datenbankrichtlinie hinsichtlich der Erschöpfung strikt zwischen körperlicher und unkörperlicher Verbreitung. Art. 5 lit. c) Satz 2 Datenbankrichtlinie ordnet eine Erschöpfung des Verbreitungsrechts nur beim Verkauf eines Vervielfältigungsstückes der Datenbank an. Ausgehend davon, dass in Art. 5 lit. c) Satz 1 Datenbankrichtlinie ausdrücklich zwischen Datenbank und Vervielfältigungsstück unterschieden wird, kann die Regelung in Art. 5 lit. c) Satz 2 Datenbankrichtlinie nur dahin verstanden werden, dass eine Erschöpfung einzig bei physischen Vervielfältigungsstücken eintreten soll[851]. Dass dieses Verständnis dem Willen des Richtliniengebers entspricht, ergibt sich aus Erwägungsgrund Nr. 33 und Nr. 43 der Datenbankrichtlinie. Hiernach stellt sich die Frage der Erschöpfung des Verbreitungsrechts nicht im Fall von Online-Datenbanken. Anders als in Fällen, in denen das geistige Eigentum an ein physisches Trägermedium, d.h. eine Ware gebunden sei, stelle jede Online-Leistung eine Handlung dar, die, sofern das Urheberrecht dies vorsehe, genehmigungspflichtig sei. Im Falle einer Online-Übermittlung erschöpfe sich das Recht, die Weiterverwendung zu untersagen, weder hinsichtlich der Datenbank noch hinsichtlich eines vom Empfänger der Übermittlung mit Zustimmung des Rechteinhabers angefertigten physischen Vervielfältigungsstückes oder eines Teiles davon. Gegen diese Ungleichbehandlung körperlich und unkörperlich übermittelter Datenbanken sprechen im Kern dieselben Einwände wie bei Computerprogrammen, so z.B. dass das rechtliche Schicksal des Verbreitungsrechts von der Wahl des Vertriebswegs abhängig gemacht wird[852]. Dennoch hat sich der Richtliniengeber für diese Differenzierung entschieden. Diese Entscheidung kann bei der Auslegung der Computerrichtlinie insofern von Relevanz sein, als sie auf eine grundlegende Positionierung des Richtliniengebers hinsichtlich der Anwendbarkeit der Erschöpfung des Verbreitungsrechts auf unkörperlich überlassene Werke schließen lassen könnte. Hätte der Richtliniengeber bei der später erlassenen Computerrichtlinie ein von der Datenbankrichtlinie

850 *Berger* „Der Schutz elektronischer Datenbanken nach der EG-Richtlinie vom 11.3.1996“, GRUR 1997, 169, 178.

851 *Berger* „Der Schutz elektronischer Datenbanken nach der EG-Richtlinie vom 11.3.1996“, a.a.O., 178.

852 *Berger* „Der Schutz elektronischer Datenbanken nach der EG-Richtlinie vom 11.3.1996“, a.a.O., 178.

abweichendes Verständnis der Erschöpfung des Verbreitungsrechts gewollt, hätte eine ausdrückliche Klarstellung nahegelegen. Dies gilt insbesondere vor dem Hintergrund, dass ausgehend von der Vergleichbarkeit der Schutzgegenstände der Computer- und Datenbankrichtlinie kein Grund ersichtlich ist, der insoweit eine andere rechtliche Behandlung rechtfertigen könnte.

Nicht unerwähnt bleiben soll, dass derselbe Zivilsenat des *BGH*, der dem *EuGH* die Frage einer Erschöpfung an online-übermittelten Computerprogrammen vorgelegt hat, bereits ein Jahr zuvor, nämlich mit Urteil vom 11.02.2010[853], angedeutet hat, dass der Erschöpfungsgrundsatz für ihn im Zusammenhang mit der Übertragung von Computerprogrammen keine übergeordnete Rolle spielt und einem faktischen Weiterverkaufsverbot von Computerprogrammen auch unter dem Aspekt des Verbreitungsrechts nicht entgegensteht.

Nach dem Sachverhalt, der dem Urteil des *BGH* vom 11.02.2010 zu Grunde lag, war die Nutzung des Computerprogramms nur möglich, wenn eine Internetverbindung zu den Servern des Rechteinhabers hergestellt und für den Nutzer nach Eingabe einer ihm zugewiesenen individuellen Kennung ein Benutzerkonto (sog. Account) beim Rechteinhaber eingerichtet worden war. Nach den Allgemeinen Geschäftsbedingungen des Rechteinhabers war der Weiterverkauf des Benutzerkontos untersagt. Das Computerprogramm wurde sowohl durch Übergabe körperlicher Datenträger als auch über Herunterladen aus dem Internet vertrieben. In Bezug auf jeden körperlichen Datenträger war jeweils nur einmal die Eröffnung eines Benutzerkontos möglich. Auf Grund der Untersagung einer Weiterveräußerung des Benutzerkontos konnte das Computerprogramm faktisch nicht weiter übertragen werden; und zwar auch für den Fall nicht, dass ein körperlicher Datenträger vorhanden und somit Erschöpfung eingetreten war.

Der *BGH* entschied, dass die Regelung in den Allgemeinen Geschäftsbedingungen des Rechteinhabers, wonach das Benutzerkonto nicht weiterveräußert werden kann, nicht gegen den Erschöpfungsgrundsatz als wesentlichen Grundgedanken einer gesetzlichen Regelung verstößt (§ 307 Abs. 2 Nr. 1 BGB i.V.m. §§ 17 Abs. 2; 69 c Nr. 3 Satz 2 UrhG)[854]. Denn die Rechtsfolge der Erschöpfung solle nur Behinderungen des Warenverkehrs infolge der Ausübung des Verbreitungsrechts begrenzen. Einschränkungen der rechtlichen oder tatsächlichen Verkehrsfähigkeit eines Werkstückes, die sich nicht aus dem Verbreitungsrecht des Rechteinhabers ergeben, sondern auf anderen Umständen beruhen, würden den Grundsatz der Erschöpfung des Verbreitungsrechts nicht berühren. Es sei

853 *BGH* Urt. v. 11.02.2010, I ZR 178/08, GRUR 2010, 822 ff. - *Half-Life 2.*
854 *BGH* Urt. v. 11.02.2010, I ZR 178/08, GRUR 2010, 822, 824 - *Half-Life 2.*

urheberrechtlich unbedenklich, wenn der Rechteinhaber sein Werk so gestalte, dass dieses nur auf bestimmte Art und Weise genutzt werden könne. Ebenso unbedenklich sei, wenn die Weiterveräußerung des Originals des Werkes oder von ihm in Verkehr gebrachter Werkstücke durch den Ersterwerber in Folge ihrer konkreten Ausgestaltung eingeschränkt oder faktisch ganz ausscheide, weil wegen der beschränkten Nutzungsmöglichkeiten ein nennenswertes Interesse nachfolgender Erwerber nicht bestehe[855]. Da die Weiterveräußerung der körperlichen Datenträger weiterhin möglich sei, sei dem Erschöpfungsgrundsatz Genüge getan. Dass eine solche auf Grund der Koppelung der Nutzungsmöglichkeit des Computerprogramms an die Inhaberschaft eines Benutzerkontos faktisch nicht möglich ist, sei nicht relevant. Es bestehe kein Anspruch darauf, dass mit dem Erwerb des auf dem körperlichen Datenträger gespeicherten urheberrechtlich geschützten Computerprogramms auch eine entsprechende Nutzungsmöglichkeit eingeräumt werde. Dies gebiete insbesondere der Erschöpfungsgrundsatz nicht[856]. Dieser Auffassung des *BGH* ist zuzugestehen, dass sie das Ergebnis einer konsequenten Anwendung der Grundsätze der Erschöpfung am Verbreitungsrecht und ihrem Regelungshintergrund ist.

Obwohl eine Erstreckung des Erschöpfungsgrundsatzes auf online-übermittele Computerprogramme somit dogmatisch kaum widerspruchsfrei hergeleitet werden kann, ist der Einwand berechtigt, dass die Verwertungsinteressen bei körperlicher und unkörperlicher Überlassung vergleichbar sind. Es erscheint nicht gerechtfertigt, divergierende Rechtsfolgen allein von der Wahl der Überlassungsart abhängig zu machen; und zwar insbesondere mit Blick auf die praktischen Auswirkungen. So stünde es allein im Ermessen des Berechtigten, z.B. eines Softwareunternehmens, je nach Wahl der Überlassungsart, inwieweit der Berechtigte nach erstmaliger Überlassung an einen Dritten an der weiteren Verwertung des Computerprogramms partizipiert[857]. Auch darf nicht übersehen werden, dass dem körperlichen Datenträger unter wirtschaftlichen Gesichtspunkten eine nur untergeordnete Rolle zukommt. Denn primär steht bei beiden Überlassungsformen die Nutzungsberechtigung des Computerprogramms im Vordergrund. Wie könnte dann ein untergeordneter Aspekt wie der körperliche Datenträger ausschlaggebend für das rechtliche Schicksal der Nutzungsbefugnisse an dem Computerprogramm sein?

---

855 *BGH* Urt. v. 11.02.2010, I ZR 178/08, GRUR 2010, 822, 825 - *Half-Life 2.*

856 *BGH* Urt. v. 11.02.2010, I ZR 178/08, GRUR 2010, 822, 825 - *Half-Life 2.*

857 Ebenso in Bezug auf den Schutz von Datenbanken nach der sog. Datenbankrichtlinie *Berger* „Der Schutz elektronischer Datenbanken nach der EG-Richtlinie vom 11.3.1996“, a.a.O., 178.

Die beschriebene Problematik der urheberrechtlichen Erschöpfung bei online vertriebenen Computerprogrammen kann auf den Vertrieb von sog. E-Books übertragen werden. Bei E-Books handelt es sich um die digitale Version eines gedruckten Buches, d.h. eine Textdatei, die über sog. E-Book-Reader (z.B. sog. Smartphones oder Tablets) lesbar gemacht werden[858]. Bei im Zusammenhang mit dem Online-Vertrieb stellt sich die Frage, ob der urheberrechtliche Erschöpfungsgrundsatz ebenso wie bei gedruckten Bücher auf deren digital übermitteltes Pendant „E-Book" angewendet werden kann oder nicht. Die Diskussion wird mit den gleichen Argumenten für und wider geführt wie bei der Online-Übermittlung von Computerprogrammen[859].

B. Wertungswiderspruch zu vergleichbaren Sachverhalten in der realen Welt

Die Darstellungen bisher haben gezeigt, dass zahlreiche Fallkonstellationen existieren, in denen einzig auf Grund des digitalen bzw. virtuellen Bezugs der Sachverhalte Rechtsschutzlücken entstehen, die bei vergleichbaren Sachverhalten der nicht-virtuellen Welt außerhalb des Internets nicht gegeben sind. An dieser Stelle der Arbeit stellt sich die Frage, ob das Auseinanderfallen der Rechtsschutzmöglichkeiten hinsichtlich der virtuellen Welt des Internets sowie der realen Welt außerhalb trotz einer Vergleichbarkeit der Sachverhalte gewünscht ist oder ob hierdurch Wertungswidersprüche begründet werden, die es aufzulösen gilt.

Die derzeitige Rechtslage akzeptierend könnte man vertreten, dass es nun einmal einen Unterschied macht, ob ein Sachverhalt im Internet oder in der realen Welt außerhalb des Internets stattfindet. Man könnte auf die Unkörperlichkeit virtueller Sachverhalte abstellen und die rechtliche Ungleichbehandlung vergleichbarer virtueller und nicht-virtueller Sachverhalte billigen, die einzig auf einer Nicht-Anwendbarkeit sämtlicher an die Sachqualität im Sinne von § 90 BGB anknüpfender Rechtsinstitute auf virtuelle Sachverhalte basiert. Die Unkörperlichkeit würde zum einzig ausschlaggebenden Kriterium erhoben.

Diese Sichtweise greift jedoch zu kurz. Denn die Verlagerung geschäftlicher und privater Aktivitäten ins Internet ist mittlerweile soweit voran geschritten, dass

858 *Kuß* „Gutenberg 2.0 – der Rechtsrahmen für E-Books in Deutschland", K&R 2012, 76, 77.

859 *Kuß* „Gutenberg 2.0 – der Rechtsrahmen für E-Books in Deutschland", K&R 2012, 76, 79 f.

hierdurch Tätigkeiten in einem erheblichen Maß erfasst sind, die zuvor in der nicht-virtuellen Welt stattfanden. Auch ist davon auszugehen, dass diese Verlagerung weiter fortschreiten wird[860]. Es kann sogar vermutet werden, dass zahlreiche Sachverhalte zukünftig ausschließlich online stattfinden werden, da dies die praktischere, schnellere und kostengünstigere Alternative zu einer Abwicklung im Offline-Bereich darstellt. Bestimmte Sachverhalte sind für ein Online-Dasein schlicht prädestiniert. Es bedarf keiner seherischen Fähigkeiten, um zu prognostizieren, dass zahlreiche Sachverhalte nur so lange im Offline-Bereich stattfinden werden, wie die Möglichkeit einer Online-Abwicklung noch nicht gegeben ist. Sobald der technische Fortschritt diese Möglichkeit geschaffen hat, werden sich die entsprechenden Sachverhalte in den Online-Bereich verlagern, ohne im Offline-Bereich noch eine erwähnenswerte Rolle zu spielen. Das ist keine bloße Zukunftsvision. Vielmehr hat diese Entwicklung bereits begonnen. Beispielhaft hierfür ist die Reiseindustrie. Buchungen von Reisen, Hotelzimmern sowie Bus-, Bahn- oder Flugreisen werden mittlerweile größtenteils über das Internet vollzogen[861].

Diese tatsächlichen Entwicklungen sind der wesentliche Ausgangspunkt für die Beurteilung, ob an vergleichbare virtuelle und nicht-virtuelle Sachverhalte unterschiedliche rechtliche Folgen geknüpft werden können. Sie zeigen, dass es auf die Unkörperlichkeit der virtuellen Welt des Internets nicht entscheidend ankommen kann. Denn offenkundig stellt der Sachbezug im Sinne von § 90 BGB unter tatsächlichen Gesichtspunkten kein wesentliches Kriterium dar, da eine Verlagerung in den Online-Bereich ansonsten nicht hätte so ohne Weiteres stattfinden können. Wie könnte dann das Fehlen des Sachbezuges im Sinne von § 90 BGB der ausschlaggebende Umstand für deren rechtliche Bewertung sein, so dass diese Sachverhalte im Online-Bereich ein anderes rechtliches Schicksal erfahren als deren Pendant im Offline-Bereich? Dass diese Frage nicht bejaht werden kann, zeigen zahlreiche Rechtsprechungsbeispiele, in denen sich Gerichte zur Herbeiführung

---

860 Zu diesem Ergebnis kommt für den Bereich des Marktes für Unterhaltungsgüter auch das Eidgenössische Justiz- und Polizeidepartments des Bundesrates (EJPD) im „Bericht zur unerlaubten Werknutzung über das Internet in Erfüllung des Postulates 10.3263 Savary", 13, aus dem Jahr 2011, abrufbar auf der Internetseite des EJPD unter http://www.ejpd.admin.ch/content/dam/data/pressemitteilung/2011/2011-11-30/ber-br-d.pdf (besucht am 23.01.2012).

861 Vgl. die Statistik des Verband Internet Reisevertrieb (vir) zur Umsatzentwicklung des Online-Reisemarktes, wonach der Umsatz von 2006 bis 2011 von 12,86 Mrd. auf 24,61 Mrd. EUR angestiegen ist, in der Broschüre „Daten & Fakten zum Online-Reisemarkt", 6. Ausgabe, abrufbar auf http://www.v-i-r.de/download-mafo-datenfakten/2011-df.pdf (besucht am 23.01.2012).

des als gerecht empfundenen Ergebnisses eines Gleichlaufs vergleichbarer virtueller und nicht-virtueller Sachverhalte dazu veranlasst sahen, dogmatische Brüche hinzunehmen oder auf Kunstgriffe zurückzugreifen[862]. Insoweit sei nur auf die Fälle verwiesen, in denen Gerichte zur Bejahung einer Eigentumsverletzung, die in einem von Dritten verursachten Datenverlust bestand, auf den Datenträger abstellten[863]. Mit demselben Kunstgriff wird bis zum heutigen Tag die Anwendbarkeit kaufrechtlicher bzw. werkvertraglicher Gewährleistungsansprüche bei Computersoftware bejaht[864]. Dass die Gerichte diese Lösung wählen, da ihnen der Unterschied zwischen den Daten, um deren Schutz es geht, und dem – nicht relevanten – Datenträger, auf denen diese gespeichert sind, nicht bewusst ist, wäre sicherlich zu kurz gegriffen. Vielmehr ist davon auszugehen, dass eine andere Lösung nicht gefunden werden konnte, um die als gerecht empfundene Rechtsfolge herbeizuführen. Die Rechtsprechung neigt immer dann zu Ausweichmanövern, wenn ihr die Möglichkeit genommen wird, erforderlichen und als gerecht empfundenen Schutz offen zu begründen[865]. Dies zeigt die Offenkundigkeit der aufzulösenden Wertungswidersprüche besonders anschaulich. Die Rechtsprechung hat die besonderen Funktionsbedingungen des Internets erkannt und den Mut gehabt, auf die ihr zur Verfügung stehenden klassischen Rechtsfiguren in einer Weise zurückzugreifen, dass sie auch in einem vergleichbaren virtuellen Kontext ähnliche Ergebnisse erzielen[866].

Die bisherige Rolle des Sachbezugs im Sinne von § 90 BGB wird auch dadurch relativiert, dass der Grad seiner Bedeutung wesentlich von der physikalisch-naturwissenschaftlichen Vorstellungswelt des historischen Gesetzgebers geprägt ist, dem insbesondere die Möglichkeit vollständig virtualisierter Lebens- und Arbeitsprozesse im Internet unbekannt waren[867]. Als Anknüpfungspunkt dienende körperliche Zuordnungsobjekte konnten seinerzeit als Selbstverständlichkeit vorausgesetzt werden. Diese Vorstellungswelt ist überholt. Mit den sich fortentwickelnden technischen Möglichkeiten ist seit jeher eine Evolution der Gesellschaft einher gegangen, die ab einem bestimmten Punkt eine Anpassung des Rechts erforderlich gemacht hat. Die Gesellschaft hat eine

---

862 Vgl. Kapitel 4 Ziffer A. IV.1 und 2., Seiten 172 f.

863 Vgl. Fn. 173 und Fn. 189.

864 Kapitel 3 Ziffer B.I.1.a), Seiten 33 ff.

865 *Ohly* „Hartplatzhelden.de oder: Wohin mit dem unmittelbaren Leistungsschutz?", a.a.O., 494; *Schröer* „Unmittelbarer Leistungsschutz", 217 ff.

866 *Berberich* „Virtuelles Eigentum", 106.

867 *Maume* „Bestehen und Grenzen des virtuellen Hausrechts", a.a.O, 623; *Kort* „Software – eine Sache?", a.a.O., 1507.

Weiterentwicklung durch die technisch ermöglichte Virtualisierung von Sachverhalten erfahren und die durch das Internet geschaffenen Möglichkeiten in weiten Teilen aufgenommen. Die Rechtsordnung hinkt dieser Entwicklung hinterher. Da Wesensmerkmal dieser Entwicklung die Virtualität, d.h. der Verzicht auf Körperlichkeit ist, kann für deren rechtliche Erfassung das Vorliegen einer körperlichen Sache nicht als Anknüpfungspunkt dienen. Für die Beurteilung der rechtlichen Gleich-/Ungleichbehandlung vergleichbarer virtueller und nichtvirtueller Sacherhalte kann daher nicht länger auf den (fehlenden) Sachbezug im Sinne von § 90 BGB abgestellt werden. Das Augenmerk ist nicht auf diesen einzigen Unterschied, sondern vielmehr auf die Gemeinsamkeiten zu richten. Zu beurteilen gilt, ob und inwieweit die Gemeinsamkeiten eine rechtliche Gleich-/ Ungleichbehandlung gebieten. Zu fragen ist, ob unterschiedliche rechtliche Folgen interessengerecht sind. Anders formuliert: Soll im Internet erlaubt sein, was in der Welt außerhalb sanktioniert ist?

Dass es bei der Beantwortung dieser Frage nicht um das „Ob", sondern ausschließlich um das „Inwieweit" gehen kann[868], zeigen die bereits erwähnten Beispiele zu Sachverhalten im Internet, die mit Sachverhalten außerhalb des Internets vergleichbar sind und bei denen Rechtsschutzlücken entstehen, da der derzeitigen Gesetzeslage eine physikalisch-naturwissenschaftliche Vorstellungswelt des historischen Gesetzgebers zu Grunde liegt und diese die neuen Entwicklungen im IT-Bereich nicht hinreichend reflektiert.

I. Nutzung im Internet zugänglich gemachter Werke

So ist nicht nachvollziehbar, dass urheberrechtliche Ansprüche bei Werken, die vom Berechtigten im Internet öffentlich zugänglich gemacht werden, erst dann bestehen sollen, wenn der Berechtigte, zunächst selbst aktiv wird und (technische) Schutzmaßnahmen ergreift[869]. Inwieweit die unterschiedliche Behandlung von Fällen eines öffentlichen Zugänglichmachens des Werkes im und außerhalb des Internets gerechtfertigt ist, erschließt sich nicht. Sie führt insbesondere zu einer Einschränkung der Rechte des Urhebers, indem diesem zur Inanspruchnahme dieser vorherige Handlungspflichten auferlegt werden, die im Widerspruch zu den Wertungen des Urheberrechtsgesetzes stehen. Nach diesen steht dem Urheber das

868 Nachdem das „Ob" in diesem Kapitel erörtert wurde, wird auf das „Inwieweit" in Kapitel 5 – Eigener Lösungsvorschlag eingegangen.

869 Kapitel 4 Ziffer A.IV.3., Seite 176.

ausschließliche Recht zur Verwertung des Rechts gemäß §§ 15 ff. UrhG zu. Eine Differenzierung danach, ob das Werk vom Urheber im Internet oder außerhalb des Internets Dritten zugänglich gemacht wurde, hat der Gesetzgeber nicht getroffen. Daher sind diese Fälle bei der Rechtsanwendung gleich zu behandeln. Allein wenn sich eine Einschränkung der Urheberrechte bei Veröffentlichung von Werken im Internet aus dem Gesetz ergeben würde, könnte von einer solchen ausgegangen werden[870]. Das Urheberrechtsgesetz sieht somit vor, dass der Urheber mit dem von ihm geschaffenen Werk frei verfahren und wählen kann, in welcher Form dieses durch ihn selbst oder Dritte genutzt wird. Macht der Urheber das Werk selbst öffentlich zugänglich, ohne Dritten eine Nutzung zu gestatten, stellt jede Zuwiderhandlung hiergegen eine Urheberrechtsverletzung dar. Der Urheber ist nicht gehalten, zuvor aktiv Schutzmaßnahmen gegen Zuwiderhandlungen Dritter einzurichten. Eine Ungleichbehandlung von Urhebern, die ihre Werke im Internet öffentlich zugänglich machen, ist zudem mit Blick auf Art. 3 Abs. 1 GG abzulehnen. Wie auch einem Grundstücksbesitzer nicht erst dann Abwehrrechte gegen Dritte zugesprochen werden, die das Grundstück trotz deutlicher Hinweisschilder entgegen dem Willen des Grundstücksbesitzers überqueren, wenn er einen Zaun um das Grundstück errichtet, kann von einem Urheber zur Geltendmachung von Abwehransprüchen nicht verlangt werden, dass er zunächst technische Schutzmaßnahmen gegen die unberechtigte Nutzung des Werkes errichtet[871].

Erste Tendenzen einer Korrektur sind in der Rechtsprechung betreffend des Erfordernisses einer aktiven Einrichtung von technischen Schutzmaßnahmen bereits erkennbar. In seiner Entscheidung vom 29.04.2010 entschärft der *BGH* die rechtliche Situation für den Berechtigten zumindest für den Fall der Verwendung sog. Hyperlinks durch Dritte, indem die Anforderungen an die technischen Schutzvoraussetzungen nicht den strengen Anforderungen § 95a UrhG unterworfen werden[872]. Das heißt, einer Wirksamkeit der technischen Schutzmaßnahme gemäß § 95a UrhG bedarf es nicht. Die Schutzmaßnahme kann sogar faktisch wirkungslos sein. Ausreichend ist vielmehr, dass der Berechtigte überhaupt Schutzmaßnahmen getroffen hat, die für Dritte als solche erkennbar sind. Die Schutzmaßnahme muss den Willen

---

870 Vgl. *BGH* Urt. v. 01.12.2010, I ZR 12/08; MMR 2011, 182, 285 - *Perlentaucher.*

871 *Spindler* „Bildersuchmaschine, Schranken und konkludente Einwilligung im Urheberrecht Besprechung der BGH-Entscheidung ‚Vorschaubilder'", a.aO., 790.

872 *BGH* Urt. v. 29.04.2010, I ZR 39/08, MMR 2011, 47 - *Session-ID*; *Lorenz* Urheberrechtsverletzung im Internet durch Umgehung technischer Schutzmaßnahmen mittels Deep Link („Session-ID"), Anmerkung zu BGH Urt. v. 29.04.2010, I ZR 39/08, jurisPR-ITR 3/2011 Anm. 5.

des Berechtigten erkennbar machen, den öffentlichen Zugang zu dem geschützten Werk nur mit den von ihm vorgesehenen Einschränkungen zu ermöglichen.

II. Virtuelle Gegenstände in Online-Spielen

Ebenso wenig ist ersichtlich, aus welchem Grund virtuelle Gegenstände im Rahmen von Online-Spielen, die einen beachtlichen wirtschaftlichen Wert haben können und mit denen wie mit körperlichen Gegenstände gehandelt wird[873], ihren materiellen Inhabern nicht eine Rechtsposition vermitteln sollen, die – inwieweit auch immer – der Rechtsposition angeglichen ist, die körperliche Gegenstände dem Eigentümer gewähren. Ausgehend vom Rechtsschutz, der körperlichen Gegenständen zuerkannt wird, resultiert aus der Versagung adäquaten Rechtsschutzes virtueller Gegenstände ein deutlicher Wertungswiderspruch. So können beim Handel mit virtuellen Gegenständen wie auch beim Handel mit körperlichen Gegenständen Leistungsstörungen auftreten. Ebenso lassen es die steigende wirtschaftliche Bedeutung gehandelter virtueller Güter und der Aufwand der Produktion angezeigt erscheinen, einen rechtlichen Schutz vor unbefugter Benutzung, Beeinträchtigungen oder Entzug zu ermöglichen[874]. Dass ein Bedürfnis nach einer adäquaten rechtlichen Erfassung virtueller Güter mit erheblichem wirtschaftlichen Wert besteht, die Gegenstand eines regen Handels sind, zeigt die Diskussion um die Sachqualität von Computerprogrammen deutlich. Die Einordung von Computerprogrammen unter den Sachbegriff gemäß § 90 BGB, obwohl diese keinerlei Körperlichkeit aufweisen und dogmatische Brüche vorprogrammiert sind, wird vor allem befürwortet, um dem praktischen Bedürfnis nach der Anwendbarkeit von (kaufrechtlichen) Gewährleistungsansprüchen gerecht zu werden[875]. Dieses praktische Bedürfnis ist nicht von der Hand zu weisen und besteht auch bei virtuellen Gegenständen.

III. Computerprogramme und E-Books

Ein weiteres Beispiel, das hinreichend Anlass bietet, die unterschiedlichen Rechtsfolgen vergleichbarer virtueller und nicht-virtueller Sachverhalte unter

873 Kapitel 4 Ziffer A.II., Seiten 146 f.

874 *Berberich* „Virtuelles Eigentum“, 22.

875 Kapitel 3 Ziffer B.I.1.a), Seite 33.

dem Gesichtspunkt entstehender Wertungswidersprüche auf Grund gleicher Interessenlage zu diskutieren, liefert der Vertrieb von Computerprogrammen und E-Books durch Übergabe körperlicher Datenträger und reiner Online-Übermittlung (ohne Übergabe körperlicher Datenträger). Während beim Vertrieb im Wege der Übergabe körperlicher Datenträger Erschöpfung gemäß § 69c Nr. 3 Satz 2 UrhG eintritt und der Berechtigte als Folge hinsichtlich der nachfolgenden Verbreitung des Computerprogramms bzw. Buches keine Rechte geltend machen kann (bei Computerprogrammen ausgenommen Vermietrecht), wird teilweise – mit guten Argumenten unter Verweis auf den Gesetzeswortlaut sowie Sinn und Zweck des Erschöpfungsgrundsatzes – vertreten, dass diese Folge beim Vertrieb durch reine Online-Übermittlung nicht eintritt[876]. Zwar mögen die Vertreter dieser Ansicht die dogmatisch stringentere Lösung vorschlagen. Der von den Vertretern der Gegenansicht erhobene Einwand ist jedoch berechtigt, dass die Verwertungsinteressen bei körperlicher und unkörperlicher Überlassung vergleichbar sind und eine unterschiedliche Behandlung unter wirtschaftlichen Gesichtspunkten ungerechtfertigt erscheint[877]. Denn während z.B. das vertreibende Softwareunternehmen bei auf körperlichen Datenträgern gespeicherten Computerprogrammen ab dem Zeitpunkt des In-Verkehr-Bringens auf den weiteren Handel mit dem Computerprogrammen keine Einflussmöglichkeit mehr hat, tritt eine Erschöpfung beim Vertrieb durch Online-Übermittlung der Computerprogramme nicht ein. Hinsichtlich der Rechtsfolgen wird somit wesentlich auf das Vorhandensein eines körperlichen Datenträgers abgestellt, der bezogen auf das Gesamtgeschäft den wirtschaftlich unwesentlichen Teil ausmacht. Denn der wirtschaftliche Wert des körperlichen Datenträgers ist gegenüber dem wirtschaftlichen Wert des darauf gespeicherten Computerprogramms bzw. E-Books regelmäßig zu vernachlässigen. Dieses Ergebnis erscheint unbillig und löst zu Recht ein Störgefühl aus.

IV. Internet-Domains

Auch im Zusammenhang mit der rechtlichen Behandlung von Internet-Domains sind Wertungswidersprüche zu finden. Der Berechtigte an einer Internet-Domain ist bei Behinderungen der Nutzung der elektronischen Ressource

876 Kapitel 4 Ziffer A.IV.4., Seiten 178 ff.
877 Kapitel 4 Ziffer A.IV.4., Seiten 178 ff.

„Internet-Domain“ als solche rechtsschutzlos[878]. Denn Internet-Domains sind nach der derzeitigen Gesetzeslage nicht als absolute Rechtspositionen zu qualifizieren[879], womit deliktische Abwehransprüche ausscheiden. Auch spezialgesetzliche Abwehransprüche existieren nicht. Betrachtet man Internet-Domains nach ihrer Funktion, so handelt es sich bei diesen um nichts anderes als elektronische Adressschilder[880]. Diese können Beeinträchtigungen in vergleichbarer Weise erfahren wie Adressschilder außerhalb des Internets. Wie Adressschilder in der realen Welt z.B. verdeckt oder abmontiert werden können, können Internet-Domains technisch so manipuliert werden, dass sie nicht aufgerufen werden können. Eine Vergleichbarkeit ist insoweit zudem mit Telegrammadressen oder Fernsprechkennungen gegeben[881]. Die tatsächlichen und wirtschaftlichen Folgen einer durch technische Manipulation verhinderten Aufrufbarkeit einer Internetadresse bzw. Erreichbarkeit einer Telegrammadresse oder Fernsprechanlage sind vergleichbar: Die Erreichbarkeit des Berechtigten wird beeinträchtigt. Während solche Beeinträchtigungen von Adressschildern außerhalb des Internets deliktisch abgewehrt werden können, sind diese Beeinträchtigungen bei Internet-Domains nach der derzeitigen Gesetzeslage hinzunehmen. Beinahe identische Sachverhalte, die sich einzig hinsichtlich der (Un-)Körperlichkeit des Adressschildes unterscheiden, führen zu entgegenstehenden rechtlichen Ergebnissen. Bezieht man in die Betrachtung ein, dass Internet-Domains als elektronische Adressschilder gerade im Geschäftsverkehr wegen der immer weiter fortschreitenden Verlagerung geschäftlicher Aktivitäten ins Internet eine – auch gegenüber nicht-elektronischen Adressschildern – immer größere Bedeutung erlangen, wird die bestehende rechtliche Schieflage virulent. Sie steht schlicht im deutlichen Widerspruch zu den tatsächlichen Verhältnissen und dem daraus resultierenden Bedürfnis einer rechtlichen Absicherung neu geschaffener Vermögenswerte.

---

878 Vgl. *Berberich* „Absolute Rechte an der Nutzung einer Domain – eine zentrale Weichenstellung für die Rechtsentwicklung“, a.a.O., 544, der Internet-Domains jedoch als sonstige Rechte im Sinne von § 823 Abs. 1 BGB qualifiziert und deliktische Abwehrrechte bejaht.

879 Kapitel 4 Ziffer A.III., Seiten 167 ff.

880 *Berberich* „Absolute Rechte an der Nutzung einer Domain – eine zentrale Weichenstellung für die Rechtsentwicklung“, a.a.O., 544.

881 *Bettinger* „Kennzeichenrecht im Cyberspace: Der Kampf um die Domain-Namen“, GRUR Int. 1997, 402, 418.

V. Virtuelle Geschäftsmodelle

Nicht anders verhält es sich bei den in dieser Arbeit näher geprüften Fallgruppen von Beeinträchtigungen virtueller Geschäftsmodelle durch

- Einmischen in die Kommunikation mit dem Kunden beim Direktvertrieb von Waren oder Dienstleistungen (2. Stufe)[882];
- Reduzierung der Kommunikation mit dem Kunden auf ein Minimum durch den Einsatz von Umgehungssoftware bei Internet-Börsen oder Internet-Handelsplattformen[883];
- Unterbindung der Kommunikation mit dem Kunden in Gänze bei Kopieren von Internet-Datenbanken[884]
- bis hin zu anderen störenden Beeinträchtigungen des Betriebs virtueller Geschäftsmodelle, wie z.B. beleidigende oder in anderer Weise strafrechtlich relevanter Äußerungen Dritter in Internet-Chat-Rooms oder Internet-Meinungsforen[885].

Vereinfacht dargestellt geht es bei all diesen Fällen im Kern darum, dass sich Dritte auf die Internetseite, d.h. in das virtuelle Ladengeschäft, begeben und in einer Weise darin bewegen und Handlungen vornehmen, die vom Willen des Betreibers nicht gedeckt sind. Es werden Daten von den Internetseiten entnommen und für Zwecke verwendet, die nicht nur vom Betreiber der Internetseiten nicht gebilligt werden, sondern das gesamte virtuelle Geschäftsmodell gefährden können. Während sich die Inhaber von Ladengeschäften außerhalb des Internets gegen das eigenmächtige Betreten des Ladengeschäfts oder unerwünschtes Verhalten Dritter mit Verweis auf das an das Sachenrecht anknüpfende und sowie deliktische Abwehrrechte begründende Hausrecht berufen können, ist der Betreiber eines virtuellen Ladengeschäfts weitestgehend schutzlos[886]. Insbesondere kann er sich nicht auf ein virtuelles Hausrecht berufen[887]. Da die Verlagerung von Geschäftsmodellen ins Internet lediglich eine aus den neuen technischen Möglichkeiten folgende Weiterentwicklung der bis dahin außerhalb des Internets betriebenen

882 Kapitel 2 Ziffer B.I.2., Seite 22.
883 Kapitel 2 Ziffer B.I.3., Seiten 25 f.
884 Kapitel 2 Ziffer B.I.4., Seiten 26 f.
885 Kapitel 2 Ziffer B.II., Seite 28.
886 Kapitel 3, Seiten 28 ff.
887 Kapitel 3 Ziffer B.II., Seiten 63 ff.

Geschäftsmodelle darstellt und eine Veränderung der Interessenlagen hiermit nicht verbunden ist, ist nicht ersichtlich, aus welchem Grund virtuelle Geschäftsmodelle rechtlich im Ergebnis völlig losgelöst von den für nicht-virtuelle Geschäftsmodelle geltenden rechtlichen Grundsätzen und Rechtsfolgen behandelt werden. Dennoch führt die derzeit bestehende Rechtslage zu einem Auseinanderfallen des Rechtsschutzniveaus virtueller und nicht-virtueller Ladengeschäfte, das teilweise als extrem bewertet werden kann.

C. Eigentumsgarantie gemäß Art. 14 Abs. 1 GG

Ein Handlungsbedarf ergibt sich nicht allein aus den Wertungswidersprüchen, die der unterschiedlichen rechtlichen Behandlung virtueller bzw. digitaler Sachverhalte im Vergleich zu ihren Pendants in der realen Welt außerhalb des Internets entspringen. Auch die Eigentumsgarantie (Art. 14 Abs. 1 GG) gebietet eine rechtliche Erfassung virtueller bzw. digitaler Sachverhalte in der Form, dass Rechtsschutzlücken eine bewusste Wertungsentscheidung des Gesetzgebers und nicht Nebenwirkung einer von den tatsächlichen Entwicklungen überholte Gesetzeslage sind. Gemäß der in Art. 14 Abs. 1 GG verfassungsrechtlich statuierten Eigentumsgarantie obliegt dem Staat die grundgesetzliche Schutzpflicht, die Möglichkeit der faktischen Inanspruchnahme von Eigentumspositionen sowie eine Privatrechtsordnung[888] und angemessene Verfahren zur Rechtsdurchsetzung[889] bereit zu stellen. Rechteinhaber dürfen gegenüber rechtswidrigen Eingriffen in ihre Rechtspositionen nicht schutzlos gestellt werden und eine grundsätzliche Zuordnung vermögenswerter Ergebnisse ist geboten[890]. Dies folgt aus der Funktion der Eigentumsgarantie, nämlich der Ermöglichung und Sicherung eines vermögensrechtlichen Freiheitsraums des Einzelnen (Bestandsgarantie) sowie der Schaffung einer Möglichkeit der Nutzung privater Rechtspositionen (Institutsgarantie).

Zwar wird unter „Eigentum“ in der Regel das bürgerlich-rechtliche Sach- und Grundeigentum (§§ 903 ff. BGB) verstanden, dass unmittelbar an die Sachqualität anknüpft. Eigentumsschutz genießen hiernach ausschließlich körperliche Gegenstände (vgl. § 90 BGB). Jedoch ist die verfassungsrechtliche Gewährleistung des Eigentums nicht hierauf beschränkt. Vielmehr erfasst

888 *BVerwG* Urt. v. 25.09.1968, IV C 195/65, BVerwGE 30, 235.
889 *BVerfG* Urt. v. 23.04.1974, 1 BvR 2270/73, BVerfGE 37, 132, 148.
890 Dreier/*Wieland* Art. 14 Rn. 59.

„Eigentum“ jedes schützens- und vermögenswerte Rechtsgut, das seinem Inhaber bestimmte vermögenswerte Befugnisse zur eigenverantwortlichen und privaten Verfügung rechtlich umfassend zuweist, so auch Immaterialgüterrechte[891]. Ausdruck dessen sind die zahlreichen anerkannten und rechtlich geschützten immateriellen Vermögenspositionen wie z.B. Urheber- und Markenrechte, Patente oder gewerbliche Schutzrechte. Der verfassungsrechtlich gewährleistete Eigentumsschutz virtueller Güter erschöpft sich hierin jedoch nicht. So ist z.B. der vertragliche Nutzungsanspruch des Inhabers einer Internet-Domain gegenüber der Internet-Domain-Vergabestelle (für die TDL „de“ ist des z.B. der DENIC e.V.) als verfassungsrechtlich geschütztes Eigentum zu qualifizieren[892].

Die Eigentumsgarantie gemäß Art. 14 Abs. 1 GG geht jedoch weit darüber hinaus. Sie erfasst auch solche schützenswerten Vermögenspositionen, die auf Grund technischer oder gesellschaftlicher Entwicklungen neu entstehen. Zu diesen sind Vermögenspositionen zu zählen, die einen rein digitalen bzw. virtuellen Ursprung haben. Dies ergibt sich aus der Funktion der Eigentumsgarantie und der hieraus folgenden Dynamik des Eigentumsbegriffs.

Die nachfolgenden Darstellungen beziehen sich auf den Eigentumsschutz an virtuellen Geschäftsmodellen, Computerprogrammen, virtuellen Gegenständen im Rahmen von Online-Spielen und Internet-Domains. Diese Vermögenspositionen werden nachfolgend zusammenfassend zur Vereinfachung auch als „virtuelle Vermögenspositionen“ bezeichnet.

I. Virtuelle Vermögenspositionen

Voraussetzung des Eigentumsschutzes ist, dass die virtuellen Vermögenspositionen einen Vermögenswert verkörpern[893].

Betreffend virtuelle Geschäftsmodelle ist dies durch die Investitionen gegeben, die erforderlich sind, um eine Internetpräsenz zu schaffen sowie den Umsatz/Gewinn, der mit virtuellen Geschäftsbetrieben erzielt wird[894].

891 Mangoldt/Klein/Stark/*Depenheuer* Art. 14 Rn. 151; *BVerfG* Beschl. v. 24.11.2004, 1 BvR 1306/02, GRUR 2005, 261 - *Eigentumsschutz von Internet-Domains.*

892 *BVerfG* Beschl. v. 24.11.2006, 1 BvR 1306/02, GRUR 2005, 261 - *Eigentumsschutz von Internet-Domains.*

893 Vgl. Mangoldt/Klein/Stark/*Depenheuer* Art. 14 Rn. 151.

894 Kapitel 2 Ziffer A.IV., Seiten 17 ff.

Auch virtuelle Gegenstände[895], Internet-Domains[896] und Computerprogramme verkörpern zum Teil immense Vermögenswerte.

II. Funktion der Eigentumsgarantie

Die Funktion der Eigentumsgarantie wird dadurch bestimmt, dass Eigentum die Grundlage der Freiheit ist. Art. 14 Abs. 1 GG ist als Freiheitsrecht ausgestaltet und enthält eine Bestandsgarantie sowie eine Institutsgarantie[897].

1. Bestandsgarantie

Nach der Bestandsgarantie, dem personalen Bezug des Eigentumsgrundrechts, soll Art. 14 Abs. 1 GG im Gesamtgefüge der Grundechte dem Grundrechtsträger einen Freiheitsraum im vermögensrechtlichen Bereich sichern und ihm damit eine eigenverantwortliche Gestaltung seines Lebens ermöglichen[898]. Zum Zweck der persönlichen Freiheit werden konkrete Befugnisse in der Hand des Eigentümers geschützt. Das Eigentum soll dem Eigentümer als Grundlage privater Initiative und in eigenverantwortlichem Interesse von Nutzen sein[899]. Als Resultat eigener Leistung erweist sich Eigentum als Fortsetzung der Freiheit im Bereich der Güterordnung[900]. In der Leistung des Einzelnen liegt Legitimationsgrund wie ethisches Leitbild des Eigentums. Indem die Verfassung das Eigentum gewährleistet, gibt sie diesem Tun die sichere Grundlage: Der Einzelne soll darauf vertrauen dürfen, dass seine Anstrengungen in materialisierter Form Achtung und Schutz der Rechtsgemeinschaft finden[901].

Der Bestandsgarantie folgend darf der Inhaber virtueller Vermögenspositionen darauf vertrauen, dass die Leistungen und Anstrengungen, die er hierfür erbringt,

---

895 Kapitel 1 Ziffer A., Fn.12 und Kapitel 4 Ziffer A.II., Fn. 556 sowie *Berberich* „Virtuelles Eigentum“, 19 f.; so auch: *Lober/Weber* „Money for Nothing? Der Handel mit virtuellen Gegenständen und Charakteren“, a.a.O., 655; *dies.* „Den Schöpfer verklagen – Haften Betreiber virtueller Welten ihren Nutzern für virtuelle Güter?“, a.a.O., 838; *Krasemann* „Onliespielrecht – Spielwiese für Juristen“, a.a.O., 355; *Psczolla* „Virtuelle Gegenstände als Objekte der Rechtsordnung“, a.a.O., Abs. 14.

896 Kapitel 4 Ziffer A.III., Fn. 655.

897 Mangoldt/Klein/Stark/*Depenheuer* Art. 14 Rn. 11.

898 *BVerfG* Urt. v. 18.12.1968, 1 BvR 673/64, BVerfGE 24, 367, 389.

899 *BVerfG* Beschl. v. 12.06.1979, 1 BvL 19/76BVerfGE 52, 1, 30 - *Kleingartenentscheidung.*

900 Mangoldt/Klein/Stark/*Depenheuer* Art. 14 Rn. 13.

901 Mangoldt/Klein/Stark/*Depenheuer* Art. 14 Rn. 13.

Bestand haben und gesichert sind. Den in diesem Zusammenhang geschaffenen Eigentumspositionen kommt ein besonderer Schutz zu. Denn sie stellen sich als Ausdruck eigener Leistung des Grundrechtsträgers dar und sollen die personale Existenz sicherstellen[902].

2. Institutsgarantie

Während die Bestandsgarantie Integrität individueller, vermögenswerter Handlungsoptionen verbürgt, streitet Art. 14 Abs. 1 GG in seiner institutionellen Dimension für die freiheitliche Organisation des Gemeinwesens insgesamt, indem er auf die Realisierung der Bedingungen der Möglichkeit, diese privaten Rechtspositionen nutzen zu können, hinwirkt. Hieraus folgt die objektiv-rechtliche Verpflichtung des Staates, eine der privaten Eigentumsordnung adäquate Infrastruktur zur Seite zu stellen, die Erwerb, Nutzung und Vermögenswertbildung des Privateigentums ermöglicht[903].

Demzufolge hat der Staat gesetzliche Instrumentarien bereit zu stellen bzw. zu schaffen, die es dem Inhaber virtueller Vermögenspositionen (z.B. dem Betreiber eines virtuellen Geschäftsmodells oder Inhaber einer Internet-Domain) ermöglichen, die Früchte seiner Arbeit (z.B. Betrieb des virtuellen Geschäftsmodells) zu nutzen und Vermögenswerte zu bilden. Hierzu gehört unter anderem die Möglichkeit, Unterlassung gegen Beeinträchtigungen des Betriebes durch Dritte zu beanspruchen. Nimmt der Gesetzgeber dem Berechtigten derartige Unterlassungsansprüche, so nimmt er ihm das Eigentum[904]. Durch Gewährleistung eines Rechtsschutzsystems wird der Eigentumsschutz verfahrensmäßig ausgestaltet[905].

III. Dynamik des Eigentumsbegriffs

Einer Subsumtion virtueller Vermögenspositionen unter den Eigentumsbegriff steht nicht entgegen, dass dies eine Erweiterung des verfassungsrechtlichen Eigentumsbegriffs bedeutet.

Der Eigentumsbegriff ist dynamisch und nicht auf althergebrachte Erscheinungsformen beschränkt. Der Funktion der Eigentumsgarantie folgend,

---

902 Vgl. *BVerfG* Urt. v. 16.03.1971, 1 BvR 52/66, 1 BvR 665/66, 1 BvR 667/66, 1 BvR 754/66, BVerfGE 30, 292, 334 – *Erdölbevorratung*.

903 Mangoldt/Klein/Stark/*Depenheuer* Art. 14 Rn. 16.

904 Vgl. *BVerwG* Urt. v. 11.10.1968, 6 C 55.66, DÖV 1969, 283, 285.

905 Mangoldt/Klein/Stark/*Depenheuer* Art. 14 Rn. 22.

nämlich der Ermöglichung und Sicherung eines vermögensrechtlichen Freiheitsraums des Einzelnen (Bestandsgarantie) sowie der Schaffung einer Möglichkeit der Nutzung privater Rechtspositionen (Institutsgarantie), gibt es kein dem Gesetzgeber vorgegebenes „natürliches" Eigentum[906]. Der Rechtsbegriff des Eigentums ist nicht apriorisch, natürlich oder übergesetzlich[907]. Die rechtspraktische Ausgestaltung des Eigentums ist den wandelbaren gesellschaftlichen Anschauungen unterworfen. Die in Geschichte und Gegenwart sichtbaren Lösungen spiegeln die sich wandelnden Ideen, Einstellungen und Wünsche wider, die das Eigentum in der sozialen Ordnung bestimmt haben und künftig bestimmen sollen[908].

Als Ausdruck dessen ist es nicht lediglich angebracht, durch virtuelle Geschäftsmodelle geschaffene Vermögenswerte als Eigentum zu qualifizieren, es ist vielmehr geboten. Denn es ist dem Wandel der Technik und der Gesellschaft geschuldet, dass das Internet eine rasante und hohe Verbreitung erfahren hat. Auf Grund der Erreichbarkeit großer Publikumskreise, insbesondere in einem Maße grenzüberschreitend, wie es außerhalb des Internets kaum möglich ist, war die Entwicklung virtueller Geschäftsmodelle und Schaffung virtueller Vermögenswerte unausweichlich. Diese Veränderungen haben Einfluss auf die Ausgestaltung des Eigentumsbegriffs. Sie erweitern ihn.

Unschädlich ist, dass auf virtuellen Vermögenspositionen beruhende vermögenswerte Rechtspositionen gegebenenfalls erst durch das Gesetz hervorzubringen sind. Neben den natürlich abgegrenzten Gütern (z.B. Sacheigentum) und den wesentlich abgrenzungsbedürftigen Gütern (z.B. Grundeigentum) umfasst Eigentum auch solche Güter, die gesetzlich erst hervorzubringen sind[909]. Diese sind dadurch gekennzeichnet, dass die Rechtsordnung das vermögenswerte Rechtsgut seinem realen Substrat nach nicht vorfindet, sondern erst rechtlich ermöglichen und verkehrsfähige Rechtspositionen bereitstellen muss. Folge dessen sind unter anderem die durch positives Recht geschaffenen Immaterialgüterrechte wie Patente, Urheber- und Markenrechte. Sie sind genuine Schöpfungen der Rechtsordnung, die ihre Existenz, ihren Vermögenswert und ihre Verkehrsfähigkeit erst der rechtsschöpfenden Begründung durch den Gesetzgeber verdanken[910].

906 *BVerfG* Urt. v. Beschluß vom 24.04.1953, 1 BvR 102/51, BVerfGE 2, 237, 253 f.
907 Mangoldt/Klein/Stark/*Depenheuer* Art. 14 Rn. 31.
908 Mangoldt/Klein/Stark/*Depenheuer* Art. 14 Rn. 32.
909 Mangoldt/Klein/Stark/*Depenheuer* Art. 14 Rn. 58 ff.
910 Vgl. Mangoldt/Klein/Stark/*Depenheuer* Art. 14 Rn. 60.

IV. Pflicht des Gesetzgebers – Handlungsbedarf

Ausfluss der Eigentumsgarantie gemäß Art. 14 Abs. 1 GG ist, dass der Gesetzgeber das Eigentum als Privatrechtsinstitut einzurichten hat und verpflichtet ist, Abwehransprüche gegen Einwirkungen Privater einzuräumen[911].

Da es kein natürliches Eigentum gibt, muss das natürliche Substrat des Eigentums vom Gesetzgeber zu einer Rechtsposition ausgeformt sein. Diese rechtliche Gestaltungsbefugnis ist notwendiges Korrelat der verfassungsrechtlichen Eigentumsgarantie: ohne gesetzgeberische Entscheidung kein Eigentum[912]. Hieraus resultiert die mit der verfassungsrechtlichen Gewährleistung des Eigentums einhergehende Verpflichtung des Gesetzgebers, den Inhalt des Eigentums zu bestimmen und eine adäquate Infrastruktur zur Seite zu stellen, die Erwerb, Nutzung und Vermögenswertbildung des Privateigentums ermöglicht[913]. Dieser Schutzpflicht kommt der Staat nach der derzeitigen Gesetzeslage betreffend die Abwehr von Beeinträchtigungen virtueller Geschäftsmodelle nicht nach.

---

911 Mangoldt/Klein/Stark/*Depenheuer* Art. 14 Rn. 96.

912 Mangoldt/Klein/Stark/*Depenheuer* Art. 14 Rn. 30.

913 Mangoldt/Klein/Stark/*Depenheuer* Art. 14 Rn. 16.

Kapitel 5 – Lösungsvorschlag

Die bisherigen Darstellungen haben gezeigt, dass die Rechtsordnung auf ihrem digitalen Auge blind ist und hierdurch Rechtschutzlücken entstehen, die als bloße Nebenwirkung einer durch die tatsächlichen Entwicklungen überholten Gesetzeslage nicht hingenommen werden können. Nachfolgend findet zunächst eine Auseinandersetzung mit Lösungsansätzen statt, die im Zusammenhang mit der rechtlichen Erfassung virtueller Gegenstände und Internet-Domains als Teilaspekte der in dieser Arbeit behandelten Gesamtproblematik einer rechtlichen Behandlung virtueller Sachverhalte im Vergleich zu entsprechenden Sachverhalten der realen Welt bereits diskutiert wurden (nachfolgend Ziffer A.). Anschließend wird ein eigener Lösungsansatz unterbreitet (nachfolgend Ziffer B.).

A. Bereits diskutierte Lösungsansätze – Stellungnahme

Wie bereits dargestellt, tritt die Problematik des Entstehens von Rechtsschutzlükken auf Grund neuer tatsächlicher Entwicklungen nicht nur im Zusammenhang mit virtuellen Geschäftsmodellen auf[914]. Sie zieht sich vielmehr wie ein roter Faden durch sämtliche Bereiche, in denen eine Digitalisierung bzw. Virtualisierung von Arbeitsabläufen – ermöglicht durch die rasanten technischen Fortschritte im IT-Bereich (insbesondere das Internet) – stattgefunden hat.

Für Teilbereiche dieser Gesamtproblematik sind bereits vereinzelt Vorschläge unterbreitet worden, um bestehende Rechtschutzlücken zu schließen. So ist bei virtuellen Gegenständen im Rahmen von Online-Spielen für die Anerkennung eines virtuellen Eigentums als ungeschriebenes Immaterialgüterrecht *sui generis* oder sonstiges Recht im Sinne von § 823 Abs. 1 BGB[915] plädiert worden. Ebenso verhält es sich mit Internet-Domains[916]. Hiervon ausgehend wird nachfolgend dazu Stellung genommen, inwieweit eine rechtliche Erfassung virtueller Güter – mit besonderem Augenmerk auf virtuelle Geschäftsmodelle – als sonstiges Recht im Sinne von § 823 Abs. 1 BGB (nachfolgend Ziffer I.),

914 Kapitel 4 Ziffer A., Seiten 144 ff.

915 Kapitel 4 Ziffer A.II.4., Seite 157 und Ziffer A.II.3., Seite 152.

916 Kapitel 4 Ziffer A.III., Seiten 167 ff.

durch die bestehenden Immaterialgüterrechte (nachfolgend Ziffer II.) oder als ungeschriebenes Immaterialgüterrecht *sui generis* (nachfolgend Ziffer III.) zu befürworten ist.

I. Sonstiges Recht im Sinne von § 823 Abs. 1 BGB

Die Lösung einer rechtlichen Erfassung virtueller Gegenstände, die im Rahmen von Online-Spielen geschaffen werden, und Internet-Domains durch Anerkennung eines sonstigen Rechts im Sinne von § 823 Abs. 1 BGB wird im Kern damit begründet, dass

- ein Rückgriff auf das Sacheigentum sachnäher sei als ein Rückgriff auf Immaterialgüterrechte, was sich aus der Charakteristika der virtuellen Gegenstände und den abzuwehrenden Nutzungen ergebe[917];
- trotz der vertraglichen Überformung und Abhängigkeit von der technischen Realisierung durch Dritte eine absolute Rechtsposition vorliege[918] und
- der *numerus clausus* der Immaterialgüterrechte der Anerkennung eines sonstigen Rechts im Sinne von § 823 Abs. 1 BGB an sog. virtuellen Gegenständen und Internet-Domains nicht entgegenstehe[919].

Im Rahmen der nachfolgenden Darstellungen wird sowohl zu diesen Kernargumenten der Befürworter eines sonstigen Rechts an virtuellen Gegenständen im Sinne von § 823 Abs. 1 BGB als auch zu weiteren Aspekten Stellung genommen, die gegen die Anerkennung eines sonstigen Rechts an virtuellen Gütern im Sinne von § 823 Abs. 1 BGB sprechen.

1. Konflikt mit *numerus clausus* der Immaterialgüterrechte

Gegen die Erfassung virtueller Güter als sonstiges Recht im Sinne von § 823 Abs. 1 BGB – sei es in Bezug auf virtuelle Gegenstände, Internet-Domains oder andere virtuelle Güter wie virtuelle Geschäftslokale – spricht wesentlich, dass hierdurch gegen den *numerus clausus* der Immaterialgüterrechte verstoßen wird.

---

917 Kapitel 4 Ziffer A.II.4.a), Seite 158.
918 Kapitel 4 Ziffer A.II.3.c), Seite 155
919 Kapitel 4 Ziffer A.II.5., Seite 166.

a) Anerkennung des numerus clausus der Immaterialgüterrechte

Teilweise wird die Auffassung vertreten, ein *numerus clausus* der Immaterialgüterrechte sei im Gegensatz zum *numerus clausus* der Sachenrechte nicht anzuerkennen[920].

Dies wird damit begründet, dass Sinn und Zweck des *numerus clausus* die Gewährleistung von Rechtssicherheit und –klarheit sei. Diese Überlegungen hätten ihre Heimat jedoch im Sachenrecht, weil sich Sachen auf Grund ihrer körperlicher Beschaffenheit durch mehrere nebeneinander kaum und nur in begrenzter Weise sinnvoll nutzen ließen. Eine Typisierung der dinglichen Rechte sei lediglich für solche Gegenstände angemessen[921]. Als das BGB im Anschluss an die beschränkten Rechte an Sachen für andersartige Berechtigungen zusammenfassend noch den Nießbrauch und das Pfandrecht regelte, habe man das Modell des Sachenrechts vor Augen gehabt, man habe aber die Rechtslage für die sich erst spät entwickelnden Rechte an geistigen Gütern nicht abschließend normieren wollen[922]. Für geistige Gegenstände sei die Situation anders. Es würden sich viel reichere Verwendungsmöglichkeiten eröffnen, da der Gebrauch durch den einen den parallelen Gebrauch durch den anderen nicht ausschließe oder tatsächlich behindere[923]. Überdies würden sich bei geistigen Gütern immer neue Möglichkeiten der Objektivierung und Verwendung ergeben und die Interessen der Beteiligten seien differenzierter als bei körperlichen Gegenständen. Umgekehrt hätten die Bedürfnisse des Verkehrs, einheitliche verlässliche Typen vorzufinden, ein geringeres Gewicht[924]. Daher gelte ein *numerus clausus* der dinglichen Rechte für abgeleitete gegenständliche Rechte an geistigen Gütern einschließlich Persönlichkeitsgütern nicht. In diesem speziellen Regelungsbereich würden eigene Gesetzmäßigkeiten

---

920 *Koch* „Die rechtliche Bewertung virtueller Gegenstände auf Online-Plattformen“, a.a.O., Abs. 27; *Forkel* „Zur Zulässigkeit beschränkter Übertragungen des Namensrechts“, NJW 1993, 3181, 3183; *Schrader* „Begrenzung des ergänzenden wettbewerbsrechtlichen Leistungsschutzes“, WRP 2005, 562, 563; *Koos* „Die Domain als Vermögensgegenstand zwischen Sache und Immaterialgut Begründung und Konsequenzen einer Absolutheit des Rechts an der Domain“, a.a.O., 362 f.; *Fezer*MarkenR Einl. G Rn. 15 verneint die Existenz des *numerus clausus* im Immaterialgüterrecht ohne nähere Begründung, indem dort die Rede vom *„angeblichen Rechtssatz des numerus clausus der Immaterialgüterrechte“* ist.

921 *Forkel* „Zur Zulässigkeit beschränkter Übertragungen des Namensrechts“, a.a.O., 3183.

922 *Forkel* „Zur Zulässigkeit beschränkter Übertragungen des Namensrechts“, a.a.O., 3183.

923 *Forkel* „Zur Zulässigkeit beschränkter Übertragungen des Namensrechts“, a.a.O., 3183.

924 *Forkel* „Zur Zulässigkeit beschränkter Übertragungen des Namensrechts“, a.a.O., 3183.

gelten und es bleibe bei dem aus der Privatautonomie folgenden Grundsatz der Freiheit der Übertragung von Rechten[925].

Dieser Auffassung ist nicht zu folgen und ein *numerus clausus* der Immaterialgüterrechte ist anzuerkennen[926].

Wie auch im Sachenrecht besteht im Immaterialgüterrecht ein Bedürfnis danach, die am Herrschaftsobjekt bestehenden wesentlichen Berechtigungen im Vorhinein festzulegen, um eine hinreichende Rechtssicherheit zu gewährleisten[927]. Insoweit liegt eine strukturelle Gemeinsamkeit zwischen Sachenrecht und Immaterialgüterrecht vor[928]. Diese folgt daraus, dass an dem geschützten Immaterialgut Rechte bestehen, auf deren Entstehung und Inhalt der Verkehr keinen Einfluss hat[929]. Eine Beachtung dieser Rechte ist dem Verkehr nur dann möglich, wenn Inhalt und Grenzen des Rechts durch eine positive gesetzliche Regelung klar definiert sind[930].

Darüber hinaus kommt dem *numerus clausus* der Immaterialgüterrechte eine weitere Bedeutung zu, die dem *numerus clausus* der Sachenrechte fehlt. Denn während im Sachenrecht der Herrschaftsgegenstand natürlich existiert, muss dieser im Immaterialgüterrecht erst geschaffen werden. Daher bezieht sich der *numerus clausus* der Immaterialgüterrechte im Gegensatz zum *numerus clausus* der Sachenrechte sowohl auf die zu definierenden Schutzobjekte als auch auf die aus ihnen fließenden Befugnisse[931].

Auch der *BGH* hat sich für eine Anerkennung des *numerus clausus* der Immaterialgüterrechte ausgesprochen, indem er für absolute Rechte, die dem Patent-, Marken oder Urheberrecht gleichstehen, das Erfordernis einer Begründung durch den Gesetzgeber aufstellt[932].

---

925 *Forkel* „Zur Zulässigkeit beschränkter Übertragungen des Namensrechts", a.a.O., 3183.

926 *Kleespies* „Die Domain als selbstständiger Vermögensgegenstand in der Einzelzwangsvollstreckung", a.a.O., 766; *Berberich* „Virtuelles Eigentum", 216; *ders.* „Absolute Rechte an der Nutzung einer Domain – eine zentrale Weichenstellung für die Rechtsentwicklung", a.a.O., 547 m.w.N.; *Hartig* „Die Rechtsnatur der Domain Anmerkung zur BGH-Entscheidung ‚Domain-Pfändung'", a.a.O., 300; *Psczolla* „Virtuelle Gegenstände als Objekte der Rechtsordnung", a.a.O., Abs. 29.

927 *Psczolla* „Virtuelle Gegenstände als Objekte der Rechtsordnung", a.a.O., Abs. 29.

928 *Psczolla* „Virtuelle Gegenstände als Objekte der Rechtsordnung", a.a.O., Abs. 29.

929 *Psczolla* „Virtuelle Gegenstände als Objekte der Rechtsordnung", a.a.O., Abs. 29.

930 *Psczolla* „Virtuelle Gegenstände als Objekte der Rechtsordnung", a.a.O., Abs. 29.

931 *Berberich* „Virtuelles Eigentum", 217.

932 *BGH* Urt. v. 05.07.2005, VII ZB 5/05, GRUR 2005, 969, 970 – *Pfändung in Internet-Domains*; *Hartig* „Die Rechtsnatur der Domain Anmerkung zur BGH-Entscheidung ‚Domain-Pfändung'", a.a.O., 300.

b) Verstoß gegen den numerus clausus der Immaterialgüterrechte

Soweit von den Befürworter eines sonstigen Rechts an virtuellen Gegenständen im Sinne von § 823 Abs. 1 BGB die Anerkennung eines *numerus clausus* der Immaterialgüterrechte nicht in Frage gestellt wird, wird ein Konflikt mit dem *numerus clausus* der Immaterialgüterrechte mit dem Argument verneint, dass der *numerus clausus* einer Rechtsfortbildung nicht entgegenstehe, was sich durch die zahlreichen Durchbrechungen im Sachenrecht zeige, so z.B. durch die Anerkennung des Anwartschaftsrechts, Sicherungseigentums und der Sicherungsgrundschuld[933].

Diese Begründung trägt jedoch nicht.

Die Anerkennung eines *numerus clausus* der Immaterialgüterrechte steht der Anerkennung eines sonstigen Rechts an virtuellen Gegenständen im Sinne von § 823 Abs. 1 BGB entgegen. Denn hierdurch wird ein neues Immaterialgüterrecht geschaffen. Dies kann nicht mit Verweis auf die zahlreichen Durchbrechungen des *numerus clausus* der Sachenrechte und der sich hieraus ergebenden Möglichkeit einer Rechtsfortbildung begründet werden.

aa) Rechtsfortbildung *versus numerus clausus*

Zum Einen wird hierbei übersehen, dass die im Sachenrecht stattfindenden Durchbrechungen des *numerus clausus* durch richterliche Rechtsfortbildung nicht als im Einklang mit diesem stehend bewertet werden können, sondern den *numerus clausus* vielmehr in Frage stellen. Auf Grund dieser Durchbrechungen kann durchaus diskutiert werden, ob der *numerus clausus* der Sachenrechte noch zeitgemäß ist und die hiermit verbundenen Einschränkungen der Vertragsgestaltungsfreiheit überhaupt noch gerechtfertigt sind. Nach *Säcker* sind die gesetzlich zugelassenen Typen von einer solchen Flut von Interpretationsmöglichkeiten begleitet, ohne dass ein sachlich überzeugendes öffentliches Interesse erkennbar sei, die es rechtfertigen würde, der Vertragsgestaltungsfreiheit in diesem Bereich Grenzen zu setzen[934]. Diese Diskussion zeigt, dass es einen Widerspruch in sich birgt, auf der einen Seite einen *numerus clausus* der Immaterialgüterrechte anzuerkennen und sich auf der anderen Seite für die Schaffung eines neuen Immaterialgüterrechts als sonstiges Recht im Sinne von § 823 Abs. 1 BGB im Wege der Rechtsfortbildung auszusprechen, das die Existenz des *numerus clausus* letztlich (berechtigterweise) in Frage stellt. Denn wenn man

933 *Berberich* „Virtuelles Eigentum", 220 f.; *ders.* „Absolute Rechte an der Nutzung einer Domain – eine zentrale Weichenstellung für die Rechtsentwicklung", a.a.O., 547; vgl. *Forkel* „Zur Zulässigkeit beschränkter Übertragungen des Namensrechts", a.a.O., 3183; vgl. *Preuß* „Rechtlich geschützte Interessen an virtuellen Gütern", 64 und 105.

934 FS Georgiades/*Säcker*, 367.

die Schaffung neuer Immaterialgüterrechte als sonstige Rechte im Sinne von § 823 Abs. 1 BGB zuließe, ist nicht mehr erkennbar, welche Funktion dem *numerus clausus* der Immaterialgüterrechte überhaupt noch zukommen soll.

bb) Rechtsfortbildung *versus numerus clausus* der Immaterialgüterrechte

Zum Anderen kann die im Rahmen des Sachenrechts praktizierte Rechtsfortbildung trotz *numerus clausus* nicht ohne Weiteres als Möglichkeit auf das Immaterialgüterrecht übertragen werden. Dies ergibt sich aus dem vorrangigen Zweck des *numerus clausus* und dessen unterschiedlicher Prägung im Sachen- und Immaterialgüterrecht.

Der vorrangige Zweck des *numerus clausus* besteht darin, durch positive gesetzliche Regelung Inhalt und Grenzen der an dem Herrschaftsobjekt bestehenden Rechte klar zu definieren, um eine hinreichende Rechtssicherheit zu gewährleisten[935]. Diese Funktion kommt dem *numerus clausus* sowohl im Sachen- als auch im Immaterialgüterrecht zu[936]. Während man beim Sachenrecht trotz Zulassung einer Rechtsfortbildung noch davon ausgehen könnte, dass der *numerus clausus* diesen Zweck dennoch erfüllt, ist dies beim Immaterialgüterrecht nicht mehr der Fall. Dies folgt aus der unterschiedlichen Prägung des *numerus clausus* der Sachen- und Immaterialgüterrechte, die darauf beruht, dass der Herrschaftsgegenstand im Immaterialgüterrecht anders als im Sachenrecht nicht natürlich existiert und erst geschaffen werden muss[937]. Der *numerus clausus* der Immaterialgüterrechte bezieht sich somit nicht allein auf die an dem Herrschaftsobjekt bestehenden Rechte, sondern auch auf das Herrschaftsobjekt an sich, das zunächst definiert werden muss[938]. Demgegenüber bezieht sich die Rechtsfortbildung im Sachenrecht ausschließlich auf die Rechte, die an den (natürlich existierenden) Herrschaftsgegenständen Sachen bestehen[939].

Man mag im Bereich des Sachenrechts somit diskutieren können, ob die Zulassung einer Rechtsfortbildung noch mit dem Zweck eines *numerus clausus* (Rechtssicherheit) in Einklang steht. Im Falle einer Rechtsfortbildung durch Schaffung neuer

---

935 Palandt/*Bassenge* Einl v § 854 Rn. 3; *Psczolla* „Virtuelle Gegenstände als Objekte der Rechtsordnung", a.a.O., Abs. 29.

936 *Psczolla* „Virtuelle Gegenstände als Objekte der Rechtsordnung", a.a.O., Abs. 29; *Forkel* „Zur Zulässigkeit beschränkter Übertragungen des Namensrechts", a.a.O., 3183; Palandt/*Bassenge* Ein. v § 854 Rn. 3.

937 *Berberich* „Virtuelles Eigentum", 217 f.

938 *Berberich* „Virtuelles Eigentum", 217 f.

939 *Berberich* „Virtuelles Eigentum", 217 f.

Immaterialgüterrechte, die sich sowohl auf die Definition des Herrschaftsgegenstandes als auch den daran bestehenden Rechten bezieht, ist dies jedenfalls zu verneinen.

Nicht nur, dass der Inhalt und die Grenzen der bestehenden Rechte im Vorhinein nicht für jeden Dritten erkennbar wären, darüber hinaus wäre nicht einmal klar, auf welches Herrschaftsobjekt sich der Schutz bezieht. Hierdurch potenziert sich im Bereich des Immaterialgüterrechts die Problematik der Rechtsunsicherheit um ein Vielfaches. Dies zeigt sich unter anderem daran, dass auch die Befürworter eines virtuellen Eigentums an virtuellen Gegenständen im Rahmen von Online-Spielen darüber diskutieren, auf welche virtuellen Gegenstände der Schutz zu erstrecken ist. So wird dies für die sog. Avatare teilweise bejaht und für die übrigen virtuellen Gegenstände (sog. Items) teilweise verneint[940]. Auch wird insoweit für eine Einzelfallbewertung plädiert[941]. Besonders virulent wird der Aspekt der Rechtsunsicherheit dadurch, dass die konkrete Ausgestaltung der neu zu schaffenden Herrschaftsobjekte nach Auffassung der Befürworter eines virtuellen Eigentums an virtuellen Gegenständen im Sinne von § 823 Abs. 1 BGB der Rechtsprechung anzuvertrauen sei[942]. Ehe höchstrichterlich Rechtssicherheit geschaffen wäre, würden jedoch Jahre vergehen. Hiermit verbunden ist ein zu hohes Maß an Rechtsunsicherheit und die Gefahr der Ausuferung eines formlosen Leistungsschutzes[943]. Ungeklärt wäre zudem das Verhältnis zu den bestehenden kodifizierten Immaterialgüterrechten, was die Rechtsunsicherheit erhöhen würde[944].

Die Problematik einer fehlenden Definition des Herrschaftsgegenstandes und der damit verbundenen gesteigerten Rechtsunsicherheit wird mit der Anerkennung eines sonstigen Rechts an virtuellen Gütern im Sinne von § 823 Abs. 1 BGB dadurch gesteigert, dass auch die Reichweite eines solchen Rechts nicht hinreichend geklärt wäre.

Auch die Befürworter eines virtuellen Eigentums an virtuellen Gegenständen erkennen an, dass es mit Blick auf die Reichweite insbesondere bei virtuellen Gütern einer Grenzziehung bei der Zuerkennung absoluter Rechtspositionen bedarf[945]. Die Begrenzung der Reichweite soll sich ergeben aus

- der vertraglichen Überformung durch das im Vertikalverhältnis zwischen Betreiber des Online-Spiels und dem Nutzer vereinbarte Innenrecht[946];

940 Kapitel 4 Ziffer A.II.3.a), Seite 153.

941 *Koch* „Die rechtliche Bewertung virtueller Gegenstände auf Online-Plattformen“, a.a.O., Abs. 48.

942 *Berberich* „Virtuelles Eigentum“, 222.

943 *Psczolla* „Virtuelle Gegenstände als Objekte der Rechtsordnung“, a.a.O., Abs. 29.

944 *Psczolla* „Virtuelle Gegenstände als Objekte der Rechtsordnung“, a.a.O., Abs. 29.

945 *Berberich* „Virtuelles Eigentum“, 239.

946 Kapitel 4 Ziffer A.II.4.d)aa)(1), Seite 162.

- der Anerkennung des im Vertikalverhältnis zwischen Betreiber des Online-Spiels und dem Nutzer vereinbarten Innenrechts im Außenrecht (Regelungsautonomie)[947];
- der Interessen- und Konfliktlage im Verhältnis von Betreiber des Online-Spiels und Nutzer[948] sowie
- den informalen Verhaltensnormen, Verkehrsgewohnheiten und der technischen Architektur des virtuellen Raums[949].

Diesem Vorschlag einer Eingrenzung der Reichweite eines sonstigen Rechts an virtuellen Gegenständen im Sinne von § 823 Abs. 1 BGB ist vor allem entgegen zu halten, dass das Vorhandensein eines vertraglich ausgestalteten Vertikalverhältnisses (Innenrecht) wesentliche Voraussetzung ist. Die Reichweite eines sonstigen Rechts im Sinne von § 823 Abs. 1 BGB an virtuellen Gegenständen bei Beeinträchtigungen Dritter im Horizontalverhältnis zum Nutzer, bei denen das betreibergesetzte Innenrecht keine Relevanz hat, wird nicht näher erläutert[950]. Hierbei handelt es sich jedoch um die Fallgruppe, für die Schaffung eines neuen sonstigen Rechts im Sinne von § 823 Abs. 1 BGB die größte Wichtigkeit hätte. Denn bei dieser Fallgruppe fehlt es gerade am Vorliegen eines Vertragsverhältnisses, auf das zur näheren Ausgestaltung und Eingrenzung zurückgegriffen werden könnte. Indem diese Fallgruppe in die Betrachtungen nicht einbezogen wird, hat der Vorschlag einer Eingrenzung der Reichweite des sonstigen Rechts im Sinne von § 823 Abs. 1 BGB bereits für virtuelle Gegenstände im Rahmen von Online-Spielen, auf die sich die Erörterungen beziehen, nur begrenzte Bedeutung. Bei den Erörterungen zur rechtlichen Erfassung anderer virtueller Güter, insbesondere für die Begründung von Abwehrrechten, kann auf diesen Vorschlag zur Eingrenzung der Reichweite somit nicht zurückgegriffen werden, da er die wichtigste Fallgruppe, in der es gerade an einem Vertragsverhältnisses fehlt, nicht erfasst.

Der Ansatz einer Einschränkung der Reichweite eines sonstigen Rechts im Sinne von § 823 Abs. 1 BGB auf Grund der technischen Architektur der virtuellen Räume[951] versagt darüber hinaus sogar nach Ansicht der Befürworter

947 Kapitel 4 Ziffer A.II.4.d)aa)(2), Seite 163.

948 Kapitel 4 Ziffer A.II.4.d)aa)(3), Seite 164.

949 Kapitel 4 Ziffer A.II.4.d)bb), Seiten 165 f.

950 *Berberich* „Virtuelles Eigentum", 299 nennt in seiner Zusammenfassung der Ergebnisse zwar das Horizontalverhältnis zwischen Nutzer und Dritten in seiner Herleitung (S. 276 ff.) wird hierauf jedoch nicht eingegangen. In dieser wird lediglich das Horizontalverhältnis der Nutzer untereinander thematisiert.

951 Kapitel 4 Ziffer A.II.4.d)bb), Seiten 165 f.

eines sonstigen Rechts im Sinne von § 823 Abs. 1 BGB in solchen Fällen, in denen die bloße Behinderung der Nutzung virtueller Gegenstände ohne Substanzeinwirkung wegen ihres Kontextbezuges technisch kaum ausgeschlossen werden kann, so z.B. bei virtuellen Blockaden wie der Behinderung des Zugangs zu einem virtuellen Geschäft oder virtuelle Demonstrationen[952]. Gerade solche Formen der Beeinträchtigung virtueller Güter sind jedoch Gegenstand der im Rahmen dieser Arbeit behandelten Frage der Anerkennung von Abwehrrechten[953].

c) Zwischenergebnis

Die Anerkennung eines sonstigen Rechts an virtuellen Gütern im Sinne von § 823 Abs. 1 BGB ist abzulehnen, da dies gegen den *numerus clausus* der Immaterialgüterrechte verstößt. Denn andernfalls wäre ein zu hohes Maß an Rechtsunsicherheit betreffend des Herrschaftsobjektes sowie des Inhalts und der Reichweite des neu geschaffenen sonstigen Rechts im Sinne von § 823 Abs. 1 BGB gegeben. Dem kann nicht durch eine Begrenzung der Reichweite Abhilfe verschafft werden. Sofern Vorschläge hierfür unterbreitet werden, knüpfen diese wesentlich an vorhandene Vertragsbeziehungen an. Dieser Ansatz versagt jedoch bei Beeinträchtigungen durch Dritte, mit denen keine vertragliche Beziehung besteht (Horizontalverhältnis). Gerade diese Fallgruppe hat jedoch die größte praktische Relevanz und steht im Mittelpunkt der in dieser Arbeit behandelten Frage des Bestehens von gesetzlichen Abwehransprüchen[954].

2. Fehlende absolute Rechtsposition

Im Zusammenhang mit der Anerkennung eines sonstigen Rechts an virtuellen Gütern im Sinne von § 823 Abs. 1 BGB ist zudem die Frage problematisch, inwieweit eine absolute Rechtsposition gegeben ist.

a) Rein faktische Ausschließlichkeitsstellung

Eine absolute Rechtsposition ist dadurch geprägt, dass sie dem Berechtigten einen Freiheitsbereich zuweist, in dem er unter Ausschluss aller anderen Personen allein über sein Recht bestimmen kann. Die ausschließliche Herrschaftsbefugnis zeigt

952 Kapitel 4 Ziffer A.II.4.d)bb)(3), Seite 166.
953 Kapitel 2 Ziffer B., Seite 20 ff.
954 Kapitel 2 Ziffer B., Seite 20 ff.

sich vor allem darin, dass der Berechtigte seine Rechtsmacht ausüben kann, ohne dabei auf die Mithilfe Dritter angewiesen zu sein[955].

Zunächst kann das Vorliegen einer absoluten Rechtsposition nicht mit der Begründung verneint werden, dass deren Realisierung von der Mitwirkung bzw. Verwirklichung eines Dritten abhängig ist. Dies wird teilweise im Rahmen der Diskussion über den absoluten Charakter des Rechts an Internet-Domains oder virtuellen Gegenständen bei Online-Spielen vertreten[956]. Hierbei wird jedoch die Frage einer rein faktischen Ausschließlichkeitsstellung des Rechteinhabers mit der Frage einer Abhängigkeit des Rechts von einer technischen Realisierung durch Dritte bzw. relativen Vertragsbeziehung mit Dritten vermischt. Diese Aspekte sind von einander zu trennen. Eine absolute Rechtsposition kann nämlich durchaus eine rechtlich begründete Ausschließlichkeitsposition aufweisen und zugleich von der im Rahmen eines relativen Vertragsverhältnisses geregelten technischen Verwirklichung durch Dritte abhängig sein. Denn der Anerkennung einer absoluten Rechtsposition steht die Abhängigkeit der Entstehung und des Fortbestandes von einer technischen Realsierung anderer nicht entgegen[957]. So ist auch für die Entstehung von Urheberrechtsschutz erforderlich, dass die Werkschöpfung eine wahrnehmbare Formgestaltung aufweist, die abhängig von der technischen Verwirklichung durch Dritte sein kann[958]. Ebenso genießt die audiovisuelle Darstellung eines Computerprogramms erst dann urheberrechtlichen Schutz, wenn sie unter Zuhilfenahme technischer Einrichtungen auf einem Bildschirm sichtbar gemacht wird oder aber die zu Grunde liegenden Programmdaten auf einem Datenträger gespeichert sind

---

955 Larenz/Wolf § 15 Rn. 2; *Koch* „Die rechtliche Bewertung virtueller Gegenstände auf Online-Plattformen“, a.a.O., Abs. 46.

956 *Koch* „Die rechtliche Bewertung virtueller Gegenstände auf Online-Plattformen“, a.a.O., Abs. 43; *Psczolla* „Virtuelle Gegenstände als Objekte der Rechtsordnung“, a.a.O., Abs. 25; *Koos* „Die Domain als Vermögensgegenstand zwischen Sache und Immaterialgut Begründung und Konsequenzen einer Absolutheit des Rechts an der Domain“, a.a.O., 360; *Kleespies* „Die Domain als selbstständiger Vermögensgegenstand in der Einzelzwangsvollstreckung“, a.a.O., 766; *Klickermann* „Virtuelle Welten ohne Rechtsansprüche?“, a.a.O., 769; *Viefhues* Anmerkung zu LG Essen Beschl. v. 22.02.1999, 11 T 370/99, a.a.O, 287; *Preuß* „Rechtlich geschützte Interessen an virtuellen Gütern“, 106, der virtuellen Gütern die Qualifizierung als Rechtsobjekt mit der Begründung verwehrt, dass der Berechtigte seine Rechtsmacht nicht ohne aktive Mithilfe des Betreiber des Online-Spiels ausüben kann.

957 *Psczolla* „Virtuelle Gegenstände als Objekte der Rechtsordnung“, a.a.O., Abs. 25; *Koch* „Die rechtliche Bewertung virtueller Gegenstände auf Online-Plattformen“, a.a.O., Abs. 43.

958 *Psczolla* „Virtuelle Gegenstände als Objekte der Rechtsordnung“, a.a.O., Abs. 25.

und vom Nutzer nur noch ausgeführt werden müssen[959]. Das Bestehen einer absoluten Rechtsposition kann somit nicht davon abhängig gemacht werden, dass nur der Inhaber technischen Zugriff auf das Herrschaftsobjekt hat. *Berberich* verweist in diesem Zusammenhang zu Recht darauf hin, dass auch das Eigentum nicht erst durch das Faustrecht und den rechtlichen Schutz eines Grundstückes durch einen Zaun entsteht oder Urheberrechtsschutz durch Kopierschutzmechanismen begründet wird[960]. Ebenso wenig steht die Abhängigkeit von relativen vertraglichen Rechten der Anerkennung einer absoluten Rechtsposition entgegen, was sich am Anwartschaftsrecht zeigt, dessen Bestand vom Fortbestand eines Vertrages abhängen kann und dennoch eine absolute Rechtsposition darstellt[961].

Eine absolute Rechtsposition ist bei virtuellen Gütern jedoch dann zu verneinen, wenn sich der Absolutheitsanspruch des Berechtigten lediglich faktisch ergibt, indem dieser z.B. rein technisch bedingt ist oder ausschließlich auf relativen Vertragsbeziehungen beruht[962]. Dies ist in der Regel der Fall. Im Falle von Internet-Domains ergibt sich die ausschließliche Stellung des Inhabers allein daraus, dass diese von den zuständigen Vergabestellen (bzgl. die TDL „de" der DENIC e.V.) nur einmal vergeben werden kann und dem Inhaber auf Grund Vertrags hierauf ein Anspruch zusteht[963]. Im Falle von virtuellen Gegenständen im Rahmen von Online-Spielen ist die Situation ähnlich. Denn der Umstand einer ausschließlichen Zugriffsmöglichkeit des Inhabers ergibt sich allein daraus, dass dem Inhaber vom Betreiber des Online-Spiels ein individuelles Zugangskonto (Account) zugewiesen und der Zugriff auf die konkreten virtuellen Gegenstände nur über dieses ermöglicht wird[964]. Der rechtliche Rahmen wird insoweit durch die vertragliche

959 *Psczolla* „Virtuelle Gegenstände als Objekte der Rechtsordnung", a.a.O., Abs. 25.

960 *Berberich* „Virtuelles Eigentum", 225 f.

961 *Berberich* „Virtuelles Eigentum", 226 f.

962 *BGH* Urt. v. 05.07.2005, VII ZB 5/05, GRUR 2005, 969, 970 – *Pfändung in Internet-Domains; ders.* Urt. v. 18.01.2012, I ZR 187/10, abrufbar auf der Internetseite des *BGH* www.bundesgerichtshof.de (besucht am 10.02.2012) Rn. 23. - *gewinn.de.*

963 *BGH* Urt. v. 05.07.2005, VII ZB 5/05, GRUR 2005, 969, 970 – *Pfändung in Internet-Domains; ders.* Urt. v. 18.01.2012, I ZR 187/10, abrufbar auf der Internetseite des *BGH* www.bundesgerichtshof.de (besucht am 10.02.2012) Rn. 23. - *gewinn.de; Koch* „Die rechtliche Bewertung virtueller Gegenstände auf Online-Plattformen", a.a.O., Abs. 44; *Koos* „Die Domain als Vermögensgegenstand zwischen Sache und Immaterialgut Begründung und Konsequenzen einer Absolutheit des Rechts an der Domain", a.a.O., 360.

964 *Koch* „Die rechtliche Bewertung virtueller Gegenstände auf Online-Plattformen", a.a.O., Abs. 42.

Beziehung zwischen Nutzer und Betreiber des Online-Spiels vorgegeben[965]. In beiden Fällen ist die Ausschließlichkeitsstellung des Inhabers somit rein technisch bedingt und ergibt sich ausschließlich aus relativen Vertragsbeziehungen. Solche lediglich faktischen Ausschließlichkeitsstellungen begründen jedoch kein absolutes Recht[966].

Dem kann auch nicht mit Verweis auf das Urteil des *BVerfG* vom 24.11.2004[967] entgegen getreten werden, der Inhaber einer Internet-Domain verfüge über ein relativ wirkendes vertragliches Nutzungsrecht, das einen rechtlich geschützten Vermögenswert darstellt und dem Inhaber ebenso ausschließlich zugewiesen ist, wie das Eigentum an einer Sache[968]. Teilweise wird die Herleitung eines sonstigen Rechts im Sinne von § 823 Abs. 1 BGB mit Verweis hierauf und auf die Vergleichbarkeit der Situation bei der Inhaberschaft einer Internet-Domain mit der Situation des berechtigten Besitzers an einer Sache gestützt. Denn auch der Besitz könne schuldrechtlich eingeräumt sein und sei als sonstiges Recht gemäß § 823 Abs. 1 BGB schutzfähig. Wie auch der Besitz verfüge das Nutzungsrecht des Inhabers an einer Internet-Domain über eine Ausschluss-, Zuweisungs- und Nutzungsfunktion[969]. Dem wird jedoch zu Recht entgegen gehalten, dass hiermit die Rechtsprechung des *BVerfG* verkannt wird[970]. Denn allein aus dem Umstand, dass das relativ wirkende, vertragliche Nutzungsrecht des Inhabers einer Internet-Domain als Eigentum im Sinne von Art. 14 1 GG qualifiziert werden kann, kann nicht der Schluss auf dessen Charakter als sonstiges Recht im Sinne von § 823

965 *Krasemann* „Onlinespielrecht – Spielwiesen für Juristen“, a.a.O., 353; *Psczolla* „Virtuelle Gegenstände als Objekte der Rechtsordnung“, a.a.O., Abs. 26.

966 *BGH* Urt. v. 05.07.2005, VII ZB 5/05, GRUR 2005, 969, 970 – Pfändung in Internet-Domains; *ders.* Urt. v. 18.01.2012, I ZR 187/10, abrufbar auf der Internetseite des *BGH* www.bundesgerichtshof.de (besucht am 10.02.2012) Rn. 23. - *gewinn.de; Psczolla* „Virtuelle Gegenstände als Objekte der Rechtsordnung“, a.a.O., Abs. 26; *Kleespies* „Die Domain als selbstständiger Vermögensgegenstand in der Einzelzwangsvollstreckung“, a.a.O., 766.

967 *BVerfG* Beschl. v. 24.11.2004, 1 BvR 1306/02 GRUR 2005, 261 f. - *Eigentumsschutz von Internet-Domains.*

968 Kapitel 4 Ziffer A.III.2., Seite 171.

969 *LG Düsseldorf* Urt. v. 19.08.2009, 34 O 16/09, BeckRS 2010, 05759; *OLG Köln* Urt. v. 17.03.2006, 6 U 163/05, MMR 2006, 460, 470 - *investment.de*;

970 *BGH* Urt. v. 18.01.2012, I ZR 187/10, abrufbar auf der Internetseite des *BGH* www.bundesgerichtshof.de (besucht am 10.02.2012) Rn. 27 - *gewinn.de; Utz* Anmerkung zum OLG Köln Urt. v. 17.03.2006, 6 U 163/05, a.a.O., 471; *OLG Brandenburg* Urt. v. 15.09.2010, 3 U 164/09, MMR 2011, 94, 95.

Abs. 1 BGB gezogen werden[971]. So fallen nach der Rechtsprechung des *BVerfG* auch andere schuldrechtliche Ansprüche (z.B. Ansprüche des Vermieters gegen den Mieter oder des Verkäufers gegen den Käufer auf Zahlung des Kaufpreises und Abnahme der Sache) in den Schutzbereich von Art. 14 Abs. 1 GG. Dies hat aber nicht deren Anerkennung als sonstiges Recht im Sinne von § 823 Abs. 1 BGB zur Folge, da ein solches Recht nicht durch schuldrechtliche Forderungen begründet werden kann[972]. Vielmehr unterscheidet das *BVerfG* deutlich zwischen der Qualifizierung als Eigentum im Sinne von Art. 14 Abs. 1 Satz 1 GG auf der einen und der Einordnung als sonstiges Recht gemäß § 823 Abs. 1 BGB auf der anderen Seite. Das *BVerfG* weist in seinem Beschluss vom 24.11.2004[973] ausdrücklich darauf hin, dass der Inhaber einer Internet-Domain weder das Eigentum an der Internet-Domain noch ein sonstiges absolutes Recht hieran erwirbt, das ähnlich einem Immaterialgüterrecht verdinglicht wäre[974]. Auch ist die Position des Inhabers einer Internet-Domain nicht mit der Position eines berechtigten Besitzers vergleichbar. So werden die Ausschließlichkeitsrechte des berechtigten Besitzers im Gegensatz zu den Ausschließlichkeitsrechten des Inhabers einer Internet-Domain gerade nicht vertraglich begründet, sondern beruhen auf dem gesetzlich geregelten und gegenüber jedem Dritten wirkenden Besitzschutz gemäß §§ 858 ff. BGB[975]. Vielmehr bleibt es dabei, dass auf Grund des relativen Charakters und der lediglich rein faktisch begründeten Ausschließlichkeit des Nutzungsrechts des Inhabers an einer Internet-Domain kein absolutes Recht bejaht werden kann[976].

b) Zwischenergebnis

Der Anerkennung eines sonstigen Rechts im Sinne von § 823 Abs. 1 BGB an virtuellen Gütern steht das Fehlen einer absoluten Rechtsposition entgegen.

Ausschlaggebend ist hierbei nicht, ob im Zusammenhang mit der Entstehung der Rechtsposition eine Abhängigkeit von der technischen Realisierung durch

---

971 *Utz* Anmerkung zum OLG Köln Urt. v. 17.03.2006, 6 U 163/05, a.a.O., 471; *OLG Brandenburg* Urt. v. 15.09.2010, 3 U 164/09, MMR 2011, 94, 95.

972 *Utz* Anmerkung zum OLG Köln Urt. v. 17.03.2006, 6 U 163/05, a.a.O., 471; *OLG Brandenburg* Urt. v. 15.09.2010, 3 U 164/09, MMR 2011, 94, 95.

973 *BVerfG* Beschl. v. 24.11.2004, 1 BvR 1306/02 GRUR 2005, 261 f. - *Eigentumsschutz von Internet-Domains.*

974 *BGH* Urt. v. 18.01.2012, I ZR 187/10, abrufbar auf der Internetseite des *BGH* www.bundesgerichtshof.de (besucht am 10.02.2012) Rn. 27 - *gewinn.de.*

975 *BGH* Urt. v. 18.01.2012, I ZR 187/10, abrufbar auf der Internetseite des *BGH* www.bundesgerichtshof.de (besucht am 10.02.2012) Rn. 25 - *gewinn.de.*

976 *OLG Brandenburg* Urt. v. 15.09.2010, 3 U 164/09, MMR 2011, 94, 95.

Dritte oder von relativen Vertragsbeziehungen mit Dritten gegeben ist. Relevant ist vielmehr, ob eine Ausschließlichkeitsstellung vorliegt, die allein faktisch bedingt ist.

Eine auf diese Weise bedingte Ausschließlichkeitsstellung des Inhabers an seiner Rechtsposition ist bei Internet-Domains und virtuellen Gegenständen sowie sämtlichen übrigen virtuellen Gütern gegeben. An einem vom Gesetzgeber begründeten Absolutheitsanspruch – wie ihn auch der *BGH* fordert[977] – fehlt es bis dato. In Bezug auf virtuelle Güter, wie z.B. über Internetpräsenzen betriebene virtuelle Geschäftsmodelle, ergeben sich etwaige Ausschließlichkeitsstellungen der Inhaber derzeit einzig daraus, dass diese den Zugriff auf die virtuellen Güter im Internet z.B. durch technische Schutzvorrichtungen beeinflussen.

3. Vorzug des Sacheigentums gegenüber Immaterialgüterrechten

Berberich begründet das nach seiner Auffassung anzuerkennende sonstige Recht an virtuellen Gegenständen, die im Rahmen von Online-Spielen geschaffen werden, im Sinne von § 823 Abs. 1 BGB unter anderem damit, dass die Zuordnung virtueller Gegenstände zum Sachenrecht sachgerechter sei als eine Zuordnung zum Immaterialgüterrecht[978]. Die Begründung dieser Auffassung überzeugt nicht. An dieser Stelle sei jedoch bereits vorweggenommen, dass eine größere Sachnähe zum Sachenrecht als zum Immaterialgüterrecht an späterer Stelle in Bezug auf den in dieser Arbeit unterbreiteten Lösungsvorschlag unter einem anderen Aspekt zu bejahen ist[979].

Die Begründung *Berberichs* versagt zum Einen bereits in Bezug auf virtuelle Gegenstände im Rahmen von Online-Spielen nicht, auf die die Ausführungen von *Berberich* bezogen sind (nachfolgend Ziffer a)). Unterstellt, man würde der Auffassung von *Berberich* folgen, führt eine konsequente Anwendung der von *Berberich* aufgestellten Thesen zudem dazu, dass nur für eine kleine Gruppe virtueller Güter eine Erfassung durch das Sachenrecht vorzugswürdig ist (nachfolgend Ziffer b)).

a) Virtuelle Gegenstände im Rahmen von Online-Spielen

Die Auffassung, dass virtuelle Gegenstände im Rahmen von Online-Spielen sachgerechter vom Sacheigentum als von Immaterialgüterrechten erfasst würden, begründet

977 *BGH* Urt. v. 05.07.2005, VII ZB 5/05, GRUR 2005, 969, 970 – *Pfändung in Internet-Domains.*

978 Kapitel 4 Ziffer A.II.4.a), Seite 157.

979 Kapitel 5 Ziffer B., Seiten 223 ff.

Berberich im Wesentlichen mit einer Vergleichbarkeit der Herrschaftsobjekte sowie dem Schutzzweck des Sachenrechts und der Immaterialgüterrechte[980].

aa) Abstellen auf Herrschaftsobjekte

Nach *Berberich* stehen virtuelle Gegenstände im Rahmen von Online-Spielen auf Grund ihrer Vergleichbarkeit körperlichen Sachen näher als Immaterialgütern.

Zum einen resultiere dies aus der zwar technisch vermittelten, aber dennoch unmittelbar erfahrbaren und damit gleichsam natürlichen Existenz des Herrschaftsobjektes „virtueller Gegenstand"[981].

Dies überzeugt jedoch nicht, da auch Immaterialgüter in vergleichbarer Weise wie virtuelle Gegenstände trotz deren technischer Vermittlung unmittelbar erfahrbar sind und über eine ebenso natürliche Existenz verfügen. Wie virtuelle Gegenstände entstehen z.B. auch Musikstücke nicht schon als geistige Leistung im Kopf des Schöpfers, sondern erst dann, wenn sie gegenständlich wahrnehmbar geworden sind[982]. Bei virtuellen Gegenständen geschieht dies innerhalb einer virtuellen Umgebung als Ergebnis eines technischen Vorgangs[983]. Bei Musikstücken kann dies in gleicher Weise geschehen, wenn diese z.B. mit Hilfe eines Computerprogramms komponiert werden. Die von *Berberich* insoweit genannten Kriterien sind somit auch auf Immaterialgüter übertragbar. Eine größere Sachnähe zum Sacheigentum ist somit nicht erkennbar.

Zum anderen begründet *Berberich* die größere Sachnähe virtueller Gegenstände zum Sachenrecht als zum Immaterialgüterrecht damit, dass virtuelle Gegenstände im Gegensatz zu Immaterialgütern nicht durch das Recht erzeugt würden[984]. Diese Begründung trägt jedoch nicht. Denn auch Immaterialgüter werden nicht durch das Recht erzeugt. Es mag zwar zutreffend sein, dass das immaterialgüterrechtlich geschützte Herrschaftsobjekt rechtlich definiert wird, erzeugt wird es auf diese Weise hingegen nicht. Vielmehr besteht der Schaffensakt bei körperlichen Sachen und Immaterialgütern in einer natürlichen Handlung und ist damit vergleichbar. So werden Musikstücke komponiert oder Fabeln erdacht[985]. Durch das Recht

980 Kapitel 4 Ziffer A.II.4.a), Seite 158.

981 *Berberich* „Virtuelles Eigentum", 128.

982 Vgl. *Psczolla* „Virtuelle Gegenstände als Objekte der Rechtsordnung", a.a.O., Abs. 25 zu virtuellen Gegenständen.

983 *Psczolla* „Virtuelle Gegenstände als Objekte der Rechtsordnung", a.a.O., Abs. 25.

984 Kapitel 4 Ziffer A.II.4.a)aa), Seite 158.

985 Dass diese ab einem bestimmten Punkt körperlich fixiert werden müssen, um wahrnehmbar zu werden, ist ein hiervon zu trennender Aspekt.

geschaffen werden lediglich die Ausschließlichkeitsbefugnisse hieran. Insoweit besteht jedoch kein Unterschied zu körperlichen Sachen. Auch körperliche Sachen werden durch tatsächliche Handlungen erschaffen und an diesen bestehende Ausschließlichkeitsbefugnisse werden erst durch das Sachenrecht erzeugt. Der einzige Unterschied besteht darin, dass es bei körperlichen Sachen auf Grund deren Körperlichkeit nicht erforderlich ist, das Herrschaftsobjekt gesetzlich zu definieren, wie dies bei Immaterialgüterrechten auf Grund deren Unkörperlichkeit der Fall ist. Stellt man auf diesen Umstand ab, wären virtuelle Gegenstände jedoch sachnäher bei Immaterialgüterrechten als beim Sachenrecht zu verorten. Denn virtuelle Gegenstände sind nicht auf Grund einer natürlicherweise bestehenden Körperlichkeit abgrenzbar. Um diese „greifbar" zu machen, bedarf es einer vorherigen Definition dieser, d.h. als Herrschaftsobjekt sind virtuelle Gegenstände wie alle übrigen Immaterialgüter, an denen Rechte bestehen sollen, gesetzlich zu umgrenzen.

Weiterhin verweist *Berberich* darauf, dass virtuelle Gegenstände ausgehend von der Verkehrsanschauung auch die übrigen Wesensmerkmale realen Eigentums aufweisen würden: eine die Verkehrsfähigkeit begründende Abgrenzbarkeit, Wahrnehmbarkeit und Beherrschbarkeit (d.h. sozialtypische Offenkundigkeit) sowie eine gewisse Dauerhaftigkeit. Der einzige Unterschied virtueller Gegenstände zu Sacheigentum bestehe in der fehlenden Körperlichkeit[986]. Es mag zutreffend sein, dass diese Gemeinsamkeiten bestehen. Dies ist jedoch ebenfalls kein Argument für eine größere Sachnähe zu körperlichen Sachen als zu Immaterialgütern. Denn auch Immaterialgüter weisen diese Merkmale auf: Sie sind ebenso abgrenzbar, wahrnehmbar und beherrschbar, mithin verkehrsfähig. Für die Anerkennung eines Rechts an Immaterialgütern (Immaterialgüterrecht) ist es sogar erforderlich, dass das relevante Immaterialgut einem bestimmten Rechtssubjekt zugeordnet werden kann[987] und verkehrsfähig ist[988]. Unter dem Gesichtspunkt des Merkmals einer Verkehrsfähigkeit und Dauerhaftigkeit kann eine größere Sachnähe von virtuellen Gegenständen zu körperlichen Sachen somit nicht begründet werden.

Ausgehend von den vorbenannten Begründungsansätzen und unter Einbeziehung von *Berberichs* (zutreffender) Aussage, dass der einzige Unterschied zwischen virtuellen Gegenständen und körperlichen Sachen die fehlende Körperlichkeit virtueller Gegenstände ist, kann eine größere Sachnähe zu Sachgütern nicht bejaht

---

986 Kapitel 4 Ziffer A.II.4.a)aa), Seite 158.

987 *Koch* „Die rechtliche Bewertung virtueller Gegenstände auf Online-Plattformen", a.a.O., Abs. 26.

988 *Koch* „Die rechtliche Bewertung virtueller Gegenstände auf Online-Plattformen", a.a.O., Abs. 24.

werden. Im Gegenteil scheint gerade auf Grund des einzigen Unterschieds „fehlende Körperlichkeit“ eher eine Nähe zu Immaterialgütern begründet.

bb) Abstellen auf Schutzzweck

Berberich stellt weiterhin wesentlich auf die unterschiedlichen Schutzzwecke der Regelungsregime „Sacheigentum“ und „Immaterialgüterrechte“ ab, wobei insoweit eine Unterscheidung zwischen rivalisierender und nicht-rivalisierender Nutzung des Gegenstandes vorgenommen wird. Hiervon ausgehend sei die größere Nähe von virtuellen Gegenständen zum Sacheigentum als zu Immaterialgüterrechten zu bejahen[989].

Sachenrecht dient nach *Berberich* ausschließlich der Abwehr rivalisierender Nutzungen, denn Sachen seien wegen ihrer Körperlichkeit nur einer solchen Nutzung zugänglich. Jeder Gebrauch durch einen Anderen habe unmittelbar negative Auswirkungen auf die – zumindest potentielle – Nutzbarkeit der Sache selbst. Dies bringe die Gefahr einer ineffizienten Übernutzung oder Zerstörung mit sich. Auf dieses Problem reagiere das Sacheigentum mit einer exklusiven Zuweisung der Nutzung eines Gegenstandes[990]. Immaterialgüter hingegen würden ausschließlich Schutz vor nicht-rivalisierenden Nutzungen bieten, denn diese seien ein frei verfügbares und ohne Beeinträchtigung der aktuellen Nutzung durch andere ebenso nutzbares Gut. Es könne insofern bei Immaterialgütern auch nicht zu einer Übernutzung kommen. Grund des Schutzes von Immaterialgütern und ihrer künstlichen Verknappung seien nicht die Nachteile rivalisierender Nutzungen, sondern der Gedanke, dem Kreativen die Früchte seiner Arbeit zu gönnen und so im Allgemeininteresse Anreize zu künftiger geistiger, künstlerischer und erfinderischer Tätigkeit zu schaffen[991]. Nicht-rivalisierende wirtschaftliche Nutzungen seien hingegen von der Abwehrbefugnis des Sacheigentümers nicht erfasst, da hierbei nicht mehr die eigentliche Sache als Schutzgut betroffen sei. Umgekehrt könne auf ein Immaterialgüterrecht grundsätzlich nicht zur Abwehr rivalisierender Nutzungen zurückgegriffen werden[992].

Hiervon ausgehend schließt *Berberich* auf eine größere Sachnähe zum Sacheigentum, da es um die Abwehr von Nutzungen virtueller Gegenstände selbst gehe und diese Nutzung auf Grund der technisch gegebenen Natur der virtuellen Gegenstände nur in rivalisierender Weise erfolgen könne. Die ausschließlich rivalisierende Nutzungsmöglichkeit folge aus Knappheitsbedingungen, die auf dem

---

989 Kapitel 4 Ziffer A.II.4.a)bb), Seite 158.
990 Kapitel 4 Ziffer A.II.4.a)bb), Seite 158.
991 Kapitel 4 Ziffer A.II.4.a)bb), Seite 158.
992 Kapitel 4 Ziffer A.II.4.a)bb), Seite 158.

exklusiven Zugriff des Nutzers über das individualisierte Account (Zugangskonto) basieren würden[993].

Bei dieser Argumentation wird wesentlich auf das Vorliegen einer in rivalisierender Weise stattfindenden Nutzung abgestellt. Nach den oben genannten Merkmalen kann das Vorliegen einer in rivalisierender Weise stattfindenden Nutzungen jedoch nicht mit künstlich geschaffenen Knappheitsbedingungen auf Grund einer exklusiven Zugriffsmöglichkeit des Nutzers auf den virtuellen Gegenstand begründet werden.

Rivalisierend ist eine Nutzung dann, wenn jeder Gebrauch durch einen Anderen unmittelbar negative Auswirkungen auf die – zumindest potentielle – Nutzbarkeit der Sache selbst hat, was die Gefahr einer ineffizienten Übernutzung oder Zerstörung der Sache mit sich bringt[994]. Dies ist jedoch bei virtuellen Gegenständen nicht gegeben. Der Zugriff Anderer auf den virtuellen Gegenstand hat keine unmittelbar negativen Auswirkungen auf die Nutzbarkeit des virtuellen Gegenstandes selbst. Zu einer Übernutzung kommt es in keinem Fall. Eine Schmälerung der Nutzbarkeit ist lediglich künstlich geschaffen und ergibt sich allein aus den Regeln des Online-Spiels, das eine parallele Nutzung von (bestimmten) virtuellen Gegenständen nicht vorsieht. So ist es z.B. möglich, dass mehrere Nutzer ein und den selben Avatar gleichzeitig nutzen, ohne dass die Nutzung des Berechtigten hierdurch eingeschränkt wäre. Die Einschränkung bezieht sich ausschließlich auf den wirtschaftlichen Nutzen des Avatars. Dieser hat für den berechtigten Nutzer auf Grund der parallelen Nutzung durch andere an Wert verloren. Wirtschaftliche Nutzungen sind jedoch auch nach *Berberich* nicht-rivalisierend und daher von der Abwehrbefugnis des Sacheigentümers nicht erfasst[995]. Bei der Einrichtung exklusiver Zugriffsmöglichkeiten betreffend virtueller Gegenstände für bestimmte Nutzer durch technische Vorkehrungen handelt es sich letzten Endes um künstliche Verknappungsmaßnahmen, was eine wesentlich größere Nähe zu Immaterialgüterrechten als dem Sacheigentum begründet. Denn die Schaffung künstlicher Verknappungsbedingungen stellt ein Wesensmerkmal der Immaterialgüterrechte dar[996].

b) Keine Anwendbarkeit auf den Großteil virtueller Güter

Selbst wenn man vom Vorliegen einer rivalisierenden Nutzung virtueller Gegenstände ausginge, versagt dieser Begründungsansatz zur Bejahung eines sonstigen Rechts

993 Kapitel 4 Ziffer A.II.4.a)bb), Seite 158.

994 Vgl. *Berberich* „Virtuelles Eigentum" 120 ff.

995 Kapitel 4 Ziffer A.II.4.a)bb), Seite 158.

996 Berberich, „Virtuelles Eigentum", 121.

an virtuellen Gegenständen im Sinne von § 823 Abs. 1 BGB für den Großteil virtueller Güter. Denn *Berberich* stellt nicht in Abrede, dass es für die Bejahung einer rivalisierenden Nutzung wesentlich auf eine künstliche Verknappung des Zugriffs auf die virtuellen Gegenstände ankommt (z.B. durch exklusive Zugriffsmöglichkeiten)[997]. Solche auf vertraglicher Gestaltung beruhenden künstlichen Verknappungen mögen bei virtuellen Gegenständen gegeben sein, dies stellt jedoch eine Besonderheit virtueller Gegenstände dar. Bei anderen virtuellen Gütern fehlt es hieran in der Regel. Als Beispiel sei auf die in dieser Arbeit näher geprüften virtuellen Geschäftsmodelle[998] oder auf Internetdomains[999] verwiesen. Die Lösung über eine Erfassung als sonstiges Recht im Sinne von § 823 Abs. 1 BGB könnte somit bestenfalls für virtuelle Gegenstände denkbar sein. Für andere virtuelle Güter würde dies nicht gelten. Da es jedoch im Kern um die grundsätzliche Frage geht, wie mit den durch den Fortschritt der Informationstechnologie neu geschaffenen Immaterialgütern – deren Palette sich stetig erweitert – umgegangen werden soll, ist das Beschreiten eines rechtlichen Sonderwegs für virtuelle Gegenstände als sonstiges Recht im Sinne von § 823 Abs. 1 BGB nicht zu empfehlen. Vielmehr ist eine Lösung zu finden, die sämtliche von der Informationstechnologie neu geschaffenen und schützenswerten virtuellen Güter erfasst[1000].

c) Zwischenergebnis

Die von *Berberich* propagierte größere Sachnähe virtueller Gegenstände zum Sacheigentum kann mit den von Berberich gewählten Begründungsansätzen nicht bejaht werden. Unterstellt, man würde der Argumentation von *Berberich* folgen, könnte eine größere Sachnähe zum Sacheigentum jedenfalls nur bedingt auf andere virtuelle Güter als die von *Berberich* behandelten virtuellen Gegenstände im Rahmen von Online-Spielen übertragen werden.

4. Zwischenergebnis

Die rechtliche Erfassung virtueller Güter als sonstiges Recht im Sinne von § 823 Abs. 1 BGB ist abzulehnen. Denn dem stehen insbesondere der *numerus clausus* des Immaterialgüterrechts sowie das Fehlen einer absoluten Rechtsposition entgegen.

---

997 Kapitel 4 Ziffer A.II.4.a)bb), Seite 158.
998 Kapitel 2 Ziffer B.I.2. bis 4., Seite 22 ff.
999 Kapitel 4 Ziffer A.III., Seiten 167 ff.
1000 Kapitel 5, Seiten 201 ff.

II. Erfassung durch die bestehenden Immaterialgüterrechte

Die rechtliche Erfassung virtueller Güter durch die bestehenden Immaterialgüterrechte, namentlich das Urheberrecht, liefert ebenso keine adäquate Lösung. Diskutiert wird dieser Ansatz insbesondere in Bezug auf virtuelle Gegenstände, die im Rahmen von Online-Spielen geschaffen werden[1001]. Bei näherer Betrachtung überzeugt dieser Weg sowohl in Bezug auf virtuelle Gegenstände aus Online-Spielen als auch hinsichtlich anderer virtueller Güter nicht.

Da virtuelle Güter von Computerprogrammen geschaffen werden, könnte man versucht sein, einen urheberrechtlichen Schutz über §§ 69 a ff. UrhG (Schutz von Computerprogrammen) herzuleiten[1002]. Hierbei würde jedoch übersehen, dass nicht das virtuelle Gut, sondern das dieses erschaffende Computerprogramm Schutzobjekt wäre. Für die Frage des Rechtsschutzes des virtuellen Gutes ist dieser Lösungsvorschlag nicht ergiebig.

In Betracht könnte ein Schutz als Werk der bildenden Kunst gemäß § 2 Abs. 1 Nr. 4 UrhG kommen. Dies wird insbesondere in Bezug auf virtuelle Gegenstände, die im Rahmen von Online-Spielen geschafften werden, diskutiert[1003]. In einer Vielzahl der Fälle dürfte es jedoch an einer die Schwelle zur persönlichen geistigen Schöpfung im Sinne von § 2 Abs. 1 Nr. 4 und Abs. 2 UrhG überschreitenden Gestaltungshöhe fehlen[1004]. So wählt der Nutzer bei dem Online-Spiel „Second Life“ den Avatar aus einer begrenzten Anzahl vorgegebener Avatare aus und kann diesen nur mit bestimmten Gestaltungsmodulen modifizieren (Auswahl der Statur, Form der Nase, Kleiderformen und Kleiderfarbe, Geschlecht)[1005]. Soweit die Gestaltungsmöglichkeiten in dieser Form beschränkt sind, ist der Grad der eigenen geistigen Leistung des Nutzers in der Regel zu gering, um eine geistige Schöpfung im Sinne von § 2 Abs. 1 Nr. 4 und Abs. 2 UrhG annehmen zu können[1006].

Unabhängig vom Vorliegen eines Werks im Sinne von § 2 UrhG ist urheberrechtlicher Schutz für die Frage eines adäquaten Rechtsschutzes virtueller Güter zudem unter dem folgenden Aspekt uninteressant:

1001 Kapitel 4 Ziffer A.II.1., Seiten 148 ff.

1002 *Striezel* „Der Handel mit virtuellen Gegenständen aus Onlinewelten“, 114; Kapitel 4 Ziffer A.II.1., Seite 148 ff.

1003 *Striezel* „Der Handel mit virtuellen Gegenständen aus Onlinewelten“, 165 ff.

1004 *Striezel* „Der Handel mit virtuellen Gegenständen aus Onlinewelten“, 165 ff.

1005 *Geis/Geis* „Erste Ansätze des Rechts zur Konfliktlösung in Second Life“, CR 2007, 721, 724.

1006 *Geis/Geis* „Erste Ansätze des Rechts zur Konfliktlösung in Second Life“, a.a.O., 724.

Das Urheberrecht ermöglicht keine Abwehr solcher Handlungen, bei denen der Betreiber des Online-Spiels den virtuellen Gegenstand zerstört. Denn diese Situation entspricht der Zerstörung eines Werkes durch den Sacheigentümer, dem der Urheber grundsätzlich nichts entgegensetzen kann[1007]. Auch wäre fraglich, ob ein Transfer des virtuellen Gegenstandes von einem Nutzer an einen anderen überhaupt einen urheberrechtlich relevanten Sachverhalt darstellt und ob sich der Handel auf dieser Grundlage verbieten ließe[1008]. Urheberrechtlichen Schutz an virtuellen Gegenständen in Online-Spielen wird daher zu Recht eine nur untergeordnete Rolle zugestanden[1009].

Das Problem des Fehlens einer geistigen Schöpfung besteht bei anderen virtuellen Gütern in einem verstärkten Maß. Denn während bei virtuellen Gegenständen in Online-Spielen eine irgendwie geartete künstlerisch-kreative Gestaltung vorhanden ist und urheberrechtlicher Schutz zumindest auf den ersten Blick nicht abwegig erscheint, fehlt es hieran bei anderen virtuellen Gütern, wie z.B. virtuellen Ladengeschäften oder Internet-Domains.

III. Ungeschriebenes Immaterialgüterrecht *sui generis*

Dem Vorschlag einer rechtlichen Erfassung von virtuellen Gegenständen (im Rahmen von Online-Spielen) als ungeschriebenes Immaterialgüterrecht *sui generis*[1010] ist insoweit zuzustimmen, als virtuelle Güter generell zutreffend als Immaterialgüter zu qualifizieren sind und daher nur Immaterialgüterschutz in Betracht kommt. Gegen die Anerkennung eines ungeschriebenen Immaterialgüterrechts spricht jedoch der damit einher gehende Verstoß gegen den *numerus clausus* des Immaterialgüterrechts[1011].

IV Sonstiger Gegenstand im Sinne von § 453 Abs. 1 BGB

Soweit die Erfassung virtueller Gegenstände, die im Rahmen von Online-Spielen geschaffen werden, über eine Subsumtion dieser unter den Begriff des sonstigen

1007 *Berberich* „Virtuelles Eigentum“, 129.

1008 *Berberich* „Virtuelles Eigentum“, 129 f.

1009 *Striezel* „Der Handel mit virtuellen Gegenständen aus Onlinewelten“, 165 ff.; Berberich, „Virtuelles Eigentum“, 129 f.

1010 Kapitel 4 Ziffer A.II.1.3., Seite 152.

1011 Kapitel 5 Ziffer A.I.1., Seiten 202 ff.

Gegenstandes im Sinne von § 453 Abs. 1 BGB diskutiert wird[1012], ist dies für die vorliegende Frage einer rechtlichen Erfassung virtueller Güter und insbesondere der Herleitung absoluter Rechte an diesen nicht ergiebig.

Es ist zwar zutreffend, dass Immaterialgüter als Gegenstände im Sinne von § 453 Abs. 1 BGB zu qualifizieren sind und virtuelle Gegenstände Immaterialgüter darstellen[1013]. Jedoch bestehen an Immaterialgütern nicht automatisch absolute Rechtspositionen (Immaterialgüterrechte). Auf Grund der bei Immaterialgütern frei verfügbaren, nicht-rivalisierenden und ohne Beeinträchtigung der aktuellen Nutzung durch Dritte möglichen Nutzung[1014] müssen Immaterialgüterrechte erst durch gesetzgeberische Entscheidung auf Grund deren besonderen Schutzfähigkeit und unter Berücksichtigung des Interesses der Allgemeinheit an einer gemeinfreien Nutzung geschaffen werden.

Daher kann eine absolute Rechtsposition an virtuellen Gütern nicht mit Verweis auf deren Charakter als Immaterialgut und als Gegenstand im Sinne von § 453 Abs. 1 BGB begründet werden. Ansonsten würde eine absolute Rechtsposition an sämtlichen Immaterialgütern unter Umgehung des vorbenannten Erfordernisses einer ausdrücklichen gesetzgeberischen Entscheidung anerkannt. Richtigerweise sind die Regelungen über den Rechtskauf gemäß § 453 Abs. 1 BGB auf virtuelle Güter allein hinsichtlich der Frage der Anwendbarkeit von Gewährleistungsrechten relevant und schaffen daher lediglich eine relative Rechtsposition. Eine absolute Rechtsposition wie sie durch ein Immaterialgüterrecht begründet wird, das Abwehrrechte gegen die Beeinträchtigungen des Schutzgutes durch Dritte begründet, wird hierdurch nicht geschaffen. Denn an einer entsprechenden gesetzgeberischen Entscheidung fehlt es.

B. Eigener Lösungsvorschlag

Die bisherigen Darstellungen haben gezeigt, dass der technologische Fortschritt zu einer Weiterentwicklung der Gesellschaft geführt hat, die sich darin äußert, dass es zu einer zunehmenden Verlagerung von geschäftlichem und privatem Handeln ins Internet und hiermit verbunden zu einer Virtualisierung des Geschäftslebens und Alltags gekommen ist. Vereinfacht ausgedrückt, ist eine virtuelle Parallelwelt entstanden, die spiegelbildlich zu der realen Welt außerhalb des Internets existiert.

1012 Kapitel 4 Ziffer A.II.2., Seiten 210 ff.

1013 Vgl. Kapitel 5 Ziffer A.I.3., Seiten 214 ff.

1014 *Berberich* „Virtuelles Eigentum“, 121.

Aktivitäten im Internet finden zunehmend als Substitut entsprechender Aktivitäten in der realen Welt statt. Diese Entwicklung hat völlig neuartige, virtuelle Produkte hervorgebracht, die einen zum Teil erheblichen wirtschaftlichen Wert verkörpern können[1015]. Zu diesen Produkten zählen rein- und gemischt-virtuelle Geschäftsmodelle[1016]. Diese werden über Internetpräsenzen betrieben, die als virtuelle Ladengeschäfte fungieren. Die Fortentwicklung der Informationstechnologie ist vielseitig und stetig. Dementsprechend ist die Palette der sich neu entwickelnden virtuellen Produkte breit und einem ständigen Wandel unterworfen. So sind neben Internetpräsenzen, die als virtuelle Ladengeschäfte fungieren, virtuelle Gegenstände im Rahmen von Online-Spielen (z.B. Avatare) und Internet-Domains als weitere neuartige virtuelle Produkte zu erwähnen, die durch den technologischen Fortschritt hervorgebracht wurden.

Die bisherigen Darstellungen haben auch gezeigt, dass die Rechtsordnung diese Weiterentwicklung bisher nicht vollzogen hat. Die Digitalisierung stellt den Gewerblichen Rechtsschutz und das Urheberrecht vor völlig neue Herausforderungen[1017]. Die bestehenden Rechtsfiguren sind auf Sachverhalte mit Internetbezug nur sehr eingeschränkt anwendbar. Dies ist wesentlich darauf zurückzuführen, dass es bei virtuellen Sachverhalten an einer körperlichen Sache im Sinne von § 90 BGB als Anknüpfungspunkt fehlt. Insbesondere hinsichtlich solcher virtueller Sachverhalte führt dies zu Wertungswidersprüchen[1018], betreffend derer ein vergleichbares Pendant in der realen Welt außerhalb des Internets existiert, das umfassenden Schutz der Rechtsordnung genießt. So kann sich ein Dritter nach der derzeitigen Rechtslage in ein virtuelles Ladengeschäft, d.h. auf eine Internetpräsenz, begeben und sich auf eine den Geschäftsbetrieb schädigenden Weise verhalten, ohne dass hiergegen gesetzliche Abwehransprüche geltend gemacht werden können, während der Betreiber eines Ladengeschäftes außerhalb des Internets vergleichbares Störverhalten durch Rückgriff auf sein Hausrecht abzuwehren vermag.

Diese Wertungswidersprüche gilt es aufzulösen. Hierfür muss die Rechtsordnung die in der Gesellschaft bereits vollzogene Weiterentwicklung einer Virtualisierung, d.h. eines Verzichts auf Körperlichkeit, nachbilden. Dies ist dann

---

1015 Vgl. Kapitel 4 Ziffer C.I., Seite 197.

1016 Kapitel 2 Ziffer A.II., Seite 11.

1017 *Kindler* „Leistungsschutz für Datenbanken ohne Werkcharakter – Eine Zwischenbilanz“, K&R 2000, 265; so auch *Fezer*, „Die Kennzeichenfunktion von Domainnamen“, WRP 2000, 669, 670.

1018 Kapitel 4 Ziffer B., Seiten 187 ff.

gelungen, wenn es für die Frage der rechtlichen Behandlung von vergleichbaren Sachverhalten innerhalb und außerhalb des Internets im Ergebnis nicht mehr auf das Vorliegen einer Sache im Sinne von § 90 BGB als Anknüpfungspunkt ankommt. Ziel ist die Erreichung eines Gleichlaufs des rechtlichen Schicksals von Sachverhalten, die – soweit es der technische Fortschritt erlaubt – ins Internet verlagert werden, und deren Pendant in der realen Welt außerhalb des Internets. *Fezer* resümiert nicht zu Unrecht, dass es sich bei dem Auseinanderdriften des „Rechts online" und des „Rechts offline" sowie dem Hervorbringen insoweit nicht mehr kompatibler Rechtsstrukturen um eine nicht übertriebene, sondern sich aktuell verwirklichende Befürchtung handelt[1019]. Ausgehend von der rechtlichen Behandlung, die die Rechtsordnung für das nicht-virtuelle Pendant vorsieht, ist ein vergleichbares rechtliches Gerüst für dessen virtuelles Spiegelbild zu entwickeln. Da sich die Technologie stetig weiterentwickeln und fortlaufend neuartige Produkte hervorbringen wird, muss auch dieser Prozess der Weiterentwicklung der Rechtsordnung fortlaufend stattfinden. Die Rechtsordnung hat immer dann zu reagieren, wenn eines der neuartigen Produkte die Schwelle zur Schutzwürdigkeit überschritten hat. Hinsichtlich Internetpräsenzen, die als virtuelle Ladengeschäfte fungieren, ist diese Situation eingetreten. Es ist ein rechtliches Gerüst für diese nachzubilden, das sich an den für nicht-virtuelle Ladengeschäfte vorgesehenen Rechtsfolgen orientiert.

Die Auflösung der bestehenden Wertungswidersprüche, ohne dogmatische Brüche zu schaffen oder Kunstgriffe innerhalb der bestehenden Rechtsfiguren erforderlich zu machen[1020], ist nur durch ein Immaterialgüterrecht *sui generis de lege ferenda* möglich. So scheitert eine Erfassung als sonstiges Recht im Sinne von § 823 Abs. 1 BGB daran, dass es unter anderem an einer absoluten Rechtsposition fehlt. Denn auf eine rein faktisch bedingte Ausschließlichkeitsstellung des Berechtigten kann nicht abgestellt werden[1021]. Auch stünde einer solchen Lösung der *numerus clausus* der Immaterialgüterrechte entgegen[1022], was ebenso gegen die Anerkennung eines ungeschriebenen Immaterialgüterrechts *sui generis* spricht[1023].

1019 *Fezer „Die Kennzeichenfunktion von Domainnamen", a.a.O. 670.*

1020 Vgl. zu den Unzulänglichkeiten einer Lösung als sonstiges Recht im Sinne von § 823 Abs. 1 BGB ohne Schaffung eines geschriebenes Immaterialgüterrechts *sui generis* oder als ungeschriebenes Immaterialgüterrecht *sui generis* auf Grund dogmatischer Brüche und Kunstgriffe Kapitel 5 Ziffer A. und B., Seiten 201 ff.

1021 Kapitel 5 Ziffer A.I.2., Seiten 210 ff.

1022 Kapitel 5 Ziffer A.I.1., Seiten 202 ff.

1023 Kapitel 5 Ziffer A.III., Seite 222.

Ein Immaterialgüterrecht *sui generis de lege ferenda* begründet eine absolute Rechtsposition, die unter anderem als sonstiges Recht gemäß § 823 Abs. 1 BGB Schutz genießt[1024] und stellt kein Betreten legislatorischen Neulands dar. Der Gesetzgeber hat bereits einmal zuvor erkannt, dass auf Grund der Fortentwicklung der Informationstechnologie und der damit verbundenen Virtualisierung des Geschäftslebens und Alltags Rechtschutzlücken entstanden sind, da die klassischen, an eine geistige Schöpfung anknüpfenden Immaterialgüterrechte keinen hinreichenden Schutz bieten. Erforderlich wurde ein Immaterialgüterschutz, der an die unternehmerische und nicht die schöpferische Leistung anknüpfte. Der Gesetzgeber reagierte und erweiterte die Palette der gesetzlich geregelten Immaterialgüterrechte um ein neues Immaterialgüterrecht *sui generis*. So wurde das Recht an Datenbanken mit der EU-Richtlinie 96/9/EG des Europäischen Parlaments und des Rates vom 11.03.1996 über den rechtlichen Schutz von Datenbanken (sog. Datenbankrichtlinie) als Recht *sui generis*[1025] geschaffen, um den Entwicklungen der Digitaltechnik und der hiermit für den Hersteller der Datenbank drohenden Gefahr eines Kopierens der Datenbank zu begegnen[1026]. Das Recht *sui generis* an Datenbanken kann für die Diskussion über das neu zu schaffende Immaterialgüterrecht *sui generis de lege ferenda* besonders gut nutzbar gemacht werden, da der Regelungshintergrund beider vergleichbar ist. Auch kann die rechtsdogmatische Ausgestaltung des Rechts an Datenbanken als neben dem Urheberrecht stehendes Immaterialgüterrecht *sui generis* als Modell dienen.

Ein Immaterialgüterrecht *sui generis de lege ferenda* ist nicht allein für das in dieser Dissertation behandelte Immaterialgut „virtuelles Ladengeschäft“ der sachgerechteste Weg zur Lösung bestehender Wertungswidersprüche. Vielmehr können das Recht *sui generis* an Datenbanken und das neu zu schaffende Immaterialgüterrecht *sui generis* als Modelle für die übrigen bereits bestehenden und zukünftig noch entstehenden virtuellen Immaterialgüter verwendet werden, die auf der Weiterentwicklung der Informationstechnologie beruhen und schutzwürdig sind. Dies wird nachfolgend an Hand des Immaterialguts sog. virtueller Gegenstände im Rahmen von Online-Spielen (z.B. Avatare) und Internet-Domains in Grundzügen dargestellt[1027].

1024 Ohne Schaffung eines geschriebenen Immaterialgüterrechts *sui generis* ist oftmals lediglich eine rein faktische Ausschließlichkeitsstellung gegeben, die keine absolute Rechtsposition im Sinne von § 823 Abs. 1 BGB begründen kann.

1025 Vgl. Erwägungsgrund Nr. 40 der Datenbankrichtlinie.

1026 Erwägungsgrund Nr. 38 der Datenbankrichtlinie.

1027 Kapitel 5 Ziffer B.III., Seite 250.

I. Recht *sui generis* an Datenbanken

Das Recht *sui generis* an Datenbanken wurde durch die technische Fortentwicklung der Gesellschaft im Bereich der Informationstechnologie erforderlich, da andernfalls wirtschaftliche und kulturelle Wertschöpfungsquellen zu versiegen drohten[1028]. So hatte der technologische Fortschritt dem Produkt „Datenbanken" eine völlig neue wirtschaftliche Dimension verliehen[1029]. Datenbanken hatten sich zu Supermärkten der Zukunft für Produkte geistiger Kreativität entwickelt[1030]. Die Entwicklung dieser neuartigen technischen Produkte führte dazu, dass eine Anwendung der klassischen Immaterialgüterrechte nicht möglich war, da Schutzobjekt nicht ein schöpferisches Werk, sondern die unternehmerische Leistung (Investition in die Beschaffung, Sammlung, Überprüfung, Aufbereitung und Darbietung des Inhalts der Datenbank) unabhängig von einem schöpferischen Beitrag war[1031und1032]. Das Recht *sui generis*

1028 Vgl. Initiativen zum Grünbuch – Arbeitsprogramm der Kommission auf dem Gebiet des Urheberrechts und der verwandten Schutzrechte vom 17.01.1991, KOM (90) 584 endg., a.a.O., 359.

1029 *Kindler* „Leistungsschutz für Datenbanken ohne Werkcharakter – Eine Zwischenbilanz", a.a.O., 265.

1030 *Röttinger* „Der Rechtsschutz von Datenbanken nach EG-Recht", ZUM 1992, 594, 595; *Wiebe* „Rechtsschutz von Datenbanken und europäische Harmonisierung", CR 1996, 198.

1031 Dreier/Schulze/*Dreier* UrhG Vor §§ 87a ff. Rn. 1; Wandtke/Bullinger/*Thum* UrhG Vor §§ 87a ff. Rn. 10; *Lehmann* „Die neue Datenbankrichtlinie und Multimedia", NJW-CoR 1996, 249; *Leistner* „Legal Protection for the Database Maker – Initial Experience from a German Point of View", IIC 2002, 439, 452 und 455.; *ders.* „‚Last exit' withdrawal?", K&R 2007, 457, 458 und 459; *ders.* „Der neue Rechtsschutz des Datenbankherstellers – Überlegungen zu Anwendungsbereich, Schutzvoraussetzungen, Schutzumfang sowie zur zeitlichen Dauer des Datenbankherstellerrechts gemäß §§ 87 ff. UrhG, GRUR Int. 1999, 819; *ders.* Anmerkung EuGH Urt. v. 09.10.2008, C-304/07 – *Directmedia Publishing GmbH ./. Albert-Ludwig-Universität Freiburg*, JZ 2009, 101, 102; *ders.* „Der Schutz von Telefonverzeichnissen und das neue Datenbankherstellerrecht", MMR 1999, 636, 642; *Kindler* „Leistungsschutz für Datenbanken ohne Werkcharakter – Eine Zwischenbilanz", a.a.O., 266.

1032 Im Rahmen der Diskussion im Vorfeld des Erlasses der Datenbankrichtlinie wurde teilweise die Auffassung vertreten, das Recht *sui generis* bestehe in Bezug auf den Inhalt der Datenbank, so *Dreier* „Die Harmonisierung des Rechtsschutzes von Datenbanken in der EG", GRUR Int. 1992, 739, 742. Ebenfalls wurde seinerzeit vertrete, das Recht *sui generis* gewähre ein Verwertungsrecht an den gespeicherten Daten, so *Hoebbel* „EG-Richtlinienentwurf über den Rechtsschutz von Datenbanken", CR 1993, 12, 16. Es ist mittlerweile anerkannt, dass das Recht *sui generis* an

an Datenbanken wurde vor dem Hintergrund der die Lebensverhältnisse zunehmend bestimmenden elektronischen Datenverarbeitung und explodierender Multimedia-Industrien geschaffen[1033], um notorische Schutzlücken hinsichtlich der Datenabfrage zu schließen[1034]. Der Schutz der unternehmerischen Leistung „Herstellung einer Datenbank“ wurde auf Grund der wirtschaftlichen Bedeutung von Datenbanken erforderlich[1035]. Denn Datenbanken hatten sich zu einem marktfähigen Produkt mit immensen Steigerungsraten entwickelt, deren Aufbau und Aktualisierung aufwendig und kostenintensiv sind, während andererseits ein Kopieren auf Grund der modernen Informationstechnologie ohne großen Aufwand möglich ist[1036]. Infolge der erheblichen wirtschaftlichen Bedeutung sowie des mit deren Erstellung und Aktualisierung verbundenen enormen wirtschaftlichen Aufwandes, gewann in zunehmenden Maß die Frage nach den Voraussetzungen und dem Umfang des rechtlichen Schutzes von Datenbanken an Relevanz[1037]. Grundlage dieses Schutzbedürfnisses war die vitale Bedeutung von Datenbanken für die Entwicklung des Informationsmarktes und exponentielle Zunahme der Daten, die jährlich in allen Bereichen von Handel und Industrie erzeugt und verarbeitet wurden, was Investitionen in hochentwickelte Informationssysteme erforderlich machte[1038]. So betrug der Umsatz bei Online-Datenbanken und Realzeitdatendiensten im Jahr 1989 weltweit ungefähr 8,5 Milliarden ECU[1039]. In einem effektiven Rechtsschutz wurde die Voraussetzung dafür gesehen, dass Investitionen in moderne Datenspeichersysteme überhaupt stattfinden werden[1040].

Datenbanken nicht den Inhalt der Datenbank, sondern wesentliche Investitionen in diese schützen, vgl. Fn. 868.

1033 *Lehmann* „Die neue Datenbankrichtlinie und Multimedia“, a.a.O., 249; *Katzenberger* „TRIPS und das Urheberrecht“, GRUR Int. 1995, 447, 464.

1034 *Gaster* „Zur anstehenden Umsetzung der EG-Datenbankrichtlinie (I)“, CR 1997, 669, 671.

1035 Initiativen zum Grünbuch – Arbeitsprogramm der Kommission auf dem Gebiet des Urheberrechts und der verwandten Schutzrechte vom 17.01.1991, KOM (90) 584 endg., GRUR Int. 1991, 359, 364.

1036 *Berger* „Der Schutz elektronischer Datenbanken nach der EG-Richtlinie vom 11.3.1996“, GRUR 1997, 169; *Heinrich* „Der rechtliche Schutz von Datenbanken“, WRP 1997, 275.

1037 *Heinrich* „Der rechtliche Schutz von Datenbanken“, a.a.O., 275.

1038 Erwägungsgrund Nr. 8 und Nr. 9 des Vorschlags der EG-Kommission für eine Richtlinie des Rates über den rechtlichen Schutz von Datenbanken vom 13.05.1992, KOM (92) 24 endg. – SYN 393, GRUR Int. 1992, 759.

1039 *Dreier* „Die Harmonisierung des Rechtsschutzes von Datenbanken in der EG“, a.a.O.,739; *Röttinger* „Der Rechtsschutz von Datenbanken nach EG-Recht“, a.a.O., 595.

1040 *Dreier* „Die Harmonisierung des Rechtsschutzes von Datenbanken in der EG“, a.a.O., 739.

Dem Recht an Datenbanken gemäß der Datenbankrichtlinie liegt ein zweigliedriges Schutzkonzept zu Grunde[1041].

Zum Einen genießen Datenbanken urheberrechtlichen Schutz, wenn sie auf Grund der Auswahl oder Anordnung des Stoffes eine eigene geistige Schöpfung darstellen (Art. 3 Datenbankrichtlinie). Dies entspricht inhaltlich der bereits vor der Umsetzung der Datenbankrichtlinie am 01.01.1998 in deutsches Recht[1042] bestehenden Regelung in § 4 UrhG, wonach Sammlungen unbeschadet des Urheberrechts an den aufgenommenen Werken wie ein selbstständiges Werk geschützt waren, wenn sie durch Auslese oder Anordnung eine persönliche geistige Schöpfung beinhalteten[1043]. Zur Umsetzung des in der Datenbankrichtlinie vorgesehenen urheberrechtlichen Schutzes von Datenbanken in deutsches Recht konnte somit auf § 4 UrhG a.F. zurückgegriffen werden[1044]. So konnte sich unter anderem darauf beschränkt werden, die nach altem Recht strittige Frage, ob die in ein Sammelwerk aufgenommenen Beiträge selbst über Werkcharakter verfügen müssen oder ob auch schöpferische Sammlungen von Beiträgen ohne Werkcharakter Rechte nach § 4 UrhG begründen können, richtlinienkonform in letzteren Sinn klarzustellen (§ 4 Abs. 1 UrhG) und § 4 Abs. 2 UrhG die schöpferische Datenbank als Spezialfall eines Sammelwerkes nach § 4 Abs. 1 UrhG zu definieren, welches durch die systematische oder methodische Anordnung seiner einzeln elektronisch oder auf andere Weise zugänglichen Elemente charakterisiert ist[1045]. Urheberrechtlicher Schutz von Datenbanken war dem deutschen Recht somit bereits vor der Umsetzung der Datenbankrichtlinie in nationales

---

1041 Schricker/Loewenheim/*Vogel* Vor §§ 87a ff. Rn. 9; *Berger* „Der Schutz elektronischer Datenbanken nach der EG-Richtlinie vom 11.3.1996", a.a.O., 171; *Gaster* „Zur anstehenden Umsetzung der EG-Datenbankrichtlinie (I)", a.a.O., 671; *Leistner* „Legal Protection for the Database Maker – Initial Experience from a German Point of View", a.a.O., 440; *ders.* „Der neue Rechtsschutz des Datenbankherstellers – Überlegungen zu Anwendungsbereich, Schutzvoraussetzungen, Schutzumfang sowie zur zeitlichen Dauer des Datenbankherstellerrechts gemäß §§ 87a ff. UrhG, a.a.O., 819; *Röttinger* „Der Rechtsschutz von Datenbanken nach EG-Recht", a.a.O., 597.

1042 Die Umsetzung in deutsches Recht erfolgte durch Art. 7 des Informations- und Kommunikationsdienstegesetzes (IuKDG), BGBl. 1997 I S. 1870 mit Wirkung zum 01.01.1998.

1043 Schricker/Loewenheim/*Vogel* Vor §§ 87a ff. Rn. 16; *Berger* „Der Schutz elektronischer Datenbanken nach der EG-Richtlinie vom 11.3.1996", a.a.O., 171; *Lehmann* „Die neue Datenbankrichtlinie und Multimedia", a.a.O., 249; *Heinrich* „Der rechtliche Schutz von Datenbanken", a.a.O., 282.

1044 Dreier/Schulze/*Dreier* Vor §§ 87a ff. Rn. 2.

1045 Schricker/Loewenheim/*Vogel* Vor §§ 87a ff. Rn. 16.

Recht bekannt. Der urheberrechtliche Schutz greift jedoch dann nicht, wenn die Verletzungshandlung nicht eine geistige Schöpfung, sondern die unternehmerische Leistung beeinträchtigt. Die eigentlich schutzbedürftige unternehmerische Leistung wird durch den urheberrechtlichen Schutz nicht erfasst[1046]. Der Schutz immaterieller Güter in einer Umgebung technisch revolutionierter Informationsvermittlung kann durch das Urheberrecht allein somit nicht hinreichend gewährleistet werden[1047]. Zur Schließung der hierdurch verursachten Regelungslücke und zur Schaffung eines der wirtschaftlichen Bedeutung von Datenbanken entsprechenden Investitionsanreizes sieht die Datenbankrichtlinie das Recht *sui generis* vor, das die unternehmerische Leistung ohne jeden kreativen Beitrag belohnt[1048].

Das Recht an Datenbanken *sui generis* steht nach seiner Definition außerhalb des Urheberrechts und besteht unabhängig von der Schutzfähigkeit der Datenbank auf Grund Urheberrechts[1049]. Denn es soll gerade dann Schutz bieten, wenn eine Verletzung des Urheberrechts an der Anordnung des Inhalts der Datenbank nicht gegeben ist[1050]. Der wesentliche Unterschied zum Urheberrecht besteht darin, dass Voraussetzung des Rechts *sui generis* nicht eine eigene schöpferische Leistung ist. Vielmehr wird der Schutz auf Grund der unternehmerischen Leistung einer wesentlichen Investition gewährt, was einen Investitionsanreiz und –schutz begründen soll[1051]. Schutzrechtsinhaber ist nicht der Schöpfer der Datenbanken, sondern der Hersteller, d.h. derjenige, der die Initiative zur Herstellung der Datenbank ergreift und das Investitionsrisiko trägt[1052].

1046 *Wiebe* „Rechtsschutz von Datenbanken und europäische Harmonisierung“, a.a.O., 202.

1047 Schricker/Loewenheim/*Vogel* Vor §§ 87a ff. Rn. 24.

1048 *Lehmann* „Die neue Datenbankrichtlinie und Multimedia“, a.a.O., 249; *Berger* „Der Schutz elektronischer Datenbanken nach der EG-Richtlinie vom 11.3.1996“, a.a.O., 171; Schricker/Loewenheim/*Vogel* Vor §§ 87a ff. Rn. 24.

1049 Artikel 2 Nr. 5 des Vorschlags der EG-Kommission für eine Richtlinie des Rates über den rechtlichen Schutz von Datenbanken vom 13.05.1992, KOM (92) 24 endg. – SYN 393, GRUR Int. 1992, 759, 761; *Hoebbel* „EG-Richtlinienentwurf über den Rechtsschutz von Datenbanken“, a.a.O., 15; Artikel 2 Abs. 5 Satz 2 des geänderten Vorschlags der EG-Kommission für eine Richtlinie des Rates über den Rechtsschutz von Datenbanken vom 04.10.1993, KOM (93) 464 endg. – SYN 393; *Heinrich* „Der rechtliche Schutz von Datenbanken“, a.a.O., 282.

1050 Erwägungsgrund Nr. 38 der Datenbankrichtlinie; *von Gramm* „Rechtsfragen bei Datenbanken – Zum Richtlinienvorschlag der EG-Kommission“, GRUR 1993, 203.

1051 *Berger* „Der Schutz elektronischer Datenbanken nach der EG-Richtlinie vom 11.3.1996“, a.a.O., 170.

1052 Erwägungsgrund Nr. 41 der Datenbankrichtlinie.

Rechtsdogmatisch stellt das Recht *sui generis* an Datenbanken ein Novum dar, dessen Rechtscharakter die Datenbankrichtline offen lässt[1053]. Der deutsche Gesetzgeber hat das Recht *sui generis* an Datenbanken als Immaterialgüterrecht in Form eines Leistungsschutzrechtes im Sinne von Teil 2 des Urheberechtsgesetzes in deutsches Recht umgesetzt (§§ 87a ff. UrhG).

Dies wird damit begründet, dass es sich bei dem Recht *sui generis* an Datenbanken um ein verwandtes Schutzrecht im Sinne des UrhG handele[1054], da es ebenso wie die unternehmerbezogenen Leistungsschutzrechte nach §§ 81 ff. UrhG bestimmte Investitionsleistungen und die in Datenbanken verkörperte unternehmerische Leistung unter besonderen Schutz stelle[1055]. Wie bei den übrigen verwandten Schutzrechten sollen beim Recht *sui generis* an Datenbanken technisch-organisatorisch-unternehmerische Leistungen, die für den kulturell-wissenschaftlichen Fortschritt im weitesten Sinne nützlich und für unlautere Übernahmen besonders anfällig sind, gegen unlautere Ausbeutung geschützt werden[1056]. Charakteristisch für verwandte Schutzrechte wie auch das Recht *sui generis* an Datenbanken sei, dass die unternehmerische Initiative und die wettbewerblich relevante Innovation

1053 *Raue/Bensinger* „Umsetzung des sui-generis-Rechts an Datenbanken in den §§ 87a ff. UrhG", MMR 1998, 507; *Kindler* „Leistungsschutz für Datenbanken ohne Werkcharakter – Eine Zwischenbilanz", a.a.O., 266; *Gaster* „Zur anstehenden Umsetzung der EG-Datenbankrichtlinie (I)", a.a.O., 669.

1054 Schricker/Loewenheim/*Vogel* Vor §§ 87a ff. Rn. 18; Dreier/Schulze/*Dreier* UrhG Vor §§ 87a ff. Rn. 2; Wandtke/Bullinger/*Thum* UrhG Vor §§ 87a ff. Rn. 10; *Berger* „Der Schutz elektronischer Datenbanken nach der EG-Richtlinie vom 11.3.1996", a.a.O., 173; *Leistner* „Der neue Rechtsschutz des Datenbankherstellers – Überlegungen zu Anwendungsbereich, Schutzvoraussetzungen, Schutzumfang sowie zur zeitlichen Dauer des Datenbankherstellerrechts gemäß §§ 87 ff. UrhG, a.a.O., 825 und 838. Teilweise wird demgegenüber vertreten, das Recht an Datenbanken *sui generis* könne nicht als verwandtes Schutzrecht qualifiziert werden, da dieses im Unterschied zu anderen unternehmensbezogenen Leistungsschutzrechten kein schutzfähiges Werk zum Inhalt habe. Dem wird entgegen gebracht, dass die Rechte gemäß §§ 85, 87 UrhG und § 95 UrhG ebensowenig ein schutzfähiges Werk zum Inhalt hätten. Zum Streit vgl. Schricker/Loewenheim/*Vogel* Vor §§ 87a ff. Rn. 18.

1055 Schricker/Loewenheim/Vogel Vor §§ 87a ff. Rn. 8 m.w.N.; *Leistner* „Der neue Rechtsschutz des Datenbankherstellers – Überlegungen zu Anwendungsbereich, Schutzvoraussetzungen, Schutzumfang sowie zur zeitlichen Dauer des Datenbankherstellerrechts gemäß §§ 87 ff. UrhG, a.a.O., 825.

1056 *Leistner* „Der neue Rechtsschutz des Datenbankherstellers – Überlegungen zu Anwendungsbereich, Schutzvoraussetzungen, Schutzumfang sowie zur zeitlichen Dauer des Datenbankherstellerrechts gemäß §§ 87 ff. UrhG, a.a.O., 827.

vom Schutz erfasst seien[1057]. Im Gegensatz zum urheberrechtlichen Schutz wird nicht an besondere Qualitäten der Schutzobjekte angeknüpft, sondern tatsächlich erbrachter Aufwand und geleistete Einsätze unabhängig davon honoriert, ob dadurch entsprechend ein „wertvolles“ Produkt geschaffen wird[1058].

Die Datenbankrichtlinie hat nicht nur im Vorfeld ihres Erlasses, sondern auch danach Kritik erfahren.

Kritisiert wurde das zweigliedrige Schutzkonzept aus Urheberrecht und einem Recht *sui generis*. Dies führe zu einer verfehlten und unnötigen Kumulierung der Schutzrechte[1059]. Hierdurch würde ein zu weitreichender Rechtsschutz gewährt und würden unübersichtliche Rechtsverhältnisse geschaffen, womit der Gebrauch und der Rechtsverkehr mit Datenbanken erheblichen Schwierigkeiten ausgesetzt seien[1060]. Hinsichtlich des von der Datenbankrichtlinie vorgesehenen urheberrechtlichen Schutzes wird vorgebracht, dass es an einer Harmonisierung der Regelungen für die Zwangsvollstreckung fehle. Gemäß § 113 UrhG sei die Zwangsvollstreckung gegen den Urheber an eine Einwilligung des Urhebers gekoppelt, was im Ergebnis den Ausschluss der Zwangsvollstreckung bedeute[1061]. Der Rückgriff der Datenbankrichtlinie auf das Urheberrecht wird als verfehlt und die alleinige Regelung eines Rechts *sui generis* als ausreichend bewertet[1062]. So sei das Urheberrecht insbesondere auf Grund seiner persönlichkeitsrechtlichen Komponente für das Schutzgut unternehmerischer Leistungen ein nicht adäquates Schutzregime[1063]. Dass es zu einer urheberrechtlichen Regelung gekommen sei, sei allein darauf zurückzuführen, dass insoweit eine Verpflichtung gemäß Art. 10 Abs. 2 des Agreement on Trade-Related Aspects of Intellectual Property Rights

---

1057 *Leistner* „Der neue Rechtsschutz des Datenbankherstellers – Überlegungen zu Anwendungsbereich, Schutzvoraussetzungen, Schutzumfang sowie zur zeitlichen Dauer des Datenbankherstellerrechts gemäß §§ 87 ff. UrhG, a.a.O., 827.

1058 *Raue/Bensinger* „Umsetzung des sui-generis-Rechts an Datenbanken in den §§ 87a ff. UrhG, a.a.O., 508.

1059 *Berger* „Der Schutz elektronischer Datenbanken nach der EG-Richtlinie vom 11.3.1996“, a.a.O., 179.

1060 *Berger* „Der Schutz elektronischer Datenbanken nach der EG-Richtlinie vom 11.3.1996“, a.a.O., 172.

1061 *Berger* „Der Schutz elektronischer Datenbanken nach der EG-Richtlinie vom 11.3.1996“, a.a.O., 172.

1062 *Berger* „Der Schutz elektronischer Datenbanken nach der EG-Richtlinie vom 11.3.1996“, a.a.O., 173; *Dreier* „Die Harmonisierung des Rechtsschutzes von Datenbanken in der EG“, a.a.O., 748.

1063 *Berger* „Der Schutz elektronischer Datenbanken nach der EG-Richtlinie vom 11.3.1996“, a.a.O., 179.

(sog. TRIPS) der World Trade Oganization vom 15.04.1994 bestanden habe[1064]. Diese internationale Verpflichtung sei der einzige Grund dafür, dass die neben der Regelung eines Rechts *sui generis* an Datenbanken sachlich nicht gerechtfertigte Regelung eines Urheberrechts erfolgt sei[1065].

Bemängelt wird zudem, dass das Konkurrenzverhältnis zwischen Datenbankschutzrecht und ergänzendem wettbewerbsrechtlichen Leistungsschutz nicht hinreichend präzisiert ist[1066]. Der dem Recht *sui generis* an Datenbanken zu Grunde liegende Gedanke des wettbewerbsrechtlichen Schutzes von Investitionen[1067] hat zu dem weiteren Kritikpunkt einer nicht fernliegenden ubiquitären Gefahr für die Wettbewerbsfreiheit auf Grund einer Monopolisierung für dokumentarisch-archivarische Leistungen hinsichtlich sog. Sole-Source-Datenbanken geführt[1068]. Diese Datenbanken sind dadurch gekennzeichnet, dass die darin enthaltenen Daten nirgendswo anders mit vertretbarem Aufwand beschafft werden können[1069]. Die faktische Unmöglichkeit einer anderweitigen Beschaffung der Daten führt dazu, dass das lediglich einen Investitionsschutz bezweckende Recht *sui generis* an Datenbanken eine Monopolisierung bloßer Informationen und, damit verbunden, einen Konflikt mit der Wettbewerbsfreiheit nach sich ziehe[1070]. Eine erhebliche Entschärfung erfuhr diese Problematik jedoch durch die Rechtsprechung, in dem der *EuGH* klarstellte, dass die Datengenerierung nicht vom Schutz des Rechts *sui generis* an Daten erfasst ist[1071]. Dieser Bewertung lag eine streng teleologische Auslegung der Datenbankrichtlinie ausgehend vom Schutzzweck der Datenbankrichtlinie zu Grunde, die auf berücksichtigungsfähige Investitionen für die Erstellung der Datenbank aufgewendeten Mittel beschränkt ist. Mittel, die für die Erzeugung der in der Datenbank enthaltenen Daten als solche aufgewendet werden, sind hiervon ausgeschlossen[1072].

1064 *Berger* „Der Schutz elektronischer Datenbanken nach der EG-Richtlinie vom 11.3.1996“, a.a.O., 173.

1065 *Berger* „Der Schutz elektronischer Datenbanken nach der EG-Richtlinie vom 11.3.1996“, a.a.O., 173.

1066 *Leistner* „‚Last exist‘ withdrawal?“, a.a.O., 465.

1067 *Berger* „Der Schutz elektronischer Datenbanken nach der EG-Richtlinie vom 11.3.1996“, a.a.O., 176.

1068 *Leistner* Anmerkung zu EuGH Urt. v. 09.10.2008, C-304/07 a.a.O. 101 – *Directmedia Publishing GmbH ./. Albert-Ludwig-Universität Freiburg.*

1069 *Leistner* „‚Last exist‘ withdrawal?“, a.a.O., 468.

1070 *Leistner* „‚Last exist‘ withdrawal?“, a.a.O., 468; *ders.* Anmerkung zu EuGH Urt. v. 09.10.2008, C-304/07 a.a.O. 103 – *Directmedia Publishing GmbH ./. Albert-Ludwig-Universität Freiburg.*

1071 Vgl. Kapitel 3 Ziffer D.I.2., Seite 94.

1072 *Leistner* „‚Last exist‘ withdrawal?“, a.a.O., 470.

Auch der Umstand, dass hinsichtlich des Schutzes gegen die Entnahme unwesentlicher Teile der Datenbank (Art. 7 Abs. 5 Datenbankrichtlinie bzw. § 87b Abs. 1 Satz 2 UrhG) die Grundlagen des Rechts von einer Interessenabwägung abhängig gemacht wird, in dem eine unzumutbare Beeinträchtigung vorliegen muss, ist auf Kritik gestoßen. Denn dies habe eine abträgliche Rechtsunsicherheit zur Folge[1073].

Die Datenbankrichtlinie hat zudem Kritik von der Europäischen Kommission im Rahmen ihres ersten Evaluierungsberichtes im Jahr 2005 erfahren[1074]. Zur Erstellung von Evaluierungsberichten über die Anwendung der Datenbankrichtlinie und Erreichung der mit der Datenbankrichtlinie verfolgten Ziele ist die Europäische Kommission gemäß Art. 16 Abs. 3 Datenbankrichtlinie in regelmäßigen Abständen verpflichtet[1075]. Die Europäische Kommission ist in ihrem Evaluierungsbericht aus dem Jahr 2005 zu dem Ergebnis gelangt, dass die Datenbankrichtlinie ihr Ziel nicht erreicht hat[1076]. Als problematisch wurde der weit umrissene Geltungsbereich und die nur vage umschriebene Schutzvoraussetzung der „wesentlichen Investition“ beurteilt, die eine divergierende Rechtsprechung sowie eine Zurückhaltung der gerichtlichen Durchsetzung des Rechts *sui generis* zur Folge habe[1077]. Nicht unerwähnt bleiben soll, dass die Aussagekraft des Zahlenmaterials,

---

1073 *Berger* „Der Schutz elektronischer Datenbanken nach der EG-Richtlinie vom 11.3.1996“, a.a.O., 176.

1074 DG Internal Market and Services Working Paper – First evaluation of Directive 96/9/EG on the legal protection of databases, December 12, 2005, abrufbar auf der Internetseite der EU-Kommission unter http://ec.europa.eu/dgs/internal_market/evaluation/evaluationdatabasesdirective.pdf (besucht am 27.01.2012).

1075 Der erste Evaluierungsbericht des Jahres 2005 wurde mit einer beinahe fünfjährigen Verspätung übermittelt. Gemäß Art. 16 Abs. 3 i.V.m. Abs. 1 Datenbankrichtlinie sollte der erste Evaluierungsbericht von der Europäischen Kommission am Ende des dritten Jahres nach dem 01.01.1998 dem Europäischen Parlament, dem Rat und dem Wirtschafts- und Sozialausschuss übermittelt werden.

1076 DG Internal Market and Services Working Paper – First evaluation of Directive 96/9/EG on the legal protection of databases, December 12, 2005, 6 und 23 f., abrufbar auf der Internetseite der EU-Kommission unter http://ec.europa.eu/dgs/internal_market/evaluation/evaluationdatabasesdirective.pdf (besucht am 27.01.2012); *Leistner* „‚Last exist‘ withdrawal?“, a.a.O., 464; Wandtke/Bullinger/*Thum* UrhG Vor §§ 87a ff. UrhG Rn. 6.

1077 DG Internal Market and Services Working Paper – First evaluation of Directive 96/9/EG on the legal protection of databases, December 12, 2005, 15, abrufbar auf der Internetseite der EU-Kommission unter http://ec.europa.eu/dgs/internal_market/evaluation/evaluationdatabasesdirective.pdf (besucht am 27.01.2012); vgl. Wandtke/Bullinger/*Thum* UrhG Vor §§ 87a ff. UrhG Rn. 7; *Leistner* „‚Last exist‘ withdrawal?“, a.a.O., 464.

das Grundlage des Evaluierungsberichtes des Europäischen Kommission aus dem Jahr 2005 war, angezweifelt wird[1078].

Trotz aller Kritikpunkte wird durch den Erlass der Datenbankrichtlinie eine Verbesserung der Rechtslage im Vergleich zu der vor Erlass der Datenbankrichtlinie bestehenden Situation überwiegend bejaht[1079].

II. Neu zu schaffendes Immaterialgüterrecht *sui generis de lege ferenda*

Ein neues Immaterialgüterrecht *sui generis de lege ferenda* stellt die dogmatisch sauberste Lösung für eine rechtliche Erfassung des Immaterialguts „Internetpräsenzen, die als virtuelle Ladengeschäfte fungieren“ dar. Zwar mag dieses Immaterialgut nicht der Impuls gewesen sein, jedoch stellte *Wiebe* bereits im Jahr 1996 fest, dass die Fortentwicklung der Informationsgesellschaft zu einem gesteigerten Schutzbedürfnis vor allem im Hinblick auf organisatorische und wirtschaftliche Leistungen führe und sinnierte darüber, ob zum Schutz der jeweiligen informationsbezogenen Leistung an auf diese zugeschnittene Leistungsschutzrechte zu denken wäre[1080]. Bei dem neu zu schaffenden Immaterialgüterrecht *sui generis* handelt es sich letztlich um nichts anderes als ein solches Leistungsschutzrecht, das auf die zu schützende informationsbezogene Leistung zugeschnittenen ist.

1. Vorreiterstellung des Rechts *sui generis* an Datenbanken

Für die rechtliche Erfassung des neu zu schaffenden Rechts nimmt das Recht *sui generis* an Datenbanken eine Vorreiterstellung ein und ist richtungsweisend. Denn in derselben Weise, wie heute die Internetpräsenz ein vom technologischen Fortschritt

---

1078 Vgl. Wandtke/Bullinger/*Thum* UrhG Vor §§ 87a ff. UrhG Rn. 7; *Leistner* „„Last exist‘ withdrawal?“, a.a.O., 463 f.; *ders.* Anmerkung zu EuGH Urt. v. 09.10.2008, C-304/07 a.a.O. 101 – *Directmedia Publishing GmbH ./. Albert-Ludwig-Universität Freiburg.*

1079 DG Internal Market and Services Working Paper – First evaluation of Directive 96/9/EG on the legal protection of databases, December 12, 2005, 22, abrufbar auf der Internetseite der EU-Kommission unter http://ec.europa.eu/dgs/internal_market/evaluation/evaluationdatabasesdirective.pdf (besucht am 27.01.2012); vgl. Wandtke/Bullinger/*Thum* UrhG Vor §§ 87a ff. UrhG Rn. 7; *Leistner* „„Last exist‘ withdrawal?“, a.a.O., 463 f.

1080 *Wiebe* „Rechtsschutz von Datenbanken und europäische Harmonisierung“, a.a.O., 203.

hervorgebrachtes neuartiges Immaterialgut darstellt, war die Datenbank seinerzeit ein solches Novum: Ein durch den technologischen Fortschritt neu geschaffenes Immaterialgut, das in Ermangelung einer geistigen Schöpfung einzig auf Grund der durch diese verkörperte unternehmerische Leistung schützenswert ist. Der Gesetzgeber hat zur Erfassung solcher neuartiger Immaterialgüter somit bereits einmal eine Entscheidung hinsichtlich der konkreten Ausformung getroffen und sich für ein Immaterialgüterrecht *sui generis de lege ferenda* entschieden. Es ist kein Grund ersichtlich, diesen Pfad für die neu entstehenden, vergleichbaren Immaterialgüter nun zu verlassen.

Während zu Zeiten des Erlasses der Datenbankrichtlinie die Schaffung eines Immaterialgüterrechts *sui generis*, das nicht den Schutz einer geistigen Schöpfung, sondern einer unternehmerischen Leistung bezweckt, das Betreten legislatorischen Neulands bedeutete[1081], knüpft das neu zu schaffende Immaterialgüterrecht *sui generis* hieran an und ist als nächster Baustein im Gefüge solcher neuartiger, als Leistungsschutzrecht ausgestalteten Immaterialgüterrechte zu verstehen, die zur Erfüllung des Erfordernisses geschaffen werden, die auf dem technologischen Fortschritt beruhende Weiterentwicklung der Gesellschaft in die Rechtsordnung zu transformieren. Trotz bestehender Kritik an dem Recht *sui generis* an Datenbanken hat sich im Ergebnis die Erkenntnis überwiegend durchgesetzt, dass sich Schaffung dieses rechtlichen Novums dem Grunde nach bewährt hat[1082].

Wie auch beim Recht *sui generis* an Datenbanken steht bei dem neu zu schaffenden Immaterialgüterrecht *sui generis* nicht der Schutz einer geistigen Schöpfung im Vordergrund. Daher stellt z.B. das Urheberrecht auf Grund seiner persönlichkeitsrechtlichen Komponente, des Erfordernisses einer geistigen Schöpfung und der Schutzinhaberschaft des Schöpfers nicht das adäquate Schutzregime bereit[1083].

Auch eine Erfassung des neu zu schaffenden Rechts im Rahmen des Wettbewerbsrechts trotz der wettbewerbsrechtlichen Züge, die es zweifelsohne aufweist, wäre nicht adäquat. Denn ein hinreichender Schutz könnte auf diese Weise nicht erreicht werden. So ist die Reichweite des wettbewerbsrechtlichen Schutzes durch die Ausgrenzung des privaten Endverbrauchers ebenso eingeschränkt wie durch den nicht immer klar konturierten Grundsatz der Subsidiarität des

---

1081 *Hoebbel* „EG-Richtlinienentwurf über den Rechtsschutz von Datenbanken“, a.a.O., 12.

1082 Kapitel 5 Ziffer B.I., Seiten 226 ff.

1083 So *Berger* „Der Schutz elektronischer Datenbanken nach der EG-Richtlinie vom 11.3.1996“, a.a.O., 179 in Bezug auf den Urheberrechtsschutz von Datenbanken.

Wettbewerbsrechts gegenüber dem Immaterialgüterrecht[1084]. Auch ist wettbewerbsrechtlicher Schutz stets durch das Erfordernis spezifischer Unlauterkeitsmerkmale beschränkt[1085] und darüber hinaus gegenüber einem Immaterialgüterrecht *sui generis* weniger umfassend, da dieser im Regelfall nach Amortisation des Schutzobjektes entfällt[1086]. Bei den durch die fortschreitende Digitalisierung hervorgebrachten neuen Produkten, wie z.B. Datenbanken, bei denen sich eine Amortisation oftmals sehr zeitnah einstellt[1087], wäre der Schutz nicht im hinreichenden Maß gewährleistet. Denn ein Gleichlauf des rechtlichen Schutzes virtueller und nicht-virtueller Sachverhalte ist nicht schon erreicht, wenn sich der Schutz virtueller Güter darauf beschränkt, dem Inhaber die Früchte seiner Arbeit, d.h. die Amortisation, zu sichern.

Die Schaffung eines Immaterialgüterrechts *sui generis de lege ferenda* ist gegenüber einer wettbewerbsrechtlichen Erfassung zudem vorzugswürdig, da ein echtes absolutes Recht geschaffen werden soll, das kein Wettbewerbsverhältnis voraussetzt und Schutz ausschließlich gegenüber Wettbewerbern gewährt[1088]. Für die Schaffung eines absoluten Rechts ist das Wettbewerbsrecht somit grundsätzlich ungeeignet. Anstatt ein absolutes Recht auf lauterkeitsrechtlicher Basis, z.B. im Rahmen des unmittelbaren Leistungsschutzes oder anknüpfend an sachenrechtliche Vorschriften ohne Vorliegen einer Sache zu schaffen, ist es überzeugender, einen Rechtsrahmen wie ein Gesetz bereit zu stellen[1089].

1084 Vgl. *Wiebe* „Rechtsschutz von Datenbanken und europäische Harmonisierung“, a.a.O., 201; *Kindler* „Leistungsschutz für Datenbanken ohne Werkcharakter – Eine Zwischenbilanz“, a.a.O., 266.

1085 Vgl. *Kindler* „Leistungsschutz für Datenbanken ohne Werkcharakter – Eine Zwischenbilanz“, a.a.O., 266; *Hackemann* „Schutz multimedialer Datenbanken – Das Zusammenspiel von Urheber- und Wettbewerbsrecht“, CR 1998, 510, 511.

1086 *BGH* Urt. v. 06.02.1996, I ZR 98/84, GRUR 1996, 895, 896 – *Notenstichbilder*; *Kindler* „Leistungsschutz für Datenbanken ohne Werkcharakter – Eine Zwischenbilanz“, a.a.O., 268; *Hackemann* „Schutz multimedialer Datenbanken – Das Zusammenspiel von Urheber- und Wettbewerbsrecht“, a.a.O., 511.

1087 Vgl. zu Datenbanken *Kindler* „Leistungsschutz für Datenbanken ohne Werkcharakter – Eine Zwischenbilanz“, a.a.O., 268.

1088 Vgl. zum Recht *sui generis* an Datenbanken *Berger* „Der Schutz elektronischer Datenbanken nach der EG-Richtlinie vom 11.3.1996“, a.a.O., 170; *Kindler* „Leistungsschutz für Datenbanken ohne Werkcharakter – Eine Zwischenbilanz“, a.a.O., 268; *Hackemann* „Schutz multimedialer Datenbanken – Das Zusammenspiel von Urheber- und Wettbewerbsrecht“, a.a.O., 511.

1089 Vgl. *Nemeczek* „Gibt es einen unmittelbaren Leistungsschutz im Lauterkeitsrecht?“, a.a.O., 1211.

Bei aller geäußerter Kritik an dem Recht *sui generis* an Datenbanken und solcher Einwände, die gegen das neu zu schaffende Immaterialgüterrecht *sui generis* erhoben werden mögen, darf nicht aus den Augen verloren werden, dass es sich bei diesen Rechten um Neuentwicklungen handelt, die zum Schutz völlig neuartiger, digitaler Produkte erforderlich geworden sind. Keines der bis dato bestehenden Rechtsinstrumentarien konnte bzw. kann auf diese Produkte ohne Hinnahme beachtlicher Rechtschutzlücken angewendet werden[1090]. Die Schließung bestehender und nicht hinnehmbarer Schutzlücken bedurfte bzw. bedarf der Schaffung dieser völlig neuartigen Immaterialgüterrechte. Dass die Umsetzung in den Anfängen nicht reibungslos verläuft und erst der Praxistest bestehenden Verbesserungsbedarf zu Tage fördert, ist naturgemäß: Aller Anfang ist schwer. Diese Immaterialgüterrechte *sui generis* sind junge Rechte, die eine Bewährung noch vor sich haben[1091]. Der streckenweise womöglich steinige Weg bis zu einer inhaltlich formvollendeten Ausgestaltung dieser neuartigen Immaterialgüterrechte *sui generis* muss jedoch beschritten werden, um die in der Gesellschaft bereits vollzogenen Entwicklungen in ein digitales Zeitalter in adäquater Weise rechtlich zu erfassen.

2. Erforderliches Allgemeininteresse

Voraussetzung für die Anerkennung eines neuen Immaterialgüterrechts *sui generis de lege ferenda* ist, dass sich ein weitgehendes Schutzbedürfnis, d.h. ein relevantes Allgemeininteresse feststellen lässt[1092]. Denn das Privatrecht darf der Privatautonomie nur dort Grenzen setzen, wo sie nicht mit den Interessen der Allgemeinheit an einem geordneten Zusammenleben in der Gesellschaft zu vereinbaren ist[1093]. Solche Erwägungen des Allgemeininteresses spielen besonders im Zusammenhang mit der Anerkennung von Immaterialgüterrechten eine wesentliche Rolle. Während bei körperlichen Gegenständen eine natürliche Knappheit gegeben ist, die eine lediglich rivalisierende Nutzung erlaubt, ist dies bei Immaterialgütern gerade nicht der Fall[1094]. Diese sind frei verfügbar und können von einer Vielzahl von Personen parallel genutzt werden, ohne dass es insoweit zu Beeinträchtigungen der Nutzungen kommt. Daher ist eine Verknappung künstlich und findet nur

---

1090 Kapitel 3, Seiten 28 ff.

1091 So Schricker/Loewenheim/*Vogel* §§ 87a ff. Rn. 27 zum Recht sui generis an Datenbanken.

1092 *Wiebe* „Rechtsschutz von Datenbanken und europäische Harmonisierung", a.a.O., 203.

1093 Larenz/Wolf, § 1 Rn. 3.

1094 *Berberich* „Virtuelles Eigentum", 121.; Kapitel 4 Ziffer A.II.4.a)bb), Seite 158.

dann statt, wenn ein rechtfertigendes Allgemeininteresse gegeben ist[1095]. So findet das Patentrecht seine Rechtfertigung im Allgemeininteresse der Innovationsförderung[1096]. Das Urheberrecht trägt dem Bedürfnis Rechnung, Anreize zu künftiger, geistiger, künstlerischer oder erfinderischer Tätigkeit zu schaffen[1097].

a) Nicht relevante Faktoren

Ein die Anerkennung eines Immaterialgüterrechts *sui generis de lege ferenda* an virtuellen Gütern rechtfertigendes Allgemeininteresse kann weder mit der faktisch bedingten Absolutheit virtueller Güter noch mit dem Marktwert dieser begründet werden.

Im Zusammenhang mit Internet-Domains und virtuellen Gegenständen im Rahmen von Online-Spielen ist die faktisch bedingte Absolutheit der Stellung des Berechtigten diskutiert worden[1098]. Diese ist jedoch nicht geeignet, die Anerkennung eines Immaterialgüterrechts zu rechtfertigen. Abgesehen davon, dass eine rein faktisch bedingte Absolutheit für die Bejahung einer absoluten Rechtsposition grundsätzlich nicht ausschlaggebend ist[1099], können rein außerrechtliche Faktoren die Anerkennung einer absoluten Rechtsposition nicht rechtfertigen[1100]. Denn im Unterschied zum Schadensrecht folgt eine insoweit getroffene absolute Zuordnung nicht reflexartig den natürlichen Vorgaben, sondern diese hat die der Rechtsordnung immanenten Interessen und Grundstrukturen nachzuvollziehen[1101].

Auch der Wertverlust auf dem Markt allein, der für den individuellen Rechteinhaber dann eintritt, wenn ein Immaterialgut nicht verknappt ist und beliebig vermehrt werden kann, kann, wie *Berberich* zutreffend ausführt, für sich allein kein Argument für einen rechtlichen Schutz sein[1102]. Aufgabe des Marktwertes ist lediglich, der unsichtbaren Hand des Marktes den Ort der besten Verwendung eines Gutes zu zeigen, um die jeweiligen Güter im Zustand der Knappheit zu ihrer gesellschaftlich effizientesten und so dem Gemeinwohl dienenden Nutzung an

1095 *Preuß* „Rechtlich geschützte Interessen an virtuellen Gütern", 81; *Berberich* „Virtuelles Eigentum", 121.
1096 Benkard/*Rogge* PatG Einleitung Rn. 1.
1097 *Berberich* „Virtuelles Eigentum", 121 f. m.w.N..
1098 Vgl. Kapitel 5 Ziffer A.I.2., Seiten 210 ff.
1099 Kapitel 5 Ziffer A.I.2., Seiten 210 ff.
1100 *Preuß* „Rechtlich geschützte Interessen an virtuellen Gütern", 81.
1101 *Preuß* „Rechtlich geschützte Interessen an virtuellen Gütern", 81.
1102 *Berberich* „Virtuelles Eigentum", 122 f.

eben diesen allozieren zu können[1103]. Ohne Knappheit ist der Marktmechanismus jedoch als solcher überflüssig[1104].

b) Relevante Faktoren

Zwar können rein faktische, außerrechtliche Faktoren für sich genommen somit kein die Anerkennung eines Immaterialgüterrechts rechtfertigendes Allgemeininteresse begründen. Jedoch können solche Faktoren ein vorhandenes Allgemeininteresse indizieren[1105]. Soweit Immaterialgüter technisch oder auf andere Weise bedingt Eigenschaften körperlicher Güter, wie die Ausschließlichkeit und Knappheit, simulieren oder nachvollziehen und sich hieraus Sachverhalte ergeben, denen die Privatautonomie nicht gerecht werden kann, ist ein relevantes Allgemeininteresse gegeben[1106]. Dessen rechtliches Nachzeichnen in Konfliktfällen gewährleistet eine Ordnung, auf der das möglichst konfliktfreie Miteinander der Rechtssubjekte fußen kann[1107].

Für die Entstehung ein die Schaffung eines Immaterialgüterrechts rechtfertigendes Allgemeininteresse stellt das Recht *sui generis* an Datenbanken ein anschauliches Beispiel dar. Datenbanken existierten lange vor Beginn der Diskussion um ein Datenbankherstellerrecht in nicht-elektronischer Form. Immaterialgüterrechtlichen Schutz genossen diese nur beschränkt. So wurde Urheberrecht nur dann gewährt, wenn die Datenbank auf Grund der Auswahl oder Anordnung des Stoffes eine eigene geistige Schöpfung ihres Urhebers darstellte und das Recht Dritter am Datenbankinhalt unberührt blieben (Fassung von § 4 UrhG vor In-Kraft-Treten des die Datenbankrichtlinie umsetzenden Informations- und Kommunikationsdienstegesetz (IuKDG) vom 13.06.1997[1108]). Der Schutz trat somit nur dann ein, wenn die Kompilation originell war und ein Dritter unerlaubt aus der Datenbank zur Gänze oder in wesentlichen Teilen kopierte[1109]. Mit der Entwicklung der Informationstechnologie und der die Lebensverhältnisse zunehmend bestimmenden elektronischen Datenverarbeitung sowie explodierender Multimedia-Industrien entwickelte sich erst das Bedürfnis nach einer rechtlichen Ordnung (elektronischer) Datenbanken, die über urheberrechtlichen Schutz hinaus geht. Andernfalls drohten

1103 *Berberich* „Virtuelles Eigentum“, 123.
1104 *Berberich* „Virtuelles Eigentum“, 123.
1105 *Preuß* „Rechtlich geschützte Interessen an virtuellen Gütern“, 82.
1106 *Preuß* „Rechtlich geschützte Interessen an virtuellen Gütern“, 82.
1107 *Preuß* „Rechtlich geschützte Interessen an virtuellen Gütern“, 82.
1108 BGBL. I., 1870.
1109 *Gaster* „Zur anstehenden Umsetzung der EG Datenbankrichtlinie (I)“, a.a.O., 672.

wirtschaftliche und kulturelle Wertschöpfungsquellen zu versiegen. Grundlage dieses Schutzbedürfnisses war die vitale Bedeutung von Datenbanken für die Entwicklung des Informationsmarktes und exponentielle Zunahme der Daten, die jährlich in allen Bereichen von Handel und Industrie erzeugt und verarbeitet wurden, so dass Investitionen in hochentwickelte Informationssysteme erforderlich waren[1110]. Es entstand ein legitimes Bedürfnis für einen wirksamen Rechtsschutz gegen die unerlaubte Übernahme und Weiterverwendung investitionsintensiver Datenbanken einschließlich der Verwertung wesentlicher Teile. Dieses basierte und basiert darauf, dass der Aufbau von Datenbanken erhebliche personelle, technische und finanzielle Mittel erfordert(e), während sie zu einem Bruchteil der zu ihrer Entwicklung erforderlichen Kosten kopiert oder übernommen werden konnten und können[1111]. Die unerlaubte Entnahme oder Weiterverwendung des Inhalts einer Datenbank kann zu Wettbewerbsverzerrungen führen, die für den Informationsmarkt nachteilig sind[1112]. Handfeste Gründe waren aufgetreten, die ein gesetzgeberisches Tätigwerden erforderlich machten, das in der Schaffung eines bis dahin völlig neuartigen Immaterialgüterrechts *sui generis* fußte. Diese Gründe bestanden darin, die Aufsplitterung in kleine nationale Teilmärkte zu beenden, einheitliche Wettbewerbsbedingungen zu schaffen und insoweit zu einem ordnungsgemäßen Funktionieren des europäischen Binnenmarktes beizutragen[1113].

Eine vergleichbare Situation ist in Bezug auf Internetpräsenzen gegeben, die als virtuelle Ladengeschäfte fungieren. In den Anfängen des Internets hatten Internetpräsenzen kaum eine wirtschaftliche Bedeutung, was aus der noch geringen Verbreitung der Internetnutzung resultierte. Mittlerweile hat die Internetnutzung einen so hohen Verbreitungsgrad erreicht, dass nicht zu Unrecht von einem digitalen Zeitalter die Rede ist. Die Verlagerung geschäftlicher und privater Aktivitäten ins Internet schreitet immer weiter voran. Virtuelle Geschäftsmodelle, die über Internetpräsenzen abgewickelt werden, haben in einem Maß an Bedeutung gewonnen, dass ein Wegdenken dieser im Geschäftsleben nicht mehr möglich ist. Der wirtschaftliche Wert, den virtuelle Geschäftsmodelle verkörpern, ist immens[1114]. Diese Bedeutung hat – vergleichbar zur damaligen Situation bei (elektronischen) Datenbanken – ein legitimes Bedürfnis nach einem wirksamen Rechtsschutz begründet, das zum Einen auf dem personellen, technischen und finanziellen

1110 Kapitel 5 Ziffer B.I., Seiten 202 ff.
1111 Dreier/Schulze/*Dreier* Vor §§ 87a ff. Rn. 5.
1112 Dreier/Schulze/*Dreier* Vor §§ 87a ff. Rn. 5.
1113 *Gaster* „Zur anstehenden Umsetzung der EG-Datenbankrichtlinie (I)“, a.a.O. 671 f.
1114 Vgl. Kapitel 4 Ziffer C.I., Seite 197.

Aufwand für den Aufbau eines virtuellen Geschäftsmodells und zum Anderen auf der wirtschaftlichen Bedeutung der Internetpräsenz für den gesamten Geschäftsbetrieb basiert. Denn die Internetpräsenz fungiert als virtuelles Ladengeschäft, über das die Kunden und Abnehmer den Geschäftskontakt aufnehmen und die vertragliche Beziehung – bei rein-virtuellen Geschäftsmodellen sogar in Gänze – abgewickelt wird. Ohne Schaffung eines diesen tatsächlichen Bedürfnissen nach Schutz entsprechenden Immaterialguts droht die Gefahr einer Aufsplitterung in kleine nationale Teilmärkte. Uneinheitliche Wettbewerbsbedingungen wären die Folge, die das ordnungsgemäße Funktionieren des europäischen Binnenmarktes bedrohen. Auch ist die Befürchtung begründet, dass die Entwicklung virtueller Geschäftsmodelle und der Anreiz in diese zu investieren, ohne einen adäquaten Schutz dieser nachhaltig beeinträchtigt wird. Die Schaffung von Investitionsanreizen ist – wie auch seinerzeit im Zusammenhang mit dem Erlass der Datenbankrichtlinie – ein wesentlicher Aspekt des Allgemeininteresses, das die Schaffung des neuen Immaterialgüterrechts *sui generis* rechtfertigt.

3. Weite des Schutzes

Eine der größten Herausforderungen bei der Schaffung des neuen Immaterialgüterrechts *sui generis de lege ferenda* stellt – wie bei allen Immaterialgüterrechten – die Regelung der Weite des Schutzes durch die Definition des Schutzgegenstandes und die Bestimmung des Schutzumfanges dar. Der Immaterialgüterrechte in besonderem Maß kennzeichnende Widerstreit des Interesses der Allgemeinheit an Informationsfreiheit und dem Interesse des Berechtigten an einem Partizipieren an Nutzungen des Immaterialguts durch Dritte, steht im Mittelpunkt dieser Problematik. Die insoweit im Zusammenhang mit der an der Datenbankrichtlinie geäußerte Kritik kann herangezogen werden, um etwaige Schwachstellen, die sich bei der Datenbankrichtlinie im Laufe ihrer praktischen Anwendung gezeigt haben, bei dem neu zu schaffenden Immaterialgüterrecht *sui generis* von vornherein zu vermeiden.

Die Weite des Schutzes wird von der Bestimmung des Schutzgegenstandes maßgeblich beeinflusst. Während im Sachenrecht der Schutzgegenstand natürlich existiert und klar vorhanden ist, muss dieser im Immaterialgüterrecht zunächst ausdefiniert werden[1115]. Je enger und konkreter der Schutzgegenstand definiert ist, desto weniger wird die Informationsfreiheit tangiert. Für dieses Problemfeld ist somit zum Einen ein Blick auf das Recht *sui generis* an Datenbanken und die

---

1115 *Berberich* „Virtuelles Eigentum", 217.

im Zusammenhang mit dessen Schutzweite geführte Diskussion ergiebig. Zum Anderen ist der Schutzgegenstand des neuen Immaterialgüterrechts *sui generis* an Hand des diesem zu Grunde liegenden Allgemeininteresses zu bestimmen. Dieses besteht darin, virtuellen Geschäftsmodellen einen adäquaten Schutz zu gewähren und hiermit verbunden Investitionsanreize zu schaffen, so dass dieser Bereich des Wirtschaftslebens das ihm innewohnende Entwicklungspotential optimal ausschöpfen kann.

Hiervon ausgehend ist der Schutzgegenstand des neu zu schaffenden Immaterialgüterrechts *sui generis* von zwei Aspekten geprägt.

Dem Vorbild des Rechts *sui generis* an Datenbanken entsprechend ist Schutzgegenstand des neu zu schaffenden Immaterialgüterrechts *sui generis* zum Einen eine unternehmerische Leistung. Legt man das vorab erläuterte Ziel zu Grunde, einen Gleichlauf des rechtlichen Schicksals virtueller und nicht-virtueller Ladengeschäfte zu erreichen[1116], kann die zu schützende unternehmerische Leistung konkreter als der personelle, technische und finanzielle Aufwand beschrieben werden, der zur Schaffung, Aufrechterhaltung, Pflege und zum Betrieb von Internetpräsenzen, die als virtuelle Ladengeschäfte fungieren, erforderlich ist. Die Beschränkung auf gewerblich genutzte Internetpräsenzen ist nicht final zu verstehen, sondern lediglich Folge des für diese Dissertation gewählten Problemkreises virtueller Geschäftsmodelle. Sofern für privat genutzte Internetseiten ein entsprechendes Allgemeininteresse festgestellt werden kann[1117], wäre auch in Bezug auf diese an einen sondergesetzlichen Schutz zu denken, der durch Erweiterung des in dieser Dissertation vorgeschlagenen Katalogs von Immaterialgüterrechten *sui generis de lege ferenda* geschaffen werden könnte.

Der zweite Aspekt des Schutzgegenstandes, der sich mit dem ersten Aspekt überschneidet, besteht in dem virtuellen Gegenstand „virtuelles Ladengeschäft" selbst. Insoweit zeigt sich tatsächlich eine Nähe zum Sachenrecht, die dadurch begründet wird, dass der Schutzgegenstand des neu zu schaffenden Immaterialgutes *sui generis* das virtuelle Pendant einer realen Sache der Welt außerhalb des Internets ist. Wie reale Sachen Schutzgegenstand des Sachenrechts um ihrer selbst willen sind, ist ebenso der virtuelle Gegenstand „virtuelles Ladengeschäft" in sich Schutzgegenstand des neu zu schaffenden Immaterialgüterrechts *sui generis*.

Während bei der Definition der Schutzvoraussetzungen des Rechts *sui generis* an Datenbanken eine Beschränkung in Form der Regelung einer Erheblichkeitsschwelle („wesentliche Investitionen") zum Schutz der Informationsfreiheit als

1116 Kapitel 4 Ziffer B., Seiten 187 ff.
1117 Vgl. Kapitel 5 Ziffer B.II.2., Seite 237.

erforderlich erachtet wurde[1118], ist eine solche Einschränkung des Schutzes des neu zu schaffenden Immaterialgüterrechts *sui generis* auf Tatbestandsebene entbehrlich. Hintergrund dieser Begrenzung der Schutzweite des Rechts *sui generis* an Datenbanken war die im Zusammenhang mit der Schaffung von Rechten an Datenbanken besonders bestehende Gefahr einer Monopolisierung von Informationen, da sich das Schutzgut auf Datensammlungen bezieht[1119]. Die Grenzziehung zwischen den Rechten, die an dem Produkt „Datensammlungen“ bestehen, und den in den Datensammlungen gespeicherten Daten, ist nicht unproblematisch. Um die gespeicherten Daten weiterhin als gemeinfreies Gut zu erhalten und nicht über das Recht an der Datensammlung einer rechtlichen Zuordnung an den Datenbankhersteller zu unterwerfen, hat sich der Gesetzgeber für die Einführung einer Erheblichkeitsschwelle auf Tatbestandsebene entschieden. Dementsprechend lösen nur solche unberechtigten Nutzungshandlungen den Schutz aus, die eine bestimmte Schwelle überschritten haben, d.h. wesentliche Investitionen tangieren. Hinsichtlich der Gefahr einer Monopolisierung von Informationen ist die Situation beim Schutz von Datenbanken somit eine besondere.

Dies ist bei dem neu zu schaffenden Immaterialgüterrecht *sui generis de lege ferenda* nicht der Fall und daher kann auf eine entsprechende Einschränkung verzichtet werden. Denn der Schutzgegenstand „virtuelles Ladengeschäft“ ist wie sein Pendant in der nicht-virtuellen Welt des Internets hinreichend natürlich abgrenzbar. Zwar kann hierfür nicht die Körperlichkeit abgestellt werden, jedoch bedarf es auch eines Rückgriffes auf das Vorliegen einer technischen Abgrenzbarkeit, wie es z.B. im Zusammenhang mit virtuellen Gegenständen im Rahmen von Online-Spielen diskutiert wird[1120], nicht[1121]. Vielmehr kann für die Abgrenzbarkeit virtueller Ladengeschäfte auf diese selbst abgestellt werden. Insoweit kommt der Neuheit des Schutzgutes eine besondere Bedeutung zu, die sich dadurch auszeichnet, dass insoweit eine Nähe weniger zu den klassischen Immaterialgüterrechten gegeben ist, als das nicht eine schöpferischen Leistung im Mittelpunkt steht.

1118 *Kindler* „Leistungsschutz für Datenbanken ohne Werkcharakter – Eine Zwischenbilanz“, a.a.O., 271; *Gaster* „Zur anstehenden Umsetzung der EG-Datenbankrichtlinie (I)“, a.a.O., 673 f.

1119 Vgl. *Gaster* „Zur anstehenden Umsetzung der EG-Datenbankrichtlinie (I)“, a.a.O., 673 f.

1120 *Geis/Geis* „Erste Ansätze des Rechts zur Konfliktlösung in Second Life“, a.a.O, 721; *Lober/Weber* „Money for Nothing? Der Handel mit virtuellen Gegenständen und Charakteren“, a.a.O., 655.

1121 Zur Untauglichkeit dieses Begründungsansatzes vgl. *Berberich* „Virtuelles Eigentum“, 107.

Vielmehr ist Schutzgut ein Gegenstand, der das virtuelle Pendant zu einer realen Sache darstellt und sich von dieser lediglich durch Fehlen einer Körperlichkeit unterscheidet. Hiermit korrespondierend besteht der Regelungshintergrund des neu zu schaffenden Immaterialguts *sui generis* darin, für virtuelle Ladengeschäfte ein Schutzniveau zu erreichen, das dem Schutzniveau nicht-virtueller Ladengeschäfte entspricht und bei virtuellen Ladengeschäften bisher einzig auf Grund deren fehlender Körperlichkeit nicht gegeben ist[1122]. Wie bereits ausgeführt, ist nicht der einzige Unterschied einer fehlenden Sachqualität, sondern sind die im Übrigen vorliegenden Übereinstimmungen virtueller und nicht-virtueller Ladengeschäfte ausschlaggebend[1123]. Hiervon ausgehend ist für die Bestimmung der Abgrenzbarkeit virtueller Ladengeschäfte auf die Verkehrsanschauung der Betreiber und Besucher der virtuellen Ladengeschäfte abzustellen, wie dies bei realen Sachen als Pendant in der realen Welt geschieht[1124]. Hiernach ist eine natürliche Abgrenzbarkeit virtueller Ladengeschäfte gegeben.

Der gelegentlich im Rahmen der Diskussion um die Schaffung neuer, sich auf virtuelle Güter beziehender Schutzrechte erhobene Einwand einer fehlenden Bestimmbarkeit der Beziehung des Rechtssubjektes zum Schutzgut[1125] greift vorliegend nicht. Es mag zutreffend sein, dass z.B. der Anerkennung eines virtuellen Hausrechts als Rahmenrecht im Sinne von § 823 Abs. 1 BGB das Fehlen einer durch die Rechtsordnung fest vorgesehenen Relation zwischen Rechtssubjekt und Schutzgut entgegensteht[1126]. Insoweit wird auf die Ausgestaltung anderer Rahmenrechte im Sinne von § 823 Abs. 2 BGB verwiesen. So beziehe das Schutzgut des allgemeinen Persönlichkeitsrechts als Rahmenrecht im Sinne von § 823 Abs. 1 BGB seine Verbindung zum Rechtsinhaber aus seinem personellen Gepräge, das seinen Ausdruck in Art. 1 Abs. 1 und Art. 2 Abs. 1 GG finde, und die Bestimmbarkeit des geschützten Personenkreises im Falle des Rahmenrechts am eingerichteten und ausgeübten Gewerbebetrieb resultiere aus der rechtlichen Inhaberschaft

1122 *Berberich* „Virtuelles Eigentum“, 108 schlägt bei virtuellen Gegenständen im Rahmen von Online-Spielen ebenfalls eine Abgrenzung durch Abstellen auf den virtuellen Gegenstand direkt vor. Dies sei möglich, „soweit virtuelle Gegenstände das Pendant zu realen Sachen darstellen und wegen ihrer Wahrnehmbarkeit, Abgrenzbarkeit und Beherrschbarkeit allein die fehlende Körperlichkeit eine Subsumtion unter § 90 BGB verhindert.“

1123 Kapitel 4 Ziffer A. und B., Seiten 144 ff. und Seiten 187 ff.

1124 So auch in Bezug auf virtuelle Gegenstände in Online-Spielen *Berberich* „Virtuelles Eigentum“, 108.

1125 *Preuß* „Rechtlich geschützte Interessen an virtuellen Gütern“, 184 ff., 192 f.

1126 *Preuß* „Rechtlich geschützte Interessen an virtuellen Gütern“, 184 ff., 192 f.

am Betrieb[1127]. Kern dieses Einwands ist somit das Fehlen einer durch die Rechtsordnung vorgesehenen Beziehung von Rechtssubjekt und Schutzgut. Dies ist bei dem neu zu schaffenden Immaterialgüterrecht *sui generis de lege ferenda* jedoch nicht der Fall. Denn mit dessen Schaffung wird diese Beziehung von Rechtssubjekt und Schutzgut gesetzlich geregelt.

Der Verzicht auf die Regelung einer Erheblichkeitsschwelle auf Tatbestandsebene, z.B. durch das Erfordernis der Betroffenheit einer wesentlichen Investition, wie dies beim Recht *sui generis* an Datenbanken der Fall ist, ist unter wettbewerbsrechtlichen Gesichtspunkten begrüßenswert. Wie die Diskussion im Rahmen des Rechts *sui generis* an Datenbanken gezeigt hat, kann die Verwendung derart auslegungsbedürftiger Tatbestandsbegriffe relevante Gefahren für die Wettbewerbsfreiheit begründen[1128].

Sollte bei der Definition des Schutzgegenstandes auf stark auslegungsbedürftige Begriffe oder eine Interessenabwägung nicht verzichtet werden können, sind Instrumentarien vorzusehen, die sicherstellen, dass das neu zu schaffende Immaterialgüterrecht *sui generis* nicht strukturell und typischerweise, d.h. marktsituationsunabhängig, zur Bedrohung für die Wettbewerbsfreiheit wird und Monopolstellungen ermöglicht[1129]. Dies könnte z.B. durch die Regelung einer Zwangslizenz für die Nutzung der Internetpräsenz geschehen. Vorbild hierfür könnte die ursprünglich für die Datenbankrichtlinie vorgesehene und im Verlauf des Beratungsverfahrens verworfene Zwangslizenz sein, die für solche Daten vorgesehen war, die nicht unabhängig geschaffen, gesammelt oder erhalten werden konnten und für gewerbliche Zwecke unter angemessenen, nichtdiskriminierenden Bedingungen erteilt werden sollte[1130]. Die Regelung einer Zwangslizenz stellt als gesetzlich vorgesehene Schranke ein mögliches Instrument zur Vermeidung ungewollter Monopolbildungen dar[1131]. Letztlich sind die Überlegungen über die Regelung einer Zwangslizenz oder eines anderen Instruments zur Vermeidung eines Konfliktes mit der Wettbewerbsfreiheit im Zusammenhang mit dem bei Immaterialgüterrechten stets zu erreichenden angemessenen Interessenausgleichs zu

---

1127 Kapitel 3 Ziffer C.I., Seite 78.

1128 Kapitel 5 Ziffer B.I., Seiten 226 ff.

1129 So *Leistner* Anmerkung zu EuGH Urt. v. 09.10.2008, C-304/07 a.a.O. 103 – *Directmedia Publishing GmbH ./. Albert-Ludwig-Universität Freiburg* im Zusammenhang mit dem Rechts *sui generis* an Datenbanken.

1130 Art. 8 Abs. 1 Vorschlags der EG-Kommission für eine Richtlinie des Rates über den rechtlichen Schutz von Datenbanken vom 13.05.1992, KOM (92) 24 endg. – SYN 393, GRUR Int. 1992, 759, 762.

1131 *Hoebbel* „EG-Richtlinienentwurf über den Rechtsschutz von Datenbanken", a.a.O., 17.

sehen, der natürlich auch bei dem neuen Immaterialgüterrecht *sui generis* ein Regelungsziel sein muss.

Weiterhin ist im Zusammenhang mit der Regelung des neu zu schaffenden Immaterialgüterrechts *sui generis* wegen des diesem zu Grunde liegenden Gedankens eines wettbewerblichen Schutzes von Leistungen und der daraus resultierenden wettbewerbsrechtlichen Natur an eine Klarstellung dahingehend zu denken, dass im Verhältnis zwischen dem neuen Immaterialgüterrecht *sui generis* und wettbewerbsrechtlichen Schutzinstrumenten ein strenges Subsidiaritätsprinzip in der Form gilt, dass ergänzender wettbewerbsrechtlicher Leistungsschutz nur eingeschränkt zur Anwendung kommt[1132].

4. EU-Rechtliche Verankerung

Wie auch das Recht *sui generis* an Datenbanken ist das neu zu schaffende Immaterialgüterrecht *sui generis de lege ferenda* auf EU-Ebene zu implementieren. Grund hierfür ist die für die Schutzgegenstände typische Verbreitung über das Internet. Eine solche findet regelmäßig über die nationalen Grenzen hinaus statt[1133]. Der Alleingang einzelner EU-Mitgliedsstaaten bzw. ein unterschiedliches Schutzniveau in den EU-Mitgliedsstaaten wäre hinsichtlich des neu zu schaffenden Immaterialgüterrechts *sui generis* nicht sinnvoll[1134]. Zur Vermeidung einer Rechtszerplitterung und Gewährleistung eines effektiven Rechtsschutzes ist eine Implementierung auf EU-Ebene daher unumgänglich[1135].

1132 Diesen Vorschlag unterbreitet *Leistner* „„Last exist‘ withdrawal?“, a.a.O., 465 im Zusammenhang mit dem Recht *sui generis* an Datenbanken.

1133 *Gaster* „Zur anstehenden Umsetzung der EG-Datenbankrichtlinie (I)“, a.a.O. 671 spricht von einem „Wegfall geografischer Grenzen im ‚Cyberspace‘“.

1134 Die Erkenntnis der Notwendigkeit einer die nationalen Grenzen überschreitende Wirkung von Immaterialgüterrechten ist auch auf weltweiter Ebene etabliert. Ausdruck dessen ist z.B. das Agreement on Trade-Related Aspects of Intellectual Property Rights (sog. TRIPS) der World Trade Oganization vom 15.04.1994, dessen Hauptzweck ist, den Schutz des geistigen Eigentums weltweit zu verstärken und zu harmonisieren, *Katzenberger* „TRIPS und das Urheberrecht“, a.a.O., 449 m.w.N..

1135 Die rechtliche Prüfung der Frage, ob und in welchem Umfang Schutzgüter des neu zu schaffenden Immaterialgüterrecht *sui generis* in den einzelnen EU-Mitgliedsstaaten geschützt sind, ist nicht Gegenstand dieser Dissertation. Ohne eine entsprechende rechtsvergleichende Betrachtung an dieser Stelle ersetzen zu wollen, ist die nur lückenhafte Erfassung der relevanten Schutzgüter nach deutschem Recht ein starkes Indiz dafür, dass die Situation in anderen EU-Mitgliedsstaaten vergleichbar ist. Hinzukommt, dass wettbewerbsrechtlicher Schutz nur in einer Minderheit der

Diese Situation war seinerzeit auch Ausgangspunkt der Schaffung eines Rechts *sui generis* an Datenbanken[1136]. Um das angestrebte Ziel zu erreichen, sollten bestehende Unterschiede des rechtlichen Schutzes innerhalb der Europäischen Gemeinschaft (heute: Europäische Union) beseitigt werden, die sich verzerrend auf die Errichtung und das Funktionieren des Binnenmarktes auswirkten[1137]. Hierdurch sollten Behinderungen des freien Waren- und Dienstleistungsverkehrs entfallen, so dass die Anbieter von Datenbanken ihr Angebot in der Europäischen Gemeinschaft überall auf gleicher Rechtsgrundlage zur Verfügung stellen können[1138].

Eine vergleichbare Situation ist hinsichtlich des Schutzgegenstandes des neu zu schaffenden Immaterialgüterrechts *sui generis* an virtuellen Ladengeschäften gegeben. Wie seinerzeit betreffend Datenbanken gilt, dass eine fehlende rechtliche Harmonisierung, d.h. rechtliche Barrieren, in der Europäischen Union für die Entwicklung des für den Schutzgegenstand relevanten typischerweise grenzüberschreitenden Markt abträglich sind[1139]. Es ist unbestreitbar, dass ein europäischer Informationsmarkt nach vergleichbaren Rechtslagen in allen EU-Mitgliedsstaaten verlangt[1140].

EU-Mitgliedsstaaten besteht, *Gaster* „Zur anstehenden Umsetzung der EG-Datenbankrichtlinie (I)", a.a.O. 671. Da urheberrechtlicher Schutz bei den relevanten Schutzgütern in der Regel am Fehlen einer hinreichenden Schöpfungshöhe scheitert, vgl. Kapitel 5 Ziffer A.II., Seite 220, stellt der Rückgriff auf wettbewerbsrechtliche Ansprüche eine Ausweichlösung zur Schließung ungewollter Rechtsschutzlücken dar. In den EU-Mitgliedsstaaten, deren Rechtsordnung Wettbewerbsrecht fremd ist, ist eine solche Ausweichlösung nicht möglich. Für die weiteren Ausführungen wird daher unterstellt, dass zumindest ein unterschiedliches Schutzniveau in den EU-Mitgliedsstaaten gegeben ist.

1136 *Dreier* „Die Harmonisierung des Rechtsschutzes von Datenbanken in der EG", a.a.O. 739; Schricker/Loewenheim/*Vogel* Vor §§ 87a ff. Rn. 8; *Gaster* „Zur anstehenden Umsetzung der EG-Datenbankrichtlinie (I)", a.a.O. 671.

1137 *Dreier* „Die Harmonisierung des Rechtsschutzes von Datenbanken in der EG", a.a.O. 740; *Berger* „Der Schutz elektronischer Datenbanken nach der EG-Richtlinie vom 11.03.1996", a.a.O., 169; *Heinrich* „Der rechtlich Schutz von Datenbanken", WRP 1997, 281.

1138 *Dreier* „Die Harmonisierung des Rechtsschutzes von Datenbanken in der EG", a.a.O. 740; *Hoebbel* „EG-Richtlinienentwurf über den Rechtsschutz von Datenbanken", a.a.O., 13.

1139 Vgl. *Röttinger* „Der Rechtsschutz von Datenbanken nach EG-Recht", a.a.O., 595 zu der Rechtssituation betreffend Datenbanken vor Erlass der Datenbankrichtlinie.

1140 Vgl. *Heinz* „Die europäische Richtlinie über den rechtlichen Schutz von Datenbanken in verfassungsrechtlicher und rechtstheoretischer Sicht", a.a.O., 456 im Zusammenhang mit dem Recht *sui generis* an Datenbanken.

Die Europäische Union verfügt über eine entsprechende Regelungsbefugnis. Die Befugnis zur Harmonisierung des Rechts des geistigen und gewerblichen Eigentums folgt aus Art. 42 Vertrag über die Arbeitsweise der Europäischen Union[1141] (AEUV) (vormals Art. 36 EG-Vertrag[1142])[1143].

Die Befugnis der Europäischen Union zur Schaffung neuer Immaterialgüterrechte *sui generis* ist ebenfalls zu bejahen. Dem steht der Einwand nicht entgegen, dass Art. 252 AEUV (vormals Art. 222 EG-Vertrag) i.V.m. Art. 42 AEUV vorsehen, die Eigentumsordnung habe in den verschiedenen Mitgliedsstaaten unberührt zu bleiben. Der *EuGH* hat in vergleichbaren Fällen bereits darauf erkannt, dass weder durch Art. 252 AEUV noch Art. 42 AEUV dem nationalen Gesetzgeber die Befugnis zur Regelung des Kernbereichs des geistigen Eigentums vorbehalten und jede Maßnahme der Europäischen Union in diesem Bereich ausgeschlossen ist[1144]. Vielmehr ist die Europäische Union zur Gewährleistung des Funktionierens des europäischen Binnenmarktes befugt, auf der Grundlage von Art. 122 Abs. 1 AEUV (vormals Art. 100 Abs. 1 EG-Vertrag) Harmonisierungsmaßnahmen zu treffen, mit denen bestehende Unterschiede zwischen den einzelstaatlichen Rechtsordnungen beseitigt werden, auf Grund derer verfälschte Wettbewerbsbedingungen geschaffen oder aufrecht erhalten werden[1145]. Hinsichtlich der Schaffung eines Immaterialgüterrechts *sui generis* an Internetpräsenzen, die als virtuelle Ladengeschäfte fungieren (sowie hinsichtlich virtueller Gegenständen aus Online-Spielen, z.B. Avatare und Internet-Domains[1146]) wäre andernfalls eine Rechtszersplitterung zu befürchten, die das Funktionieren des europäischen Binnenmarktes gefährden würde, und hiermit verbunden die Harmonisierung durch die Europäische Union geboten.

1141 Vertrag über die Arbeitsweise der Europäischen Union in der Fassung auf Grund des am 01.12.2009 in Kraft getretenen Vertrages von Lissabon (Konsolidierte Fassung bekanntgemacht im ABl. EG Nr. C 115 vom 9.5.2008, S. 47).

1142 Vertrag zur Gründung der Europäischen Gemeinschaft in der Fassung vom 02.10.1997, ist durch Artikel 2 des Vertrags von Lissabon mit Wirkung zum 01.12.2009 in den „Vertrag über die Arbeitsweise der Europäischen Union“ geändert worden, siehe Fn. 1020.

1143 *EuGH* Urt. v. 08.06.1971, C 78/70, Juris Rn. 11 – *Deutsche Grammophon Gesellschaft mbH ./. Metro-SB-Großmärkte GmbH & Co. KG*; *Gaster* „Zur anstehenden Umsetzung der EG-Datenbankrichtlinie (I)“, a.a.O. 670.

1144 *Gaster* „Zur anstehenden Umsetzung der EG-Datenbankrichtlinie (I)“, a.a.O. 670 mit Verweis auf EuGH Urt. v., C-350/92, GRUR Int. 1995, 906 – *Zentrale zur Bekämpfung unlauteren Wettbewerbs/Franz Wilhelm Langguth Erben.*

1145 *Gaster* „Zur anstehenden Umsetzung der EG-Datenbankrichtlinie (I)“, a.a.O. 670.

1146 Kapitel 5 Ziffer B.III., Seiten 250 ff.

5. Umsetzung in deutsches Recht

Die Schaffung eines Immaterialgüterrechts *sui generis* an Internetpräsenzen, die als virtuelle Ladengeschäfte fungieren, stellt die deutsche Rechtsordnung vor Herausforderungen. Denn wie auch das Recht *sui generis* an Datenbanken ist das zu schaffende Immaterialgüterrecht *sui generis* ein Novum in der deutschen Rechtsordnung[1147]. Es stellt sich die Frage nach der Einpassung solcher neuartiger Immaterialgüterrechte in die herkömmliche Systematik der vorgesehenen Immaterialgüterrechte[1148]. Im Rahmen der Umsetzung des Rechts *sui generis* an Datenbanken in deutsches Recht konnte der Gesetzgeber diese Frage unbeantwortet lassen, da das neu zu schaffende Recht die wesentlichen Merkmale eines verwandten Schutzrechts im Sinne des Teil 2 des Urheberrechtsgesetzes aufwies und eine – auf breite Zustimmung stoßende[1149] – entsprechende Regelung möglich war. Gern wird in diesem Zusammenhang auf die Gemeinsamkeiten des Rechts *sui generis* an Datenbanken und klassischen verwandten Schutzrechten wie die Rechte der Veranstalter (§ 81 UrhG), der Tonträgerhersteller (§ 85 UrhG), der Sendeunternehmen (§ 87 UrhG) und der Filmhersteller (§§ 94, 95 UrhG) verwiesen, die ebenfalls den Schutz bestimmter Investitionsleistungen auf kulturwirtschaftlichem Gebiet zum Gegenstand hätten[1150].

Hinsichtlich des neuen Immaterialgüterrechts *sui generis* an Internetpräsenzen ist zu fragen, ob der deutsche Gesetzgeber ähnlich verfahren und eine Regelung in Teil 2 des Urheberrechtsgesetzes vorsehen könnte.

Dafür würde sprechen, dass dem Recht *sui generis* an Datenbanken (Datenbankherstellerrecht) auch insoweit eine Vorreiterstellung zukommt und nachfolgende Immaterialgüterrechte *sui generis*, die ebenfalls der rechtlichen Erfassung anderer neuartiger, von der Weiterentwicklung der Informationstechnologie dienen, ebenfalls als verwandtes Schutzrecht im Sinne des deutschen Urheberrechtsgesetzes realisiert werden. Wollte man das neu zu schaffende Immaterialgüterrecht *sui generis* in einem anderen, z.B. neu geschaffenen Gesetz umsetzen, müsste sinnvollerweise auch das Recht *sui generis* an Datenbanken in dieses Gesetz aufgenommen werden, was mit einem höheren gesetzgeberischen Aufwand verbunden wäre.

Gegen eine Erweiterung des Katalogs der verwandten Schutzrechte in Teil 2 des Urheberrechtsgesetzes spricht die hiermit verbundene rechtspolitisch durchaus

1147 Kapitel 5 Ziffer B.I., Seiten 226 ff.

1148 Vgl. *Wiebe* „Rechtsschutz von Datenbanken und europäische Harmonisierung", a.a.O., 198 zur Schaffung des Rechts *sui generis* an Datenbanken.

1149 Kapitel 5 Ziffer B.I., Seiten 226 ff.

1150 Wandtke/Bullinger/*Thum* UrhG Vor §§ 87 a. ff. Rn. 10; Schricker/Loewenheim/*Vogel* Vor §§ 87a ff. Rn. 18 m.w.N..

fragwürdige Entwicklung des Urheberrechts zu einem Schutzrecht für wirtschaftliche Investitionen[1151]. Während man beim Recht *sui generis* an Datenbanken mit etwas Phantasie einen kulturwirtschaftlichen Bezug noch bejahen kann, fehlt dieser bei Internetpräsenzen, die als virtuelle Ladengeschäfte fungieren, in der Regel[1152]. Hinzukommt, dass dessen Schutzgut „unternehmerische Leistung" eine Nähe weniger zum Urheberrecht aufweist[1153]. Diese fehlende Nähe zum Urheberrecht dürfte für virtuelle Güter, die durch die Weiterentwicklung der Informationstechnologie, wie z.B. virtuelle Gegenstände in Online-Spielen oder Internet-Domains, charakteristisch sein (hierzu nachfolgend unter Ziffer III.). Es ist somit davon auszugehen, dass auch künftig neu zu schaffende Immaterialgüterrechte zur rechtlichen Erfassung neuartiger virtueller Güter einen eher geringen Bezug zum Urheberrecht oder den verwandten Schutzrechten aufweisen werden. Früher oder später muss sich der Gesetzgeber somit mit dem Umstand auseinandersetzten, dass es sich bei den neuartigen Immaterialgüterrechten *sui generis* um rechtliche Nova handelt, die unter keine der bekannten Rechtsfiguren erfasst werden können. Als Lösung könnte entweder ein neuer Teil 4 in das Urheberrechtsgesetz aufgenommen werden, der diese neuartigen Immaterialgüterrechte *sui generis* erfasst. Das Urheberrechtsgesetz würde dann – die ohnehin bereits begonnene – Entwicklung hin zu einem Immaterialgüterrechtsgesetzbuch fortsetzen. Alternativ könnte ein eigenes Gesetzbuch geschaffen werden. Das Recht *sui generis* an Datenbanken wäre sachnäher ebenfalls in diesem neuen Gesetz zu verorten.

III. Ausblick – Virtuelle Gegenstände in sog. Online-Spielen (z.B. Avatare) und Internet-Domains

Der in dieser Dissertation unterbreitete Vorschlag für eine Weiterentwicklung der Rechtsordnung als Reaktion auf die Neuentwicklung „virtuelle Ladengeschäfte" durch ein Immaterialgüterrecht *sui generis de lege ferenda* ist insbesondere auch für die rechtliche Erfassung anderer neuartiger virtueller Produkte interessant. Die Entwicklung der Informationstechnologie findet rapide und stetig statt. Sie ist vor allem vielseitig. Als Folge dessen werden permanent neue virtuelle Produkte her-

1151 Vgl. *Kindler* „Leistungsschutz für Datenbanken ohne Werkcharakter – Eine Zwischenbilanz", a.a.O. 265 im Zusammenhang mit dem Datenbankherstellerrecht.

1152 Einen kulturellwirtschaftlichen Bezug könnte man bestenfalls bei solchen virtuellen Ladengeschäften bejahen, die kulturelle Güter zum Inhalt haben, so zum Beispiel bei virtuellen Auktionshäusern, die mit Kunstgegenständen handeln.

1153 Kapitel 5 Ziffer B.II.3., Seiten 241 ff.

vorgebracht, von denen einige einen erheblichen Verbreitungsgrad erreichen und Einzug in den geschäftlichen und privaten Alltag der Menschen nehmen werden. Ist ein entsprechendes Allgemeininteresse an einem rechtlichen Schutz solcher Produkte entstanden, bietet ein neues Immaterialgüterrecht *sui generis de lege ferenda* einen gangbaren Weg für dessen rechtliche Erfassung. Die Palette dieser Rechte kann somit zeitversetzt entsprechend der tatsächlichen Entwicklungen in der Gesellschaft erweitert werden.

So ist auf diese Weise eine Lösung der viel diskutierten Problematik der rechtlichen Erfassung virtueller Gegenstände in Online-Spielen (z.B. Avatare)[1154] und Internet-Domains[1155] möglich.

1. Virtuelle Gegenstände in Online-Spielen (z.B. Avatare)

Virtuelle Gegenstände in Online-Spielen (z.B. Avatare)[1156] repräsentieren eine Gruppe neuartiger virtueller Produkte, die von der Entwicklung der Informationstechnologie hervorgebracht wurden. Diese sind, wie auch Datenbanken und Internetpräsenzen, die als virtuelle Ladengeschäfte fungieren, als neuartige Immaterialgüter zu qualifizieren, deren rechtliche Erfassung durch ein Immaterialgüterrecht *sui generis de lege ferenda* an der Zeit ist.

Die hierfür erforderlichen Voraussetzungen einer hinreichenden Bestimmbarkeit des Schutzgutes sowie eines Allgemeininteresses, dass das neu zu schaffende Immaterialgüterrecht *sui generis* rechtfertigt, sind gegeben.

Zwar kann eine größere Nähe virtueller Gegenstände zu Sachen als zu Immaterialgütern nicht mit Verweis auf die Vergleichbarkeit der Herrschaftsobjekte begründet werden[1157]. Jedoch ist zuzugeben, dass bei virtuellen Gegenständen wie auch bei virtuellen Ladengeschäften das schützenswerte Gut weniger in einer geistigen Schöpfung als einer wirtschaftlichen Leistung besteht. Insoweit ist *Berberich* darin zuzustimmen, dass bei der Herleitung des Schutzgutes eine natürliche Betrachtung der tatsächlichen Verhältnisse zu Grunde gelegt werden sollte. Dies verhindert den Versuch, das neuartige Produkt „virtuelle Gegenstände“ in die klassischen Rechtsfiguren zu pressen und erlaubt den Blick auf das eigentlich zu lösende Problem: Die rechtliche Erfassung eines neuartigen virtuellen Produktes, das unter keine der klassischen Rechtsfiguren subsumiert werden kann und

1154 Kapitel 4 Ziffer A.II., Seiten 148 ff.
1155 Kapitel 4 Ziffer A.III., Seiten 167 ff.
1156 Kapitel 4 Ziffer A.II., Seiten 148 ff.
1157 Kapitel 5 Ziffer A.I.3.a)aa), Seiten 215 ff.

ein Betreten legislatorischen Neulands erfordert; exakt die Situation, wie sie seinerzeit hinsichtlich Datenbanken und heute betreffend virtuelle Ladengeschäfte gegeben ist. Die von *Berberich* befürwortete natürliche Betrachtung zur Herausarbeitung des Herrschaftsobjektes ermöglicht die erforderliche Weiterentwicklung der Rechtsordnung, da sie das neuartige Immaterialgut, um dessen Schutz es geht, zu Tage fördert: virtuelle Gegenstände, die das Pendant einer realen Sache darstellen und sich von diesem lediglich in Bezug auf die fehlende Körperlichkeit unterscheiden. Wie auch bei Internetpräsenzen, die als virtuelle Ladengeschäfte fungieren, ist für diese virtuellen Gegenstände ein rechtliches Gerüst nachzubilden, das sich an dem rechtlichen Schutz realer Sachen orientiert. Hierfür bedarf es der Schaffung eines neuartigen Immaterialgüterrechts *sui generis de lege ferenda.*

Das ein solches Immaterialgüterrecht *sui generis* rechtfertigende Allgemeininteresse ist gegeben. Die zahlreichen Publikationen zu diesem Thema[1158] indizieren dies eindrucksvoll und die erhebliche wirtschaftliche Bedeutung, die dem Handel mit solchen virtuellen Gegenständen zukommt[1159], bildet die Grundlage[1160]. Ein zweiter das rechtfertigende Allgemeininteresse begründender Aspekt besteht darin, dass dem meist rechtsunkundigen Nutzer, dem der virtuelle Gegenstand zuzuordnen ist,

1158 *Berberich* „Virtuelles Eigentum"; *Lober/Weber* „Den Schöpfer verklagen – Haften Betreiber virtueller Welten ihren Nutzern für virtuelle Güter", a.a.O.; *dies.* „Money for Nothing? Der Handel mit virtuellen Gegenständen und Charakteren", a.a.O.; *Preuß* „Rechtlich geschützte Interessen an virtuellen Gütern"; *Schneider* „Virtuelle Werte. Der Handel mit Accounts und virtuellen Gegenständen im Internet."; *Striezel* „Der Handel mit virtuellen Gegenständen aus Onlinewelten"; *Koch* „Die rechtliche Bewertung virtueller Gegenstände auf Online-Plattformen", a.a.O.; *Psczolla* „Virtuelle Gegenstände als Objekte der Rechtsordnung", a.a.O.; *Krasemann* „Onlinespielrecht – Spielwiese für Juristen", a.a.O.; Wemmer/Bodensiek, „Virtueller Handel – Geld und Spiele", a.a.O.; *Klickermann* „Virtuelle Welten ohne Rechtsansprüche?", a.a.O..

1159 Kapitel 1 Ziffer A., Fn.12 und Kapitel 4 Ziffer A.II., Fn. 556 sowie *Berberich* „Virtuelles Eigentum", 19 f.; so auch: *Lober/Weber* „Money for Nothing? Der Handel mit virtuellen Gegenständen und Charakteren", a.a.O., 655; *dies.* „Den Schöpfer verklagen – Haften Betreiber virtueller Welten ihren Nutzern für virtuelle Güter?", a.a.O., 838; *Krasemann* „Onliespielrecht – Spielwiese für Juristen", a.a.O., 355; *Psczolla* „Virtuelle Gegenstände als Objekte der Rechtsordnung", a.a.O., Abs. 14.

1160 Hinsichtlich der Begründung eines die Schaffung eines Immaterialgüterrechts *sui generis* rechtfertigenden Allgemeininteresses auf Grund wirtschaftlicher Bedeutung wird auf die Ausführungen zum Recht *sui generis* an Datenbanken und dem neu zu schaffenden Immaterialgüterrecht *sui generis* an virtuellen Ladengeschäften verwiesen, die auf virtuelle Gegenstände in sog. Online-Spielen übertragen werden können, siehe Kapitel 5 Ziffer B.I., Seite 223 ff.

durch die faktische Exklusivität der Zugriffsmöglichkeit eine absolute Rechtsposition, und damit verbunden sanktionsbewährter Rechtsschutz suggeriert wird. Dies veranlasst den Nutzer, sowohl Zeit als auch Beträge in ein Gut zu investieren, die er vernünftigerweise in relative Rechtspositionen oder schutzlosen Immaterialgüter nicht anlegen würde[1161]. Erst daraus lässt sich erklären, weshalb die im Handel beteiligten Rechtssubjekte vielfach bereit sind, fiktive Grundstücke ohne materiellen Nutzen, deren Daseinsberechtigung vornehmlich in der Unterhaltung liegt, Summen auszugeben, die an Preise für reale Liegenschaften heranreichen[1162].

2. Internet-Domains

Bei Internet-Domains handelt es sich um ein weiteres neuartiges virtuelles Produkt, das von der Entwicklung der Informationstechnologie hervorgebracht wurde und auf Grund dessen wirtschaftlicher Bedeutung als ein werthaltiger Vermögensgegenstand zu qualifizieren ist. Internet-Domains bedürfen eines Schutzes, den nur absolute Rechtspositionen vermitteln können[1163]. Nach der tatsächlichen Ausgangslage verfügen die Inhaber von Internet-Domains bereits über eine Ausschließlichkeitsposition, die auf die vertragliche Ausgestaltung der Beziehung zur Internet-Domain-Vergabestelle (bzgl. die TDL „de" der DENIC e.V.) zurückzuführen ist. Eine absolute Rechtsposition vermag dies jedoch nicht zu begründen[1164]. Hierfür bietet sich die Schaffung eines Immaterialgüterrechts *sui generis de lege ferenda* an. Das dieses rechtfertigende Allgemeininteresse resultiert aus der bereits erwähnten Stellung von Internet-Domains als werthaltigen Vermögensgegenstand. Eine Bestimmbarkeit des Schutzgutes ist ausgehend von der gebotenen natürlichen Betrachtung[1165] unproblematisch möglich. Hiernach ist der Schutzgegenstand nicht von einer technischen Betrachtung ausgehend als eine Ansammlung von Daten, sondern die Internet-Domain ansich als virtuelles Adressschild nach der Verkehrsanschauung des Inhabers und der Internetnutzer entsprechend seinem Pendant in der realen Welt außerhalb. Dementsprechend ist die rechtliche Situation des realen Pendants nachzubilden und ein rechtliches Gerüst für Internet-Domains zu schaffen, das zu vergleichbaren Rechtsfolgen führt.

1161 *Preuß* „Rechtlich geschützte Interessen an virtuellen Gütern", 161 f.

1162 *Preuß* „Rechtlich geschützte Interessen an virtuellen Gütern", 161 f.

1163 *Berberich* „Absolute Rechte an der Nutzung einer Domain – eine zentrale Weichenstellung für die Rechtsentwicklung", a.a.O., 545.

1164 Kapitel 5 Ziffer A.I.2., Seiten 210 ff.

1165 Kapitel 5 Ziffer B.II.3., Seite 222.

Kapitel 6 – Schlussbetrachtung und gefundene Erkenntnisse

Die Fortentwicklung der Informations- und Kommunikationstechnik hat neuartige virtuelle *Güter* hervorgebracht, die zum Teil einen erheblichen wirtschaftlichen Wert verkörpern. Hierzu zählen Internetpräsenzen, die als virtuelle Ladengeschäfte fungieren und für das Betreiben virtueller Geschäftsmodelle unerlässlich sind. Auch virtuelle Gegenstände in Online-Spielen (z.B. Avatare) und Internet-Domains zählen zu diesen neuartigen virtuellen Gütern. Diese Immaterialgüter sind dadurch gekennzeichnet, dass sie in Ermangelung einer geistigen Schöpfung eine Nähe weniger zu den klassischen Immaterialgütern aufweisen. Im Gegensatz zum klassischen Urheberrecht steht nicht der Autorenschutz, sondern der Schutz der die neuartigen Immaterialgüter repräsentierenden Investitionen im Vordergrund.

Virtuelle Ladengeschäfte wie auch virtuelle Gegenstände in sog. Online-Spielen und Internet-Domains sind schützenswerte Rechtsgüter, die derzeit nicht in adäquater Weise rechtlichen Schutz genießen. Dies ist insbesondere darauf zurückzuführen, dass das Regelungsregime des Sachenrechts auf Grund Fehlens einer körperlichen Sache im Sinne von § 90 BGB keine Anwendung findet.

Dieser fehlende Rechtsschutz ist vor der Gesamtproblematik einer Nichterfassung neuartiger virtueller Produkte zu beurteilen und führt zu nicht hinnehmbaren Widersprüchen mit vergleichbaren Sachverhalten in der realen Welt. Denn die neuartigen virtuellen Produkte stellen das Pendant zu realen Sachen dar und fungieren teilweise als deren Substitut. Sie erfahren trotz vergleichbarer Interessenlagen einzig auf Grund einer fehlenden Körperlichkeit ein anderes rechtliches Schicksal. Auf diesen einzigen Unterschied kann insoweit jedoch nicht wesentlich abgestellt werden. Denn dies steht im Widerspruch zu der in der Gesellschaft bereits vollzogenen Entwicklung, in der geschäftliche und private Aktivitäten mit steigender Tendenz ins Internet verlagert werden. Auch wird die Rolle des Sachbezugs im Sinne von § 90 BGB dadurch relativiert, dass der Grad seiner Bedeutung wesentlich von der physikalisch-naturwissenschaftlichen Vorstellungswelt des historischen Gesetzgebers geprägt ist, dem insbesondere die Möglichkeit vollständig virtualisierter Arbeits- und Lebensprozesse unbekannt war. Die Rechtsordnung muss diese in der Gesellschaft bereits vollzogene Entwicklung und Anerkennung virtueller Produkte, die als Pendant zu realen Sachen fungieren, nachbilden.

Für eine rechtliche Erfassung des neuartigen, vom technologischen Fortschritt hervorgebrachten virtuellen Immaterialguts „virtuelle Ladengeschäfte" sowie für andere vergleichbare Immaterialgüter bietet ein Immaterialgüterrecht *sui generis de lege ferenda* die dogmatisch sauberste Lösung. Dogmatische Brüche und Kunstgriffe, die andere Lösungsvorschläge in Kauf nehmen, werden vermieden. Dieses neu zu schaffende Immaterialgüterrecht *sui generis* ist ein rechtliches Novum, das jedoch kein Betreten legislatorischen Neulands bedeutet. Vielmehr kann das Recht *sui generis* an Datenbanken gemäß Art. 7 der Richtlinie 96/9/EG des Europäischen Parlaments und des Rates über den rechtlichen Schutz von Datenbanken vom 11.03.1996 (Datenbankrichtlinie) vergleichend herangezogen werden, das eine Vorreiterstellung einnimmt.

Das Recht *sui generis* an Datenbanken wurde Ende der Neunzigerjahre des letzten Jahrtausends außerhalb des Urheberrechts und hiervon unabhängig geschaffen, um einen der wirtschaftlichen Bedeutung von Datenbanken entsprechenden rechtlichen Schutzrahmen zu schaffen. In den weit über zehn Jahren, die seit dem vergangenen sind, ist die Fortentwicklung der Informationstechnologie rapide voran geschritten. Mittlerweile hat die Internetnutzung in einem Umfang Einzug in das Geschäfts- und Behördenleben sowie den privaten Alltag gehalten, an den zu Zeiten des Erlasses der Datenbankrichtline im Jahr 1996 nicht zu denken war. Es ist eine Informationsgesellschaft entstanden, die auf die Produktion und Verbreitung von Informationen angewiesen ist und ein gesteigertes Schutzbedürfnis der in sie fließenden wirtschaftlichen und organisatorischen Leistungen begründet. Dies galt bereits zu Zeiten der Schaffung des Rechts *sui generis* an Datenbanken und gilt heute umso mehr, denn die Palette der durch den rapiden technologischen Fortschritt zwischenzeitlich ermöglichten neuartigen Produkte hat sich erheblich erweitert. War seinerzeit lediglich das Produkt „Datenbank“ Gegenstand der in ein Gesetz gegossenen rechtlichen Weiterentwicklung, so steht eine Weiterentwicklung der Rechtsordnung nun hinsichtlich weiterer Neuentwicklungen an, die alle auf eine Verlagerung privaten und geschäftlichen Handelns ins Internet zurückzuführen sind. Bezüglich dieser besteht ein vergleichbares Bedürfnis des rechtlichen Schutzes. Wie auch bei Datenbanken besteht ansonsten die Gefahr, dass Investitionen fehlgeleitet, Handelsströme verfälscht und sowohl individuelle als auch unternehmerische Leistungen missbraucht werden.

Literaturverzeichnis

Benkard, Georg: Patentgesetz Kommentar, (10. Aufl. München, 2006), zit.: Benkard/*Bearb.*

Berberich, Matthias: „Absolute Rechte an der Nutzung einer Domain – eine zentrale Weichenstellung für die Rechtsentwicklung“, WRP 2011, 543 ff.

ders.: „Virtuelles Eigentum“ (München, 2010).

Berger, Christian: „Der Schutz elektronischer Datenbanken nach der EG-Richtlinie vom 11.3.1996“, GRUR 1997, 169 ff.

Bettinger, Torsten: „Kennzeichenrecht im Cyberspace: Der Kampf um die Domain-Namen“, GRUR Int. 1997, 402 ff.

Beyerlein, Thorsten: „Zur Pfändung der Internet-Domain“, EWiR 2005, 811 ff.

Bormann, Friedrich W./Bormann, Micheal: „Rechtsnatur und Rechtsschutz der Software“, DB 1991, 2641 ff.

Bräutigam, Peter: „Zur Frage der Zulässigkeit der Weitergabe von Nutzungsrechten an gebrachter Software“, Anmerkung zu OLG München Urt. v. 03.07.2008, 6 U 2759/08, CR 2008, 551 ff.

ders./Sosna, Sven: „Handel mit ‚gebrauchten‘ Softwarelizenzen aus Volumenlizenzverträgen“, Anmerkung zu LG Hamburg Urt. v. 29.06.2006, 315 O 343/06, jurisPR-ITR 12/2006 Anm. 5.

ders./Lederer, Beatrice: „Handel mit Second-Hand-Software erschöpfend behandelt“, Anmerkung zu OLG München Urt. v. 03.07.2008, 6 U 2759/07, juris-PR-ITR 17/2008 Anm. 2.

Deutsch, Askan: „Die Zulässigkeit des so genannten ‚Screen-Scraping‘ im Bereich der Online-Flugvermittler“, GRUR 2009, 1027 ff.

Dreier, Horst (Hrsg.): Grundgesetz. Kommentar, (2. Aufl., Tübingen, 2008) Band 1, Art. 1–19, zit. Dreier/*Bearb.*.

Dreier, Thomas: „Die Harmonisierung des Rechtsschutzes von Datenbanken in der EG“, GRUR Int. 1992, 739 ff.

ders./Schulze, Gernot: Urheberrechtsgesetz Kommentar (3. Aufl., München, 2008); zit.: Dreier/Schulze/*Bearb.*.

Eilmansberger, Thomas: „Immaterialgüterrechtliche und kartellrechtliche Aspekte des Handels mit gebrauchter Software“, GRUR 2009, 1123 ff.

Empting, Tobias: „Die Internet-Domain in der Insolvenz“, ZInsO 2006, 229 ff.

Ernst, Stefan: „Suchmaschinenmarketing in der aktuellen deutschen Rechtsprechung“, MR-Int 2007, 195 ff.

Faustmann, Jörg „Der deliktische Datenschutz“, VuR, 260, 262 f.

Feldmann, Thorsten/Heidrich, Joerg: „Rechtsfragen des Ausschlusses von Usern aus Internetforen – Praktische Analyse der Voraussetzungen eines Anspruchs auf Ausschluss“, CR 2006, 406 ff.

Forkel, Hans: „Zur Zulässigkeit beschränkter Übertragungen des Namensrechts“, NJW 1993, 3181 ff.

Fromm, Friedrich K./Nordemann, Wilhelm: Urheberrecht; hrsg. v. Nordemann, Wilhelm/Nordemann, Axel/Nordemann, Jan Bernd (10. Aufl., Stuttgart, 2008); zit.: Fromm/Nordemann/*Bearb*..

Fezer, Karl-Heinz: Markenrecht (4. Aufl., München, 2009); zit.: *Fezer*MarkenR.

ders.: „Die Kennzeichenfunktion von Domainnamen“, WRP 2000, 669 ff.

Fischer, Thomas: StGB Kommentar (58. Aufl., München, 2011); zit.: *Fischer*StGB.

Gaster, Jens: „Zur anstehenden Umsetzung der EG-Datenbankrichtlinie (I)“, CR 1997, 669 ff.

Geis, Ivo/Geis, Esther: „Erste Ansätze des Rechts zur Konfliktlösung in Second Life“, CR 2007, 721 ff.

Götting, Horst-Peter: „Der Begriff des Geistigen Eigentums“, GRUR 2006, 355 ff.

von Gramm, Otto-Friedrich: „Rechtsfragen bei Datenbanken – Zum Richtlinienvorschlag der EG-Kommission“, GRUR 1993, 203 ff.

Gröseling, Nadine/Höfinger, Frank Michael: „Hacking und Computerspionage Auswirkungen des 41. StrafÄndG zur Bekämpfung der Computerkriminalität“, MMR 2007, 549 ff.

Hackemann, Martin: „Schutz multimedialer Datenbanken – Das Zusammenspiel von Urheber- und Wettbewerbsrecht“, CR 1998, 510 ff.

Hartig, Helge: „Die Rechtsnatur der Domain Anmerkung zur BGH Entscheidung „Domain-Pfändung“, GRUR 2006, 299 ff.

Heinrich, Michael: „Der rechtliche Schutz von Datenbanken“, WRP 1997, 275 ff.

Heinz, Karl Eckhart: „Die europäische Richtlinie über den rechtlichen Schutz von Datenbanken in verfassungsrechtlicher und rechtstheoretischer Sicht“, GRUR 1996, 455 ff.

Heussen, Benno: „Urheber- und lizenzrechtliche Aspekte bei der Gewährleistung für Computersoftware – Zugleich zum Problem der Rechtsnatur von Lizenzverträgen“, GRUR 1987, 779 ff.

Heydn, Truiken J.: Anmerkung zu BGH Beschl. v. 03.02.2011, I ZR 129/08 – *UsedSoft*, MMR 2011, 309 ff.

Hoebbel, Christoph: „EG-Richtlinienentwurf über den Rechtsschutz von Datenbanken“, CR 1993, 12 ff.

Hoffmann, Helmut: Anmerkung zum Urteil des BGH Urteil vom 23.07.2009, VII ZR 151/08, MMR 2010, 25.

Höppner, Julian: AnwZert. ITR 4/2011, Anm. 2

Hoeren, Thomas: „Die Online-Erschöpfung im Softwarebereich Fallgruppe und Beweislast, MMR 2010, 447 ff.

ders.: „Der Erschöpfungsgrundsatz bei Software Körperliche Übertragung und Folgeprobleme", GRUR 2010, 665 ff.

ders./Spittka, Jan: „Aktuelle Entwicklungen des IT-Vertragsrechts", MMR 2009, 583 ff.

Ingerl, Reinhard/Rohnke, Christian: Markengesetz (2. Aufl., München, 2003); zit.: *Ingerl/Rohnke.*

Junker, Abbo: „Die Entwicklung des Computerrechts in den Jahren 1991 und 1992, NJW 1993, 824 ff.

Katzenberger, Paul: „TRIPS und das Urheberrecht", GRUR Int. 1995, 447 ff.

Kindler, Peter: „Leistungsschutz für Datenbanken ohne Werkcharakter – Eine Zwischenbilanz", K&R 2000, 265 ff.

Kleespies, Mathias „Die Domain als selbstständiger Vermögensgegenstand in der Einzelzwangsvollstreckung", GRUR 2002, 767 ff.

Koch, Pamela: „Die rechtliche Bewertung virtueller Gegenstände auf Online-Plattformen", JurPC Web.-Dok. 57/2006.

Köhler, Helmut/Bornkamm, Joachim: Gesetz gegen den unlauteren Wettbewerb, Kommentar (28. Aufl., München, 2010); zit.: Köhler/Bornkamm/*Bearb.*

König, Michael M.: „Die Qualifizierung von Computerprogrammen als Sachen i.S. des § 90 BGB", NJW 1989, 2604 ff.

ders. „Zur Sacheigenschaft von Computerprogrammen und deren Überlassung", NJW 1990, 1584 ff.

Koos, Stefan „Die Domain als Vermögensgegenstand zwischen Sache und Immaterialgut Begründung und Konsequenzen einer Absolutheit des Rechts an der Domain", MMR 2004, 359 ff.

Kort, Michael: „Software – eine Sache?", DB 1994, 1505 ff.

Kraft, Dennis/Meister, Johannes: „Rechtsprobleme virtueller Sit-Ins", MMR 2003, 366 ff.

Krasemann, Henry: „Onlinespielrecht – Spielwiese für Juristen", MMR 2006, 351 ff.

Kunz, Sylvia: „Rechtsfragen des Ausschlusses aus Internetforen" (Hamburg, 2005).

Kuß, Christian „Gutenberg 2.0 – der Rechtsrahmen für E-Books in Deutschland", K&R 2012, 76 ff.

Ladeur, Karl-Heinz: „Ausschluss von Teilnehmern an Diskussionsforen im Internet – Absicherung von Kommunikationsfreiheit durch ‚netzwerk gerechtes Privatrecht", MMR 2001, 787 ff.

Larenz, Karl/Wolf, Manfred: Der allgemeine Teil des deutschen Bürgerlichen Rechts (9. Aufl., München, 2004); zit. *Larenz/Wolf.*

Lehmann, Michael: „Die neue Datenbankrichtlinie und Multimedia", NJW-CoR 1996, 249 ff.

Lehment, Henrik: Anmerkung zu BGH Urt. v. 17.12.2010, V ZR 45/10, GRUR 2011, 327 f.

Leistner, Matthias: „Legal Protection for the Database Maker – Initial Experience from a German Point of View", IIC 2002, 439, 452 und 455.; *ders.* „‚Last exit' withdrawal?", K&R 2007, 457 ff.

ders.: „Der neue Rechtsschutz des Datenbankherstellers – Überlegungen zu Anwendungsbereich, Schutzvoraussetzungen, Schutzumfang sowie zur zeitlichen Dauer des Datenbankherstellerrechts gemäß §§ 87 ff. UrhG, GRUR Int. 1999, 819 ff.

ders.: Anmerkung EuGH Urt. v. 09.10.2008, C-304/07 – *Directmedia Publishing GmbH ./. Albert-Ludwig-Universität Freiburg*, JZ 2009, 101 ff.

ders.: „Der Schutz von Telefonverzeichnissen und das neue Datenbankherstellerrecht", MMR 1999, 636 ff.

Lober, Andreas/Weber, Olaf: „Money for Nothing? Der Handel mit virtuellen Gegenständen und Charakteren", MMR 2005, 653 ff.

dies.: „Den Schöpfer verklagen – Haften Betreiber virtueller Welten ihren Nutzern für virtuelle Güter?", CR 2006, 837 ff.

Lober, Andreas/Neumüller, Carina: Anm. zu OLG Frankfurt/Main Urt. v. 05.03.2009, U 221/08, EWiR § 4 UWG 2/10, 230 ff.

Lorenz, Sylvia: „Urheberrechtsverletzung im Internet durch Umgehung technischer Schutzmaßnahmen mittels Deep Link (‚Session-ID')", Anmerkung zu BGH Urt. v. 29.04.2010, *Az.:* I ZR 39/08, jurisPR-ITR 3/2011 Anm. 5.

Ludwig; Jan Rasmus: Anm. zu BGH, Urteil vom 13.01.2011, I ZR 125/07, K&R 2011, 578 ff. – *Bananabay II*, K&R 2011, 585 ff.

Lutz, Helmuth: „Lizenzierung von Computerprogrammen", GRUR 1976, 331 ff.

Mäger, Stefan: „Der urheberrechtliche Erschöpfungsgrundsatz bei der Veräußerung von Software", CR 1996, 522 ff.

Mangoldt/Klein/Stark: Bonner Grundgesetz Kommentar, Bd. 1 Präambel Art. 1–19 (6. Aufl., München, 2010); zit.: Mangoldt/Klein/Stark/*Bearb.*.

Marly, Jochen P.: „Die Qualifizierung der Computerprogramme als Sache nach § 90 BGB", BB 1991, 432 ff.

ders. „Praxishandbuch Softwarerecht“, 5. Auflage, 2009, Rn. 674 ff.

Maume, Philipp: „Bestehen und Grenzen des virtuellen Hausrechts“, MMR 2007, 620 ff.

Mehrings, Josef: „Vertragsrechtliche Aspekte der Nutzung von Online- und CD-ROM-Datenbanken“, NJW 1993, 3104 ff.

ders.: „Computersoftware und Mängelhaftung – Ein Problemaufriß“, GRUR 1985, 189 ff.

ders.: „Computersoftware und Gewährleistungsrecht“, NJW 1986, 1904 ff.

ders.: „Zum Wandlungsrecht beim Erwerb von Standardsoftware“, NJW 1988, 2438 ff.

Meier-Beck, Peter: „Die unberechtigte Schutzrechtsverwarnung als Eingriff in das Recht am Gewerbebetrieb“, WRP 2009, 790 ff.

Meier, Klaus/Wehlau, Andreas: „Die zivilrechtliche Haftung für Datenlöschung, Datenverlust und Datenzerstörung“, NJW 1998, 1585 ff.

Moritz, Hans-Werner: „Überlassung von Programmkopien – Sachkauf oder Realakt in Vertrag sui generis?“, CR 1994, 257 ff.

ders.: „Handel mit ‚gebrauchter‘ Software“, Anmerkung zu LG München I Urt. v. 15.03.2007, 7 O 7061/06, jurisPR-ITR 5/2007 Anm. 5.

ders.: „Keine Nutzungsberechtigung für ein ‚gebrauchtes‘ Computerprogramm nach Art. 5 Abs. 1 RL 2009/24/EG ohne Zustimmung des Rechtsinhabers“, K&R 2011, 240 ff.

ders.: „Zulässiger Weiterverkauf von vorinstallierter Software auch ohne Hardware“, Anmerkung zu LG Düsseldorf Urt. v. 26.11.2008, 12 O 431/08; juris-PR-ITR 5/2009 Anm. 3;

Müller, Henning Ernst: Anmerkung zu OLG Hamburg Urt. v. 15.02.2010, 2-27/09, MMR 2010, 344 f.

Müller-Hengstenberg, Claus D. „Computersoftware ist keine Sache“, NJW 1994, 3128 ff.;

ders.: „Ist Kaufrecht auf alle IT-Projektverträge anwendbar?“, NJW 2010, 1181 ff.

ders./Kirn, Stefan: „Vertragscharakter des Application Service Providing-Vertrags“, NJW 2007, 2370 ff.

Münchener Kommentar zum Bürgerlichen Gesetzbuch; hrsg. v. *Rixecker, Roland/ Säcker, Franz Jürgen*; Bd. 1 Allgemeiner Teil: §§ 1–240 BGB (6. Aufl. München, 2012); zit.: MüKo BGB/*Bearb.*.

Nemeczek, Heinrich: „Gibt es einen unmittelbaren Leistungsschutz im Lauterkeitsrecht?“, GRUR, 2010, 1203 ff.

Ohly, Ansgar: „Hartplatzhelden.de oder: Wohin mit dem unmittelbaren Leistungsschutz?“, GRUR 2010, 487 ff.

Ott, Stephan: „Die Entwicklung des Suchmaschinen- und Hyperlink-Rechts im Jahr 2009“, WRP 2010, 443 ff.

Raue, Peter/Bensinger, Viola: „Umsetzung des sui-generis-Rechts an Datenbanken in den §§ 87a ff. UrhG“, MMR 1998, 507 ff.

Palandt. Bürgerliches Gesetzbuch Kommentar; bearb. v. *Bessenge, Peter* u.a. (71. Aufl., München, 2012); zit. Palandt/*Bearb.*.

Peukert, Alexander: „hartplatzhelden.de – Eine Nagelprobe für den wettbewerbsrechtlichen Leistungsschutz“, WRP 2010, 316 ff.

Piper/Ohly/Sosnitza: Gesetz gegen unlauteren Wettbewerb Kommentar; (5. Aufl., München, 2010), zit. Piper/*Bearb.*.

Preuß, Jesko: „Rechtlich geschützte Interessen an virtuellen Gütern“ (Berlin, 2009).

Psczolla, Jan-Peter: „Virtuelle Gegenstände als Objekte der Rechtsordnung“, JurPC 2009, Web-Dok. 17/2009.

Redeker, Helmut: „Virtuelles Hausrecht von Forenbetreibern?, CR 2007, 265 ff.;

ders.: „Wer ist Eigentümer von Goehtes Werther?“, NJW 1992, 1739 ff.

ders.: Anmerkung zu LG München I, Urt. v. 25.10.2006, 30 O 11973/05, CR 2007, 265 ff.

Rippert, Stephan/Weimer, Katharina: „Rechtsbeziehungen in der virtuellen Welt“, ZUM 2007, 272 ff.

Röttinger, Moritz: „Der Rechtsschutz von Datenbanken nach EG-Recht“, ZUM 1992, 594 ff.

Säcker, Franz Jürgen: „Vom Deutschen Sachenrecht zu einem Europäischen Vermögensrecht“, in: Festschrift für A. Georgiades zum 70. Geburtstag, 369 ff. (München, 2005).

Schafft, Thomas: „Internet-Domains als Kreditsicherheit“, BB 2006, 1013 ff.

Schimdl, Michael: „Zum virtuellen Hausrecht als Abwehrrecht“, K&R 2006, 563 ff.

Schneider „Virtuelle Werte. Der Handel mit Accounts und virtuellen Gegenständen im Internet.“ (Baden-Baden, 2010).

Schrader, Paul T.: „Begrenzung des ergänzenden wettbewerbsrechtlichen Leistungsschutzes“, WRP 2005, 562 ff.

Schricker, Gerhard/Loewenheim, Ulrich (Hg.): Kommentar zum Urheberrecht bearb. v. *Vogel, Martin* u.a. (4. Aufl., München, 2010); zit. Schricker/Loewenheim/*Bearb.*.

Schröer, Benjamin: „Unmittelbarer Leistungsschutz“ (Tübingen, 2010).

Schweinoch, Martin: Anmerkung zu BGH, Urteil vom 23.07.2009, Az.: VII ZR 151/08, CR 2009, 640 ff.

Sosnitza, Olaf: „‚Gebrauchte Software‘: Licht und Schatten auf dem Weg von Karlsruhe nach Luxemburg“, K&R 2011, 243 ff.

ders.: „Gemeinschaftsrechtliche Vorgaben und urheberrechtlicher Gestaltungsspielraum für den Handel mit gebrauchter Software“, ZUM 2009, 521 ff.

Spindler, Gerald: „Bildersuchmaschine, Schranken und konkludente Einwilligung im Urheberrecht Besprechung der BGH-Entscheidung ‚Vorschaubilder‘“, GRUR 2010, 785 ff.

ders.: „Der Handel mit Gebrauchtsoftware - Erschöpfungsgrundsatz quo vadis?“, CR 2008, 69 ff.

Stichtenoth, Jonas: „Softwareüberlassungsverträge nach dem Schuldrechtsmodernisierungsgesetz“, K&R 2003, 105 ff.

Striezel, Julia: „Der Handel mit virtuellen Gegenständen aus Onlinewelten“ (Stuttgart, 2010)

Tellis, Nikolaos: „Gewährleistungsansprüche bei Sachmängeln von Anwendersoftware“, BB 1990, 55 ff.

Ulmer, Detlef: „Domains in Zwangsvollstreckung und Insolvenz“, ITRB 2005, 112 ff.

ders./Hoppen, Peter: „Was ist das Werkstück des Software-Objektcodes?“, CR 2008, 681 ff.

v. Ungern-Sternberg, Joachim: „Die Rechtsprechung des Bundesgerichtshofs zum Urheberrechtsgesetz und zu den verwandten Schutzrechten in den Jahren 2008 und 2009 (Teil II)“, GRUR 2010, 386 ff.

Utz, Rainer: Anmerkung zum OLG Köln Urt. v. 17.03.2006, 6 U 163/05, MMR 2006, 470 ff.

Viefhues, Martin: Anmerkung zu LG Essen Beschl. v. 22.02.1999, 11 T 370/99, MMR 2000, 286 ff.

Völzmann-Stickelbrock, Barbara: „Die Internet-Domain in Zwangsvollstreckung und Insolvenz“, MarkenR 2006, 2 ff.

Voss, Oliver „Konkurrenz fordert Autoscout24.de und Mobile.de heraus“, Artikel vom 10.09.2008 auf www.wiwo.de/unternehmen-maerkte/konkurrenz-fordert-autoscout24-de-und-mobile-de-heraus.html.

Wandtke, Artur-Axel/Bullinger, Winfried (Hg.): Praxiskommentar zum Urheberrecht (3. Aufl., München, 2009); zit.: Wandtke/Bullinger/*Bearb.*.

Welzel, Stephan: „Zwangsvollstreckung in Internet-Domains“, MMR 2001, 131 ff.

Wemmer, Benedikt/Bodensiek, Kai: „Virtueller Handel – Geld und Spiele“, K&R 2004, 432 ff.

Wenn, Matthias: „Keine Verletzung eines ‚virtuellen Hausrechts’ durch Screen-Scraping, jurisPR-ITR 8/2009 Anm. 3.

Wiebe, Andreas: „Rechtsschutz von Datenbanken und europäische Harmonisierung“, CR 1996, 198 ff.

Abkürzungsverzeichnis

a.A.	andere Ansicht
a.a.O.	am angegebenen Ort
a.F.	alte Fassung
AG	Amtsgericht
Anm.	Anmerkung
AnwZert. ITR	AnwaltsZertifikatOnline IT-Recht
Auflg.	Auflage
BB	Der Betriebs-Berater
Bd.	Band
Bearb.	Bearbeiter
Beschl.	Beschluss
BFH	Bundesfinanzof
BFHE	Amtliche Sammlung der Entscheidungen des Bundesfinanzhofs
BGH	Bundesgerichtshof
BGHZ	Amtliche Sammlung der Entscheidungen des Bundesgerichtshofs
BVerfG	Bundesverfassungsgericht
BVerfGE	Amtliche Sammlung der Entscheidungen des Bundesverfassungsgerichts
BVerwG	Bundesverwaltungsgericht
BVerwGE	Amtliche Sammlung der Entscheidungen des Bundesverwaltungsgerichts
BeckRS	Beck-Rechtsprechung
BGBl.	Bundesgesetzblatt
BT-Drucks.	Bundestags-Drucksache
CR	Computer und Recht
DB	Der Betrieb
d.h.	das heißt
ders.	derselbe
dies.	dieselbe/dieselben
DÖV	Die Öffentliche Verwaltung
ECU	European Currency Unit
endg.	endgültig

EU	Europäische Union
EuGH	Europäischer Gerichtshof
EWiR	Entscheidungen zum Wirtschaftsrecht
Fn.	Fußnote
GRUR	Gewerblicher Rechtsschutz und Urheberrecht
GRUR Int.	Gewerblicher Rechtsschutz und Urheberrecht Internationaler Teil
Hg.	Herausgeber
h.M.	herrschende Meinung
hrsg. v.	herausgegeben von
IIC	International Review of Intellectual Property and Competition Law
i.S.d.	im Sinne des
ITRB	Der IT-Rechts-Berater
i.V.m.	in Verbindung mit
JurPC Web.-Dok.	Internet-Zeitschrift für Rechtsinformatik und Informationsrecht
jurisPR-ITR	juris PraxisReport IT-Recht
JZ	Juristenzeitung
K&R	Kommunikation und Recht
KG	Kammergericht
LG	Landgericht
MarkenR	Zeitschrift für deutsches, europäisches und internationales Markenrecht.
Mio.	Million
MMORPG	Massive Multiplayer Online Role Play Game
MMR	Multimedia und Recht
Mrd.	Milliarde
MR-Int	Medien und Recht International
m.w.N.	mit weiteren Nachweisen
n.F.	neue Fassung
NJW	Neue Juristische Wochenschrift
NJW-CoR	NJW-Computerreport
NJW-RR	NJW-Rechtsprechungsreport
OLG	Oberlandesgericht
Rn.	Randziffer
S.	Seite(n)
StrÄndG	Strafrechtsänderungsgesetz

TRIPs	Übereinkommen über handelsbezogene Aspekte der Rechte am geistigen Eigentum vom 15.04.1994
u.a.	unter anderem
UrhG	Urheberrechtsgesetz
Urt.	Urteil
UWG	Gesetz gegen den unlauteren Wettbewerb
v.	von/vom
vgl.	vergleiche
VuR	Verbraucher und Recht
WRP	Wettbewerb in Recht und Praxis
WCT	WIPO-Urheberrechtsvertrag vom 20.12.1996
z.B.	zum Beispiel
ZInsO	Zeitschrift für das gesamte Insolvenzrecht
zit.	zitiert
ZUM	Zeitschrift für Urheber und Medienrecht

Veröffentlichungen des Instituts für deutsches und europäisches Wirtschafts-, Wettbewerbs- und Regulierungsrecht der Freien Universität Berlin

Herausgegeben von Franz Jürgen Säcker

Band 1 Franz Jürgen Säcker (Hrsg.): Deutsch-russisches Energie- und Bergrecht im Vergleich. Ergebnisse einer Arbeitstagung vom 31. März / 1. April 2006. 2007.

Band 2 Franz Jürgen Säcker / Walther Busse von Colbe (Hrsg.): Wettbewerbsfördernde Anreizregulierung. Zum Anreizregulierungsbericht der Bundesnetzagentur vom 30. Juni 2006. 2007.

Band 3 Dirk Zschenderlein: Die Gleichbehandlung der Aktionäre bei der Auskunftserteilung in der Aktiengesellschaft. Zum Problem der Zulässigkeit der Weitergabe von Informationen an einzelne Aktionäre und Dritte. 2007.

Band 4 Simone Kirchhain: Die Anwendung der Vertikal-GVO auf innerstaatliche Wettbewerbsbeschränkungen nach der 7. GWB-Novelle. 2007.

Band 5 Franz Jürgen Säcker: Der Independent System Operator. Ein neues institutionelles Design für Netzbetreiber? 2007.

Band 6 Stefanie Otto: Allgemeininteressen im neuen UWG. § 1 S. 2 UWG und die wettbewerbsfunktionale Auslegung. 2007.

Band 7 Jochen Eichler: Vertragliche Dritthaftung. Eine Auseinandersetzung mit der Frage der Dritthaftung von sogenannten Experten und anderen Auskunftspersonen im Rahmen des § 311 Abs. 3 BGB. 2007.

Band 8 Markela Stamati: Die Anforderungen der operationellen Entflechtung nach den Beschleunigungsrichtlinien der Europäischen Kommission. Umsetzung in Deutschland und Griechenland. 2008.

Band 9 Franz Jürgen Säcker: The Concept of the Relevant Product Market. Between Demand-Side Substitutability and Supply-Side - Substitutability in Competition Law. 2008.

Band 10 Renate Rabensdorf: Die Durchgriffshaftung im deutschen und russischen Recht der Kapitalgesellschaften. Eine rechtsvergleichende Untersuchung. 2009.

Band 11 Franz Jürgen Säcker: Der beschleunigte Ausbau der Höchstspannungsnetze als Rechtsproblem. Erläutert am Beispiel der 380-kV-Höchstspannungsleitung Lauchstädt – Redwitz – Grafenrheinfeld mit Querung des Rennsteigs im Naturpark Thüringer Wald. 2009.

Band 12 Helen Mahne: Eigentum an Versorgungsleitungen. 2009.

Band 13 Franz Jürgen Säcker (Hrsg.): Russisches Energierecht - Gesetzessammlung. 2009.

Band 14 Franz Jürgen Säcker / Maik Wolf: Integrierte Energieversorgung in geschlossenen Verteilernetzen. Zum Gestaltungsspielraum des Gesetzgebers zur Neuregelung des § 110 EnWG im Lichte des Dritten EG-Energiepakets. 2009.

Band 15 Franz Jürgen Säcker (Hrsg.): Das Dritte Energiepaket für den Gasbereich. Deutsch-Englische Textausgabe mit einer Einführung. 2009.

Band 16 Franz Jürgen Säcker (Hrsg.): Das Dritte Energiepaket für den Elektrizitätsbereich. Deutsch-Englische Textausgabe mit einer Einführung. 2009.

Band 17 Thomas Dörmer: Die Unternehmenspacht. Rechtsstellung der Vertragsparteien unter besonderer Berücksichtigung der Pflicht des Unternehmenspächters zur ordnungsgemäßen Unternehmensführung sowie der Rechtslage bei Vertragsbeendigung. 2010.

Band 18 Klaas Bosch: Die Kontrolldichte der gerichtlichen Überprüfung von Marktregulierungsentscheidungen der Bundesnetzagentur nach dem Telekommunikationsgesetz. 2010.

Band 19 Geng-Sook Leem: Einheitliche Corporate Governance-Grundsätze für die Europäische Aktiengesellschaft (SE). Eine rechtsvergleichende Untersuchung anhand der Ausgestaltung der SE im deutschen und britischen Recht. 2010.

Band 20 Wiebke Gebhardt: Gentechnik und Koexistenz nach der Gesetzesnovelle von 2008: Zivilrechtliche Haftung im Vergleich Deutschland und USA. 2010.

Band 21 Cathrin Isenberg: Die Geruchsmarke als Gemeinschaftsmarke. Schutzfähigkeit und Einsatzmöglichkeiten. 2010.

Band 22 Franz Jürgen Säcker / Jochen Mohr / Maik Wolf: Konzessionsverträge im System des europäischen und deutschen Wettbewerbsrechts. 2011.

Band 23 Judith Antonia Loeck: Die unzumutbare Belästigung nach der UWG Novelle 2008 und dem Gesetz zur Bekämpfung unerlaubter Telefonwerbung und zur Verbesserung des Verbraucherschutzes bei besonderen Betriebsformen. 2011.

Band 24 Jörg Jaecks: Konzernverrechnungsklauseln und verwandte einseitige Verrechnungsbefugnisse im Mehrpersonenverhältnis. 2011.

Band 25 Franz Jürgen Säcker: Marktabgrenzung, Marktbeherrschung, Markttransparenz und Machtmissbrauch auf den Großhandelsmärkten für Elektrizität. 2011.

Band 26 Susanne Wende: Die einheitliche Auslegung von Beihilfen- und Vergaberecht als Teilgebiete des europäischen Wettbewerbsrechts. 2011.

Band 27 Leonie Kempel: Die Anwendung von Art. 102 AEUV auf geistiges Eigentum und Sacheigentum. Die Voraussetzungen des Kontrahierungszwangs nach Art. 102 AEUV und der Essential-Facility-Doktrin unter besonderer Berücksichtigung der Unterschiede zwischen geistigem Eigentum und Sacheigentum. 2011.

Band 28 Christoph Schuldt: Werbejingles – schützenswerte Kompositionen!? Die urheberrechtliche und markenrechtliche Schutzfähigkeit von Werbejingles vor unbefugter Nachahmung. 2012.

Band 29 Lydia Scholz: Die Rechtfertigung von diskriminierenden umweltpolitischen Steuerungsinstrumenten. Eine Untersuchung der Reichweite der Warenverkehrsfreiheit und ihrer Begrenzung durch den Umweltschutz als Vertragsziel am Beispiel der deutschen Energiefördergesetze EEG und KWKModG. 2012.

Band 30 Franz Jürgen Säcker: Investitionen in Kraftwerke zur Sicherung einer zuverlässigen Elektrizitätsversorgung nach der Energiewende. Rechtliche und ökonomische Rahmenbedingungen. 2012.

Band 31 Florian Leib: Kartellrechtliche Durchsetzungsstrategien in der Europäischen Union, den USA und Deutschland. Eine rechtsvergleichende Darstellung. 2012.

Band 32 Holger Hoch: Marktverschlusseffekte und Effizienzen vertikaler Zusammenschlüsse. Kartellrechtliche Beurteilung nach europäischem und deutschem Recht. 2012.

Band 33 Sebastian Kemper: Gasnetzzugang in Deutschland und in Spanien. 2012.

Band 34 Elena Timofeeva: Unbundling in der russischen Elektrizitätswirtschaft im Vergleich zum deutschen und europäischen Energierecht. 2012.

Band 35 Gisela Drozella / Harald Krebs: Marktbeherrschung im Bereich Stromerzeugung / Stromgroßhandel. Eine kritische Analyse der neueren Sicht des Bundeskartellamts. 2013.

Band 36 Christian Rehm: Die Einzel- und Gesamtverantwortung der Vorstandsmitglieder der Aktiengesellschaft. Die Verantwortung für die Leitung und Geschäftsführung im mehrköpfigen Vorstand in der unabhängigen und der herrschenden AG. 2013.

Band 37 Ann-Christin Richter: Mengen- und umsatzbezogene Rabatte marktbeherrschender Unternehmen in den Grenzen des Art. 102 AEUV. 2013.

Band 38 Nikolaos Pitsos: Die erhebliche Behinderung des wirksamen Wettbewerbs (SIEC-Test) im Fusionskontrollrecht. Zugleich ein Beitrag zur Problematik der oligopolistischen Marktbeherrschung unter Vergleich mit dem amerikanischen SLC-Test. 2013.

Band 39 Mirko Heinemann: Das Markenzeichen als Anknüpfungspunkt des Markenimages. 2013.

Band 40 Sylvia Lorenz: Der Immaterialgüterschutz virtueller Ladengeschäfte. Ein Vorschlag für die rechtliche Erfassung virtueller Güter. 2014.

www.peterlang.com